미국, 미국사

the United States of America

미국, 미국사

권오신·김호연·김용태·양두영·홍종규 공저

단비 danbi

1

이 책은 '미국의 역사'를 때로는 잔잔하게, 그리고 때로는 호쾌하게 그려 내는 내용으로 구성해 나간다. 즉, 씨줄과 날줄로 복잡하게 구성되어 있는 미국사 내용 중에서 가장 핵심적으로 이해할 필요가 있다고 판단되는 요소들을 선택적으로 재생산해 낸 결과물이다. 미국 사회의 과거와 현재를 입체적인 시각으로 그려 낸다. 달리 말하면, 한국인 독자들에게 현실적 필요에 부응하여 교양과 상식 확대라는 한 측면과 미국사 연구자들에게도 초기 필독서로 자리매김하려는 다른 측면의 지향점을 함께 공유하는 것이다.

오늘날, 우리는 '정보의 범람 시대' 속에서 살고 있다. 이 책의 주제와 관련된 미국사 영역도 그러하다. 그래서 필자들은 독자들을 위해 '선택적으로' 접근하는 것이다. 이런 정도는 이해하셔야 한다는 소명 의식으로 무장하여 전체적으로 집필하는 것이 편집의 기획이며, 그런 의도가 끝까지 관통되고 있다는 점을 강조 드린다. 미국사 전개에서 진행되었던 '있었던 사실'을 기본 바탕으로 전제하고, 나아가 그것이 제공해 주는 의미 파악에 초점을 둠으로써 발전적인 자아의 발견, 그리고 성공적인 미래 구축을 위해 과거를 반추하는 순기능에 집중하려는 것이다. 그와 관련하여 '미국에 대한 올바른 과거 알기'와 '미국의 현재에 대한 합리적인 이해'를 동시에 제공하고자 하는 것이다.

누구나 알고 있는 가장 기본적인 역사 이야기로 접근해 보자. 역사의 구성(구분)은 우선 '지역'으로 나뉜다. 크게는 동양과 서양으로 구분 가능하다. 그리고 다시 각 나라의 역사(각국사)로 분화된다. 이 책은 바로 미국학 중의 역사 부분을 중점적으로 다룬다. 다음으로 '분야', 즉 해당 지역이나 국가의 역사를 정치, 경제, 사회, 문화, 제도, 사상 등등의 특정 분야 내지 주제에 초점을 맞추어 설명해 내는 주제사 영역이다. 여러 분야를 전체적으로 구성시킨 것을 문화사로 통칭하기도 한다. 즉, 분야의 종합인 것이다. 그런 측면에서 이 책은 미국의 문화사 강좌 내용이기도 하다. 마지막으로 역사는 '시대'로 구분된다. 조금은 복잡할 수도 있겠지만 고대, 중세, 근세, 현대 등으로 구분 가능한데, 미국의 경우 신생 국가로 탄생한 것이 오래되지 않았기에 세계사의 국면으로 본다면 근현대사에 집중된다고 할 수 있겠다. 간단히 본다면, 이와 같은 미국사의 범위와 대상을 선택적으로 구성한 것이다.

2

미국, 떠오르는 단어나 모토, 심지어 환상까지도 넘쳐 나는 나라이다. 아메리카 대륙에서 영국의 식민지로 유지되다가 신생 독립 국가(The United States of America) 탄생과 함께 헌법을 채택하고 정당 체제를 갖추게 되고, 대서양 연안의 조그만 땅덩어리에서 태평양까지 확장된 거대한 영토를 가지게 된다. 그 과정에서 처음으로 주로 유럽인이 이주하고 이어 세계인들이 이주하면서 인구 증가를 가져오고, 국내 상황의 변화 과정에서 남과 북이 전쟁(남북 전쟁, The Civil War)을 경험하기도 했다. 넘쳐 나는 자원을 배경으로 산업화를 이루고, 나아가 세계의 강대국에서 최강대국으로 거듭나는 그런 모습으로 보인다. 어쩌면 이런 내용들이 미국사 흐름의 골격 중의 골격이리라.

세계는 지금 미국에 대한 호감과 반감이 교차하고 있으며, 우리가 원하든 원하지 않든 온갖 정보와 뉴스거리들이 쏟아져 나오고 있다. 조금의 시간과 노력을 투자하면 원하는 내용들을 얻을 수 있는 상황이다. 그런데도 우리는 왜 새삼스레 미국사에 천착하고 있는가? 그 이유는 바로 한국과의 관계가 현재 진행형으로 긴박하게 전개되고 있기 때문이다. 그러므로 '상대에 대한 이해', 그것도 상호 강력한 영향력을 행사하는 상대에 대한 이해가 절대적 요구로 대두되는 것이다. 그런 맥락에서 미국사 이해의 필요성에 대해 구구절절 되뇔 필요조차 없다고 본다. 따라서 이 책은 상아탑의 전형으로만 살아 있기를 원해서가 아니라, 미국의 일면적인 허상이 아닌 실상으로의 미국 이해 지침서로 작동하기를 바라는 마음을 담아 세상에 내놓게 된 것이다.

책의 내용은 크게 세 부분으로 구성하였다.

프롤로그에서는 본격적인 미국 탐색에 앞서 미국이란 나라를 맛보기 위해 어제와 오늘의 미국을 한 번에 알아볼 수 있는 여러 자료를 제시하였다. 먼저 미국의 개요와 현황을 통하여 손쉽게 미국의 오늘을 살펴볼 수 있게 하였다. 더불어 미국의 어제를 개략적으로 살필 수 있도록 미국의 역대 대통령, 인구 변화, 그리고 영토 팽창에 대해 손쉽게 알아볼 수 있게 하였다. 다음으로 미국의 자연환경을 지형, 기후, 식생으로 나누어 살펴보았다. 이는 환경에 따라 미국인의 다양한 삶이 다르게 나타나기 때문이다. 마지막으로, 미국의 권역별 특징을 뉴잉글랜드, 중부 대서양, 남부, 중서부, 남서부, 서부로 나누어 살펴보았다. 미국은 이들 각 지역마다 고유한 지역적 정체성과 서로 다른 특질을 지니고 있어서 미국의 권역별 특징을 알아보면 미국인의 정체성을 살펴보는 데 많은 도움이 될 것이다.

1부는 크게 '미국의 역사'를 중심 내용으로 한다. 시대적 범주는 북아메리카의 식민지 시대로부터 탈냉전, '9·11', 그리고 그 이후의 변화까지를 시대별, 사안별로 살핀다. 즉, 식민지 시절부터 현재까지의 미국사 흐름을 장에 따라 필요한 주제들을 선택적으로 적용시켜 구성한 것이다. 미국사를 체계적·종합적으로 구성하는 단계로 확장하였다. 중심 내용으로는 영국 식민지의 독립과 미국의 탄생, 신생 공화국의 발전, 잭슨식 민주주의와 양대 정당의 출현, 미국의 영토 확장, 섹션의 형성과 대립, 남북 전쟁과 재건, 산업 발전과 도금 시대, 혁신주의, 제국주의와 제1차 세계 대전, 1920년대의 번영과 대공황 그리고 뉴딜, 제2차 세계 대전과 미국의 부상, 냉전 시대의 미국, 뉴프런티어와 위대한 사회 그리고 데탕트, 브레튼우즈 체제의 붕괴와 신냉전, 그리고 탈냉전 이후 오늘의 미국 등으로 구성하였다. 한마디로 미국사의 주요 흐름을 총체적으로 재생산한 것이다.

2부는 미국의 정치, 경제, 사회, 그리고 문화 분야를 독립적으로 재구성하였다. 지역학으로서 미국학의 다양한 면면 중에서 이 책의 기획 의도에 부응하여 분야별 핵심 요소들을 정리한 것이다. 어쩌면 독자들로 하여금 역사 이외 영역의 미국 이해에 대한 충분한 자양분을 제공하고자 특집으로 구성한 부분이다. 따라서 이 책의 독창성이 응집되어 있고, 일반 독자들에게 '유용한 정보의 저장고'라고 강조할 수 있겠다. 1장 '미국의 정치적 구조의 변화'에서는 헌법의 제정과 그 특성, 삼권 분립 체제의 성립과 그 역할, 그리고 정당의 성립과 양당 체제의 확립 등을 조명해 본다. 결국 미국의 현실 정치 및 통치 체계를 이해하는 초석이 될 것이다. 2장은 미국 경제 발전의 역사를 추적하였다. 농업 국가의 탄생, 공업 국가로의 전환, 이어 후기 산업 국가로의 이행 등을 통해 역사적으로 어떠한 변화 추이에 따라 오늘의 미국 경제가 있게 되었는지를 구체적으로 풀어 나간다.

3장에서는 미국의 대표적 요소 중 하나인 '다인종 국가' 구성의 요소들을 먼저 자세히 살핀다. 이어서 미국적 가치 혹은 미국적 특징 가운데 하나인 '퓨리터니즘'을 풀어낸다. 이 점과 관련하여 미국 사회는 '누가 주도하는가' 하는 원론적인 문제에 초점을 두면서 와스프(WASP)의 성립과 그 역할을 관찰한다. 마지막으로 4장에서는 미국의 대중문화와 스포츠를 다룬다. 미국이 주도하는 대중음악, 영화, 그리고 스포츠를 통해 미국 사회를 들여다본다. 어쩌면 전 세계를 대상으로 큰 반향을 불러오는 그런 영역에서 미국의 입지를 읽어 낼 수 있는 분야이고, 혹자들이 말하는 미국문화의 영향력에 대한 잔상을 읽어 낼 수 있는 상큼한 주제일 것이다.

3

필자들은 미국사 연구자들이다. 이 책은 미국 대외 관계사, 과학사, 이민사, 문화사, 정치사 등 관련 전공자들의 공동 성과물이다. 세미나 형태로 모임을 계속해 나가면서 기획을 하고, 편집에 임했다. 전공 영역과 관련된 주제들을 배정하고, 원고 작성 후 주기적인 발표·토론 모임을 통해 수정·보완의 과정을 지속해 나갔다. 시간이 흐르면서 기획 의도나 주제 설정을 새롭게 하기도 하였다. 어떤 세미나는 오전 10시에 시작하여 다음 날 새벽에 끝날 정도로 진지한 문제 제기와 비판, 토론이 지속되기도 하였다. 진지함과 진정성이 세미나를 주도했다고 단언할 수 있다.

필자들은 한국미국사학회가 축적해 놓은 성과들을 원용했음을 확실히 밝힌다. 그분들의 연구 성과에서 직접적인 도움도 받았고, 한국미국사학회 홈페이지 자료를 통해서도 지평을 확장할 수 있었으며, 나아가 각종 인터넷 자료들을 이용하기도 했다. 기존의 연구 성과들을 모두 언급하는 것에는 한계가 있다. 관련된 모든 분들께 감사함을 표한다. 한국미국사학회의 '살아 있는 전설'이라고 단언할 수 있는 이보형 선생님께서는 『미국사 개설』 개정판을 내면서 "한미 관계가 요동치는 요즘 시기에 이 책이 미국을 이해하는 데 다소라도 도움이 되었으면 한다"라고 밝히신 바 있다. 우리도 적극적으로 그 점에 공감하면서 유사한 메시지를 전하고 싶다.

이 책이 나올 수 있기까지 도움 주신 모든 분들께 감사의 표현을 배가하고자 한다. 그런 도움이 켜켜이 쌓였고, 이는 결국 미국 혹은 미국사에 관심 있는 독자들에게 신선한 효과로 전달되기 때문이다. 따라서 독자들도 이런 감사함에 동조할 것이라 믿는다. 마지막으로 이 책이 빛을 발할 수 있도록 협조해 주신 도서출판 단비 편집진에게도 큰 미소를 전합니다. 수고하셨습니다. 그리고 감사합니다.

2021년 2월
'미국사 읽기'를 제안하며
저자 일동

차례

2부 미국의 정치, 경제, 사회, 문화

프롤로그

미국 알아보기

1

미국의 개요

공식 명칭	United States of America
면적	9,833,517㎢
인구	332,639,102명 (2020년 7월 추산)
수도	Washington D.C.
언어	영어 78.2%, 스페인어 13.4%, 중국어 1.1%, 기타 7.3% (2017 추산) 미국은 국가 공식언어가 없음. 그러나 32개 주가 영어를 공식언어의 지위로 가지고 있음. 하와이는 하와이어 또한 공식어임. 또한, 알래스카는 20개의 토착어가 공식어에 포함됨.
인종 구성	백인 76.3%, 흑인 13.4%, 아시아 5.9%, 원주민(아메리카, 알래스카) 1.3%, 하와이와 태평양의 원주민 0.2%, 기타 2.8%
종교	프로테스탄트 43%, 로마 가톨릭 20%, 몰몬 2%, 유대교 2%, 이슬람 1%, 힌두 1%, 불교 1%, 기타 3%, 종교 없음 26%, 미응답 2% (2018/2019)
독립	1776년 7월 4일
정체	연방 공화제
정부 형태	대통령 중심제
대의 기구	양원제. 상원 100명(6년 임기), 하원 435명(2년 임기)
정당	민주당(1828), 공화당(1854), 자유당(1971), 버몬트 진보당(1981), 뉴욕독립당(1991), 개혁당(1995), 노동가족당(1998) 등.
명목 국내총생산 (GDP)	21.428조 달러. 1인당 GDP: 65,112달러 (IMF 2019년)
세입	3.5조 달러 (2019년)
세출	4.4조 달러 (2019년)
화폐 단위	US $
무역	수출 1.64조 달러, 수입 2.49조 달러 (2019년)
국방비	6,930억 달러 (2019년)
군사력	육군 471,513명, 해병대 184,427명, 해군 325,802명, 공군 323,222명, 우주군 2,501명, 해안경비대 42,042명 (2018년)

1-1. 미국 「연방 헌법」의 골격과 내용

전문

우리 합중국의 인민은 더욱 완벽한 연합을 형성하고, 정의를 확립하고, 국내의 안녕을 보장하고, 공동방위를 도모하고, 국민의 복지를 증진하고, 우리와 우리의 후손에게 자유의 축복을 확보하고자 이 헌법을 제정한다.

제1조 (입법부)

이 헌법에 의하여 부여되는 모든 입법 권한은 합중국 연방 의회에 속하며, 연방 의회는 상원과 하원으로 구성한다.

제2조 (행정부)

행정권은 미합중국 대통령에 속한다. 대통령의 임기는 4년으로 하며, 동일한 임기의 부통령과 함께 (⋯) 선출한다.

제3조 (사법부)

합중국의 사법권은 1개의 연방대법원에, 그리고 연방 의회가 수시로 제정·설치하는 하급 법원들에 속한다. 연방대법원과 하급 법원의 판사는 그 비행(非行)이 없는 한 그 직을 보유하며, 그 직무에 대해서 정기적으로 보수를 받으며, 그 보수는 재임 중 감액되지 않는다.

제4조 (주와 주 및 연방과의 관계)

각 주는 다른 주의 법령, 기록 및 사법 절차에 대해 충분히 신뢰와 신용을 가져야 한다. 연방 의회는 이러한 법령, 기록 및 사법 절차를 증명하는 방법과 그것들의 효력을 일반 법률로써 규정할 수 있다.

제5조 (헌법 수정 절차)

연방 의회는 상·하 양원의 3분의 2가 이 헌법에 대한 수정의 필요성을 인정할 때에는 헌법 수정을 발의해야 하며, 각 주에서 3분의 2 이상의 주 의회의 요청이 있을 때에는 수정 발의를 위한 헌법 회의를 소집해야 한다. 어느 경우에서나 수정은 연방 의회가 제의하는 비준의 두 방법 중 어느 하나에 따라, 4분의 3에 해당하는 주의 주 의회에 의해 비준되거나, 또는 4분의 3에 해당하는 주의 주 헌법

회의에 의해 비준되는 때에는 사실상 이 헌법의 일부로서 효력을 발생한다. (…)

제6조 (국가의 최고의 법)

이 헌법, 이 헌법에 준거해 제정되는 합중국의 법률, 그리고 합중국의 권한에 의해 체결된 또는 장차 체결될 모든 조약은 국가의 최고법이며, 모든 주의 법관은 어느 주의 헌법이나 법률 중에 이것에 배치되는 규정이 있을지라도, 이 헌법의 구속을 받는다.

제7조 (헌법 비준)

이 헌법이 이것을 비준하는 각 주에서 발효하기 위해서는 9개 주의 헌법 회의 비준이 있으면 된다.

서기 1787년, 미합중국 독립 제12년 9월 17일, 헌법 회의에 참석한 각 주의 만장일치의 동의를 얻어 이를 제정한다. (…)

수정 조항

수정 조항	내용	비고
1	종교, 언론, 및 출판의 자유와 집회 및 청원의 권리	
2	무기 휴대의 권리	
3	군인의 숙영금지	
4	수색 및 체포 영장	
5	형사 사건에서의 권리	권리장전
6	공정한 재판을 받을 권리	제1차 연방 의회의 첫 회기에 제안되어 각 주에
7	민사 사건에서의 권리	보내져서, 1791년 12월 15일 비준 완료.
8	보석금, 벌금 및 형벌	
9	인민이 보유하는 권리	
10	주와 인민이 보유하는 권한	
11	주를 상대로 하는 소송	1794년 3월 5일 발의, 1795년 2월 7일 비준
12	대통령 및 부통령의 선거	1803년 12월 12일 발의, 1804년 9월 27일 비준
13	노예 제도 폐지	1865년 2월 1일 발의, 1865년 12월 18일 비준
14	공민권	1866년 6월 16일 발의, 1868년 7월 28일 비준
15	흑인의 투표권	1869년 2월 27일, 1870년 3월 30일 비준
16	소득세	1909년 7월 12일 발의, 1913년 2월 23일 비준
17	연방 의회 상원 의원 직접 선거	1912년 5월 16일 발의, 1913년 5월 31일 비준
18	금주	1917년 12월 18일 발의, 1919년 1월 29일 비준
19	여성의 선거권	1919년 6월 4일 발의, 1920년 8월 26일 비준
20	대통령과 연방 의회 의원의 임기	1932년 3월 2일 발의, 1933년 2월 6일 비준
21	금주 조항 폐기	1933년 2월 2일 발의, 1933년 12월 5일 비준
22	대통령 임기 제한	1947년 3월 21일 발의, 1951년 2월 26일 비준
23	컬럼비아 특구의 선거권	1960년 6월 16일 발의, 1961년 4월 3일 비준
24	인두세	1962년 8월 27일 발의, 1964년 1월 23일 비준
25	대통령의 직무수행 불능과 승계	1965년 7월 6일 발의, 1967년 2월 10일 비준
26	18세 이상인 시민의 선거권	1971년 3월 23일 발의, 1971년 6월 30일 비준
27	연방 상·하 양원 의원의 보수에 관한 규정	1989년 9월 25일 발의, 1992년 5월 7일 비준

1-2. 미국의 주

주 이름		약자	주도	연방 가입일	하원 의원 수
Alabama	앨라배마	AL	몽고메리 (Montgomery)	1819. 2. 14	7
Alaska	알래스카	AK	주노 (Juneau)	1959. 1. 3.	1
Arizona	애리조나	AZ	피닉스 (Phoenix)	1912. 2. 14.	9
Arkansas	아칸소	AR	리틀록 (Little Rock)	1836. 6. 15.	4
California	캘리포니아	CA	새크라멘토 (Sacramento)	1850. 9. 9.	53
Colorado	콜로라도	CO	덴버 (Denver)	1876. 8. 1.	7
Connecticut	코네티컷	CT	하트퍼드 (Hartford)	1788. 1. 9.	5
Delaware	델라웨어	DE	도버 (Dover)	1787. 12. 7.	1
Florida	플로리다	FL	탤러해시 (Tallahassee)	1845. 3. 3.	27
Georgia	조지아	GA	애틀랜타 (Atlanta)	1788. 1. 2.	14
Hawaii	하와이	HI	호놀룰루 (Honolulu)	1959. 8. 21.	2
Idaho	아이다호	ID	보이시 (Boise)	1890. 7. 3.	2
Illinois	일리노이	IL	스프링필드 (Springfield)	1818. 12. 3.	18
Indiana	인디애나	IN	인디애나폴리스 (Indianapolis)	1816. 12. 11.	9
Iowa	아이오와	IA	디모인 (Des Moines)	1846. 12. 28.	4
Kansas	캔자스	KS	토피카 (Topeka)	1861. 1. 29.	4
Kentucky	켄터키	KY	프랭크퍼트 (Frankfort)	1792. 6. 1.	6
Louisiana	루이지애나	LA	배턴루지 (Baton Rouge)	1812. 4. 30.	6
Maine	메인	ME	오거스타 (Augusta)	1820. 3. 15.	2
Maryland	메릴랜드	MD	아나폴리스 (Annapolis)	1788. 4. 28.	8
Massachusetts	매사추세츠	MA	보스턴 (Boston)	1788. 2. 6.	9
Michigan	미시간	MI	랜싱 (Lansing)	1837. 1. 26.	14
Minnesota	미네소타	MN	세인트폴 (Saint Paul)	1858. 5. 11.	8
Mississippi	미시시피	MS	잭슨 (Jackson)	1817. 12. 10.	4

Missouri	미주리	MO	제퍼슨시티 (Jefferson City)	1821. 8. 10.	8
Montana	몬태나	MT	헬레나 (Helena)	1889. 11. 8.	1
Nebraska	네브래스카	NE	링컨 (Lincoln)	1867. 3. 1.	3
Nevada	네바다	NV	카슨시티 (Carson City)	1864. 10. 31.	4
New Hampshire	뉴햄프셔	NH	콩코드 (Concord)	1788. 6. 21.	2
New Jersey	뉴저지	NJ	트렌턴 (Trenton)	1787. 12. 18.	12
New Mexico	뉴멕시코	NM	샌타페이 (Santa Fe)	1912. 1. 6.	3
New York	뉴욕	NY	올버니 (Albany)	1788. 7. 26.	27
North Carolina	노스캐롤라이나	NC	롤리 (Raleigh)	1789. 11. 21.	13
North Dakota	노스다코타	ND	비즈마크 (Bismarck)	1889. 11. 2.	1
Ohio	오하이오	OH	콜럼버스 (Columbus)	1803. 3. 1.	16
Oklahoma	오클라호마	OK	오클라호마시티 (Oklahoma City)	1907. 11. 16.	5
Oregon	오리건	OR	세일럼 (Salem)	1859. 2. 14.	5
Pennsylvania	펜실베이니아	PA	해리스버그 (Harrisburg)	1787. 12. 12.	18
Rhode Island	로드아일랜드	RI	프로비던스 (Providence)	1790. 5. 29.	2
South Carolina	사우스캐롤라이나	SC	컬럼비아 (Columbia)	1788. 5. 23.	7
South Dakota	사우스다코타	SD	피어 (Pierre)	1889. 11. 2.	1
Tennessee	테네시	TN	내슈빌 (Nashville)	1796. 6. 1.	9
Texas	텍사스	TX	오스틴 (Austin)	1845. 12. 29.	36
Utah	유타	UT	솔트레이크시티 (Salt Lake City)	1896. 1. 4.	4
Vermont	버몬트	VT	몬트필리어 (Montpelier)	1791. 3. 4.	1
Virginia	버지니아	VA	리치먼드 (Richmond)	1788. 6. 25.	11
Washington	워싱턴	WA	올림피아 (Olympia)	1889. 11. 11.	10
West Virginia	웨스트버지니아	WV	찰스턴 (Charleston)	1863. 6. 20.	3
Wisconsin	위스콘신	WI	매디슨 (Madison)	1848. 5. 29.	8
Wyoming	와이오밍	WY	샤이엔 (Cheyenne)	1890. 7. 10.	1

1-3. 역대 대통령과 부통령

순서	대통령	임기	정당	부통령
1	조지 워싱턴 George Washington	1789~1797	연방파	존 애덤스 John Adams
2	존 애덤스 John Adams	1797~1801	연방파	토머스 제퍼슨 Thomas Jefferson
3	토머스 제퍼슨 Thomas Jefferson	1801~1809	공화파	에런 버 Aaron Burr, Jr. (1801~1805) 조지 클린턴 George Clinton (1805~1812)
4	제임스 매디슨 James Madison	1809~1817	공화파	엘브리지 게리 Elbridge T. Gerry (1813~1814)
5	제임스 먼로 James Monroe	1817~1825	공화파	다니엘 톰프킨스 Daniel D. Tompkins
6	존 퀸시 애덤스 John Quincy Adams	1825~1829	국민 공화파	존 칼훈 John C. Calhoun (1825~1832)
7	엔드루 잭슨 Andrew Jackson	1829~1837	민주당	마틴 밴 뷰런 Martin Van Buren (1833~1837)
8	마틴 밴 뷰런 Martin Van Buren	1837~1841	민주당	리처드 존슨 Richard M. Johnson
9	윌리엄 해리슨 William H. Harrison	1841~1841	휘그당	존 타일러 John Tyler
10	존 타일러 John Tyler	1841~1845	휘그당(1841) 무소속(1841~1845)	-
11	제임스 포크 James K. Polk	1845~1849	민주당	조지 M. 댈러스 George M. Dallas
12	재커리 테일러 Zachary Taylor	1849~1850	휘그당	밀러드 필모어 Millard Fillmore
13	밀러드 필모어 Millard Filmore	1850~1853	휘그당	-
14	프랭클린 피어스 Franklin Pierce	1853~1857	민주당	윌리엄 킹 William R. King (1853~1853)
15	제임스 뷰캐넌 James Buchanan	1857~1861	민주당	존 브레킨리지 John C. Breckinridge
16	에이브러햄 링컨 Abraham Lincoln	1861~1865	공화당	해니벌 햄린 Hannibal Hamlin (1861~1865) 앤드루 존슨 Andrew Johnson (1865~1865)
17	앤드루 존슨 Andrew Johnson	1865~1869	민주당	-
18	율리시스 그랜트 Ulysses S. Grant	1869~1877	공화당	스카일러 콜팩스 Schuyler Colfax, Jr. (1869~1873) 헨리 윌슨 Henry Wilson (1873~1875)
19	러더퍼드 헤이스 Rutherford B. Hayes	1877~1881	공화당	윌리엄 휠러 William A. Wheeler
20	제임스 가필드 James A. Garfield	1881~1881	공화당	체스터 아서 Chester A. Arthur
21	체스터 아서 Chester Arthur	1881~1885	공화당	-
22	그로버 클리블랜드 Grover Cleveland	1885~1889	민주당	토머스 헨드릭스 Thomas A. Hendricks (1885~1885)
23	벤자민 해리슨 Benjamin Harrison	1889~1893	공화당	리바이 모턴 Levi P. Morton

24	그로버 클래블랜드 Grover Cleveland	1893~1897	민주당	애들레이 스티븐슨 Adlai E. Stevenson
25	윌리엄 맥킨리 William McKinley	1897~1901	공화당	개릿 호바트 Garret A. Hobart (1897~1899) 시어도어 루스벨트 Theodore Roosevelt (1901~1901)
26	시어도어 루스벨트 Theodore Roosevelt	1901~1909	공화당	찰스 페어뱅크스 Charles W. Fairbanks (1905~1909)
27	윌리엄 테프트 William H. Taft	1909~1913	공화당	제임스 셔먼 James S. Sherman (1909~1912)
28	우드로 윌슨 Woodrow Wilson	1913~1921	민주당	토머스 마셜 Thomas R. Marshall
29	워렌 하딩 Warren G. Harding	1921~1923	공화당	캘빈 쿨리지 John C. Coolidge, Jr.
30	캘빈 쿨리지 Calvin Coolidge	1923~1929	공화당	찰스 도스 Charles G. Dawes (1925~1929)
31	허버트 후버 Herbert Hoover	1929~1933	공화당	찰스 커티스 Charles Curtis
32	프랭클린 루스벨트 Franklin D. Roosevelt	1933~1945	민주당	존 가너 John N. Garner (1933~1941) 헨리 월리스 Henry A. Wallace(1941~1945) 해리 트루먼 Harry S. Truman (1945~1945)
33	해리 트루먼 Harry S. Truman	1945~1953	민주당	앨번 바클리 Alben W. Barkley (1949~1953)
34	드와이트 아이젠하워 Dwight D. Eisenhower	1953~1961	공화당	리처드 닉슨 Richard M. Nixon
35	존 케네디 John F. Kennedy	1961~1963	민주당	린든 존슨 Lyndon B. Johnson
36	린든 존슨 Lyndon B. Johnson	1963~1969	민주당	휴버트 험프리 Hubert H. Humphrey, Jr. (1965~1969)
37	리처드 닉슨 Richard M. Nixonn	1969~1974	공화당	스피로 애그뉴 Spiro T. Agnew (1969~1973) 제럴드 포드 Gerald R. Ford, Jr. (1973~1974)
38	제럴드 포드 Gerald R. Ford, Jr.	1974~1977	공화당	넬슨 록펠러 Nelson A. Rockefeller
39	지미 카터 James Earl Carter, Jr.	1977~1981	민주당	월터 먼데일 Walter F. Mondale
40	로널드 레이건 Ronald W. Reagan	1981~1989	공화당	조지 H. W. 부시 George H. W. Bush
41	조지 H. W. 부시 George H. W. Bush	1989~1993	공화당	댄 퀘일 James D. Quayle
42	빌 클린턴 William J. Clinton	1993~2001	민주당	앨 고어 Albert A. Gore, Jr.
43	조지 W. 부시 George W. Bush	2001~2009	공화당	딕 체니 Richard B. Cheney
44	버락 오바마 Barack Hussein Obama, Jr.	2009~2017	민주당	조 바이든 Joseph R. Biden, Jr.
45	도날드 트럼프 Donald J. Trump	2017~2021	공화당	마이크 펜스 Michael R. Pence
46	조 바이든 Joseph R. Biden Jr.	2021~	민주당	카멀라 해리스 Kamala Harris

1-4. 미국의 인구 변화

연도	인구 (단위: 10만 명)	인구 증가율
1790	39	-
1800	52	33.3%
1810	72	38.3%
1820	96	33.1%
1830	128	33.5%
1840	170	32.7%
1850	231	35.9%
1860	314	35.6%
1870	385	22.6%
1880	493	28.0%
1890	629	27.6%
1900	762	21.0%
1910	922	21.0%
1920	1,060	15.0%
1930	1,232	16.2%
1940	1,321	7.3%
1950	1,513	14.5%
1960	1,793	18.5%
1970	2,032	13.3%
1980	2,265	11.5%
1990	2,487	9.8%
2000	2,814	13.2%
2010	3,087	9.7%

1-5. 미국의 영토 팽창

오리건
1848년 영국과 조약

루이지애나
(프랑스로부터 1803년 구입)

1783년 파리조약 이후
미국 영토

1775년 당시 미국

멕시코로부터 1848년 획득

1853년
멕시코로부터 획득

1845년 텍사스와 합병으로 획득

1819년
스페인으로부터 획득

2

미국의 자연환경

대서양에서 태평양까지 이르는 북아메리카 대륙의 상당 부분을 차지
하는 미국은 면적으로 보면 983만 3,517㎢에 달해 러시아, 캐나다에 이
어 세계에서 세 번째로 광대한 영토를 갖는 나라이다. 현재 인구는 약 3억
3,000여만 명이고, 이들은 48개 주로 구성된 본토(mainland)와 알래스카 및
하와이에 고루 분포되어 있다. 인구가 가장 많은 주는 캘리포니아이고,
다음으로 텍사스, 플로리다, 뉴욕 순이다.

미국의 지리적 특색은 한마디로 그 거대함에 있다. '거대한 땅' 미국이

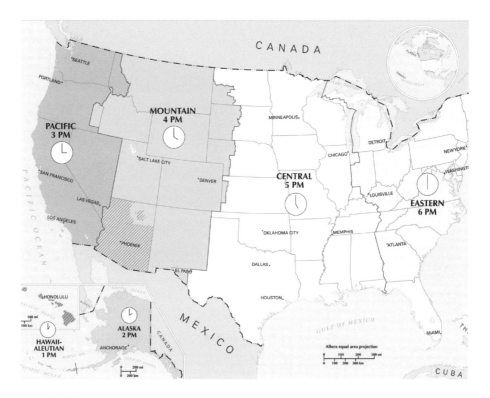

미국의 시간대

란 표현이 걸맞을 정도다. 대서양 연안에서 시작해 태평양에 이르기까지 광대한 대지를 이루고 있고, 미국 본토의 너비는 가장 넓은 곳이 장장 4,500km에 달해 4개의 표준시간대로 구분되며, 비행기로 5시간 이상 소요되는 거리다. 더욱이 이 거대한 땅은 비옥하기까지 하다. 본토의 대부분이 온대 기후에 속하며 중서부의 광대한 평야와 초원 지대는 농업과 목축업이 발달하기에 알맞고, 서남부 지역은 석탄, 석유, 천연가스 등의 지하자원이 매우 풍부하다. 동서남북으로 매우 조화롭고 풍요로운 자연환경이 갖추어진 축복 받은 듯한 나라다. 그야말로 행운이 아닐 수 없다. 아마도 "아메리칸 드림"이란 자연환경으로부터 생겨난 것으로 보인다.

2-1. 지형

미국의 지형은 보통 남에서 북으로 단순하게 구분하나, 지형의 특징에 의해 크게 세 부분으로 나눈다. 하나는 대서양 연안 지역으로, 멕시코만(the Mexico Gulf)으로부터 시작해서 동부 해안을 따라 북부의 뉴잉글랜드에 이르는 해안 평야 지대이고, 다른 하나는 태평양 연안 지역으로 환태평양 조산대에 속한 험준한 습곡 산지이며, 마지막은 이 두 지역의 중간에 위치해서 미시시피강 유역을 중심으로 전개된 광대한 낮은 지대의 내륙 평야 지대이다. 이 지역은 화분 받침대를 연상시킨다. 애팔래치아산맥(Appalachian Mts.)과 로키산맥(Rocky Mts.)이 자연적 방벽 역할을 하고 있는 지역이다.

먼저 동부 해안 평야 지대는 애팔래치아산맥 동쪽에 위치하면서 북쪽은 뉴잉글랜드의 남부 지역에서 남쪽은 플로리다 반도를 포함한 멕시코만 일대까지 대규모로 펼쳐져 있다. 이 지역은 지질학적으로 그리 오래되

미국의 지형

지 않은 퇴적층이 주로 분포되어 있다. 대부분 이 퇴적층은 해양 생물이 축적된 해성층으로 볼 수 있는데, 해안을 향해 완만한 경사를 이루고 있어 해안을 따라 대륙붕이 잘 발달되어 있다.

특히 애팔래치아 산맥 부근은 임업과 광업의 주요 산지인데, 삼림은 오랫동안의 벌채로 황폐한 부분이 많다. 광업 면에서는 미국 제1의 탄전 지대이다. 미국 내 양질의 석탄 85%가 이곳에 매장되어 있으며, 철광·석유·아연 등도 채굴되고 있다. 이 지역은 미국의 초기 산업화 과정에서 공업 발전에 큰 영향을 끼쳤으나, 산맥 내부는 아직도 개발이 지연되고 있다. 또한, 이 지역에서는 대서양 연안의 해안 평야와 애팔래치아산맥의 경계에 발달한 이른바 폭포선(fall line)이 유명한데, 애팔래치아산맥에서 흘러내리는 하천이 산 중턱에서 급류를 이루어 주요한 동력을 제공함으로써 미국이 산업화를 이루는 데 매우 중요한 역할을 했다. 볼티모어(Baltimore), 리치먼드(Richmond), 애틀랜타(Atlanta) 등이 폭포선 도시로 불리며, 산업화 초기에 섬유 공업이 주로 발달한 지역이다. 해안 지역은 굴곡이 심한 편으로 대개 침식 해안으로 이루어져 있다. 델라웨어만(Delaware-bay), 체사피크만(Chesapeake-bay) 등이 대표적이며, 필라델피아(Philadelphia)나 보스턴(Boston)과 같은 항구 도시들이 이 해안을 끼고 발달했다. 더욱이 이 지역은 미국 정착 초기의 역사를 고스란히 간직한 곳으로, 미국이 이후 정치·경제적으로 발전하는 데에서 중심적 역할을 하기도 했다. 그리고 멕시코만 유역은 벼농사가 발달했다.

두 번째는 태평양 연안 지역으로, 이 지역은 험준한 습곡 산지로 구성되어 있으며 화산 활동이 매우 활발한 지역이다. 이 지역은 크게 서부의 시에라네바다산맥(Sierra Nevada Range) 및 해안 산맥의 두 줄기 산맥과 그 사이에 있는 낮고 길쭉한 평야 지대로 나뉜다. 우리가 잘 아는 캘리포니아는 바로 이 평야 지대의 일부를 구성하며 관개 농업이 발달한 곳이다. 관개 농업은 토양의 염분화를 초래하기도 하지만, 이 지역의 과수 재배는 세계에서 가장 유명할 정도이다. 또한 환태평양 구조대에 속한 관계로 이따금씩 지진이 발생하기도 하는데, 샌프란시스코는 여러 차례 대지진이 일어난 바 있다.

마지막으로 중앙의 낮은 평원 지역으로, 이곳은 미국의 농업 및 목축업의 중심지이다. 이 지역에서 주목할 만한 곳은 이른바 대평원(Great Plains) 지역인데, 로키산맥 동쪽 기슭에서 시작되어 완만한 경사를 이룬다. 북으로는 캐나다의 매켄지(Mackenzie)강의 상류에서 남으로는 텍사스 남부에 이르는 지역은 거의 수평의 대평원을 이루고 있다. 이 지역은 미국의 곡창 지대 역할을 하며, 텍사스 남부 지역을 중심으로 석유와 석탄 등 광물 자원의 세계적 산지로도 유명하다. 또한 로키산맥을 끼고 전개되는 끝없이 광활한 평야와 맑은 하늘 때문에 빅스카이(Big sky) 지역으로 불리는 곳도 이 지역에 속한다.

2-2. 기후

알래스카와 하와이를 제외한 미국 본토는 일부 지역이 냉대 기후를 보이기도 하지만 대부분 지역은 온대 기후에 속한다. 하지만 거대한 땅이라는 이름에 걸맞게 다양한 유형의 기후적 특징을 보이기도 한다. 내륙 지역으로 갈수록 바람이나 해류의 영향 정도에 따라 습도나 기온에 따른 아주 다양한 특징을 보여 주기도 한다.

대체로 로키산맥과 애팔래치아산맥이 대서양과 태평양의 해양성 기후를 막는 방파제 역할을 해 줌으로써 내륙의 낮은 평원 지대는 다소 건조한 기후를 보이고 있다. 다만 내륙의 북부 지역인 오대호(슈피리어호·미시간호·휴런호·이리호·온타리오호) 연안과 남부의 멕시코만 지역은 해양성 기후를 막아 주는 지형적 구조물이 없는 관계로 가끔씩 한랭성 기후와 다소 습도가 높은 특징을 보인다. 멕시코만 지역은 우리나라의 태풍과 비슷한 허리케인(Hurricane)으로도 유명한 지역이다. 해안 지역의 경우, 태평양 연안은 한류인 캘리포니아 해류가 흐르고, 대서양 연안에서는 난류인 멕시코 만류가 흐른다.

동부 대서양 연안 해안 평야 지대의 경우는 남부 지역으로 갈수록 열대 사바나(savana)성 기후와 아열대성 기후가 형성되면서 세계적인 휴양지 역할을 하는 곳이 많다. 휴양지로 유명한 플로리다의 마이애미비치를 상상해 보라. 또한 대서양 연안에서는 동부 지역 특유의 계절풍과 열대성 저기압의 영향을 받기도 하며, 아열대성 기후를 보이는 멕시코만 연안 내륙 지역은 기온이 높고 건기와 우기가 비교적 뚜렷해 세계적인 목화 산지로 이름나 있다. 북부 지역으로 올라가 보면 뉴잉글랜드에서 오대호 연안에 이르는 지역에는 냉대성 습윤 기후가 나타난다. 이곳은 주지하다시피 미국의 공업 지대와 곡창 지대가 전개되는 곳으로, 우리나라의 북부 지역과 유사한 기후적 특징을 보여 준다.

서부의 태평양 연안 지역은 해양성 기후의 특징을 잘 보여 준다. 편서풍의 영향이 많고, 기온의 연교차가 적으며 고른 강수량을 보임으로써 울창한 숲을 형성하고, 과수 재배에 알맞은 일조량을 보이고 있다. 특징적인 것은 캘리포니아주의 경우, 지중해성 기후가 나타나 비가 거의 없는 여름과 비가 많이 내리는 겨울을 볼 수 있다. 샌프란시스코 같은 경우는 한류인 캘리포니아 해류의 영향으로 안개가 많이 발생하는 것을 자주 볼 수도 있다.

애팔래치아산맥의 서쪽 내륙 지역에서는 온난 습윤한 몬순 기후를 볼 수 있으며, 대평원 지역은 건조한 초원이 끝없이 펼쳐진 스텝(step) 기후를 나타낸다. 카우보이의 본고장답게 건조한 프레리(prairie) 기후를 보이며, 서쪽으로 갈수록 비가 거의 없다. 또한 솔트레이크 같은 지역에서는 사막 기후를 엿볼 수 있고, 로키산맥 등지에서는 고산 기후가 나타난다.

2-3. 식생

미국 본토의 식생은 보통 동부의 삼림 지대, 대평원의 초원 지대, 태평양 연안의 북부 삼림 지대, 건조한 서남부의 사막 지대로 구분된다. 동부의 삼림 지대는 보통 난대성 식물이 주로 잘 자라는 남부 플로리다반도의 열대 산림 지역과 북부의 침엽수림 지역으로 나뉜다. 뉴잉글랜드 지역에서 오대호를 거쳐 캐나다 지역으로 북상하면서 냉대성 기후의 영향으로 침엽수림이 발달되어 있다. 대평원의 초원 지대는 스텝 기후의 영향으로 건조한 초원이 형성되어 있으며, 검고 비옥한 이른바 프레리 토양이 주를 이룬다. 이 지역의 비옥한 토양에서 파생되는 경제적 가치는 어마어마한데, 그만큼 농업의 활성화에 따른 경제적 위험 부담도 큰 편이다.

농사를 짓기에는 부족한 강수량을 보이는 초원 지대에서는 농사 대신에 방목 등의 가축 사육을 주로 한다. 태평양 연안의 북부 삼림 지대 역시 동북부 지역처럼 침엽수림이 주로 발달해 있는데, 이는 풍부한 강수량 덕택이다. 또한 이 지역의 침엽수림은 농지로는 적합하지 않은 토양 덕분에 개방된 숲에서 전개되는 약간의 방목 활동을 제외하고는 삼림을 그대로 유지해 올 수 있었다. 서남부의 사막 지대에는 선인장이 유일한 식생이다.

3
미국의 권역별 특징

행운의 땅 미국은 자연환경이나 문화적 동질성에 근거하여 크게 여섯 지역으로 구분해 볼 수 있다. 재미난 것은 각 지역마다 고유한 지역적 정체성이 있어서 각 지역의 미국인들은 상이한 어떤 특질들을 가지고 있다는 사실이다. 이를테면 뉴잉글랜드인들은 자립심이 매우 강하고, 남부인들은 넉넉하고 후한 성품이며, 중서부인들은 다분히 신중한 편이고, 서부인들은 부드러운 기질의 소유자들이다. 이렇게 다른 기질을 보여 주는 미국의 여섯 지역은 다음과 같이 분류해 볼 수 있다.

뉴잉글랜드 New England	메인, 뉴햄프셔, 버몬트, 매사추세츠, 코네티컷, 로드아일랜드
중부 대서양 The Middle Atlantic	뉴욕, 뉴저지, 펜실베이니아, 델라웨어, 메릴랜드
남부 The South	버지니아, 웨스트버지니아, 노스캐롤라이나, 사우스캐롤라이나, 조지아, 플로리다, 앨라배마, 미시시피, 테네시, 켄터키, 아칸소, 루이지애나
중서부 The Midwest	오하이오, 미시건, 인디애나, 위스콘신, 일리노이, 미네소타, 노스다코타, 사우스다코타, 아이오와, 미주리, 네브래스카, 캔자스
남서부 The Southwest	텍사스, 오클라호마, 뉴멕시코, 애리조나
서부 The West	콜로라도, 와이오밍, 몬태나, 아이다호, 유타, 네바다, 캘리포니아, 오리건, 워싱턴, 알래스카, 하와이

그렇다면 과연 미국인들은 지역에 따라 어떤 모습을 갖고 있을까? 물론 미국인들은 공통된 생활 습관과 문화를 지니고 있다. 가령, 알래스카에서 플로리다에 이르기까지 모든 미국인들은 동일한 라벨의 통조림이나 패스트푸드를 먹거리로 이용한다. 하지만 각 지역마다 무언가 다른 고유한 특징들을 가지고 있기도 하다. 예를 들어 미국식 영어는 각 지역마다 조금씩 억양에서 차이가 난다. 물론 태도나 외모에서 각 지역 사람들을 간단히 구분하기는 쉽지 않다. 각 지역의 특징을 살펴보기에 가장 좋은 예 중 하나는 신문이다. 대서양 연안에 접해 있는 동부의 신문들은 유럽이나 중동, 아프리카, 서아시아 등의 사건들을 주로 다룬다. 반면, 서부 해안의 지역 언론인들은 동아시아와 호주 등의 사건에 주의를 기울인다. 각 지역의 특색을 역사적 특성과 연계해 살펴보도록 하자.

3-1. 뉴잉글랜드(New England)

지리적으로 가장 협소한 지역인 뉴잉글랜드는 상대적으로 다른 지역에 비해 비옥한 토지나 온화한 기후의 혜택을 받지 못한 지역이다. 그렇지만 뉴잉글랜드는 미국의 탄생 과정에서 주도적인 역할을 담당해 왔다. 역사적으로 뉴잉글랜드는 식민지 정착 초기부터 19세기에 이르기까지 미국의 문화적·경제적 중심지였다. 뉴잉글랜드에 정착한 초기 유럽인들은 대부분 엄격한 교리로 무장된 영국의 프로테스탄트들이었다. 대개 영국 국교회의 탄압을 피해 종교의 자유를 찾아온 사람들이었다. 이들은 타운미팅(town meeting)과 같은 자치적인 정치 제도를 통해 세간의 이슈를 중심으로 논의를 전개하는 직접 민주주의를 실현했다. 물론 재산을 소유한 성인 남자에게만 투표권이 있었지만, 일부 지역에서는 미국 민주주의의 발전에 지대한 영향을 끼쳤다. 이러한 타운미팅 전통은 현재도 지속되고 있다.

한편, 뉴잉글랜드인들은 지리적 약점 때문에 거대한 농장을 건설할 수 없었고, 따라서 1750년경 정착민들 대부분은 선박 건조, 어업, 무역에 종사했다. 결과적으로 이런 업종에 종사하면서 뉴잉글랜드인들은 고된 노

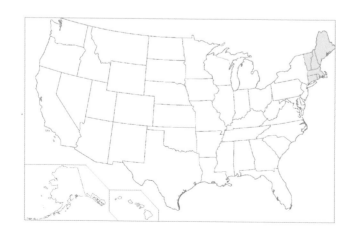

동을 통해 단련된 강인함과 캘빈주의가 내걸었던 근검절약의 윤리, 나아가 이를 바탕으로 천재성을 유감없이 발휘하며 초기 미국의 성장을 주도했다. 우리가 보통 미국의 보수성을 지적할 때 캘빈주의를 들먹이는 것은 이런 이유 때문이다. 캘빈주의를 주장했던 뉴잉글랜드인들의 강인성은 미국인들의 직업 윤리와 노동 윤리에 적용됨으로써 19세기 초반 미국이 산업 혁명에 도달하는 데 중요한 자산이 되었다. 특히 매사추세츠, 코네티컷, 로드아일랜드 등에 분포한 공장은 북부 산업의 중심으로 자리를 잡으면서 통화 팽창을 주도해 갔고, 보스턴 같은 도시는 초기 미국의 금융 중심지로 발돋움하기도 했다.

또한, 뉴잉글랜드는 미국 교육의 중심지이기도 하다. 식민 사회 초기의 엄격한 퓨리터니즘이 약화되고 이민이 증가하면서 각 공동체의 실정에 맞는 목회자를 배출하려는 의도에서 대학들을 설립하기도 했다. 공교육의 실시라는 점에서 대단히 선진적이었던 것이다. 이렇게 설립된 대학들은 오늘날 우리가 '아이비 리그(IVY League)' 대학이라고 부르는 하버드(Harvard) · 예일(Yale) · 브라운(Brown) · 컬럼비아(Columbia) · 코넬(Cornell) · 다트머스(Dartmouth) · 펜실베이니아(Pennsylvania) · 프린스턴(Princeton)대학 등으로 성장했다. 이들 대학에서는 미국의 정재계는 물론이고 다양한 분야에서 주도적인 역할을 하고 있는 엘리트들을 육성해 오고 있다.

인구 구성 면에서 보면 프런티어와 함께 초기 정착민들이 서부로 이주해 감에 따라 스코틀랜드, 아일랜드, 이탈리아, 동유럽 지역의 이민자들이 증가했지만, 초기 뉴잉글랜드 사회가 가졌던 캘빈주의적 이상은 수그러들지 않았다. 단아하고 절제된 생활 윤리는 소규모의 마을 단위로 구성된 이 지역의 행정 단위에서도 엿볼 수 있고, 나무로 지어진 조용한 집들과 잘 어울리는 하얀 색의 교회들이 늘어선 모습은 일품이다.

하지만 영광 뒤에는 패배가 있듯이 20세기 접어들면서 대부분의 뉴잉글랜드 전통 산업이 값싼 노동력을 찾아 다른 주나 외국으로 이동함에 따라 실업으로 고생하는 이들이 나타나기 시작했다. 현재 이 지역은 전통 업종이던 의류와 총기류 제조업 등의 쇠락을 전자 산업이나 컴퓨터 산업 이 메우고 있다.

3-2. 중부 대서양(The Middle Atlantic)

뉴잉글랜드가 19세기까지 미국 팽창의 뇌와 자금을 제공해 주었다면, 중부 대서양 지역은 근육의 역할을 담당했던 곳이다. 특히 이 지역은 비 교적 영토가 넓은 거대한 주들로 구성되어 있는데, 뉴욕과 펜실베이니 아는 미국의 중공업 중심지이기도 하다. 인구 구성 면에서 이 지역의 정 착민들은 다양한 구성을 보여 주는데, 네덜란드인들은 허드슨강(Hudson River)을 따라 뉴욕, 스웨덴인들은 델라웨어, 영국 가톨릭교도들은 메릴랜 드, 퀘이커(Quaker)교도들은 펜실베이니아에 정착했다. 그 때문에 현재에 도 다양한 특질들을 보여 준다. 즉, 식민지 정착 초기부터 이들 모두는 영 국의 단일한 통제를 받았지만, 다양한 민족성을 독자적으로 계속 유지해 왔다.

초기 이주자들은 대부분 농민이나 무역업 종사자들이었는데, 이들은

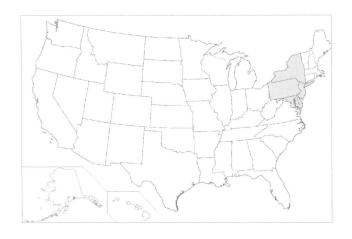

남부와 북부의 경제적 가교 역할을 담당하기도 했다. 특히 필라델피아는 북부와 남부 식민지의 중간에 위치하고 있는 지정학적 이유로 미국 역사에 한 획을 그었던 도시로 유명하다. 미국이란 나라는 가히 필라델피아와 함께 시작했다고 해도 과언이 아니다. 필라델피아는 대륙회의가 처음으로 개최된 곳이고, 미국 혁명이 조직된 곳이며, 1776년 「독립 선언서」가 기초된 곳이자 1787년에는 미국 헌법이 탄생한 곳이다. 또, 필라델피아는 도시의 이름에 걸맞게 종교적 피난처의 역할을 훌륭히 해 온 도시이다. 현재 이 지역은 미국의 금융과 문화의 중심지 역할을 하고 있다.

3-3. 남부(The South)

남부는 아마도 미국에서 가장 독특하고 지역적 색채가 가장 강한 지역일 것이다. 남북 전쟁(1861~1865)은 남부를 사회적으로나 경제적으로 초토화시켰지만, 남부만의 독특한 정체성만큼은 뿌리 뽑지 못했다. 남부도 뉴잉글랜드와 마찬가지로 영국의 프로테스탄트들이 정착한 곳이다. 그러나 뉴잉글랜드인들이 구대륙과의 차이를 강조하는 반면, 남부인들은 영국과의 동화를 강조하는 경향이 짙다. 남북 전쟁 발발 이전 남부와 북부

가 추구했던 자유 무역과 보호 무역의 대립도 이와 맥을 같이한다. 그럼에도 남부인들 중에는 미국 혁명의 주요 인사들이 많이 포함되어 있고, 초기 5명의 대통령 중 4명이 버지니아 출신이다.

남부는 면화와 담배를 생산하는 플랜테이션 농장을 통해 성장한 지역이다. 그런데 이러한 남부의 플랜테이션 농장은 첨예한 논란거리를 제공하기도 했다. 노예제가 그것이다. 노예제는 남부와 북부 사이의 가장 뜨거운 감자였다. 급기야 노예제 문제는 1861년 남부 11개 주 연합을 결성케 하고, 결국 이것은 남북 전쟁으로 이어졌으며, 그 결과 남부 연합은 패배하여 이 지역은 초토화되기에 이르렀다.

3-4. 중서부(The Midwest)

이 지역은 미국 문화의 멜팅폿(melting pot)이라 불릴 수 있는 지역이다. 다양한 유럽인들이 유입된 지역이기 때문이다. 1800년대 초에 활발히 전개된 서부 팽창을 통해 형성된 중서부 지역에는 유럽인들이 대부분 정착했다. 독일인들은 미주리, 스웨덴인들과 노르웨이인들은 위스콘신과 미네소타에 각각 정착했다. 중서부 지역은 비옥한 토양을 가지고 있어서 밀

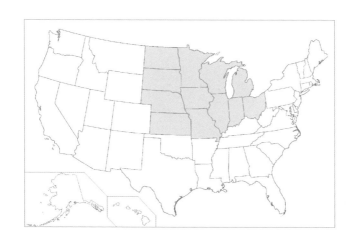

이나 옥수수 농장이 집중되어 있는 곳으로, 미국의 곡창 지대(breadbasket)로 불린다.

　지리적으로 대부분이 평지로 이루어져 있어서 이 지역 사람들은 마치 대륙의 기상과도 같은 여유 덕택에 개방성과 친근성, 정직성으로 소문이 자자하다. 한편, 정치적 색깔은 다분히 신중한 편인데, 때때로 이 때문에 비난을 받기도 한다. 또한 중서부 지역은 보수적 성향의 공화당(the Republican Party)이 탄생한 곳이자, 20세기 초엽의 혁신주의 운동의 시발점이기도 하다. 그리고 외교 문제에 관한 한 이 중서부 지역은 고립주의적인 경향이 매우 강하다. 아마도 지리적으로 중앙에 위치해 있는 것에서 기인하는 것으로 보인다. 이 지역의 대표적 도시는 시카고(Chicago)로 미국 3대 도시 중 하나다.

3-5. 남서부(The Southwest)

　이 지역은 중서부와는 매우 다른 날씨, 인구, 민족 구성을 보인다. 크게 보면 스페인계 미국인들과 식민지 초기의 원이주민들이 주축을 이루는 지역이다. 특징적인 것은 도시의 경계를 벗어나면 끝없이 펼쳐지는 광활

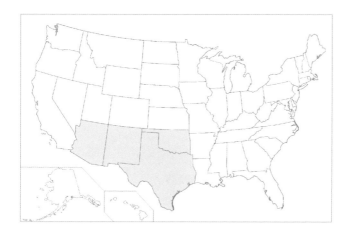

한 대지를 만날 수 있다는 점이다. 또, 콜로라도강이 콜로라도고원을 가로질러 흐르는 곳에 있는 길이 350km, 너비 6~30km, 깊이 약 1,600m의 협곡인 세계적으로 유명한 그랜드 캐니언(Grand Canyon)도 이 지역에 속하며, 그 유명한 모뉴먼트밸리(Monument valley)도 있다. 그리고 이 지역에는 호피, 주니, 아파치 등의 인디언 종족도 거주하고 있다.

한때 남서부 지역의 일부는 멕시코의 영토였으나, 1846~1848년의 미-멕시코 전쟁을 계기로 미국의 영토가 되었다. 이런 이유로 멕시코의 영향이 많이 남아 있다. 이 지역은 댐과 에어컨이 생활필수품의 하나일 정도로 더운 날씨로 유명하다. 대표적인 도시로는 도박으로 유명한 라스베가스이며, 회화·조각·오페라의 중심지인 뉴멕시코 지역이 여기에 속한다.

3-6. 서부(The West)

서부는 미국인들에게 자유, 광활함, 야성을 간직한 낭만적인 지역으로 간주되는 곳이다. 미국인들은 서부를 프런티어의 끝으로 간주한다. 하지만 서부의 정착 역사는 중서부 지역보다 훨씬 오래되었다. 미국 혁명이 발생하기 이전부터 스페인계 목회자들이 캘리포니아 해안선을 따라 복

음을 전파하기 시작했고, 19세기에는 캘리포니아와 오리건이 동부의 많은 주들보다 앞서 연방에 가입하기도 했던 지역이다. 이 지역은 한마디로 풍경이 매우 아름다운 곳이다. 한 가지 흠이 있다면 태평양에서 불어오는 방향의 영향으로 후덥지근한 기후일 것이다. 그럼에도 서부는 미국인들이 여가를 즐기기에는 가장 좋은 곳이다.

누구나 한 번쯤 꿈을 꿔 보는 무대인 할리우드(Hollywood)가 있는 곳이고, 이른바 실리콘 밸리가 조성된 곳이다. 캘리포니아는 농업에서 첨단 산업에 이르기까지 다양한 경제력을 보유한 곳이다. 단일 경제력으로 보면 세계 다섯 번째에 해당한다고 한다. 미국에서 인구가 가장 많은 주가 캘리포니아주이고, 당연히 대통령 선거인단 수도 가장 많다.

1부

미국의
역사

1장
북아메리카의 식민지 시대

1
아메리카 원주민의 정착과
원주민 문화

첫 번째 아메리카인: 아메리카 원주민의 정착

아메리카 역사의 시작은 유럽인이 아메리카 대륙을 발견한 이후부터가 아니다. 유럽인에게 아메리카는 '새로운 세계'였으나, 이미 아메리카에 살고 있던 원주민에게는 '오래된 터전'이었다.

아메리카 원주민은 아시아에서 4만 5,000년에서 1만 5,000년 전 시베리아와 알래스카 사이의 베링해협을 건너 아메리카 대륙으로 이주한 것으로 보고 있다. 이들은 석기 시대 유목민이었는데, 다른 유목민처럼 먹을 것을 찾아 혹은 적을 피해 이동하였을 것이다. 이들 고인디언(Paleo-Indians)이 베링해협을 건넜을 때 인류는 농경 사회로 진입하지 않았을 때였고, 첫 아메리카인 역시 특정 지역에 오래 머무르지 않으며 수렵, 어로,

채집 생활을 하였다. 아메리카 대륙으로 이주한 고인디언 사회는 빠르게 분화하였다.

기원전 1500년경 첫 거대 문명, 올멕(Olmec) 문명이 중앙아메리카 지역에서 등장하였다. 비옥한 토지 위에 대농장에서 옥수수를 경작한 올멕 문명은 기원전 1500년경부터 기원전 400년경까지 지금의 멕시코에서 니카라과에 걸쳐 강력한 영향력을 발휘하였다.

기원전 수 세기 전부터 오늘날 멕시코와 중앙아메리카 지역에 거주하던 마야(Maya)족은 기원후 1세기경 과테말라 지역에 진출한 뒤, 멕시코의 유카탄반도 남부를 중심으로 정착하였다. 5세기 전후 최고 전성기를 구가한 마야 문명은 10세기경 내륙 지역으로 이동하였다가 10세기 말경 다시 유카탄반도로 귀환한 뒤 대도시를 건설하고 주변 지역에 문명을 전파하며 번영을 구가하였다. 하지만 12세기 들어 도시 간에 내전이 격화되면서 15세기 중엽에서 16세기 초 마야족은 각처로 흩어졌다. 마야 문명은 화전 농법을 통해 옥수수를 주로 경작했고, 농지를 공유하였다. 성직자는 자신의 능력과 신과의 직접적 소통을 보여 주기 위해 일식과 월식에 대한 지식이 필요하였으며, 옥수수 경작을 위한 기후 지식이 필요했기 때문에 천문학과 수학이 발전하였다. 또한, 석회암과 나무를 이용해 여러 공공건물을 건설했고, 마야 문자로 알려진 상형 문자를 사용하였다.

이후, 14세기 중앙아메리카 지역에서 나우아(Nahua)족을 중심으로 아즈텍(Aztec) 제국이 등장하였다. "삼각 동맹(Triple Alliance)"으로도 알려진 아즈텍 제국은 나우아족이 건설한 도시 국가, 멕시코-테노치티틀란(México-Tenochtitlan), 텍스코코(Texcoco), 틀라코판(Tlacopan)의 연합 국가였다. 처음 이들 국가는 대등한 관계의 동맹이었으나 차츰 멕시코-테노치티틀란이 삼각 동맹을 주도하면서 실질적으로 텍스코코와 틀라코판을 지배하였다. 멕시코 서북 지역에 거주하던 나우아족은 11세기부터 13세기까지 남진하여 13세기 말 멕시코 중앙분지에 이르렀다. 이후 텍스코코 호수 중앙의 늪지대로 이동하여 1325년 멕시코-테노치티틀란이라는 국가를 세웠다. 아즈텍 제국은 1521년 스페인군에게 항복하기 전까지 태평양 연안에서 멕시코만에 이르는 멕시코 중앙고원 전역을 지배하였으며, 전체 인구는 약 1,200만 명 정도였던 것으로 추정한다.

남아메리카 지역에서는 14세기에서 16세기 사이 페루 지역에서 잉카(Inca) 제국이 등장하였다. 1,000만 이상의 인구를 지녔던 잉카 문명은 작고 독립적인 여러 부족 집단으로 시작하여, 케추아(Quechuas)족을 중심으로 통합되어 발전하였다. '모든 방향' 혹은 '4방향 세계'라는 의미를 지닌 '타완틴수유(Tawantinsuyu)'가 본래 국명인 잉카 제국은 안데스산맥 고원에 자리 잡은 수도 쿠스코(Cusco)를 중심으로 4개의 지역으로 구성되어 있었다. 쿠스코를 중심으로 연결된 잉카 제국의 도로는 잘 다듬어진 돌을 깔아 만들었으며, 총 길이는 최소 40,000km였다. 또한, 석재를 정교하게 사용해 고원 지대에 사원, 주택, 요새, 관개 운하와 수도교 등을 건설하였다. 이들은 옥수수, 감자, 코카, 고추나 담배 등을 주로 경작하였다.

북아메리카 원주민의 생활

북아메리카 원주민 사회는 중앙아메리카나 남아메리카의 잉카나 아즈텍처럼 고도로 발전된 문명을 건설하지는 못하였으나, 일부 학자의 연구에 따르면 1400년경 약 350만 명에서 700만 명의 원주민이 오늘날 미국 지역에 살고 있었던 것으로 추정한다. 농업 및 사냥과 낚시에 대한 전문적인 기술을 보유한 북아메리카 원주민은 정치권력과 종교적 믿음을 발전시켰고, 광범위한 교역망과 통신망을 구축하였다.

북아메리카 원주민의 문화는 크게 세 개의 지역, 즉 미시시피강 유역, 서부, 북동부 지역으로 나누어 살펴볼 수 있다.

미시시피강 유역의 마운드 빌더스(Mound Builders) 문화는 약 3,500년 전 원주민들이 오늘날 루이지애나 미시시피강 유역에 일련의 거대한 반원형의 언덕을 만들기 시작하며 비롯되었다. 이 언덕은 상업적·행정적 중심지였고, 이곳의 거주자들은 미시시피강 계곡과 오하이오강 계곡에 걸쳐 교역로를 건설하였다. 8세기까지 오하이오 지역의 원주민은 흙으로 만든 거대한 매장용 언덕을 세웠고, 대륙을 가로지르며 교역을 하였다. 이들의 쇠퇴 이후, 1200년경 오늘날 세인트루이스의 미시시피강 계곡에는 1만 명에서 3만 명 사이의 인구를 지닌 카호키아(Cahokia)족이 견고한 공동체를 만들었다. 이들 또한 거대한 언덕을 건설하였다.

서부의 애리조나 북동부 지역에는 호피(Hopi)족, 주니(Zuni)족이 약 3,000년 이상 거주하였다. 800년에서 1200년 사이 이들 문화는 전성기를 맞이하였다. 이들은 거대한 규모의 계획도시를 계곡에 건설하고, 대단위의 가족이 거주할 수 있는 공동 주택과 댐, 운하를 건설하였다. 아마도 가뭄 때문에 이들 사회가 쇠퇴한 후, 생존자들은 동쪽과 남쪽으로 흩어졌던 것으로 보인다. 이곳에서 이들은 관개 시설을 통해 사막 농업 기술을 발전시켜 옥수수, 콩, 면화 등을 재배하였다. 스페인 탐험가들은 이들을 "푸에블로(Pueblo, 마을)"라 칭하였는데, 이는 이들이 당시 소규모의 마을을 이루어 생활하였기 때문이다. 태평양 해안가에 거주한 수백 개의 개별적인 부족은 주로 바다의 포유동물을 사냥하거나, 야생 식물이나 열매를 채집하며 독립적으로 생활하였다. 대평원 지역의 원주민은 버팔로를 사냥하거나 농업을 통해 생활을 영위하였다.

동부에서는 수백 개의 부족이 멕시코만에서 오늘날 캐나다에 이르는 지역에 도시나 마을을 이루어 생활하였다. 이들은 옥수수, 스쿼시와 콩 등을 재배했고, 사슴이나 칠면조 등을 사냥하였다. 동부의 원주민은 대륙의 동부 지역을 교차하는 교역로를 만들어 물건이나 포로를 교환하였다. 이들은 부족 사이에 다양한 형태의 동맹이나 연합을 맺고 평화를 유지하였다. 대표적으로, 동남부 지역에는 촉토(Choctaw), 체로키(Cherokee), 치커소(Chickasaw) 부족이 느슨한 형태로 동맹을 맺고 있었고, 뉴욕과 펜실베이니아 지역에서는 이로쿼이(Iroquois)의 다섯 부족이 "이로쿼이 연맹(Iroquois Confederacy)"을 맺어 안정된 사회를 유지하고 있었다.

이러한 아메리카 원주민 사회에 대변화를 가져온 것은 유럽인의 등장이었다.

2
유럽의 아메리카 개척

14~16세기 유럽 사회의 변화와 해외 팽창

유럽 사회는 14세기부터 16세기에 이르는 동안 정치, 경제, 사회, 문화의 변동이 이루어졌다. 14세기부터 16세기에 이탈리아 북부에서는 르네상스가 등장하여 인간을 탐구하기 시작했고, 16세기에 독일과 스위스 지역에서 종교 개혁이 성공하였다. 기존의 약한 왕권과 지방 분권적 유럽 사회는 이 시기를 지나며 강력한 왕권을 중심으로 한 중앙 집권적 질서가 형성되었다. 국왕은 관료제와 상비군을 통해 사법, 행정, 관세, 군사력을 장악하고, 공통의 법령, 언어, 공용어를 채택해 통합 정책을 시작하였다. 흔히 이를 '절대주의(absolutism)'라 부른다. 또한 "국왕의 권한은 신으로부터 부여받았다"라는 '왕권신수설(divine right of kings)'을 통해 국왕의 지배를 합리화하였다. 이 과정에서 유럽 사회는 15세기 말에 이르면 국가 경제가 자본주의로 전환되어 갔다. 유럽의 여러 국가는 '중상주의(mercantilism)' 정책을 통해 국부를 확대하고자 했으며, 은행이 설립되고 회사가 등장하기 시작하였다. 나아가 이슬람을 통해 아시아의 항해 장비가 유럽 사회에 소개되고 대형 선박 건조가 가능해지면서 장거리 항해가 가능하게 되자 유럽 국가는 바다 밖으로 시선을 돌리기 시작하였다. 그 중심에 있었던 국가는 포르투갈과 스페인이었다.

포르투갈의 항해왕자 엔리케(Enrique, 1394~1460)는 무역을 확대하기 위해 1418년 지브롤터의 세인트빈센트곶에 정착하여 항해 학교를 세운 뒤 서아프리카 지역에 많은 탐험선을 보내 항로를 개척하고, 항해사를 후원하여 포르투갈 항해의 토대를 마련하였다. 1430년대부터 해외 식민지를 확보하기 시작한 포르투갈은 1480년 아프리카 소유 선언을 통해 아프리카에 대한 권리를 확보하고자 하였고, 1481년 콩고 지역에서 사금, 상아, 흑인 노예를 교역하기 시작하였다. 이후 바르톨로뮤 디아스(Bartolomeu Dias)가 1488년 아프리카 남단(희망봉, Cape of Good Hope)에 도달하였으며, 1498년 바스코 다 가마(Vasco da Gama)가 인도 서해안 캘리컷에 도착하여 인도로 가는 최종 항로가 완성되었다. 이를 통해 포르투갈은 동방산물에 대한 교역을 독점할 수 있었다.

스페인은 711년 이슬람 세력에 정복당한 이래 8세기 동안 "레콩키스타(Reconquista)"라 불리는 국토 회복 과정에 있었다. 이후 카스티야 왕국의 이사벨 1세(Isabel I, 재위 1474~1504)와 아라곤 왕국의 페르난도 2세(Fernando II, 재위 1475~1516)가 1469년 결혼하면서 이베리아반도는 1492년 통합되었다. 같은 해, 이베리아반도 최후의 이슬람 거점 그라나다를 정복하면서 마침내 레콩키스타를 완성하자 본격적으로 바다 밖으로 관심을 기울이기 시작하였다. 그 중심에 있었던 인물은 이탈리아 제노바 출신의 항해사 크리스토퍼 콜럼버스(Christopher Columbus, 1451?~1506)였다. 콜럼버스는 토스카넬리(Paolo dal Pozzo Toscanelli)의 지도를 입수한 뒤, 1484년 포르투갈의 주앙 2세(Juan II, 재위 1481~1495)에게 대서양 탐험을 제안했으나 거절당하였다. 이후 스페인의 이사벨 1세와 페르난도 2세가 콜럼버스를 "해군 제독에 임명하고, 발견한 것의 10%를 콜럼버스의 소유"로 한다는 조건으로 콜럼버스의 항해를 후원하였다. 1492년 8월 세 척의 범선으로 인도로 향해 출발한 콜럼버스 일행은 1492년 10월 카리브해를 발견하고 1493년 3월 귀환하였다. 콜럼버스는 이후 총 4차에 걸쳐 대서양을 횡단하였는데,

세 번째와 네 번째 탐험에서 남아메리카 지역에 상륙하였다.

콜럼버스가 다녀간 곳이 유럽인에게 아시아가 아닌 '새로운 세계'라는 것이 알려진 것은 아메리고 베스푸치(Amerigo Vespucci)의 1501년부터 1502년 항해를 통해서였다. 이후 독일의 지도 제작자 마르틴 발트제뮐러 (Martin Waldseemüller)가 1507년에 '새로운 세계'를 아메리고 베스푸치를 기념하여 "아메리카(America)"라는 명칭으로 사용하게 되면서 오늘에 이르고 있다.

유럽의 아메리카 식민지 개척

스페인은 처음 카리브의 섬들을 중심으로 식민지를 건설하기 시작하였다. 이후 스페인의 콩키스타도르(conquistador, 정복자)는 잉카 제국과 아즈텍 제국을 정복하면서 중앙아메리카와 남아메리카를 지배하게 되었다. 아즈텍 제국은 에르난 코르테스(Don Hernándo Cortés)가 1521년 테노치티틀란을 정복하면서 멸망하였으며, 잉카 제국은 프란시스코 피사로(Francisco Pizarro González)가 1533년 잉카 제국의 황제 아타우알파(Atahualpa, 재위 1497~1533)를 처형하면서 멸망하였다.

포르투갈의 경우, 1500년 마누엘 1세(Manuel I, 재위 1495~1521)의 명령으로 인도로 향하던 페드로 카브랄(Pedro Álvares Cabral)이 폭풍을 만나 브라질에 표착하게 되었고, 이후 1530년 마르팀 소우사(Martim Afonso de Sousa)를 파견하여 브라질 지역을 탐험한 뒤 1532년 식민지를 건설하기 시작하였다.

북아메리카에 처음 상륙한 유럽인은 1000년경 바이킹의 일원이었던 레이프 에릭슨(Leif Erikson, 970?~1020?)과 그의 일행이었다. 이들은 뉴펀들랜드섬의 북쪽 반도 란스오메도스(L'Anse aux Meadows)에 상륙한 뒤 "빈란드 (Vinland)"라 칭하며 정착을 시도했으나 오래 지속되지 못하였다.

이후 북아메리카 지역에서 프랑스, 네덜란드 등이 식민지를 건설하기 시작하였다. 영국은 엘리자베스 1세(Elizabeth I, 재위 1558~1603) 때인 16세기 말부터 북아메리카에 식민지를 건설하고자 시도하였다. 당시 영국은 아메리카 대륙과 스페인을 왕래하는 선박과 아메리카에 있는 스페인 식민지를 습격하고 약탈하는 행위를 조장하고 허가하며 원조하는 방식으로 해군력을 강화해 나갔고, 이를 바탕으로 1588년 스페인의 무적함대를 격퇴하였다. 비슷한 시기 험프리 길버트(Humphrey Gilbert)는 1578년 엘리자베스 1세로부터 6년 기한의 특허장을 받고 탐험대를 조직하여 항해를 시도했으나 실패하였고, 1583년 8월 탐험대를 이끌고 뉴펀들랜드섬에 도착한 후 돌아오는 도중 폭풍을 만나 실종되었다. 이후 험프리 길버트의 이복동생 월터 롤리(Walter Raleigh)가 세 차례에 걸쳐 노스캐롤라이나와 로어노크섬에 식민지 건설을 시도했으나 역시 실패하였다.

프랑스는 자크 카르티에(Jacques Cartier)가 1534년부터 1536년까지 총두 차례에 걸쳐 세인트로렌스만과 세인트로렌스강을 탐험하였다. 이후 1608년 앙리4세(Henri IV, 재위 1589~1610)의 후원 아래 피에르 뒤구아 드 몽(Pierre Dugua de Mons)과 사뮈엘 드 샹플랭(Samuel de Champlain)이 퀘벡에 식민지를 건설하였다.

네덜란드는 1609년 영국인 헨리 허드슨(Henry Hudson)을 파견하여 오늘날 뉴욕의 허드슨강 일대를 발견하였고, 1624년 맨해튼(Manhattan)에 뉴암스테르담을 건설하면서 이 지역을 중심으로 뉴네덜란드를 건설하였다.

3
영국령 북아메리카 식민지 사회의 전개

영국은 초반의 실패가 있었지만, 이후 북아메리카 대륙에서 유럽의 경쟁국보다 먼저 식민지 건설에 성공하였다.

영국의 북아메리카 식민지 건설

영국은 런던회사(London Company)와 플리머스회사(Plymouth Company) 와 같은 민간 회사를 중심으로 북아메리카에서 식민지를 건설하였다. 1606년 제임스 1세(James I, 재위 1603~1627)로부터 아메리카 동부 해안의 북위 34°부터 41° 지역에 식민지 건설 권한을 부여받은 런던회사는 1606년 12월 혹은 1607년 초 세 척의 배로 영국에서 출발해 1607년 4월 체서피크만에 도착하였다. 이들은 스페인과의 충돌을 피하고자 체서피크만에서 제임스강을 따라 약 60km를 올라간 곳에 제임스타운(Jamestown)을 건설하였다. 하지만 이듬해인 1608년 정착민의 70%가 사망하였다. 1609년 12월 인구는 220명이었으나, 1610년 봄 생존자는 60명이었다. 같은 해 제임스강을 좀 더 거슬러 올라간 지점에 헨리코(지금의 리치몬드)를 건설하였다. 이들 식민 도시가 중심이 되어 버지니아식민지가 되었다.

초기 식민지인의 삶은 추위와 굶주림, 질병 등으로 가혹하였으나, 원주민으로부터 담배 재배법을 배우고 새로운 담배 품종을 개발하여 영국으로 수출하게 되면서 안정을 찾아 나갔다. 나아가 1618년 런던회사는 식민지의 동의 없이 어떠한 정부도 세우지 않을 것임을 약속하였고, 1619년 식민지 지사 조지 이어들리(George Yeardley, 1587~1626)는 식민지 의회 구성을 허락하여 버지니아의회(House of Burgesses)가 구성되었다. 이는 식민지 최초의 의회였다. 1621년 런던회사는 "의회의 동의가 없는 회사의 명령은 시행하지 않는다"라고 의회에 약속하였다. 1622년 런던회사는 원주민과의 전쟁 과정에서 파산하였고, 1624년 제임스 1세는 런던회사로부터 특허장을 거두어들여 버지니아식민지를 왕령 식민지로 만들었다. 이제 버지니아는 회사 식민지에서 왕령 식민지로 전환되어 지사와 평의회 의원(Virginia Governor's Council)은 국왕이 직접 임명하였으나, 의회와 법원은 그대로 유지하여 자치를 실행할 수 있었다.

버지니아가 안정적으로 발전될 무렵인 1632년 찰스 1세(Charles I, 재위

1625~1649)는 조지 캘버트(George Calvert) 일가에게 버지니아 북쪽에 위치한 포토맥강 북쪽 유역에 특허장을 부여했고, 가톨릭교도였던 캘버트는 다른 영국의 가톨릭교도와 함께 이 지역에 세인트메리를 건설하였다. 메릴랜드식민지의 시작이다. 캘버트 일가에게 수여된 특허장은 캘버트 일가가 장원을 만들 권리와 재산이 있는 자유인의 동의를 통해 법률을 제정할 수 있는 권리 등이었다. 캘버트 일가와 가톨릭교도들은 정착민들을 유치하고 소유지로부터 이익을 얻기 위해선 더 많은 이주민이 필요하였기에, 이곳으로 이주한 이주민에게 토지를 제공함에 따라 점차 자영농이 증가하였다. 자영농이 증가하면서 이들은 발언권을 요구하기 시작하였고, 1635년 식민지의회가 개최되었다.

이 두 식민지, 버지니아식민지와 메릴랜드식민지를 중심으로 영국의 아메리카 남부 식민지가 발전하였다.

영국의 아메리카 식민지 북부 지역(뉴잉글랜드)은 플리머스식민지가 시작이었다. 제임스 1세로부터 아메리카 동부 해안의 북위 38°부터 45° 지역에 식민지 건설 권한을 부여받은 플리머스회사는, 1607년 8월 지금의 메인주에 정착을 시도하였으나 실패한 후 1619년 다시 식민지 건설을 시도하였다. 이 시기 제임스 1세는 비국교도를 박해하기 시작하였다. 일단의 청교도(Puritans)는 이를 피해 1609년 네덜란드로 망명을 떠났다가 정착에 어려움을 겪게 되었고, 종교적 이상향을 찾아 플리머스회사의 식민지 개척에 동참하였다. 이들은 영국 국교회와 분리를 주장하는 분리파였으며, 후에 '순례자들(Pilgrims)'이라 불린다. 1620년 9월 6일 총 102명이 메이플라워(Mayflower)호를 타고 영국 플리머스항을 출항해 11월 9일 보스턴 남쪽 케이프코드에 도착하였다. 이들의 목적지이자 특허를 받은 지역은 북위 40° 지역인 오늘날 뉴욕의 허드슨강 하구였으나 식수 부족과 겨울이 찾아오고 있었기 때문에 당초 계획을 포기하였다. 메이플라워호는 1620년 11월 11일 케이프코드 인근 프로빈스타운에 닻을 내렸다. 이 지역은 어느 정부의 관할 구역에도 속하지 않았지만, 청교도들이 이 지역을 개척할 권리 또한 부여받지 못했기 때문에 상륙할 권한이 없다는 의견이 대두되었다. 이에 이민자들은 식민지를 통치하기 위한 문서 「메이플라워 서약(Mayflower Compact)」을 비준하였다.

겨울을 메이플라워호에서 보낸 이주민들은 1621년 3월이 되어서야 육지에 상륙해 원주민과 접촉하였다. 이 기간 동안 약 절반의 이주민이 추위와 굶주림으로 사망하였다. 하지만 이 지역에 있던 원주민이 옥수수 재배법을 가르쳐 주었고 이듬해 가을에 옥수수를 수확할 수 있었다. 이들은 또한 모피와 목재를 영국에 수출하며 식민지에 정착할 수 있었다. 순례자들은 자치 정부를 세울 권한이 없었음에도 「메이플라워 서약」을 통해 이후 오랫동안 외부의 간섭 없이 자치를 실행할 수 있었다.

청교도에 의한 식민지는 플리머스뿐 아니라 매사추세츠만식민지가 있었다. 1629년 매사추세츠만회사(Massachusetts Bay Company)가 찰스 1세로부터 토지에 대한 권리와 영토를 통치할 정치적 권리가 담긴 식민지 설립 특허권을 받고 1630년 매사추세츠만 연안에 매사추세츠만식민지를 건설하였다. 이 식민지는 존 윈슬롭(John Winthrop, 1588~1649)을 중심으로 청교도 회중파(Congregationalists)에 의해 개척되었다. 이들은 식민지가 신께서 주신 새로운 가나안이라 믿었고, 신의 뜻으로 통치되는 새로운 나라를 만들고자 하였다. 특히 특허장의 규정에 따라 청교도 교회 소속인 '자유인 성도'로 구성된 '총회(General Court)'에 통치 권한이 부여되었고, 청교도는 이를 통해 종교뿐 아니라 정치에서도 지배적인 세력이 될 수 있었다. 이들은 정교일치(政敎一致)와 불관용 정책을 견지하였으며, 청교도 과두제를 통한 자치를 시행하였다. 플리머스식민지와 매사추세츠만식민지는 1692년 매사추세츠식민지로 합병되면서 왕령 식민지가 되었다.

매사추세츠식민지의 청교도 과두제를 모두가 반긴 것은 아니었다. 1636년 신학자 로저 윌리엄스(Rogers Williams, 1603~1683)는 청교도 과두제에 반발하여 종교의 자유와 정교 분리를 주장하며 매사추세츠를 떠나 로드아일랜드식민지를 건설하였고, 1635년 매사추세츠 출신의 식민지인 약 100여 명이 엄격한 청교도주의에 불만을 품고 좀 더 자유로운 사회를 건설할 목적으로 하트퍼드에 정착해 코네티컷식민지를 건설하였다. 또한 비슷한 이유로 매사추세추만식민지로부터 분리되어 세이브룩식민지(Saybrook Colony)와 뉴헤이븐식민지(New Haven Colony)가 건설되었다. 코네티컷식민지의 지도자였던 신학자 토머스 후커(Thomas Hooker, 1586~1647)는 1638년 "권위의 토대

는 먼저 인민의 자유로운 동의로부터 나온다"라고 주장하였는데, 이를 토대로 코네티컷과 뉴헤이번식민지는 1639년 1월 14일 「코네티컷 기본법(Fundamental Orders)」을 제정하였다. 「코네티컷 기본법」은 정부의 권한에 한계를 두었고, 투표에 종교의 제한을 두지 않았다. 비록 「코네티컷 기본법」은 헌법으로서는 완전하지 않았으나, 오늘날 코네티컷의 별명인 "헌법주(Constitution State)"의 유래가 되었다. 이들 정착지는 1662년 코네티컷식민지로 합병되면서 왕령 식민지가 되었다.

중부 지역의 대표적 식민지로는 뉴욕과 펜실베이니아식민지가 있다. 1664년 뉴네덜란드를 정복한 영국의 찰스 2세는 그의 동생 요크 공작[Duke of York, 훗날 제임스 2세(James II, 재위 1685~1688)]에게 이 지역을 하사하면서 뉴욕식민지가 되었다. 영주 식민지의 시작이다. 이후 제임스 2세가 뉴욕식민지의 일부 토지를 친구에게 주어 뉴저지식민지가 되었다. 펜실베이니아식민지는 1681년 퀘이커교도였던 윌리엄 펜(William Penn, 1633~1718)이 찰스 2세(Charles II, 재위 1660~1685)로부터 아버지의 빚 대신 받은 식민지에 일단의 퀘이커교도와 함께 식민지를 개척하였다. 공식적

으로는 영주 식민지였으나, 실제로는 부유한 퀘이커교도가 장악함으로써 자치 식민지를 유지하였다.

이후 영국의 북아메리카 식민지는 계속 발전해 1773년까지 13개의 식민지가 등장하였다.

영국의 북아메리카 13식민지

지역	식민지 명칭
북부(뉴잉글랜드)	뉴햄프셔, 매사추세츠, 로드아일랜드, 코네티컷
중부	뉴욕, 뉴저지, 펜실베이니아, 델라웨어
남부	메릴랜드, 버지니아, 노스캐롤라이나, 사우스캐롤라이나, 조지아

식민지 사회의 발전

식민지 사회가 안정됨에 따라 각 지역은 자연환경에 맞는 산업을 토대로 발전하였다. 남부 지역은 농업을 중심으로 발전하였다. 제임스타운을 건설한 런던회사는 토지 소유권을 회사가 보유하고, 식민지인들이 생산한 농산물은 창고에 두었다가 개인의 필요에 따라 나누어 주었다. 하지만 생산력이 높지 않기 때문에, 회사는 생산 증대를 위해 개인에게 3에이커의 토지를 나누어 주고 지대로 매년 일정량의 농산물을 받아 개인의 이윤 추구 동기를 자극하였다. 1618년에는 더 많은 이민자를 유인해서 생산력을 증대하기 위하여 회사 주식을 사는 사람에게 50에이커의 토지를 부여했고, 이후 이민자 모두에게 50에이커의 토지를 주기 시작하였다. 이 결과 식민지는 사유 재산과 개인의 이윤 추구 동기를 토대로 번창하기 시작하였다. 이러한 토지를 바탕으로 버지니아식민지는 대농장 제도(plantation system)가 발전하였고, 부족한 노동력은 흑인 노예를 통해 보충하였다. 1660년대에 이르면 남부 지역을 중심으로 노예 제도가 확립되었으며, 17세기 말 버지니아와 메릴랜드의 사회와 경제는 노예 제도를 바탕으로 대농장주와 중소 자작농이 지배적인 사회가 되었다. 사우스캐롤라이나의 찰스턴은 남부의 중요한 항구로 발전하였다. 또한 최남부 내륙 식민지에서도 독일과 스코틀랜드계 이민자들이 주류 영국인들을 피해 농장을 건설하기 시작하였다.

북부 지역은 농업이 발전하기 어려운 환경을 지녔기 때문에, 이곳에 정착한 식민지인들은 주변의 임야에서 소규모 농업에 종사하거나 무역업, 상업에 종사하였다. 정착민들은 밀집해 거주하였고, 공통의 관심사와 문제를 타운미팅(town meeting)을 통해 해결하였다. 매사추세츠만식민지는 상업을 확장해 나갔으며, 보스턴은 주요 항구로 성장하였다. 주변의 풍부한 목재는 조선업이 성장하는 토대가 되었고, 17세기 말에 이르면 영국 선박 중 3분의 1이 북부 식민지 지역에서 건조되었다. 럼주와 노예는 북부의 상인에게 주요한 상품이 되었다. 상인들은 북부 지역에서 생산한 럼주를 아프리카 서해안 지역의 흑인 노예와 교환하여 서인도 제도에 팔고, 서인

미시시피의 면화 플랜테이션 (출처: 미 의회도서관. 1884년 작)

도 제도에서 럼주의 원료인 당밀을 구입하는 삼각 무역을 통해 많은 이익을 얻을 수 있었다.

중부 지역은 유럽의 다양한 이민자들이 유입되었다. 펜실베이니아에서는 필라델피아를 중심으로 여러 언어와 종교, 직업을 가진 이민자들이 정착하였고, 이들의 재능과 사업으로 북아메리카 식민지의 중심지 중 하나가 되었다. 펜실베이니아는 18세기 초 스코틀랜드계 아일랜드인이 중심지에서 벗어난 곳에 정착하여 농지를 개간하고 사냥과 농업으로 생활을 영위하였다. 뉴욕은 뉴암스테르담 시절부터 정착했던 네덜란드인과 다양한 국가 출신의 식민지인을 중심으로 상업 도시로 발전하고 있었다.

영국의 북아메리카 식민지는 지역별로 다양한 사회 경제적 구조를 가지고 있었으나, 대체로 정치적으로 자치적인 모습을 강력하게 보였고, 이주민 대부분은 개신교 중심의 중산 계층이었다. 식민지인들은 누구나 변방(frontier)으로 진출하여 새로운 기회를 찾을 수 있었다. 변방 개척을 통하여 식민지의 확장을 요구하던 식민지인들은 자치, 토지 제공과 종교적 자유를 내세워 이주민의 유입을 꾀하였기 때문에, 사회적으로 유럽과 같은 귀족 계층이 출현하지 않고 유동적인 모습을 지켜 나갔다.

상업의 발전과 다양한 경험을 가진 이민자의 유입으로 1740년대 식민지의 종교는 형식화되어 가고 있었다. 위기를 느낀 식민지의 종교계는 종교적 각성을 촉구하는 운동을 시작하였다. '대각성(Great Awakening)'이라 불린 이 운동은 식민지 전역으로 빠르게 퍼져 나갔고, 종교적 경건성과 실천을 중시하는 복음주의가 식민지에서 종교적 주류로 성장하는 데 중요한 역할을 하였다.

성경을 통한 기독교적 믿음을 중요하게 바라본 식민지인들은 성경 읽기를 중요하게 여겼고, 따라서 문자 해독을 위한 교육을 중요하게 생각하였다. 1647년 매사추세츠식민지는 50가구 이상 모인 지역마다 문법 학교(grammer school)를 설립하였으며, 얼마 뒤 대부분의 북부 식민지에서 문법

학교가 설립되었다. 초등 교육뿐 아니라 대학 교육도 발전하였다. 이미 1636년 보스턴에 하버드대학이 설립되었고, 1701년 코네티컷에 예일대학이 설립되었다. 복음주의 운동의 영향으로 프린스턴(1746, 장로교파, 뉴저지), 컬럼비아(1754, 영국 성공회, 뉴욕 맨해튼), 브라운(1764, 침례교파, 로드아일랜드), 럿거스(1766, 네덜란드 개혁교회, 뉴저지), 다트머스(1769, 회중교회, 뉴햄프셔)대학 등이 설립되었다.

식민지 발전의 중요한 특징 가운데 하나는 "건전한 방임(Salutary neglect)"을 통해 영국의 통제가 느슨하였다는 것이다. 또한, 식민지인들은 자신들이 영국에 의해 종속된 관계가 아니라 대등한, 혹은 영국과 느슨한 연합 관계라 생각하였다. 영국 정부는 청교도 혁명(1642~1649) 시기 혼란으로 식민지에 대한 통제를 효과적으로 행사할 수 없었고, 1660년 찰스 2세의 왕정복고가 되었을 때조차 비효율적인 정책으로 식민지는 대체로 자치를 누리고 있었다. 그러나 영국의 명예혁명(1688~1689) 전후 많은 식민지가 왕령 식민지로 전환되었다. 식민지에 대한 국왕의 통치권이 강화되고 명예혁명의 결과 등장한 「권리 장전(Bill of Rights, 1689)」과 「신교 자유법」으로 인해 자연권에 입각한 권리와 자유가 식민지인들에게 널리 퍼지면서 식민지인과 영국 정부가 충돌하였다. 그 결과 18세기 초 식민지 의회들은 영국 의회가 지닌 조세와 지출에 대하여 투표할 수 있는 권한과 입법 권한을 갖게 되었다. 또한 식민지 의회는 왕이 임명한 지사의 권력을 견제하고, 식민지 의회의 권한과 영향력을 확장하면서 자치의 권리를 확대해 나갔다.

이 시기, 프랑스와 영국은 유럽과 카리브해에서 결정적 승패가 없는 연속적인 전쟁을 벌이고 있었다. 프랑스는 캐나다와 오대호 주변 원주민 부족과 강력한 유대 관계를 통해 북아메리카 지역에서 영향력을 지속적으로 확대해 나가 미시시피강 하구의 뉴올리언스까지 영역을 확대하며 영국의 북아메리카 식민지를 위협하기 시작하였다. 프랑스는 영국 식민지로부터 삶의 터전을 빼앗긴 원주민 세력을 규합하여 변경 지역을 수시로 습격하며 영국의 세력 확장을 견제하였다. 이 과정에서 1754년 오하이오 강 상류 지역에서 프랑스 정규군과 버지니아 민병대 사이에 무력 충돌이 벌어지면서 '프랑스-인디언 전쟁(French-Indian War, 1754~1763)'이 시작되었다. 당시 버지니아 민병대를 이끈 사람은 버지니아의 농장주 조지 워싱턴(George Washington, 1732~1799)이었다. 전쟁이 발발하자 프랑스는 오대호 주변의 원주민 부족을 동원해 전쟁을 수행하였으며, 영국은 식민지의 민병대를 통해 전쟁에 임하였다. 한편, 1756년 유럽에서는 오스트리아가 프로이센을 공격하면서 '7년 전쟁(Seven Years' War, 1756~1763)'이 시작되었다. 영국과 프랑스는 각각 프로이센과 오스트리아의 동맹국으로 이 전쟁에 참여하면서 프랑스-인디언 전쟁은 국제적인 전쟁으로 확대되었다. 7년 전쟁에서 영국의 지원을 받은 프로이센이 승리를 거두고, 프랑스-인디언 전쟁에서 영국이 승리하면서 영국은 캐나다와 미시시피 동부의 북아메리카 해안 지역 대부분을 장악하게 되었다.

• 사료 읽기

메이플라워 서약

신의 이름으로, 아멘. 아래에 이름이 씌어진 우리, 곧 신의 은총에 의해 대영국과 프랑스와 아일랜드의 최고 통치자인 국왕이자 신앙의 옹호자인 제임스의 충성스러운 신하들은 신의 영광과 기독교 신앙의 증진 그리고 우리 국왕과 조국의 명예를 위해 버지니아 북부 지방에서 최초의 식민지를 건립하려고 항해를 시도했으며, 본 증서를 통해 우리의 좀 더 바람직한 질서 수립과 보존, 그리고 전술된 목적들의 촉진을 위해 신과 서로의 면전에서 엄숙히 계약을 체결하고 시민적 정치 단체로 결속한다. 이에 바탕하여 식민지의 일반적 복지를 위해 가장 적합하고 적절하다고 생각되는 정의롭고 공평한 법률과 결정, 관직을 수시로 제정하고 구성하고 조직하기로 한다. (…) 서기 1620년 11월 11일 코드곶에서 우리 이름들을 여기 서명했다.

(출처: 한국미국사학회 엮음, 『사료로 읽는 미국사』, 궁리, 2006, 38~39쪽)

참고한 책, 더 읽어 볼거리

권오신·김호연, 『왜 미국 미국 하는가』, 강원대학교 출판부, 2003.

손세호, 『하룻밤에 읽는 미국사』, RHK, 2019.

앨런 브링클리 지음, 황혜성 외 역, 『있는 그대로의 미국사』, 휴머니스트, 2011.

이보형, 『미국사개설』, 일조각, 2018.

이주영, 『미국사』, 대한교과서, 2005.

최웅·김봉중, 『미국의 역사』, 소나무, 1997.

2장
영국 식민지의 독립과
미국의 탄생

1
영국의 식민지 정책 변화

프랑스-인디언 전쟁 동안 식민지인은 영국을 도와 프랑스와 전쟁을 벌여 승리를 거두었다. 따라서 식민지인은 더 많은 자유를 확보할 수 있다는 기대감과 요구가 증가하였다. 반면, 영국은 프랑스-인디언 전쟁 이후 내부 조직을 보다 효율적으로 조직하려 하였다. 캐나다, 오하이오강 유역을 정복한 영국은 프랑스인 주민과 원주민을 소외시키지 않는 정책이 필요하였기 때문이다.

영국의 국왕 조지 3세(George III, 재위 1760~1820)는 「1763년의 포고령(Proclamation of 1763)」을 발표하였다. 이 포고령에서 영국은 애팔래치아산맥 서쪽 지역으로 식민지인이 이주하거나 교역하는 것을 금지하고, 이 지역을 인디언 구역으로 보존한 뒤, 이를 강제하기 위해 이 지역에 1만 명의 영국군을 주둔시켰다. 1763년의 포고령은 식민지인과 원주민 사이의 충돌을 막고 기존 정착지에 대한 영국 정부의 통제를 확실하게 하는 한편, 애팔래치아산맥 서쪽 지역에서 일어날지 모를 식민지인과 원주민 사이의 충돌을 방지하여 이에 소요되는 방위비를 경감하기 위한 것이었다.

1763년의 포고령은 식민지인의 반발을 불러왔다. 인구가 급속하게 증가하기 시작하며 토지가 부족해진 식민지인들은 자신들의 경계를 미시시피강까지 확대할 권리가 있다고 보았기 때문이다. 하지만 영국 정부는 식민지인의 반발에 대하여 일방적인 무시로 일관하였다. 식민지인의 반발을 더욱 불러일으킨 것은 영국의 재정 정책이었다. 당시 영국의 국가 부채는 1754년에서 1763년 사이 두 배 이상 증가하였고, 허드슨만에서부터 인도에 이르는 제국을 관리하는 데 필요한 비용 또한 증가하였다. 프랑스-인디언 전쟁 이후 영국군의 북아메리카 주둔비 또한 약 7만 파운드에

1775년 당시 영국의 북아메리카 식민지

서 30만 파운드로 증가하였다. 전쟁으로 인해 영국의 재정은 고갈 상태에 이르렀으며, 국내 세금 조달로는 본국 재정 상태를 개선하기 어려운 상황에 도달하였다.

당시 영국의 재무장관이자 총리였던 조지 그랜빌(George Granville, 재임 1763~1765)은 "식민지의 방위는 일차적으로 식민지인에게 혜택을 주는 것이므로 방위비 일부는 식민지가 부담해야 한다"라고 주장하며, 프랑스-인디언 전쟁의 과다한 전쟁 비용 및 영토 방어 비용 해결을 식민지인에게 부담하고자 하였다.

영국 의회는 북아메리카 식민지인에게 직접적인 세금을 거둔 적은 없었다. 그러나 1763년 이전부터 영국 의회는 식민지에 대한 여러 규제법을 실행하였다. 영국 내 상업과 경쟁하는 북아메리카 식민지의 경제적 활동을 제한하고 영국 화폐를 안정시키기 위해 여러 차례 식민지의 지폐 발행을 금지하곤 하였다(1690년 매사추세츠에서 최초의 지폐 발행). 또한, 1699년 「양모법(Wool Act)」, 1732년 「모자법(Hat Act)」, 1750년 「철강법(Iron Act)」 등 여러 규제법을 실행해 식민지 제조업의 발전을 방해함으로써 영국 상품의 경쟁력을 강화하고자 하였다. 특히 1733년의 「당밀법(Molasses Act)」은 럼을 만드는 데 사용되는 당밀에 대해 관세를 부과함으로써 뉴잉글랜드와 프랑스·네덜란드의 카리브 식민지(French Caribbean) 사이의 교역을 줄여 영국의 이익을 도모하고자 하였다. 또한 「항해법」을 통해 담배와 같은 식민지의 주요 수출품을 영국 항구를 통해 유통하고자 하였다. 하지만 식민지인은 이 모든 조치를 공공연하게 무시하였다.

이에 영국은 1764년 당밀에 대해 관세를 부과하던 「당밀법」을 「설탕법(Sugar Act)」으로 대치하여 보다 효과적으로 관세를 부과하고자 하였다. 「설탕법」은 럼의 수입을 금지하고, 수입한 설탕·포도주·커피 등과 몇몇 사치품에 가벼운 관세를 부과하는 법이었다. 또한, 「설탕법」 실행을 위해 세관을 감시하고 위법자를 처벌하는 기구를 더욱 강화하였다. 영국 정부는 이를 통해 밀수를 줄일 수 있으리라 기대하였다. 이에 대하여 식민지의 상인들은 크게 반발하였다. 소액의 관세라 하더라도 자신의 사업은 방해될 것이었기 때문이다. 더불어 같은 해인 1764년 말 제정된 「통화법(Currency Act)」을 통해 영국 의회는 식민지의 지폐 발행을 금지하여 식민지 경제의 부담은 더욱 가중되었다. 영국 정부는 이듬해인 1765년 3월 「인지세법(Stamp Act)」을, 5월에는 「군대 숙영법(Quartering Act)」을 제정하였다. 「인지세법」은 신문, 인쇄물, 공문서, 증서나 기타 출판물 등에 인지를 붙이도록 한 법이었고, 「군대 숙영법」은 식민지에 주둔하는 영국군에 대한 숙식 편의 제공을 의무화하는 법이었다. 「설탕법」과 같은 간접세와 달리 「인지세법」은 직접세였다. 직접세는 관례적으로 식민지 의회에서 부과하였는데, 「인지세법」은 영국 정부가 식민지의 독자적인 과세권을 박탈하는 것으로 여겨지게 되었다. 아울러 신문과 같은 출판물에 세금을 부과하는 것은 언론 탄압으로 여겨져 식민지 언론인들의 큰 반발까지 불러왔다. 여러 식민지에서 「인지세법」은 무효라고 선언하였고, 주요 상인들은 수입 거부 운동을 벌여 나가기 시작하였다. 또한, 식민지의 지도층을 중심으로 '자유의 아들들(Sons of Liberty)'이 결성되어 인지세법 반대 운동을 전개하였다.

버지니아식민지 의회는 패트릭 헨리(Patrick Henry, 1736~1799)의 주도로 1765년 5월 "대의권 없는 과세는 식민지에 대한 위협"이라는 결의안을 통과시켰다. 매사추세츠식민지는 같은 해 6월 「인지세법」에 대처하기 위한 회의 소집을 요구하여, 10월 뉴욕에서 인지세법회의(Stamp Act Congress)가 개최되었다. 9개의 식민지로부터 모인 27명의 대표자들은 이 회의에서 "대표 없는 곳에 과세할 수 없다"로 요약되는 「식민지인의 권리와 불평 선언」을 결의하였다. 결국 식민지인들의 큰 반발에 영국은 1766년 「인지세법」을 폐지하고 「설탕법」도 일부 수정하였다. 하지만 영국 정부는 식민지 통제를 위해 "영국 의회는 어떤 상황에서도 식민지를 구속할 수 있는 입법권이 있음"을 주장한 「선언법(Declaratory Act)」을 통과시켰다.

1767년 당시 영국의 재무장관 찰스 타운센드(Charles Townshend)는 식민지에서 수입하는 종이, 유리, 잉크, 납, 차(tea) 등에 관세를 부과하여 수익 일부를 식민지의 총독과 관리의 임금에 사용하자는 소위 "타운센드법(Townshend Act)"을 제정하고, 1768년 세관 관리를 보호하기 위해 영국군 2개 연대를 파견하였다. 이 법은 특히 동부 해안 지대의 도시에서 강렬한 저항을 불러왔다. '자유의 아들들'을 이끌고 있던 사무엘 애덤스(Samuel Adams, 1722~1803)는 「타운센드법」은 "식민지인의 자연권과 헌법상의 권리를 침해하는 것"이라 주장하며 영국 상품에 대한 불매 운동을 전개하였다. 한편, 1770년 보스턴에 주둔하고 있던 영국군과 식민지인 사이에 유혈 충돌이 벌어지자(보스턴 학살 사건), 영국 의회는 결국 1770년 4월, 차에 대한 세금을 제외하고 「타운센드법」을 폐지하였다.

영국과 식민지 사이의 불안한 평화가 시작되었다. 평화가 깨진 것은 1773년이었다. 영국 정부는 재정이 악화된 영국동인도회사를 구하고 차의 밀수를 방지하기 위해 영국동인도회사에게 식민지에 대한 차 독점권을 부여하였다. 이를 통해 식민지인은 값싸게 차를 마실 수 있었으나, 특정 상품의 판매 독점권을 주는 영국 의회의 입법 행위를 묵인하면 이러한 행위가 다른 상품으로 확대되어 식민지의 자영업자들이 위기에 처할 수 있었다. 1773년 11월 영국동인도회사의 차 수송선이 보스턴, 뉴욕, 필라델피아, 찰스턴 등의 항구에 입항하자 이들 식민지들은 차의 하역을 금지하기로 결의하였다. 영국동인도회사가 이를 무시하고 육지에 하역을 준비하자, 12월 16일 밤 사무엘 애덤스를 중심으로 한 '자유의 아들들'은 원주민으로 분장하고 보스턴 항구에 정박 중이던 상선에 승선하여 실려 있던 차 상자를 바다로 던져 버렸다(보스턴 차 사건).

영국 의회는 이에 대응하여 1774년 3월부터 6월까지 후에 소위 "탄압법(Coercive Acts)" 혹은 "참을 수 없는 법(Intolerable Acts)"이라 불리게 될 일

련의 법을 제정하였다. 먼저, 「보스턴항구법
(Boston Port Bill)」은 영국 정부가 파손된 차에 대한
배상이 이루어질 때까지 보스턴 항구를 폐쇄하
는 법이었으며, 「매사추세츠 정부법(Massachusetts
Government Act)」은 보스턴이 속한 매사추세츠식민
지에 대하여 군정을 실시하고 타운미팅은 사전
에 승인을 받아야 하는 법이었다. 「재판 운영법
(Administration of Justice Act)」은 법을 시행하는 동안
죄를 범한 영국 관리들에게 영국 본국이나 다른
식민지에서 재판을 받도록 허용하는 법이었다.
마지막으로, 1770년 기한이 만료되었던 「군대 숙
영법」을 다시 제정하였다.

식민지인들은 영국의 강압적 지배에 대하
여 논의하기 위해 버지니아식민지 의회의 제안
에 따라 1774년 9월 5일 식민지 대표 55명이 모
여 '대륙회의(Continental Congress)'를 필라델피아
에서 개최하였다. 대륙회의는 영국 정부의 양보
를 얻기 위해 식민지가 단합되었음을 보여 주
어야 했다. 이에 식민지의 규모와 상관없이 모

1770년 보스턴 학살사건을 묘사한 그림
(출처: 미 의회도서관)

두 1표를 행사하였다. 10월 14일에 영국 의회의 식민지에 대한 모든 입법
은 식민지의 권리를 침해하고 있고, 식민지 의회의 동의를 받지 않은 영
국군의 주둔 또한 불법임을 선언한 「선언과 결의(Declaration and Resolves)」
를 채택하였다. 10월 20일에는 「대륙 통상 금지 협정(Continental Association)」
을 통해 영국 상품 불매를 전개하였다. 대표자들은 영국 상품 불매를 감
독할 '공안위원회(Committee of Safety, Committees of Correspondence, Committees of
Observation)'를 설치하여 상품 불매 운동을 강제하였다. 이후 10월 26일 대

류회의는 만약 영국의 탄압법이 철회되지 않으면 이듬해 1775년 5월에 제2차 대륙회의를 소집할 것을 약속하고 해산하였다.

2
독립 전쟁과 미국의 탄생

식민지인이 강력하게 반발하자 1774년 9월 영국 정부는 아메리카 식민지에 대하여 항복하거나 전쟁을 준비하라고 선언하였다. 한편, 식민지에서는 대륙회의가 진행되는 시기를 전후하여 여러 협의회(Convention) 혹은 식민지회의(Provincial Congress)가 구성되고 있었다. 매사추세츠식민지회의는 1774년 10월 식민지인의 생명, 자유, 재산을 보호하기 위해 무장할 것을 결의하였다. 1775년에 이르면 식민지 전역에 걸쳐 약 7,000여 명의 식민지인들이 지역 조직에 가담하였고, 이러한 지역 조직은 정치 교육의 장소가 되었다. 1775년 3월 버지니아협의회에서는 패트릭 헨리가 "자유가 아니면 죽음을 달라!"라는 연설을 하면서 독립의 불씨를 키웠다.

1775년 4월 19일 보스턴 인근 렉싱턴과 콩코드에서 영국군과 식민지 민병대 사이에서 무력 충돌이 벌어지면서 독립 전쟁은 시작되었다. 렉싱턴과 콩코드의 소식이 식민지 전역에 퍼져 나갈 때인 1775년 5월 10일, 필라델피아에서 제2차 대륙회의가 시작되었다. 대륙회의는 5월 15일 전쟁을 공식적으로 결정하고, 식민지 민병대를 규합해 식민지 연합군(Continental Army)을 조직하였다. 총사령관으로는 버지니아 출신의 조지 워싱턴을 임명하였다. 조지 3세는 이에 대해 8월에 아메리카 식민지가 반란 상태에 있다고 선언하는 포고령을 선포하였다.

한편, 1776년 1월 토머스 페인(Thomas Paine, 1737~1809)이 『상식(Common sense)』을 발간하였다. 페인은 『상식』에서 "전제정이란 미신에 근거한 제도이며, 자유에 위협을 주고, 식민지에 위협을 준다"라고 주장하였다. 『상식』은 식민지 전역으로 퍼져 널리 읽히며 식민지인의 독립에 대한 열망을 구체화하는 데 큰 영향을 주었다.

1776년 5월 10일 대륙회의는 영국으로부터 분리, 독립을 요구하는 결의안을 채택하였고, 1776년 7월 4일 독립을 선언하였다. 「독립 선언문」은 토머스 제퍼슨(Thomas Jefferson, 1743~1826)을 중심으로 5명으로 구성된 위원회가 작성하였다. 「독립 선언문」에는 인간은 모두 평등하게 태어났으며, 생명·자유 및 행복 추구라는 양도할 수 없는 천부권을 지닌다고 선언하였다. 또한, 정부는 피치자의 동의하에 이러한 권리를 보호하기 위해 수립되었으며, 정부가 그러한 목적을 파괴하는 경우에 이를 변혁 혹은 폐지하여 새로운 정부를 수립할 수 있음을 천명하였다.

비록 1775년 6월 벌어진 벙커힐 전투에서 승리를 거두긴 하였으나(이는 식민지가 독립을 선언하는 데 자극을 주었다) 독립을 선언한 이후에도 식민지 연합군은 고전을 면치 못하고 있었다. 민병대로 구성된 식민지 연합군은 정규군인 영국군에 비해 병력, 무장, 훈련 상태 등에서 모두 열세였기 때문이다. 하지만, 1777년 9월부터 10월까지 벌어진 사라토가(Saratoga) 전투에서 식민지 연합군이 승리하면서 전세는 역전되었다.

한편, 프랑스는 1776년 5월부터 대륙회의에 전쟁 물자를 지원하고 있었다. 식민지 연합군이 사용한 대부분의 화약은 프랑스가 공급한 것이었다. 사라토가에서 식민지 연합군이 영국군으로부터 승리를 거두자 프랑스는 프랑스-인디언 전쟁 이후 약화된 지위를 회복할 기회로 보고, 1778년 2월 6일 식민지와 우호 통상 조약과 동맹을 체결하였다. 이 조약을 통해 프랑스는 아메리카를 국가로 인정하였으며, 프랑스는 독립 전쟁에 참전할 경우 독립을 쟁취할 때까지 어느 쪽도 다른 쪽의 동의 없이 영국과 강화하지 않으며 서로 아메리카에서 상대방의 영유지를 보장하기로 약속하였다. 1778년 영국 함대가 프랑스 선박을 공격하자 프랑스는 본격적으로 영국과의 전쟁에 돌입하였다. 또한 1779년 스페인은 프랑스-인디언 전쟁 이후 영국에게 빼앗긴 영토를 되찾고자 프랑스 편에서 전쟁에 참여하였다. 1780년 영국은 아메리카와 교역을 계속하는 네덜란드에 전쟁을 선언하면서 전선은 확대되었다. 결국, 1781년 요크타운 전투에서 아메리카와 프랑스 연합군이 승리한 후에도 2년 동안 전쟁이 지속되었으나 실질적으로 전쟁은 종료되었다.

공식적인 전쟁 종식은 1783년 파리 조약이 체결되면서였다. 이 조약을 통해 영국은 식민지의 독립을 승인하였다. 마침내 신생 국가 '아메리카 합중국'이 탄생한 것이다. 이 조약에 의해 '아메리카 13개 연합 국가(United States of America: U.S.A.)'는 독립을 인정받았고, 북으로는 오대호부터 남으로는 조지아까지, 서로는 미시시피강에 이르는 광대한 영토를 차지하게 되었다. 뉴펀들랜드 주변의 어업권 또한 보장받았다. 이 조약에 참여한 국가는 '아메리카 13개 연합 국가', 영국, 프랑스, 스페인, 네덜란드였다.

1776년 7월 4일의 독립 선언 (John Trumbull, 1819년 작)

독립 전쟁은 세계사적으로 많은 영향을 주었다. 영국은 북아메리카 지역에서 많은 식민지를 잃은 결과 인도를 중심으로 식민 제국을 건설하였고, 캐나다의 식민지화에 박차를 가하였다. 전쟁에 참여했던 프랑스는 국가 재정이 고갈되었고, 이에 따라 '프랑스 혁명'의 원인 중 하나가 되었다. 중앙아메리카와 남아메리카의 많은 식민지들은 아메리카 대륙 최초의 독립국이 등장하자 독립 운동을 활발하게 전개해 나가기 시작하였다.

3
연방 헌법의 제정:
연합에서 연방으로

1776년 독립 선언 전후 식민지들은 자신만의 정부를 조직하고 주 헌법을 제정하기 시작하였다. 3권 분립을 통해 입법부, 행정부, 그리고 사법부가 서로 '견제와 균형'을 통해 지배자의 권력을 제한하고자 하였고, 일부 주는 1689년 영국의 권리 장전에 토대를 둔 권리 장전을 명기하였다. 처음으로 주 헌법을 제정한 버지니아는 자연권을 토대로 국민 주권, 언론과 종교의 자유, 선거의 자유와 함께 정부를 개혁하거나 바꿀 수 있는 권리 등이 포함되었다. 많은 주가 이를 토대로 주 헌법을 제정하기 시작하였다. 그러나 어느 주도 보편적인 참정권을 허용하지 않았으며, 남부의 식민지는 노예제를 인정하였다. 주 정부를 구성하면서, 식민지인은 '중앙 정부(national government)'를 어떻게 구성해야 하는지에 대해 토론하였다. 독립 전쟁 동안 식민지인은 승리를 위해 단결해야 한다는 것을 알았다. 중앙 정부 구성은 국가 통합의 핵심이었다. "뭉치면 살고, 흩어지면 죽는다(By uniting we stand, by diving we fall)"라는 외교관 존 디킨슨(John Dickinson)의 말은 대중적인 구호가 되었다.

1774년부터 1776년 사이 대륙회의는 독립적인 동맹 구성에 대해 논의를 하였고, 1776년 존 디킨슨이 초안한「연합 및 항구적 동맹에 관한 헌장(Articles of Confederation and Perpetual Union)」을 1777년 11월 채택하였다. 이 헌장을 1781년 3월 모든 나라가 비준하면서 13개의 신생 공화국은「연합 헌장(Articles of Confederation)」아래 "아메리카 합중국(United States of America)"이라는 '국가 연합'에 속하게 되었다.「연합 헌장」은 개별 '나라(state)'가 자유롭고 자주적인 주권을 지녔음을 분명히 하였다. 연합회의의 의장은 존재하지 않았고, 개별 나라의 대표로 구성되었다. 개별 나라는 인구 규모와 상관없이 다른 나라와 동등한 1표를 소유하였다. 대표자는 개별 투표가 아닌 그 나라의 대표로 투표하였으며, 중요 사안에 관한 결정은 13개 나라 중 9개 나라가,「연합 헌장」개정에는 전원의 동의가 필요하였다.

「연합 헌장」에 따라 연합회의는 국방과 외교, 전쟁과 강화 선언, 우편 업무, 화폐 발행과 차관 도입에 대한 권한을 지녔으나, 또한 개별 나라들이 군대를 보유하고 화폐를 발행할 수 있었으며 연합의 표준 도량형을 따르지 않을 수 있었다. 이와 더불어 개별 나라는 연합 내 다른 나라에서 수입한 상품에 대하여 관세를 부과하고 외국과 상업적 조약을 체결할 수 있었다. 나아가 개별 나라는 "연합회의 동의" 아래 외국에 대하여 전쟁을 선포할 수 있었다.

연합회의는 독립 전쟁 기간 동안 국가를 운영하였고 영토 문제에서 성공적인 모습을 보였으나, 다른 중요한 국가적 문제에서는 취약한 모습을 보였다. 연합회의는 13개 나라의 느슨한 동맹이었고, 실질적인 중앙 정부의 역할은 기대할 수 없었기 때문이다.

독립 전쟁 전 몇몇 식민지, 즉 버지니아식민지, 노스캐롤라이나식민지, 조지아식민지, 뉴욕식민지 등이 애팔래치아산맥 서쪽 지역에 대한 소유권을 주장하였다. 반면, 소유권을 내세우지 않던 식민지들은 이 지역은 의회가 자유롭고 독립적인 정부에게 분할해 주어야 할 공유 재산으로 간주되어야 한다고 주장하였다. 독립 전쟁 기간과 전후 소유권을 주장하던 국가들이 소유권을 포기함에 따라 연합회의가 이 지역에 대한 권한을 확보하게 되었다. 연합회의는 1785년 「공유지 불하 조례(Land Ordinance)」를 통해 공유지를 불하하였다. 공유지 처분은 36평방마일의 타운(town) 단위로, 이를 다시 36개의 단위로 나누어 1평방마일(640에이커)씩 불하하였다. 1에이커당 불하 가격은 1달러였으므로 최저 불하 가격은 640달러였다. 이어서 연합회의는 1787년 「북서 공유지 조례Northwest Ordinance」를 통해 공유지에 대한 통치 기준을 마련하였다. 연합회의는 이 지역에 지사, 서기, 판사를 파견하여 관리하며, 정착민 가운데 자유민 성인 남성이 5천 명에 이르면 준주(territory) 자격으로 지역 의회를 주민이 직접 구성할 수 있게 하였고, 투표권은 없지만 대표를 연합회의에 보낼 수 있었다. 성인 남성이 6만 명에 이르면 헌법을 제정하고 나라가 되어, 기존의 13개 나라와 동등한 조건으로 연합에 가입하게 하였다. 이후 이 두 조례는 미국의 영토 확장 지역에 대한 기본 지침이 되었다.

한편, 미국은 독립 전쟁 이후 심각한 경제 위기에 처하였다. 전쟁 중 활기를 띠던 군수 사업과 식량 산업은 전후 수요의 감소에 따라 불황에 빠졌고, 담배·면화·쌀을 중심으로 발전하였던 남부 지역은 해외 시장이 축소됨에 따라 심각한 경제적 타격을 받고 있었다. 영국의 상업 체계를 통해 유리한 혜택을 받던 상인들은 전후 심각한 상황에 처하였고, 농산물의 공급이 수요를 초과하면서 채무가 많은 농민들 또한 위기에 처하였다. 전후 재개된 영국과의 교역은 적자가 막대하였으며, 연합회의는 전쟁 과정에서 발생한 채무를 감당하지 못하였다. 개별 나라와 연합회의가 제각각 발행한 화폐는 가치가 하락해 물가는 상승하였다. 영토 문제를 성공적으로 이끌었던 연합회의는 그러나 이러한 위기에 제대로 대처하지 못하였다. 13개의 새로운 나라들은 이제 생존을 위해 강력한 중앙 정부를 요구하기 시작하였다.

셰이스(Daniel Shays)의 반란

셰이스(Daniel Shays)의 반란

매사추세츠는 물가 상승을 억제하고자 화폐 발행을 억제하였고, 부채를 갚지 못한 일반 시민들은 심각한 타격을 받았다. 1786년 매사추세츠에서 채무자를 중심으로 '셰이스의 반란(1786~1787)'이 일어났다. 무장한 채무자들이 육군 대위 출신 셰이스를 중심으로 무력으로 몇몇 법원을 폐쇄시켰고, 9월에는 대법원을 점거하여 기능을 마비시켰다. 1787년 1월 셰이스는 1,200여 명을 이끌고 무기고를 공격하였으나 격퇴당하고, 2월 4일 민병대에 의해 결정적으로 패배하였다. 이후 채무자에게 동정적이었던 새로 선출된 매사추세츠 의회는 채무자들의 요구를 일부 충족시켜 주었다.

1786년 포토맥강의 운선권을 둘러싸고 메릴랜드와 버지니아 사이에서 벌어진 분쟁을 해결하고자 메릴랜드 아나폴리스에 5개 나라의 대표자가 모였다. 이 모임에서 뉴욕의 대표인 알렉산더 해밀턴(Alexander Hamilton, 1755/1757~1804)은 이 문제는 여러 정치적·경제적 문제와 얽혀 있기 때문에 모든 나라의 대표자가 모여 해결할 것을 제안하였다. 연합회의는 처음 이 제안을 반대하였으나 버지니아가 워싱턴을 대표로 선출하자 찬성으로 돌아섰다.

1787년 5월 필라델피아에서 로드아일랜드를 제외한 열두 나라의 대표 55명이 모여 '제헌회의(Constitutional Convention)/연방회의(Federal Convention)'가 열렸다. 제헌회의는 「연합 헌장」의 개정안을 기초할 권한만 부여되었으나, 대표자들은 무엇보다 새로운 형태의 정부를 수립하는 일을 추진하였다.

제헌회의의 대표자들은 강력한 중앙 정부가 없다면 국가는 쉽게 적국에게 무너질 것이라 생각하였다. 또한, 「연합 헌장」을 대체하여 새로운 헌법을 제정하고, 새로운 중앙 정부는 3권 분립을 이루어야 한다는 견해를 모두 가지고 있었다. 지폐 발행과 같은 전국적인 경제 문제, 계약상의 의무 등 또한 중앙 정부의 권함임에는 이견이 없었다. 하지만, 중앙 정부를 구성하는 방법에 대해서는 여러 의견 차이가 존재하였다. 먼저, 뉴저지와 같이 인구가 적은 주의 대표들은 연합회의처럼 주 대표제를 통해 모든 나라가 크기에 상관없이 동등한 권한을 지닐 것을 주장하였으며, 버지니아와 같이 인구가 많은 나라의 대표들은 인구 비례에 따른 대표를 주장하였다. 이에 대하여 제헌회의는 상원은 각 나라가 동일하게 대표를 보내고, 하원은 인구 비례를 통해 대표를 선출하는 방법으로 해결하였다. 대립은 또 다른 대립을 낳았다. 북부의 대표들은 개별 주의 세금 몫을 계산할 때 노예도 포함하기를 원하였으나, 하원 의원 수를 결정할 때는 노예를 계산하지 않기를 바랐다. 이에 대한 타협으로, 하원의 의석수와 세금을 계산할 때 노예는 자유민의 5분의 3으로 계산하게 되었다.

무엇보다 중요한 것은 새로운 중앙 정부에 부여된 권한이었다. 「연합 헌장」 아래 중앙 정부는 형식적으로 많은 권한을 지녔으나 실제로는 제대로 작동하지 않았다. 제헌회의의 대표들은 개별 나라들이 이러한 권한을 존중하지 않았기 때문으로 보았다. 처음 제헌회의는 중앙 정부의 권한을 존중하지 않는 주에 대한 해법으로 무력을 사용하려 하였으나, 이는 국가가 분열되는 결과를 낳을 것이었다. 따라서 중앙 정부의 권한은 주에 대해 작동하는 것이 아닌 미국에 거주하는 인민에 대하여 작용하는 것이며, 국가의 개개 인민 모두를 위한, 그리고 인민에게 적용될 법을 제정해야 한다고 결정하였다.

1787년 9월 17일 「연방 헌법」이 제헌회의를 통과하였다. 제헌회의는 13개 주 중 9개 주가 「연방 헌법」을 비준하면 즉시 발효하도록 결정하였다. 1788년 6월, 9개 주가 「연방 헌법」을 비준하였다. 그러나 가장 큰 주인 버지니아와 뉴욕이 비준하지 않았다. 많은 이들은 이 두 주의 지지 없이는 연방의 유지는 불가능할 것이라고 보았다.

「연방 헌법」이 준비되고 비준되는 동안 미국 사회는 '연방주의자(Federalist)'와 '반연방주의자(Anti Federalist)' 사이의 논쟁이 시작되었다. 연방주의자는 인민은 주가 아닌 헌법을 두려워해야 하고, 헌법은 연방제에 토대를 두어야 한다고 주장하였다. 연방제란 권력을 중앙(연방) 정부와 주 정부가 나누는 제도이다. 해밀턴은 헌법이야말로 "자유, 존엄, 행복으로 가는 가장 안전한 길"이며, 지난 경험을 통해 중앙 정부야말로 "자유를 지켜 주는 본질적인 수호자가 될 것"이라고 주장하였다. 또한, 존 제이(John

1787년 9월 17일 미국 「연방 헌법」 서명 장면 (Howard C. Christy, 1940년 작)

Jay)는 "모든 주가 상원에서 동등하게 대표되며, 유권자의 이익을 증진하는 데 가장 능력이 뛰어나며 가장 의지가 있는 사람들에 의해 대표되며, 그들은 동등한 영향력을 가질 것"이라고 말하였다.

반면, 반연방주의자들은 헌법 전문의 "우리 합중국의 인민은…"이라는 문장을 문제 삼으며, 헌법에 개개의 주 명칭을 사용하지 않음으로써 주의 권리와 권한을 상당히 약화시켰고 인민의 권리를 보장하지 않는다고 생각하였다. 일부는 강력한 대통령은 결국 '왕'을 선언할 것이며, 상원은 지배층이 될 것이라 보았다. 패트릭 헨리는 "대통령은 손쉽게 왕이 될 수 있다. 상원은 불완전하여 소수에 의해 당신의 소중한 권리가 희생될 수 있다. 그리고 매우 적은 소수에 의해 (이 정부가) 지독한 결함이 있더라도, 이 정부는 영원히 변함없이 계속될 것"이라고 주장하였다. 조지 메이슨 (George Mason)은 세금이 "우리의 상황을 알지도 못하고 우리와 공통적인 관심사도 없는 사람들에 의해 결정될 것"이라고 보았다. 반연방주의자들은 강력한 정부가 세금의 부담을 가중시킬 것이라고 생각하였으며, 언론·출판·종교의 자유를 명문화하고 배심 재판과 무장의 권리를 요구하였다.

실제로 「연방 헌법」에는 정부가 인민이나 주의 권리를 보장하기 위한 조항이 존재하지 않았다. 토머스 제퍼슨과 같은 일부 헌법 지지자는 수정 조항을 통해 헌법에 시민의 권리와 자유를 명기한 '권리 장전'을 추가하기를 원하였다. 연방주의자는 반연방주의자에게 헌법에 중앙 정부는 주와 인민의 권리를 해치지 않을 정도의 제한된 권한을 보장할 것을 제안하였다. 또한, 헌법은 믿을 수 있는 지도자를 선출하여 인민의 권리를 보호할 수 있는 권한을 주었다는 점을 지적하였다. 결론적으로 연방주의자는 인민의 요구를 받아들였고, '권리 장전'의 추가를 약속하였다.

연방주의자들의 제안에 따라, 결국 버지니아는 1788년 6월, 뉴욕은 7월에 「연방 헌법」을 비준하였다. 이제 새로운 헌법 아래 새로운 정부의 구성이 시작되었다. 1789년 1월 연방 의회를 구성하기 위한 선거가 각 주마다 실시되어, 1789년 4월 1일 연방 하원이, 4월 6일 연방 상원이 개원되었다. 연방 의회가 개원되면서 개인의 권리를 보장하는, '권리 장전'이라 부르는 10개의 수정 조항이 채택되었으며, 1791년 12월 15일 모든 주가 이 조항을 비준하였다.

이 과정에서 미국의 헌법은 인민 주권의 원리

미국 독립혁명의 간단한 연표

1754~1763	프랑스-인디언 전쟁
1764	「설탕법」 제정
1765	「인지세법」 제정
1766	「인지세법」 폐지
1767	「타운센드법」 발표
1770	「타운센드법」 대부분 폐지
1773	보스턴 차사건
1774	매사추세츠 억압 정책: 탄압법 제정 「대륙 통상 금지 협정」 체결 영국 상품 강제 불매 운동 전개 제1차 대륙회의 개최
1775	최초 영미 충돌(렉싱턴, 콩코드), 제2차 대륙회의 개최
1776	독립 선언 공포
1777	대륙회의 「연합 헌장」 승인
1778	미·불 조약 체결, 영·불 개전
1781	「연합 헌장」 발효
1782	강화 교섭 개시, 강화 예비 조약 조인
1783	강화 본조약 발효(파리 조약) 독립 승인
1786	메릴랜드 아나폴리스 회의
1787	필라델피아 제헌회의 개최
1788	「연방 헌법」 발효
1789	워싱턴 초대 대통령 취임

를 확립하고, 과도한 중앙 권력의 성장을 막기 위해 입법부(연방 의회), 행정부(대통령과 연방 기관), 사법부(연방 법원)로 3권 분립을 이루었으며, '법의 지배(rule of law)'라는 사상을 제도화하였다. 또한 '권리 장전'을 통해 확대된 개인의 자유를 보장하게 되었다.

• 사료 읽기

독립 선언문(1776년 7월 4일)

(…) 우리는 다음과 같은 것을 자명한 진리라고 생각한다. 즉, 모든 사람은 평등하게 태어났으며, 조물주는 몇 개의 양도할 수 없는 권리를 부여했는데, 그 권리 중에는 생명과 자유와 행복의 추구가 있다. 이 권리를 확보하기 위해 인류는 정부를 조직했으며, 이 정부의 정당한 권력은 인민의 동의에서 유래한다. 또, 어떠한 형태의 정부이든 이러한 목적을 파괴할 때는 언제든지 정부를 변혁하거나 폐지해 인민이 가장 효과적으로 안전하고 행복할 수 있는 (…) 새로운 정부를 조직하는 것이 인민의 권리이다. (…)

(출처: 한국미국사학회 엮음, 『사료로 읽는 미국사』, 궁리, 2006, 65~66쪽)

참고한 책, 더 읽어 볼거리

권오신·김호연, 『왜 미국 미국 하는가』, 강원대학교 출판부, 2003.
손세호, 『하룻밤에 읽는 미국사』, RHK, 2019
앨런 브링클리 저, 황혜성 외 역, 『있는 그대로의 미국사』, 휴머니스트, 2011.
이보형, 『미국사개설』, 일조각, 2018.
이영효, 『미국사 낯설게 보기』, 전남대학교 출판부, 2014.
이주영, 『미국사』, 대한교과서, 2005.
최웅·김봉중, 『미국의 역사』, 소나무, 1997.
하워드 진저, 유강은 역, 『미국민중사』, 시울, 2006.

3장
신생 공화국의 발전
(1789~1824)

1

국가적 기초의 확립:

해밀턴주의 vs. 제퍼슨주의

1789년 1월 연방 의회(Congress)를 구성하기 위한 선거가 실시되었다. 그 결과 4월 1일에 하원이, 4월 6일에는 상원이 각각 개원하였다. 각 주에서 선출된 대표들은 당시 수도였던 뉴욕에 모여 버지니아 출신의 조지 워싱턴(George Washington, 재임 1789~1797)을 대통령으로 선출하고, 다음으로 많은 표를 얻은 매사추세츠의 존 애덤스(John Adams)를 부통령으로 뽑았다. 4월 30일에 워싱턴은 뉴욕의 월스트리트에 있던 연방 청사 건물에서 성대한 취임식이 진행되는 가운데 초대 대통령으로 선서하였다.

연방 의회는 정부 운영의 핵심 부서인 국무부, 재무부, 육군부 등을 설치하였고, 대통령은 토머스 제퍼슨(Thomas Jefferson), 알렉산더 해밀턴(Alexander Hamilton), 헨리 녹스(Henry Knox)를 각 부서의 장관으로 임명하

조지 워싱턴

였다. 또한 의회는 「사법부 조직법」을 통과시켜 연방 대법원과 13개 연방 지방재판소, 3개의 순회재판소를 설치하였다. 초대 연방 대법원장은 대통령의 지명과 상원의 인준을 받아 존 제이(John Jay)가 취임하였다.

새 정부가 당면한 최대 현안은 국가 재정과 금융 제도의 확립, 그리고 경제적 자립 등 국가의 경제적 기초를 마련하는 문제였다. 재무장관 해밀턴이 이 문제를 주도적으로 풀어 나갔다. 그는 수입 관세와 선박세, 소비세 등을 부과함으로써 정부의 세원을 확보하였다. 다음으로 독립 전쟁 중 연합회의와 각 주가 진 채무를 모두 연방 정부가 인수하고 새로운 공채를 발행해 상환하는 정책을 수립하였다. 그런데 이미 채무를 대부분 상환한 일부 남부 주들이 반발하자 해밀턴은 연방 정부의 항구적 수도를 버지니아의 포토맥강변에 건설하기로 약속하면서 이를 무마하였다. 세 번째로 해밀턴은 영국은행을 모델로 반관반민의 중앙은행인 미국은행(Bank of the United States, 때로는 미국 연방은행이라고도 칭해짐)의 설립을 의회에 제안하여 관련 법령을 통과시켰다. 그리하여 자본금 1,000만 달러에 설립 허가 기간을 20년으로 하는 미국은행이 1791년 필라델피아에 창설되었고, 이후 미국 경제를 안정시키는 데 크게 기여하였다. 또한 해밀턴은 미국의 제조업을 발전시키고 보호할 수 있는 계획을 제출했지만, 미국의 산업적 미래는 농업에 기반을 두어야 한다고 믿은 제퍼슨과 그 추종자들의 반대로 거부되었다.

1793년에 시작된 워싱턴 행정부 2기는 외교 정책을 둘러싸고 논쟁에 휩싸였다. 1789년 7월 프랑스 혁명이 일어난 후 1793년에 국왕 루이 16세가 처형되고 영국과 프랑스 사이에 전쟁이 벌어지자 미국의 여론이 분열하였던 것이다. 미국 독립 전쟁 당시 맺어진 프랑스와의 동맹 조약을 근

거로 프랑스에 동조적이었던 국무장관 제퍼슨의
주장과 독립 후 영국과 경제적 우호 관계를 바라
던 재무장관 해밀턴의 견해 사이에서 워싱턴 대
통령은 1793년 4월에 중립을 선언하고 프랑스
공화국을 승인하는 정책을 취했다. 아직은 영국
과 프랑스 등 유럽 열강에 비해 국력이 약한 미국
이 군사적으로 대립하는 것은 국익에 불리하다
는 명분에서였다. 이후에도 외교 문제에서 대통
령이 해밀턴에게 더 의지하자 제퍼슨은 1793년
12월에 국무장관직을 사임하였다. 그러나 중립

알렉산더 해밀턴

선언에도 불구하고 영국이 프랑스 측과 교역하는 미국 상선을 계속 공격
하자, 워싱턴은 1794년 11월에 영국과 '제이 조약(Jay's Treaty)'을 맺어 전쟁
회피와 통상 유지를 목적으로 한 중립 정책을 고수해 나갔다.

　이와 같이 신생 공화국의 국가적 기초를 형성하게 될 경제 정책과 외교
정책을 둘러싸고 건국 초기 정치 세력은 연방파(Federalists: Hamiltonianism)와
공화파(Republicans: Jeffersonianism)라는 두 개의 정파(partisans)로 분열되었다.
인적 구성을 보면, 연방파는 알렉산더 해밀턴을 주축으로 조지 워싱턴,
존 애덤스, 토머스 핑크니(Thomas Pinckney), 존 마셜(John Marshall) 등이 동
북부와 중부의 해안 지대에 기반을 둔 보수적이고 국가주의적인 상공업
집단을 대변하였다. 공화파는 토머스 제퍼슨을 정점으로 제임스 매디슨
(James Madison), 제임스 먼로(James Monroe), 애런 버(Aaron Burr), 조지 클린턴
(George Clinton) 등이 남부와 서부의 급진적이고 주권(州權)주의적인 농업
세력과 채무자를 대변하는 경향을 보였다. 두 정파는 인간 본성에 대한
태도에서도 차이를 드러냈으며, 그러한 차이는 다시 정부관에도 연결되
었다. 연방파는 인간의 나약함과 사악함을 억제하기 위해서 강력한 정부
와 사회 제도가 필요하고, 정부는 교양과 책임감을 가진 유산 계급에 의

존 애덤스

해 운영되어야 한다고 생각했으며, 나아가 정부는 상공업과 금융업의 진흥을 통해 국가를 부강하게 만들 수 있도록 중앙 집권적이고 적극적으로 행동해야 한다고 주장하였다. 반면에 공화파는 인간이 교육과 자유를 통해 자치의 능력을 가질 수 있으며 시민들의 의사가 존중되어야 한다고 생각하였고, 자영 농민과 농업의 발전에 기반을 둔 지방 분권적이고 약한 정부를 지지하였다. 공화파는 이론적으로 정치적 민주주의를 신봉하고 있었다고 볼 수 있겠다.

이들 정파는 향후 미국 양대 정당의 모체가 되는 것으로, 성향이나 이념으로 본다면 연방파는 훗날의 공화당(Republican Party)으로, 공화파는 민주당(Democratic Party)으로 변화되었다고 볼 수 있다. 이렇게 성립된 두 정파의 경향성은 건국 초부터 적어도 19세기 말까지 미국의 정치적·이념적 양대 주류로 작용하면서 미국의 발전과 변화에 지대한 영향을 미쳤다.

어쨌든 정파 간의 대립과 갈등이 국론의 분열을 일으키는 것을 염려한 워싱턴 대통령은 1796년 9월, 한 일간지에 '워싱턴의 고별사(farewell address)'로 알려진 연설문을 기고하였다. 이 글에서 워싱턴은 세 번째 대통령 출마를 사양한다고 밝히면서, 대내적으로 당파와 지역 간 대립이 국가 발전에 매우 유해하다는 점을 경고하고, 나라의 경제적 기반을 확립하기 위해 재정적 신용을 높일 것을 당부하였으며, 대외적으로 외국과의 상업적인 교역은 확대하되 영구적인 동맹은 맺지 않는 것을 대원칙으로 삼을 것을 강조하였다.

워싱턴의 당부에도 불구하고 1796년 대선은 두 정파의 분열과 각축전 속에서 전개되었다. 선거인단 투표에서 겨우 3표 차이로 연방파 후보인 존 애덤스가 대통령으로, 공화파 후보인 토머스 제퍼슨이 부통령으로 당선되었다(각각 71표와 68표 획득).*

존 애덤스(재임 1797~1801) 행정부는 대외 정책 면에서 일정한 성공을 거두었다. 대통령 취임 직후 벌어진 일명 'XYZ 사건' 때문에 프랑스와 선전 포고 없는 전쟁(Quasi-War)에 돌입하였다가 1799년 프랑스에서 나폴레옹이 집권한 후 화해를 촉구하며 협상을 벌인 끝에 양국 관계가 개선되었다.

프랑스와의 갈등 덕분에 1798년 총선에서 더욱 많은 의석을 확보한 연방파는 친프랑스적·정부 비판적 성향을 갖고 있던 공화파 세력을 약화시킬 목적으로 1798년 6월부터 7월까지 일련의 법률을 연달아 제정하였다. 즉, 대통령에게 2년 기한부로 위험하다고 판단되는 외국인을 추방할 수 있는 권한을 부여하고(「외국인법(the Alien Friends Act of 1798)」), 전시 중에 대통령이 외국인을 추방 또는 구금할 수 있도록 했다(「적국인법(Alien Enemy Act of 1798)」). 또한 이민자의 시민권 획득을 위한 미국 거주 기간을 기존의 5년에서 14년으로 연장하는 「귀화법(Naturalization Act of 1798)」을 제정하여 1790년대에 공화파의 세력 기반을 형성하고 있던 이민자들(스코틀랜드, 아일랜드, 독일, 프랑스계 이민)을 규제하고자 했다. 그리고 「선동 방지법(Sedition Act of 1798)」을 제정하여 반정부 음모에 가담하거나 정부를 비방한 사람들

'XYZ 사건' 과 프랑스와의 준전쟁
(Quasi-War)

프랑스는 미국이 영국과 맺은 제이 조약이 영국에만 우호적인 것이라고 불만을 품었다. 그래서 프랑스의 해군이 공해상에서 미국 상선을 나포하는 경우가 급증하였다. 이에 애덤스 대통령은 이 문제를 해결하기 위해 프랑스에 특사단을 파견하였다. 그러나 프랑스 정부 대표 3인은 프랑스에 대한 차관과 고위 관리에게 25만 달러의 뇌물을 요구하면서 이듬해까지 협상을 지연시켰다. 이러한 상황을 보고받은 애덤스는 프랑스 측 협상 대표의 실명 대신 익명의 X, Y, Z라는 이름을 기재하여 보고서를 의회에 제출하였다. 이 보고서가 대중에 공개되자, 이른바 'XYZ 사건'으로 알려졌고 프랑스에 대한 미국민의 여론은 매우 악화되었다. 미국 정부는 즉각 1778년에 맺은 미국-프랑스 동맹 조약의 폐기를 선포하였으며, 1798년 5월에 해군부를 창설하여 해군력을 강화하고, 프랑스의 무장 상선을 나포하기 시작하였다.

* 이처럼 선거인단 투표에서 최고 득표자와 차점자를 각각 대통령과 부통령으로 선출함으로써 서로 다른 정파에서 두 권력자가 나오는 선거 제도의 문제점은 1804년 「연방 헌법」 수정 조항 제12조가 채택된 이후 대통령과 부통령을 따로 선출하게 됨으로써 사라졌다.

토머스 제퍼슨

을 연방 정부가 처벌할 수 있도록 했다. 실제로 「선동 방지법」으로 10명이 유죄 판결을 받았는데, 그들은 공화파 언론인이었다.

이에 맞서 공화파 지도자인 토머스 제퍼슨과 제임스 매디슨은 새로운 법률이 위헌이라고 주장하는 결의문을 작성하였고, 이를 각각 켄터키주 의회와 버지니아주 의회가 채택함으로써 강력한 반대 여론을 조성하고자 하였다. 이 결의안들은 헌법 해석에 있어서 새로운 이론, 이른바 '주권론(state sovereignty theory)'을 제시하였다는 역사적 의미를 지니고 있다. 즉, 「연방 헌법」은 주 사이의 계약이므로 계약 당사자인 각 주는 연방법의 합헌성을 심사할 권리를 갖고 있고, 만일 해당 법률이 주가 연방에 위임한 권한을 넘어선다고 판단될 때에는 언제든지 그 연방법을 '무효화할 수 있는' 권한을 갖고 있다는 주장이다. 주권론은 이후로도 종종 각 주의 이해관계 속에서 주장되면서 연방 권력과 대립하는 이론적 근거가 되었다.

이렇게 격렬한 논쟁을 거치고 맞이한 1800년 대선은 연방파와 공화파 사이의 대립이 더욱 과열된 양상으로 전개되었다. 선거 결과 현직 대통령인 존 애덤스는 3위에 머물렀고, 토머스 제퍼슨과 애런 버가 동수의 선거인단 표(각각 73표)를 얻었다. 그러자 헌법에 따라 연방 하원에서 무려 서른여섯 번의 투표를 거쳐 제퍼슨이 대통령으로, 버가 부통령으로 선출되었다. 이로써 미국 역사에서 최초의 정권 교체가 이루어졌다. 즉, 건국 때부터 당시까지 연방파가 권력을 잡고 있었으나 그해 선거를 통해 공화파에서 대통령이 당선된 것이다. 그것은 곧 모범적 선례가 되었고, 그 이후 오늘날까지 대통령 선거에서 평화적인 정권 교체가 진행되고 있는 점을 높이 평가하여 1800년 대선을 "1800년의 혁명"이라고 부른다.

정권 교체 후 제퍼슨(재임 1801~1809)은 정쟁의 요소였던 「외국인법」을 즉각 폐지하였다. 하지만 그는 연방파 인사를 계속 등용하는 등 여야 협조 풍토를 조성하고자 노력하였고, 대통령직은 재임으로 족하다고 공언하고 이를 실천하였다.* 또한 제퍼슨은 대통령의 위용을 과시하는 의식을 최소화하였으며, 검소한 대통령의 이미지를 보여 주려고 노력하였다. 한편, 그는 내국세를 폐지하고 관세와 서부 공유지 판매 수입만을 연방 정부의 세원으로 삼는 동시에 정부 지출을 축소하여 국가 부채를 절반으로 줄였다. 그리고 제퍼슨은 평시 육군 병력과 군함 보유 규모를 줄여 군비를 감축하는 동시에 미 육군 사관 학교 설립을 지원하기도 하였다. 그의 첫 번째 임기 중 무엇보다 큰 업적은 1803년 4월에 미시시피강 서쪽의 루이지애나 지역을 프랑스로부터 사들임으로써 미국의 영토를 단숨에 두 배로 만든 일이었다. 이제 미국은 서쪽으로 콜로라도의 로키산맥에 이를 정도로 그 국경을 확장시킬 수 있었다. 이와 같은 업적들로 인해 제퍼슨은 1804년 대선에서 압도적인 승리를 거두며 재선에 성공하였다.

2
미·영 전쟁(1812~1814)

제퍼슨은 두 번째 임기 중에 대외 문제에서 어려움을 겪었다. 그는 외교적으로 이전 행정부의 중립 정책을 계승하였다. 그러나 1806년 프랑스의 나폴레옹이 대륙 봉쇄령을 선포하여 영국을 고립시키는 책략을 추진하고 이에 영국이 유럽 해안 봉쇄망 구축으로 맞서자, 미국은 영국과 프

---

* 이것도 모범적 선례가 되어 이후 불문율로 계승되었고, 제2차 세계 대전 때 프랭클린 루스벨트 대통령이 4선한 경우를 제외하고는 계속 유지되었다.

제임스 매디슨

랑스 사이에서 외교적 중립을 유지하기 어려워졌다. 특히 영국 해군은 탈주 수병을 체포한다는 명분으로 공해상에서 미국 선박을 빈번하게 수색하고 미국인을 체포하기까지 해서 미국의 국위가 크게 손상을 입었다. 그러자 제퍼슨은 1807년 「출항 금지법(Embargo Act)」(미국 선박의 외국 출항을 금지)을 제정해 영국에 각성을 촉구하였다. 하지만 미국의 대외 무역이 중지되어 오히려 미국의 공산품 수입과 대중 소비에 큰 타격을 입게 되자 퇴임 직전에 이 법을 철회하고 「통상 금지법(Non-Intercourse Act)」으로 대체하였다. 이 법에 따라 미국은 영국과 프랑스를 제외한 다른 나라와의 무역을 재개할 수 있었다.

제퍼슨의 뒤를 이어 대통령에 취임한 제임스 매디슨(재임 1809~1817)은 1810년에 「통상 금지법」이 기한 만료되자 새로운 법률로 이를 대체하였다. 이 법은 영국과 프랑스 중 어느 나라든 미국에 대한 통상 제한을 폐지하면 그렇지 않은 다른 나라에 대해 통상 금지 조치를 취한다는 것이었다(이른바 「메이컨 제2 법안(Macon's Bill No.2)」). 여기에 프랑스만 호응하여 그에 대한 통상 제한을 해제하였다. 그러자 1810년 말 매디슨은 「통상 금지법」이 영국에만 적용될 것이라는 성명을 발표하였고, 미·영 관계는 더욱 악화되었다.

한편, 미국의 백인 정착촌이 계속 서부로 팽창해 가면서 이에 맞서 자신들의 땅을 수호하려는 아메리카 원주민들과 충돌이 거듭되었다. 북부와 남부의 인디언 부족들은 백인들의 침략에 맞서기 위해 결집했고, 캐나다에 있는 영국군 및 플로리다에 있는 스페인군과도 연대하였다. 이 지역에 거주하던 미국 백인들은 영국령 캐나다와 스페인령 플로리다를 미국 영토로 합병함으로써 원하는 토지를 확보하고 정착지를 안전하게 만들고 싶어 했다. 이들 지역민의 요구는 그 즈음 총선에서 당선된 젊은 하원 의원들 사이에서 상당한 지지를 얻었고, 이 정치인들이 '주전파(War Hawks)'를 형성하였다. 켄터키주 출신으로 하원 의장에 선출된 헨리 클레이(Henry Clay)와 사우스캐롤라이나주 출신의 하원 의원 존 칼훈(John Calhoun)이 주축이 되어 영국과의 전쟁을 선동하였다. 결국 평화를 선호하던 매디슨도 주전파의 압력에 밀려 1812년 6월 18일, 영국에 대한 선전 포고를 승인했다. 이로써 미·영 전쟁이 발발하였다.*

개전 이후 미군은 북부의 캐나다 지역과 남부의 플로리다 지역에 침공하여 인디언 부족에 전과를 올리기도 했지만, 이들 지역을 완전히 점령하지는 못하였다. 오히려 1813년 말 나폴레옹의 패색이 짙어지자 영국은 주력 부대를 아메리카에 투입하여 수도 워싱턴을 일시 점령하고 백악관을 비롯한 주요 기관 청사를 불태우기까지 하였다. 그러나 태세를 정비한 미군은 볼티모어와 뉴욕 북부, 그리고 뉴올리언스에서 영국의 침략을 격퇴하는 데 마침내 성공하였다.

전쟁이 전개되는 와중인 1813년 매디슨 대통령은 두 번째 임기를 시작했고, 이듬해 8월 영국과 강화 협상을 진행하기 시작하였다. 1814년 12월 중순에는 애초 전쟁 반대 여론이 높았던 북부 뉴잉글랜드 지역의 5개 주 대표들이 코네티컷주의 하트퍼드에 모여 주권론을 근거로 전쟁 반대 결의를 비롯한 요구안을 작성하였고, 이를 대통령에게 전달하고자 하였다. 그러나 이들의 요구안이 전달되기 전 1814년 12월 24일에 강화 조약이 체결되었다.

전쟁이 끝났지만 미국은 로키산맥에 이르는 캐나다와의 국경을 북위 49° 선으로 확정한 것 말고는 별다른 소득이 없었다. 그러나 이 전쟁을 통

* 이보다 앞서 6월 10일에 영국이 대미 통상 제한을 해제하였지만, 당시 통신 사정으로 인해 이 사실이 미국에 전해진 것은 미국이 선전 포고를 한 뒤였다.

영국군의 방화로 인해 폐허가 된 백악관 (출처: The White House Historical Association. George Munger, 1814~1815년 작)

해 미국인들은 영국에 대한 열등감을 극복하며 국가적 자부심과 국민적 일체감을 크게 고양시킬 수 있었으며, 나아가 자국 시장을 보호하고 공업을 육성할 수 있는 정책을 실행하는 등 미국 산업 혁명의 토대를 만들어 나갔다. 전후 정부와 의회는 ① 영국의 경제 침략으로부터 미국의 시장과 산업을 보호하기 위해 1816년 「관세법」을 제정하였고(최초의 보호 관세), ② 교역로와 교통로를 마련하기 위해 도로와 운하 건설 등 교통망 개선 사업을 추진하였으며, ③ 전쟁 채무 상환과 공업 육성 등에 자본을 효율적으로 이용하기 위해 미국은행을 다시 부활(1816년부터 20년간 특허 부여)시켰던 것이다.

3
대외 정책의 주요 기조 확립:
먼로 독트린

이처럼 공화파 정권이 과거 연방파의 정책인
보호 관세법을 제정하고 미국은행을 재설립하
자, 정치적으로 두 정파가 크게 융화하게 되었다.
1816년 대선에서 제5대 대통령으로 제임스 먼
로(James Monroe, 재임 1817~1825)가 압도적인 득표
로 당선되었다. 그에 따라 제퍼슨 이후 버지니아
출신의 공화파가 계속 집권하게 되었다. 통상 먼
로 집권 시기를 "화합의 시대(Era of Good Feelings)"
라고 말하는데, 이것은 연방파의 쇠퇴로 대부분
의 정치인이 공화파에 속한 데서 기인한다고 볼

제임스 먼로

수 있다. 먼로는 1820년 선거에서도 235표의 선거인단 표 중 231표를 얻
어 대통령에 재선되었다. 그러나 그것은 표면적인 화합이었다. 지역적 대
립을 부추길 요소들은 많았으며, 그중에서도 노예제와 결부된 주의 확장
문제는 중요한 이슈가 되었다. 당시 노예주(slave state)와 자유주(free state)는
각각 11개로 균형을 이루고 있었는데, 1819년 인구 6만 명을 넘긴 미주리
(Missouri)가 연방에 가입을 신청하면서 양측 사이에 대립이 심화되었다.
다행히 마침 메인(Maine)이 자유주로 연방 가입을 신청해 오자 '동시에' 가
입시킴으로써 해결책을 찾았다. 이것을 "1820년의 미주리 타협(Missouri
Compromise)"이라고 한다. 이 타협안으로 북위 36° 30′ 이북 지역에서 노예
제는 금지되었다. 연방 안에서 노예주와 자유주의 세력 균형을 달성하는
정치적 성공이었지만, 거시적 차원에서 그것은 지역 간 대립을 심화시키
고 연방의 분열을 예고하는 합작품이기도 하였다.

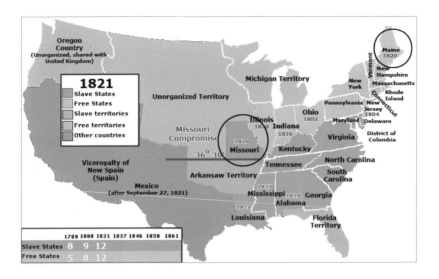

미주리 타협(1820)

http://commons.wikimedia.org/wiki/File:US_Slave_Free_1789-1861.gif

(by Golbez, Cc-by-2.5) (저자가 일부 변형함)

　이 시기에는 대외 관계, 특히 라틴 아메리카 지역으로 관심을 표방하게 된다. 그 배경은 대강 이렇다. 19세기 초엽에 이르면 미국 독립 혁명과 프랑스 혁명의 영향을 받아 스페인과 포르투갈의 중남미 식민지에서 독립 운동이 활발하게 전개되어 1822년까지 10여 개 나라가 독립을 쟁취하였다. 당시 미국인들은 중남미인들의 인종적 혼합을 경멸하고, 그들의 민주주의 능력을 불신했으며, 그 지역의 가톨릭 문화에 대해서도 강한 반감을 갖고 있었다. 하지만 미국 정부는 자국의 안보와 상업적 이익을 확보하는 데 중남미가 필요하다는 현실적인 인식 속에서 중남미의 신생국들을 외교적으로 승인하고 사절을 교환하였다. 그러나 1814년 나폴레옹이 몰락한 뒤 유럽의 열강들이 '신성 동맹'을 결성하고 전통적인 군주 체제와 옛 영토 및 질서의 회복을 시도하면서 중남미에 대한 개입 의도를 드러냈다. 특히 동맹의 주동자인 러시아는 알래스카에서 미국 영토 쪽으로 남하하려는 기세까지 보였다. 그때 중남미 무역을 독점하고 있던 영국이 프랑스와 스페인 등 유럽 열강이 아메리카에 간섭하지 못하도록 공동으로 대처하자고 미국에 제안하였다. 미국은 신성 동맹 세력의 중남미 개입을 자국에 대한 위협으로 간주하였으나 영국의 제안을 거절하고 독자적으로 행동할 것을 결정하였다. 그리하여 1823년 12월, 먼로 대통령이 의회에 보내는 연두 교서에서 중남미 문제에 대한 미국의 기본 입장을 공식적으로 밝혔는데, 이것을 "먼로 독트린(Monroe Doctrine)"이라고 한다.

간단히 살펴보면 먼로는 아메리카 대륙에 대해서는 '비식민화 원리 (non-colonization)'를, 아메리카 대륙과 유럽 대륙 사이의 관계에 대해서는 '상호 불간섭의 원리(non-intervention)'를 천명했는데, 미국은 먼로 독트린을 통해 향후 미국 대외 정책의 중요한 지침을 마련하게 된 것이다. 좀 더 구체적으로 보면, 먼로 독트린은 해양의 자유, 통상의 자유, 유럽 분쟁으로부터의 격리, 자유주의 이념의 전파와 같은 미국 대외 정책의 기본 목표들을 지속적으로 유지하는 이론적 토대를 확립한 것으로 의미가 있다. 미국은 먼로 독트린을 통해 미국 외교의 독자 노선을 선언하고 미국 외교의 정체성과 전통을 확립하였다. 나아가 이 선언은 미국의 국익은 미국의 영토뿐만 아니라 서반구 전체에 걸쳐 있다는 대륙주의(continentalism)의 표현으로서, 국가 수립 후 40년 정도밖에 안 된 나라가 자국을 중심으로 아메리카 대륙을 하나의 세력권으로 설정할 정도로 성장했음을 국내외에 천명한 것이기도 하다. 또한 아메리카 대륙을 유럽 세력으로부터 차단하기 위해 미국이 대륙의 패자임을 선언함으로써 미국의 내부적 통합과 국력 강화를 위한 대외 팽창을 예고했다는 함축적 의미도 갖고 있다.

먼로 독트린 (1823)

(…) 아메리카 대륙은 지금까지 자유롭고 독립된 상태를 확보하고 유지해 온 터라 앞으로 유럽의 어느 강대국도 이를 식민 대상으로 간주할 수 없음을 미국의 권리와 이익이 포함되는 원리로 주장한다. (…) 우리는 (유럽) 강국의 체제를 이 서반구에서 확장하려는 어떠한 시도도 우리의 평화와 안전에 대한 위협으로 간주한다는 것을 선언한다. 우리는 어떤 유럽 강국의 기존 식민지나 속령에 관해서도 간섭한 적이 없으며, 또한 앞으로도 없을 것이다. 그러나 이미 독립을 선언하고 그것을 유지하며, 또한 우리가 그 독립을 승인한 정부들에 대해서는, 유럽의 어떤 강대국도 이들 정부를 억압하거나 다른 어떤 방법으로 이들의 운명을 지배하기 위한 목적에서 이들 나라에 간섭한다면, 미국에 대해 비우호적 의도를 천명하는 것과 다름없다. (…)

(출처: 한국미국사학회 엮음, 『사료로 읽는 미국사』, 궁리, 2006, 109~112쪽.)

참고한 책, 더 읽어 볼거리

권용립, 『미국 외교의 역사』, 삼인, 2010.

김봉중, 『독트린의 역사』, 전남대학교출판문화원, 2017.

앨런 브링클리 지음, 황혜성 외 역, 『있는 그대로의 미국사』 1, 휴머니스트, 2011.

이보형, 『미국사개설』, 일조각, 2018.

이주영, 『미국사』, 대한교과서, 2005.

한국미국사학회 엮음, 『사료로 읽는 미국사』, 궁리, 2006.

4장

잭슨식 민주주의와
양대 정당의 출현
(1820년대~1840년대)

1
대중 정치 시대의 서막

1820년대 중반에 이르러 대중 정치 시대의 서막이 오르고 있었다. 장막을 열어젖힌 이는 최초로 '서민 대통령'으로 불렸던 앤드루 잭슨(Andrew Jackson, 재임 1829~1837)이었다. 이전의 정치가들이 대농장을 소유한 지주나 상공업을 통해 성공한 재력가들이었던 것과는 달리 그는 화려한 배경이 없었다. 잭슨 시대에는 참정권이 확대되고 있었고, 일반인들의 정치적 영향력이 강화되었다. 그는 1824년 대통령 선거에서 아깝게 패배했지만 1828년과 1832년 대선에서 승리하여 8년간 대통령에 재임하며 정치 변화를 이끌었다.

잭슨은 아일랜드 이민자 집안 출신이다. 14세 때 부모를 여의고 독학으로 변호사가 되었으며, 이후 테네시주에서 헌법 제정을 돕고 검찰관으로 일하였다. 그는 토마스 제퍼슨의 민주공화파 지지자로서 하원과 상원을 거치며 잠시 정치를 경험했지만, 곧 정계를 떠났다. 그런 잭슨이 다시 대중의 관심을 끌게 된 것은 미·영 전쟁에서 거둔 눈부신 승리 때문이었다.

나폴레옹 전쟁 이후 영국과 프랑스 사이의 소용돌이에 휘말리지 않기 위해 제임스 매디슨 행정부는 양국과의 「통상 금지법」을 제정하였다. 그러나 통상 갈등 문제의 원인은 영국에게 있다고 생각한 헨리 클레이(Henry Clay)와 존 칼훈(John C. Calhoun) 등의 젊은 국민주의자들은 정부의 소극적 정책을 비판하였고, 결국 미국은 영국에 대해 전쟁을 선포하였다.

영국은 이미 아메리카 원주민과 연합하였고, 그들에게 모피 무역의 수익뿐만 아니라 잠재적인 군사 협조를 얻고자 하였다. 나폴레옹이 이끄는 프랑스를 격파한 영국은 미국과의 전쟁에 몰두할 수 있었다. 영국의 동맹군인 원주민 군대의 활약도 눈부셨다. 수도인 워싱턴이 함락되고 많은 부대들이 영국-원주민 부대에게 패배하여 퇴각하자 미국인들의 사기는 곤두박질쳤다. 바로 그 시기 잭슨은 호스슈 굽이 전투에서 원주민 군대를 무찔렀고, 뉴올리언스 전투에서 영국군을 상대로 지상전 최대의 승리를 거두었다. 대중은 잭슨 장군의 승전에 환호하며 미국의 자존심을 지킨 인물로 기억하였다.

19세기 초까지만 해도 정치는 소수 명망가와 재력가들의 전유물이었다. 연방파와 공화파 모두 소수의 당 간부 회의(caucus)에서 대통령 후보를 결정하였다. 그런데 서민들의 정치 참여가 확대되면서 변화의 바람이 불기 시작하였다. 주민들이 직접 투표에 참여하는 전당 대회(national convention)에서 대통령 후보를 지명하게 된 것이다. 1800년에는 10개 주에서 주 의회가 대통령 선거인단을 선출하였고, 일반 국민이 선출한 주는 6개에 그쳤다. 그러나 잭슨이 당선된 1828년 선거에서는 사우스캐롤라이나를 제외한 모든 주에서 일반 국민 투표로 대통령 선거인단을 구성하였다.

건국 초부터 대립하였던 연방파와 공화파 세력에도 지각변동이 일어나고 있었다. 먼로가 당선되었던 1816년 대선에서부터 이미 연방파는 한 명의 대통령 후보도 지명하지 못하는 불능의 정치 세력이었다. 공화파는 자신들을 정당이 아닌 전 국민의 대표 조직이라고 생각하였다. 내부에서 분화가 일어나 공화파는 '국민공화파(National Republicans)'와 '민주공화파(Democratic Republicans)'로 나뉘었다. 거칠게 구분하면 전자는 북동부의 상공업 세력을 대변하였고, 후자는 남부와 서부의 농업 세력을 대변하였다. 언뜻 보면 초기 연방파와 공화파의 대립처럼 보였지만 이전과는 질적인 차이가 있었다. 1820년대 논쟁은 미국이 계속 팽창할 것인가 그렇지 않은 가의 선택이 아니라 어떻게 계속 성장할 것인가의 문제였던 것이다. 국민 공화파는 경제적 국민주의를 지향하였고, 민주공화파는 특권의 타도와 기회의 확대를 주장하였다.

1824년 대선을 위한 공화파의 당 간부 회의는 조지아 출신의 재무장관 윌리엄 크로퍼드(William Crawford)를 대통령 후보로 지명하였다. 그러나 전체 216명 중 고작 66명만이 회의에 참석하여 내린 결정이었다. 공화파의 여러 세력들은 크로퍼드 지명에 반발하며 실력 행사에 나섰다. 북동부는 전임 대통령의 아들이자 국무장관 출신인 매사추세츠주의 존 퀸시 애덤스(John Quincy Adams, 재임 1825~1829)를 후보로 지명하였다. 서부는 켄터키주의 헨리 클레이를 지명하였다. 남부와 서부의 다수는 뉴올리언스 전투 영웅인 테네시주의 앤드루 잭슨을 지명하였다. 더 이상 당 간부 회의는 영향력을 발휘하지 못하였다.

대통령 선거에서 잭슨은 다른 후보들을 제치고 1등을 차지하였다. 그러나 과반수를 차지하지 못했기 때문에 결정권은 하원으로 넘어갔다. 하원에서는 상위 3명 중 1명을 선출하는데, 역시 잭슨이 가장 유리한 고지를 차지하고 있었다. 그런데 이변이 일어났다. 4위로 탈락한 하원 의장 출신의 클레이가 북동부의 존 퀸시 애덤스를 지지하였고, 하원에서 그의 영향력에 힘입어 결국 애덤스가 승리한 것이다. 클레이는 같은 서부 출신의 잭슨을 경계

4장 잭슨의 민주주의와 양대 정당의 출현

하였다. 서부의 맹주 자리를 놓고 잭슨에게 경쟁의식을 느낀 것이다. 애덤스는 클레이를 국무장관에 임명하는 것으로 선거 지원에 보답하였다.

존 퀸시 애덤스 대통령은 공화파이지만 부국강병을 추구하는 국민주의자로서 중앙 집권화 정책을 시행하였다. 그는 연두 교서에서 서부의 연방파들이 주장했던 교통망 개량 사업을 추진하겠다고 약속하였다. 1828년에는 국내 산업을 보호하고자 고율의 관세법을 제정하였다. 그러나 남부에서는 이를 "가증스러운 관세법(Abominable Tariff Act)"이라 부르며 반대하였다.

앤드루 잭슨은 1828년 대선에 다시 출마하였다. 지방 분권을 주장하는 주권주의자로서, 중앙 집권을 강조하는 연방주의자 이미지의 현직 대통령을 비판하며 도전장을 내밀었다. 그는 연방의 특권과 독점에 반대하고 주의 권한을 보장하는 민주주의적 이미지를 확보하였던 것이다.

판세는 4년 전보다 잭슨에게 더 유리하였다. 유권자 수가 1824년 선거보다 두 배 넘게 증가한 것이다. 참정권은 일정 수준 이상의 재산을 가진 유산 계급만이 가지고 있었는데, 점차 많은 서민들이 재산 기준을 충족하게 되었다. 더욱 중요한 요인은 서부의 새로운 주들이 투표권을 확대한 것이다. 영토가 서부로 점차 확대되면서 준주를 거쳐 승격한 주들이 생겨났다. 서부 주들은 주민들을 유인하기 위해 투표 자격을 완화하였다. 모든 백인들이 투표권을 획득한 것은 물론 그들에게 공직 취임권을 허용하는 주 헌법까지 채택되었다. 그러자 동부 주들도 서부에 주민들을 빼앗기지 않기 위해 재산 소유 또는 납세 조건을 완화하거나 삭제함으로써 주민들에게 참정권을 확대하였다. 1840년에 이르면 백인들의 80%가 투표권을 행사할 수 있었고, 대중 민주주의는 대세가 되어 갔다.

광범위한 대중의 참여로 선거는 흥행에 성공하였다. 그러나 그만큼 선거는 과열되었고, 양쪽은 대중의 표를 얻기 위해 상대방에 대한 인신공격도 서슴지 않았다. 치열한 선거 운동의 결과는 잭슨의 승리였다. 잭슨은 남부의 존 칼훈과 북부의 마틴 밴 뷰런(Martin Van Buren)과 연합하여 승리를 거머쥘 수 있었다.

2
잭슨식 민주주의

잭슨의 취임식은 서민 대통령 취임식 그 자체였다. 테네시에서 워싱턴으로 가던 도중 잭슨은 서민들과 일일이 악수를 하며 그들의 환영을 받았다. 취임식장은 농부와 신사, 백인과 흑인들로 가득 찼다. 아이들은 흙묻은 신발로 뛰어다녔고 식장은 더러워졌지만 이 모든 것들은 잭슨의 서민적 풍모를 자랑할 뿐이었다. 과거의 취임식을 기억하는 보수적인 상류층은 눈살을 찌푸리기도 했지만, 진보 세력은 대중의 시대가 왔다고 환호하였다. '잭슨식 민주주의(Jacksonian Democracy)'가 도래한 것이다.

잭슨의 정치 스타일은 여러 면에서 이전과 달랐다. 북동부의 특권 계층이 장악한 연방 중심의 정책 실행에 제동을 걸었을 뿐만 아니라, 기성 관료들의 독점적 권한을 해체하려고 노력하였다. 당시 관료들은 종신직이어서 권력의 눈치를 보지 않고 업무를 실행할 수 있었지만, 국민의 눈치도 보지 않을 수 있었다. 잭슨의 관점에서는 국민이 선출한 대통령의 지시도 따르지 않는 그들은 자신들만을 위해 일하는 이기적 집단이었다. 잭슨은 공무원의 5분의 1을 해임하고, 그 자리에 자신의 당선에 도움을 주고 정책을 충실히 실행할 수 있는 사람을 임명하였다. 이러한 관직 보상 관행을 엽관(獵官) 제도(spoils system)*라고 부른다.

잭슨이 시작하여 관행으로 정착된 또 다른 사례로 '식당 내각(kitchen cabinet)'을 들 수 있다. 뒤에서 설명하는 칼훈의 사례에서 볼 수 있듯이 내각의 각료들은 잭슨과 이해관계를 달리할 때가 있었다. 그때 그들은 대통

앤드루 잭슨

령보다 자신의 이해관계를 앞세우는 경향이 있었는데, 잭슨이 보기에 그것은 서민들과는 동떨어진 특권 계급의 이해였다. 잭슨은 백악관 식당에서 각료 대신 전문가들과 비공식적 만남을 가지며 중요한 정책을 토론하고 자문을 구하였다.

잭슨 시대는 유산 계급이 독점하던 정치를 백인 남성 대중에게 개방했다는 점에서 커다란 진전을 이룬 것은 사실이다. 잭슨과 그의 추종자들이 '보통 사람들의 시대'를 실현하는 데 어느 정도 기여한 성과는 인정되어야 한다. 그러나 그들을 완전한 민주주의자라고 보기는 어려웠다. 잭슨은 공화파로서 기본적으로 연방보다 주의 권한을 선호하였지만, 대통령이 된 후 그에게 가장 중요한 것은 주권 중심, 민주주의가 아니라 자신의 의지를 관철시키는 것이었다. 대통령 잭슨은 필요에 따라 연방의 보존을 강조하였다. 그는 대선에서 활약한 공로를 인정해 칼훈을 부통령으로 임명하였지만, 주의 우위를 강조하는 남부 출신 부통령과 수시로 충돌하였다.

대표적인 갈등은 「관세법」에 관한 의견 충돌이었다. 1828년 존 퀸시 애덤스 대통령은 수입 공산품에만 고율의 관세를 부과하는 「관세법」을 통과시켰다. 이는 남부에 불리하였기에, 칼훈은 주가 이런 연방법을 거부할 수 있는 권한이 있다고 주장하였다. 그러나 대통령이 된 잭슨의 생각은 달랐다. 주권은 연방의 테두리 안에서 보장되어야 한다고 반박했던 것이다. 제퍼슨 추모 만찬회에서 건배사를 둘러싸고 잭슨과 칼훈은 정면충돌하였고, 칼훈은 결국 부통령을 사임하였다. 잭슨은 재선이 확정된 후 연방주둔군을 보강

* 선거를 통해 정권을 잡은 사람이나 정당이 관직을 지배하는 정치적 관행을 말한다. 19세기 중반 미국 상원 의원인 마시가 "전리품은 승자의 몫(To the victor belongs the spoils)"이라고 발언한 데서 비롯되었다.

하여 무력충돌이 발생할 시 강제 집행할 수 있는 법안을 통과시켰다. 클레이의 중재로 갈등은 일단 락되었지만, 잭슨의 고집은 효력이 있었다.

잭슨은 이전 대통령에 비해 많은 거부권을 행사하였다. 건국 이후 여섯 명의 대통령이 거부권을 행사한 법안은 총 10개였다. 그런데 잭슨 혼자서 12개의 법안을 거부하였다. 반대파가 보기에 잭슨 대통령은 폭군과 다름없었다. 그들은 대통령을 "앤드루 왕 1세 전하"라고 조롱하며 권력 남용을 비판하였고, 자신들을 왕의 권력을 제한하

잭슨과 칼훈의 갈등

토마스 제퍼슨 추도 만찬회에서 잭슨 대통령은 이렇게 건배사를 하였다. "우리 연방의 단합 - 반드시 유지되어야 한다(Our Federal Union - it must be preserved)." 그리고 부통령 칼훈을 똑바로 쳐다보았다. 그러자 칼훈은 다음과 같은 축사로 응답하였다. "연방보다도 더 - 가장 소중한 우리의 자유를 위하여(The Union - next to our liberty most dear)." 수시로 대통령과 부딪힌 칼훈은 결국 부통령직을 사임하였다.

려고 했던 영국의 휘그당에 빗대어 휘그당(Whig Party)이라고 불렀다. 자연스럽게 잭슨의 정당은 민주당이 되었다. 양당 체제의 실루엣이 구체적인 윤곽을 드러낸 것이다.

휘그당 출현의 결정적 계기는 연방은행 인가에 관한 문제 때문이었다. 잭슨은 연방은행이 동부 엘리트들에게는 특혜를 주고 서부에게는 엄격한 대출 정책으로 성장의 기회를 제한하고 있다고 비판하였다. 연방은행을 통제하려 했으나 재무장관이 말을 듣지 않자, 자신의 심복인 법무장관 로저 태니(Roger B. Taney)를 그 자리에 앉히고 공격을 시작하였다. 신임 재무장관은 대통령의 명령에 따라 연방은행 예금을 인출해 23개의 주은행에 예치하였다. 대부분 민주당원이 운영하여 "애완 은행(pet bank)"이라 불리는 곳이었다. 그러자 연방은행장 니콜라스 비들(Nicholas Biddle)이 반격에 나섰다. 신규 대출을 중단하고 미해결 대출금을 회수한 것이다. 이는 경기 침체로 이어졌다. 민주당 내에서도 잭슨의 조치가 너무 심했다고 생각하는 사람이 있었지만 대통령은 고집을 꺾지 않았다. 연방은행 지지파는 1832년 중간 선거에서 뜻 맞는 후보들을 지지하는 의회 내 합동 작전을 펼치기로 하였다. 그들은 휘그당을 결성하고, 의석을 확보해 잭슨의 조치

를 무력화시키려고 하였다. 그러나 계속되는 경기 침체에도 불구하고 휘그당은 의석수 확보에 실패하였고, 1836년 연방은행이 폐쇄되며 은행 전쟁은 잭슨의 승리로 마감되었다.

3
양당 체제의 성립

대중의 참정권 확대와 더불어 잭슨 시대의 중요한 정치적 특징은 대중 정당이 출현하고 양당 체제가 성립되었다는 것이다. 더 많은 국민들이 정치에 참여하면서 소수가 운영하는 정파(partisan)가 아니라 대중에 기반을 둔 정당(party)이 등장한 것이다. 잭슨에 반대하는 휘그당은 구성원이 다양하였다. 예전 국민공화파, 여러 이슈를 둘러싸고 대통령과 이견을 보이는 민주공화파, 연방법 거부 파동으로 고립된 남부 출신, 그리고 대통령의 오만한 국정 운영에 반대하는 사람들이었다. 이들은 모든 주에 걸쳐 세력을 확보한 전국적 조직으로 성장하며 양당 체제의 한 축으로 성장해 가고 있었다. 남북 전쟁 직전까지 활동하던 휘그당은 새롭게 생긴 공화당에게 자리를 양보하였고, 이후 공화당(Republican Party)은 민주당(Democratic Party)과 함께 양당 체제의 중심이 되어 오늘날까지 이어져 오고 있다.

잭슨은 칼훈과의 충돌에서 연방을 중시하는 모습을 보이긴 했지만 기본적으로 연방의 독점을 반대하는 자유방임주의자였다. 그는 정부가 모든 백인 남성 시민들에게 평등한 보호와 혜택을 제공해야 하고, 국가 발전이라는 명목으로 특정 지역과 계급이 특혜를 받으면 안 된다고 생각하였다. 잭슨이 지방 분권을 주장하고 작은 정부를 강조한 것은 연방 정부로의 중앙 집권이 사실은 북동부의 상공업 세력들에게 특혜를 준다고 보기 때문이었다. 연방은행에 반대했던 것은 이런 시각의 연장선상에 있었다.

메이스빌 거부권 행사와 대법원 개편도 마찬가지였다. 켄터키 메이스빌에서 렉싱턴에 이르는 도로 건설을 연방이 지원하는 법안이 의회에서 통과되었다. 대통령은 이 법안에 거부권을 행사하였다. 도로가 켄터키주 안에서 건설되므로 주간(interstate) 통상의 일부라고 볼 수 없고, 따라서 특정 주에 대한 혜택이므로 반대한 것이다.

존 마셜(John Marshall)은 최장수 대법원장으로 대법원을 의회, 행정부와 동격으로 승격시킨 인물이다. 연방주의자인 그가 죽자 잭슨은 후임으로 주권론자인 로저 태니를 임명하였다. 아울러 대법원 판사 5명도 주권론자로 교체해 대법원은 지방 분권이 우세한 분위기로 변화하였다. 태니가 이끄는 대법원은 판결로써 잭슨의 기대를 충족시켰다. 「찰스강 교량 회사 대 워렌 교량 회사(Charles River Bridge v. Warren Bridge) 판결」에서는 주 정부의 특허장 교부권을 인정해 기존 회사의 독점권을 파기하고 경제적 기회를 확대하였고, 「브리스코 대 켄터키 은행(Briscoe v. the Bank of Kentucky) 판결」에서는 연방 정부가 주의 금융과 통화 문제에 간섭하지 못하게 하였다.

미국 양당 체제의 확립

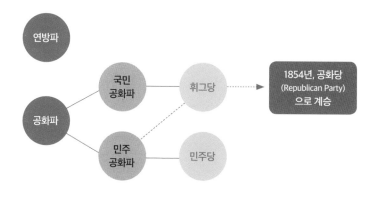

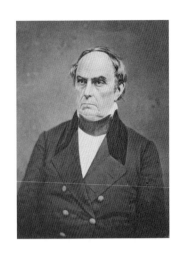

대니얼 웹스터

연방과 주의 대립, 지역 간의 갈등은 사실 휘그당이 출현하기 이전부터 존재하였다. 온도차는 있었지만 멀리는 건국 초 연방파와 공화파의 대립이 그렇고, 가깝게는 국민공화파와 민주공화파의 분화가 그렇다. 잭슨이 대통령이 된 이후에도 여러 차례 문제가 불거졌다. 이미 설명했듯이 "가증스러운 관세법"을 둘러싼 갈등이 연장되었고, 서부 국유지 불하 문제를 놓고도 지역적 대립이 표면화되었다. 서부는 국유지 불하를 찬성하였고, 남부와 북동부에서는 국유지의 저가 불하에 반대하였다. 6장에서 설명할 교통망 개선에 관해서도 북동부, 남부, 서부의 입장은 달랐다.

헤인과 웹스터도 주와 연방의 권한에 대한 논쟁에 뛰어들었다. 남부 사우스캐롤라이나주 상원 의원인 로버트 헤인(Robert Y. Hayne)은 주는 자기에게 불리한 연방법을 무효화시킬 권리가 있다고 주장했다. 반면, 북부 매사추세츠주 상원 의원 대니얼 웹스터(Daniel Webster)는 연방의 유지가 주의 자유보다 우위에 있다고 하며 국유지 불하 제한 법안을 지지하였다. 시기에 따라 약간의 차이와 변화는 있었지만, 양측의 대립은 사상, 지역, 이해관계 등 여러 요소가 복잡하게 얽혀서 나타나는 문제였다.

이러한 대립과 갈등이 제도적으로 정착되며 양당 체제가 확립되었다. 잭슨의 지지자들은 스스로를 민주당이라고 부르면서 휘그당에 대응하는 대중 정당으로 발전하였다. 잭슨과 갈등이 있었던 칼훈도 민주당의 대표적 인물이었다. 이들의 지지 기반은 서부와 남부의 농업 지대이고, 토머스 제퍼슨의 정치 노선을 따르는 주권론자들이다. 한편, 북동부의 소규모 상인들과 노동자들도 민주당을 지지하였다. 민주당은 연방 정부가 특혜를 고착화하고 기회를 억압하는 사회 경제적 제도를 해체하는 경우를 제외하고는, 연방 정부의 권력이 제한되어야 한다고 보았다. 잭슨을 비롯해 이들이 특히 관심을 가진 것은 백인 남성들의 기회의 가능성이다. 야망 있는 미국인들에게 서부로의 영토 팽창은 더 많은 기회를 제공할 것이라고 보았기 때문에 민주당은 휘그당보다 훨씬 더 열정적으로 서부 팽창을 지지하였다. 한편으로 이런 관점은 백인 남성이 아닌 원주민들에게는 오히려 거대한 폭력이 되었다.

헨리 클레이

휘그당의 대표 인물은 웹스터와 클레이였다. 웹스터는 북동부의 상공업 세력을 대표하는 인물로, 연방 정부가 보호 관세 장벽으로 산업을 보호하고 적극적 개입 정책으로 통화 금융 제도를 안정시켜야 한다고 주장하였다. 클레이의 정치적 기반은 잭슨과 마찬가지로 서부의 농업 세력이었지만 생각하는 바는 잭슨과 달랐다. 그는 연방 정부가 개입해 도로를 개통하고 수로를 정비하는 등 교통망 개량 사업을 지원해야 한다고 주장하며 '미국적 체제(American System)'를 제안하였다.

미국적 체제란 연방 중심의 중상주의적 경제 계획으로서 국민주의적, 중앙 집권적 질서를 추구한다. 이는 건국 초 알렉산더 해밀턴의 연방주의적 정치 노선과 연결되어 있었다. 주된 내용은 연방 정부가 국내 제조업 보호를 위해 관세를 인상하고, 상업을 장려하기 위해 연방은행을 강화하며, 시장 개척을 위한 국내 교통망을 개량하는 자금을 지원해야 한다는 것이다. 북동부와 서부의 휘그당원들은 모두 헨리 클레이의 미국적 체제를 지지하였다.

클레이는 미·영 전쟁이 끝나면서 유럽에 대한 경제 의존도를 차츰 축소해야 한다고 생각하고 미국적 체제를 건설하자고 주장해 왔다. 보호 관세를 인상하고 연방은행을 강화시키며 국내 개발에 투자함으로써 공장과 농업 생산자를 위한 대규모 국내 시장을 개발하자는 주장이었다. 휘그당은 물질적 진보를 수용했으나 서부 팽창에는 주의하였다. 급속한 영토 확대가 사회 불안을 가져올 수 있다는 염려 때문이었다. 대신 상업과 제조업으로 세계 대열에 오르려고 하였다. 그들은 자신들의 전망이 모든 미국인들에게 더 많은 기회를 제공할 것이라 주장했지만, 경제 성장에 기여했던 기업과 단체에게 특정 가치를 부여하고 그런 단체의 설립과 지원에 관한 입법 조치를 선호하였다.

잭슨이 물러난 자리에 휘그당 인사가 세 명이나 선거전에 뛰어들었지만 잭슨의 후계자를 이기지는 못하였다. 휘그당에서는 북부의 웹스터를 비롯해 남부를 대표하는 테네시 출신 휴 화이트(Hugh L. White), 중부와 서부를 대표하는 오하이오 출신 윌리엄 해리슨(William H. Harrison)이 출마하였다. 이들의 전략은 각각 자기 지역에서 밴 뷰런의 표를 빼앗아 과반수를 저지하고 결선이 치러지는 하원으로 직행하는 것이었다. 그러나 밴 뷰런은 선거인단 170표를 얻어 1차에서 선거를 종결시키며 승리하였다.

손쉬운 승리에 비해 밴 뷰런 대통령(재임 1837~1841)은 불행한 집권 기간을 견뎌야 했다. 취임 직후 1837년 공황으로 은행이 파산했고, 야당은 밴 뷰런을 잭슨의 품에서 벗어나지 못한다고 조롱하였다. 1840년 선거는 1812년 미·영 전쟁의 영웅 해리슨(재임 1841)을 내세운 휘그당의 승리였다. 그러나 현직 대통령이 1개월 만에 사망하는 초유의 사태가 벌어져 부통령인 존 타일러(John Tyler, 재임 1841~1845)가 승계하였다. 타일러는 원래 민주당 출신으로 남부를 배려하여 선택된 인물이었다. 타일러는 북부 휘그당과 충돌하였고, 장관들은 신임 대통령의 정책에 반대하며 사임하였다. 휘그당 장관들의 자리는 민주당 인사들이 채웠고, 가장 마지막으로 사임했던 웹스터의 자리에는 민주당에 재입당한 칼훈이 임명되었다. 대통령은 휘그당과 친정이었던 민주당 모두에게 외면당하였다. 1844년 대선에서는 헨리 클레이가 휘그당의 후보로 귀환하였다. 그러나 노예제를 반대하는 제3당인 자유당이 휘그당의 표를 분산시켰다. 승리는 테네시 출신 제임스 포크(James K. Polk, 재임 1845~1849)를 내세운 민주당의 차지였다.

참고한 책, 더 읽어 볼거리

권오신·김호연, 『왜 미국 미국 하는가』, 강원대학교 출판부, 2003.

손세호, 『하룻밤에 읽는 미국사』, RHK, 2019.

앨런 와인스타인·데이비드 루벨 저, 이은선 역, 『사진과 그림으로 보는 미국사』, 시공사, 2004.

이보형, 『미국사 개설』, 일조각, 2018.

전국역사교사모임, 『처음 읽는 미국사』, 휴머니스트, 2018.

5장

미국의 영토 확장
: 대서양에서 태평양까지
(1820년대~1840년대)

1
미국의 서부 탄생

독립 이후 미국은 서쪽으로 끊임없이 진출해 결국 태평양 연안까지 도
달하였다. 그 과정에서 아메리카 원주민을 쫓아냈고, 스페인과 멕시코,
그리고 영국을 상대로 전쟁까지도 불사하며 영토를 확장하였다. 1790년
제1회 국세 조사 당시 미국의 인구는 약 400만 명이었는데, 당시 서부라
고 할 수 있는 애팔래치아산맥 서쪽 지역에 약 23만 명이 거주하였다. 시
간이 지남에 따라 인구는 팽창하였고, 서부 거주자의 숫자도 급속도로
증가하였다. 1820년 1천만 명 가까이 증가한 인구는 1840년에 이르러
1,700만 명을 넘어섰고, 애팔래치아산맥 동쪽과 서쪽의 거주자는 대략 반
반으로 나뉘었다. 대서양 연안의 동부 주들은 인구 변동이 거의 없어서
노동력 부족 현상을 겪게 되었는데, 이는 동부 주 인구의 자연 증가분만
큼 서부 이주로 인구가 빠져나갔기 때문이다. 같은 기간 서부 인구는 급

속도로 증가해 갔다.

서부로 이주하는 집단들은 크게 세 부류였는데, 단계적으로 변화하며 특징적인 흐름을 만들어 갔다. 첫 번째는 개척자적인 성격의 대열이었다. 미국인들에게 백인이 거주하지 않는 땅은 원주민의 거주와 무관하게 새로 '개척'해야 할 대상이었다. 개척자 대열에는 모피를 수집하기 위해 원주민을 따라다니는 상인, 직접 사냥하는 사냥꾼, 원주민들에게 복음을 전파하는 전도사, 토지 투기업자와 그 대리인들이 있었다. 두 번째 대열은 첫 번째 대열을 따라 이주하여 미개간지를 개척하고 어느 정도 정착할 수 있도록 만든 개척 농민들이었다. 미국 정부의 국유지 정책은 동부에서 토지를 얻지 못한 농민들을 서부로 끌어들이는 매력적인 정책이었으며 교통의 발달은 그들의 서부 이주를 용이하게 만들었다. 세 번째는 서부에 정착하여 마을을 건설하고 학교나 교회를 건립해 백인 문명을 전파한 대열이다. 이들은 농민뿐만 아니라 상인, 목사, 교사, 법률가 등 다양한 직종을 가진 사람들로 구성되었다.

대서양 연안의 미국 주민들이 애팔래치아산맥을 넘어가는 것은 간단한 일이 아니었다. 험준한 산맥과 거친 야생은 그들에게 극복할 엄두조차 나지 않는 거대한 장벽이었다. 자연이 만든 장벽을 넘어선다 하더라도 그 땅에 살고 있는 아메리카 원주민들이 있었다. 미국인들은 원주민들에게 토지를 구입하려고 했으나 여의치 않을 경우 그들을 쫓아내고 토지를 약탈하는 일도 서슴지 않았다. 서부의 토지는 이주민들에게는 '젖과 꿀이 흐르는 땅'이었고, 비옥한 농토를 얻는다는 것은 그만큼 경제적으로 풍족한 생활을 누릴 수 있음을 의미하였기에 어려움을 극복하기 위해 이주민들은 수단과 방법을 가리지 않았다.

농민들이 토지를 새로 획득하는 방법은 연방 정부의 소유가 된 서부 토지를 정부에게 구입하는 것이었다. 정부는 1785년에 「공유지 불하 조례(Land Ordinance)」를 제정해 이주 농민들에게 토지를 불하하였다(2장 참조).

미국 인구 변화와 서부 팽창 (1790~1840)

연도	총인구*	애팔래치아산맥 서쪽 지역 거주자
1790	3,929,214	총인구의 17분의 1
1800	5,308,483	
1810	7,239,881	
1820	9,638,453	
1830	12,866,020	총인구의 4분의 1
1840	17,069,453	총인구의 2분의 1

출처 : U.S. Bureau of the Census.

국민들이 불하받을 수 있는 토지의 최소 크기는 1평방마일(640에이커)이
었다. 당시 서부 토지 1에이커는 1달러였으므로 1평방마일의 토지를 불
하받기 위해서는 적어도 640달러가 필요하였다. 이는 서민들이 감당하기
에는 부담스러운 액수였다.

2년 뒤인 1787년에 「북서 공유지 조례(Northwest Ordinance)」가 제정되면
서 새로 차지한 땅에 대한 통치 기준이 마련되었다. 성인 남성 5천 명 이
상이면 준주(territory)가 되었고, 6만 명 이상이면 정식 주(state)의 자격을
획득하며 기존의 13개 주와 동등한 자격으로 국가 연합에 가입할 수 있
었다. 정착지 주민들은 '권리 장전'의 혜택을 누릴 수 있었는데, 예를 들면
배심원에 의해 재판받을 권리를 보장받았다. 한편, 노예 제도는 새롭게
탄생한 주에서 금지되었다. 「북서 공유지 조례」는 중앙 정부 차원에서 노
예 제도 확산에 최초로 제동을 건 법률이었다. 1785년과 1787년의 두 조
례를 마련함으로써 미국은 서부로 팽창하며 새롭게 획득하는 영토를 통
치하기 위한 기본 지침을 확립할 수 있었다.

1796년 정부는 토지 가격을 에이커당 2달러로 올렸다. 1785년 조례에

비해 두 배나 상승한 가격이지만 당시 동부 토지의 평균 가격이 50달러였으므로 서부의 매력은 '마력'이라고 해도 과언이 아니었다. 그러나 매각 면적에 관한 규정은 변함이 없어서 토지를 구입하기 위해서는 최소 1,280달러를 미리 준비해야 했기에 서민들에게는 여전히 부담스러웠다. 정부는 1800년에 들어서 최소 매각 면적을 절반(320에이커)으로 줄이고 가격은 2달러 그대로 하되 4년간 분납할 수 있게 하였으며, 현금 지불일 경우 할인해 주는 새로운 국유지법을 제정하였다. 이후 최소 매각 면적과 현금 할인율을 더욱 크게 조정하였다. 이런 결과로 1800년 이후 10년 동안 325만 에이커의 토지가 북서부 지방에서 매각되었다. 여전히 토지 투기업자에게 더 큰 혜택이 돌아갔고 이에 대한 비판의 목소리가 나왔지만, 어쨌든 일반 이주 농민들의 부담은 점차 줄어들었다.

미국의 인구 증가와 비례하여 서부 이주의 규모는 점점 확대되어 갔다. 정부는 서부의 신생 영토를 편입하기 위한 통치 기준을 마련하였고, 기존 지역과 서부를 연결하는 각종 교통수단을 혁명적으로 개발하였다. 주민들의 이동과 정부 정책이 맞물리면서 기존의 북동부, 남부와는 다른 성격을 지닌 북서부(오늘날의 구서부, Old West)라는 새로운 지역이 탄생하였다.

2
영토 확장과 '눈물의 길'

연방 정부의 서부에 대한 관심과 영토 확장에 대한 욕심은 급증해 갔다. 제퍼슨 대통령은 보좌관 메리웨더 루이스(Meriwether Lewis)와 치밀한 준비를 한 후 의회에 서부로의 탐험 지원을 요청하였다. 루이스는 1803년 3월 무렵 워싱턴을 출발해 윌리엄 클라크(William Clark) 중위와 함께 탐험대를 이끌고 서부를 탐사하였다. 탐험대는 오하이오강을 따라 내려가 미시시피에 진입했고, 세인트루이스를 지나 미주리강을 따라 로키산맥 분수령에 도착하였다. 분수령을 넘은 탐험대는 1805년 겨울 드디어 태평양 연안에 도달했고, 이듬해 9월에는 무사히 세인트루이스로 귀환하였다. 루이스·클라크 탐험대가 가져온 미지의 세계에 대한 지식은 이후 미국의 서부 진출에 커다란 도움이 되었다.

비슷한 시기 제퍼슨 대통령은 미국 역사에 획을 그을 만한 거대한 토지 매입에 성공하였다. 루이지애나라 불리는 지역으로, 미시피강에서 로키산맥에 이르는 거대한 땅이었다. 미국은 스페인과 핑크니 조약을 맺어 미시시피강의 자유로운 항해와 하구에 있는 뉴올리언스 항구의 이용을 보장받았다. 그런데 프랑스가 이 지역을 차지하게 되면서 자유로운 항구 이용에 대한 미국의 불안이 시작되었다. 제퍼슨은 특사를 보내 프랑스와 교섭을 진행하였다. 당시 영국과 전쟁을 벌이고 있던 나폴레옹은 뉴올리언스를 팔라고 하는 미국 특사단에게 루이지애나 전부를 사라고 제안했다. 프랑스의 입장에서는 본국과 멀리 떨어져 있어서 관리도 곤란하고 영국과 전쟁이 벌어지면 빼앗길 위험도 높은데, 차라리 판매하여 전쟁 비용을 조달하는 것이 더 낫다고 판단한 것이다. 1,500만 달러에 루이지애나를 사라는 제안에 특사단은 귀를 의심하였다. 본국에 보고할 시간까지 아끼며 재빠르게 계약을 성사시켰다. 미국은 당시 영토 크기와 맞먹는 광대한 루이지애나를 에이커당 3센트의 가격으로 구입할 수 있었고, 이로써 미국의 면적은 두 배로 넓어졌다.

미국인들은 서부의 땅을 '개척'하거나 유럽 국가들에게서 매입했지만, 사실 그 땅의 주인은 따로 있었다. 백인들이 나타나기 이전부터 그 땅에서 살아 왔던 아메리카 원주민이 그들이었다. 원주민들은 백인들의 정착 초기에 알맞은 농작물을 소개하고 농법을 가르쳐 주며 굶주림을 면하게 해 주었고, 모피를 거래하며 어울려 지내기도 하였다. 그러나 백인들의 숫자가 점차 증가하고 원주민들의 토지를 넘보면서 갈등이 발생하기 시작하였다.

　먼로 대통령(James Monroe, 재임 1817~1825) 시절 발생한 제1차 세미놀 전쟁도 그중 하나였다. 미국군이 플로리다 경계선의 원주민 세미놀족 마을에 불을 지르자 원주민들은 조지아의 정착촌을 습격했고, 전쟁이 발발하였다. 육군장관 칼훈(John C. Calhoun)은 앤드루 잭슨(Andrew Jackson) 장군에게 원정대 지휘를 맡기며 플로리다 안까지 세미놀족을 추격해도 좋다고 허락하였다. 그는 1818년 플로리다 국경을 넘어가 세미놀 원주민을 처형하고 심지어 스페인 총독을 쿠바로 쫓아냈다. 이런 행동은 워싱턴 내에서도 도마 위에 올랐다. 그런데 국무장관 애덤스(John Quincy Adams)는 오히려 잭슨 장군을 옹호하면서 스페인이 플로리다를 관리하지 않아 미국의 적들이 플로리다에 진입해 있었기 때문에 문제가 발생했다고 주장하였다. 미국은 스스로를 위협으로부터 지킬 권리가 있고 스페인은 미국에 대한 위협을 억제할 의사도 능력도 없기 때문에 잭슨의 행위는 정당하다는 것이었다. 잭슨의 기습은 스페인에게 미국의 위력을 과시하였고, 결국 스페인 대사 오니스(Luis de Onis)를 협상장으로 이끌었다. 1819년 2월 애덤스-오니스 조약을 통해 미국은 플로리다를 매입하였다. 그 대신에 미국은 루이지애나 매입에 포함된다고 주장했던 텍사스에 관한 권리를 포기하였다.

　토지를 둘러싼 원주민들과 백인들 간의 갈등은 계속되었다. 백인들은 원주민 부족들이 거주하는 땅에 대해 공공연하게 욕심을 드러냈고, 원주민들이 더 서쪽으로 이주해 기존 거주지를 백인들에게 넘겨주기를 원하였다. 1830년 앤드루 잭슨(재임 1829~1837) 행정부는 「인디언 추방법」을 만들었다. 미국 정부가 '인디언 보호 구역'을 만들고 원주민은 고향을 떠나 보호 구역으로 옮길 것을 법으로 정한 것이다. 물론 원주민들의 동의를 받은 것은 아니었다. 백인들은 미시시피강 서쪽의 원주민들을 몰아내고 오하이오강 북쪽으로 몰려갔다. 원주민들은 부족장의 지휘에 따라 완강하게 저항했지만, 전쟁에서 패배하고 위스콘신과 아이오와 서쪽으로 밀려났다. 백인들과 같이 문명화되었다는 남쪽 원주민 부족들의 운명도 다를 바 없었다.

체로키족, 크리크족, 세미놀족, 치커소족, 촉토족은 '문명화된 다섯 부족'으로 알려졌다. 이들은 조지아 서부, 앨라배마, 미시시피, 플로리다 등지에서 살고 있었는데, 농업 사회를 영위하며 정착 생활을 하는 원주민 부족이었다. 백인들의 문명을 받아들여 학교와 공장을 건립하고 그들과 평화로운 관계를 유지하고 있었다. 그러나 어느 날 들이닥친 백인 병사들에 의해 고향에서 쫓겨나 1,000㎞ 이상이나 먼 지역으로 가야 했다. 체로키족은 연방 대법원에 고소해 조지아주의 만행을 저지하려 하였다. 대법원은 원주민의 주장을 지지하는 판결을 내렸지만 아무런 소용이 없었다. 조지아주는 대법원의 판결을 무시하고 원주민들에게서 땅을 빼앗았고,

눈물의 길 (Trail of Tears, Robert Lindneux, 1942년 작)

잭슨은 대법원 판결에 대해 "존 마셜이 내렸던 판결이니 존 마셜더러 시행하라고 하시오!"라며 조지아주에 힘을 실어 주었다. 1835년 12월, 극소수의 체로키 원주민들이 뉴이코타 조약에 서명하였다. 조지아 북서부의 체로키 땅을 500만 달러에 매각하고 지금의 오클라호마에 있는 '인디언 보호 구역'으로 이동하겠다는 내용이었다. 체로키족 1만 6,000명 중 1만 5,000명이 조약의 폐기를 요구하는 진정서를 제출했지만 상원에서는 조약을 비준하였다. 체로키족은 1838년 겨울에 오클라호마로 강제 이주 당했다. 이주 과정에서 전체 부족원 4분의 1에 해당하는 4,000여 명의 원주민이 목적지에 도착하지 못하고 사망하였다. 이 길을 '눈물의 길(Trail of Tears)'이라고 부른다. 1830년대 말 미시시피강 동쪽 지역에 거주하던 거의 대부분의 원주민 공동체가 서부로 강제 축출되었다. 한편, 플로리다의 세미놀족은 부족장의 지도 아래 1835년 봉기해 강제 이주에 저항하였다. 잭슨 대통령은 플로리다에 군대를 파병하여 끈질기게 저항하는 세미놀족과 1842년까지 전쟁을 치르고 진압하였다. 잭슨 시대는 민주주의 확대의 시대이자 서부 팽창의 시대였고, 동시에 원주민 희생의 시대였다.

3
'명백한 운명'과
태평양 연안으로의 진출

백인들은 원주민들을 고향에서 쫓아내고 토지를 약탈한 것이 부끄러운 짓이 아니라 당연하고 자연스러우며 심지어 박애적인 행위라고까지 생각하였다. 『민주평론(Democratic Review)』의 편집인이던 존 오설리번(John L. O'Sullivan)은 이러한 생각을 공식적 논리로 정립하였다. 그는 1839년 논설 「미래의 위대한 나라(The Great Nation of Futurity)」에서 미국의 영토 확장은

'들짐승만도 못한 생활'을 하고 있는 수많은 사람들에게 자유와 평화를 전파하는 것이며, 이러한 미국의 역사는 지상의 권력을 뛰어넘은 신의 섭리와 함께한다고 주장하였다. 노예주와 자유주의 대립 속에서 텍사스를 비롯해 오리건의 합병 문제가 첨예하게 대립하던 1845년에는 논설 「합병(Annexation)」에서 신이 허락한 대륙으로 팽창하는 것은 미국의 '명백한 운명(manifest destiny)'이라 하고, 서부 진출과 미국 인구의 폭발적 팽창을 통한 대륙 점령은 의심의 여지가 없는 신의 '명백한 계획(manifest design)'이라고 공언하였다.

오설리번의 주장은 신의 섭리라는 미명하에 텍사스, 오리건, 캘리포니아를 포함해 태평양 연안까지 미국의 영토를 확장시키는 것을 합리화하는 근거가 되었고, 이후 '명백한 운명'이라는 용어는 미국 팽창주의자들이 즐겨 쓰는 수사학이 되었다. 미국의 영토 팽창이 원주민에 대한 침략과 약탈이 아니라 미국적 자유의 제공과 확장, 신이 예정한 운명으로 탈바꿈해 버린 것이다.

미국은 1819년 스페인에게 플로리다를 양도받으면서 텍사스 소유권을 포기했었다. 그러나 스페인은 텍사스를 엉성하게 관리하였고, 멕시코가 스페인으로부터 독립하면서 텍사스는 멕시코 영토에 포함되었다. 비슷한 시기 서부로 향하던 일단의 미국 남부 주민들이 텍사스로 이주하였다. '텍사스 개척의 아버지'로 불리는 스티븐 오스틴(Stephen F. Austin)을 따라 이주민들은 토지를 개간하고 마을을 만들어 1830년경에는 약 2만 명의 백인과 1천 명의 노예가 정착할 수 있는 지역으로 성장하였다. 멕시코 정부는 처음에는 미국인의 이주를 환영하였다. 세금 수입이 증대하고 텍사스 지역의 경제가 강화될 것이라는 기대감 때문이었다. 그러나 차츰 미국인의 숫자가 많아지면서 텍사스가 미국화될 수 있다는 불안감 때문에 미국 상품에 높은 세금을 부과하고 미국인의 이주와 노예 제도를 금지하였다. 또한 이주민들에게 멕시코의 시민권을 얻고 로마 가톨릭으로 개종

할 것을 요구하는 등 통제 정책을 강화하였다. 텍사스의 미국인들은 멕시코의 억압 정책에 강한 불만을 나타냈다. 그들은 1836년 독립을 선포하며 반란을 일으켰다. 멕시코 대통령 산타 안나(Santa Anna)는 반란군을 진압하기 위해 군대를 이끌고 텍사스의 최대 도시 산안토니오에 있는 알라모 성당에 마련된 요새를 포위하였다. 안나 대통령은 항복을 요구했지만 텍사스인들은 포격으로 대답하였다. 1836년 2월, 알라모 병사들 전원은 죽음을 맞이하였고 요새는 함락되었다. 이후 "알라모를 기억하라!"라는 구호를 통해 알라모는 텍사스 저항의 상징이 되었다. 4월이 되자, 텍사스인들은 샘 휴스턴(Sam Houston) 장군의 지휘 아래 산 하신토(San Jacinto)에서 멕시코군과 다시 맞붙었다. 이번에는 텍사스군의 승리였다. 산타 안나를 포로로 잡으며 멕시코군을 격파하였고, 텍사스인들은 독립을 선포하였다. 이로써 텍사스 공화국이 수립되었고 휴스턴 장군이 초대 대통령에 취임하였다.

텍사스 공화국은 미국의 한 주로 병합될 것을 요청하였다. 그러나 많은 북부인들은 노예 제도가 확립된 거대 영토를 연방으로 편입시키는 것에 반대하였다. 1820년 '미주리 타협'으로 잠정적으로 억제되었지만, 노예 제도를 둘러싼 남북 간의 갈등은 언제든지 폭발할 수 있는 불씨를 가지고 있었던 것이다. 잭슨 대통령은 텍사스 공화국을 승인하였지만 합병에는 신중하였고, 후임인 밴 뷰런(Martin Van Buren, 재임 1837~1841)은 아예 국회에 상정조차 하지 않았다. 존 타일러 대통령(John Tyler, 재임 1841~1845)은 국무장관인 칼훈을 통해 합병 조약안을 작성하였지만, 멕시코와의 관계를 우려한 상원이 합병안을 부결시켰다. 1844년 대통령 선거에서 텍사스는 북부의 오리건 지역과 함께 주요 쟁점이 되었다. 텍사스 합병을 주장하며 당선된 민주당 제임스 포크 대통령(James K. Polk, 재임 1845~1849)은 상원의 반대에 부딪혀 조약 승인이 어려움을 겪자 묘책을 마련하였다. 상원 3분의 2의 동의 대신 상·하 양원 합동 회의에서 과반수 찬성 결의안을 통과시킨 것이다. 결국 텍사스 합병 조약안은 통과되었고, 1845년 12월에 텍사스는 노예주로 미국 연방에 가입하였다.

텍사스가 연방에 합병되자 멕시코는 미국과의 외교 관계를 단절하였다. 그러나 미국과 멕시코의 국경을 어디로 확정할 것인지의 문제를 해결해야 했기에 멕시코는 미국을 상대하지 않을 수 없었다. 멕시코는 텍사스에 가까운 누에시스(Nueces)강을 국경으로 하자고 주장하였다. 반면, 미국의 주장은 멕시코에 가까운 리오그란데(Rio Grande)강을 경계선으로 하자는 것이었다. 양측의 주장이 대립하는 가운데 전쟁의 가능성은 높아져갔고, 포크 대통령은 1845년 재커리 테일러(Zachary Taylor) 장군을 누에시스강으로 보내 멕시코와의 전쟁을 준비하였다.

마침내 1846년, 포크 대통령은 의회의 승인을 받아 전쟁을 선포하였다. 멕시코군이 리오그란데강을 건너 미국 군대를 공격했다는 것을 구실로 삼아 전쟁을 일으킨 것이다. 남부와 민주당은 멕시코와의 전쟁을 환영하였다. 그러나 북부와 휘그당은 반대하였다. 특히 매사추세츠주 의회는 이 전쟁이 노예 제도 확장, 노예주의 강화, 자유주의 지배의 세 가지 목적을 가진 의도된 전쟁이며 헌법에 위배된다는 결의문을 통과시켰다. 이듬해 수도인 멕시코시티가 함락되자 멕시코 정부는 강화를 제의하였다. 1848년 2월에 과달루페 이달고 조약이 체결되었고, 양국 간의 경계는 리오그란데강으로 결정되었다. 미국은 멕시코에 1,500만 달러를 지불하며 오늘날 캘리포니아, 네바다, 애리조나, 유타, 뉴멕시코, 콜로라도, 와이오밍 일대의 광대한 영토를 차지하였다.

비슷한 시기에 오리건 분쟁이 종결되고 미국은 태평양 연안 북서부 지역의 경계를 영국과 합의하였다. 오리건 분쟁은 양국이 오리건 지역(지금의 몬태나와 와이오밍 일부와 아이다호·워싱턴·오리건주)을 두고 서로 영유권을 주장하며 벌인 다툼을 말한다. 1818년 양국은 이 지역의 공동 점령에 합의하는 조약을 체결하였다. 그러나 오리건으로 가기 위해서는 로키산

미국의 영토 팽창.

오리건
1848년 영국과 조약

루이지애나
(프랑스로부터 1803년 구입)

1783년 파리조약 이후
미국 영토

1775년 당시 미국

멕시코로부터 1848년 획득

1853년
멕시코로부터 획득

1845년 텍사스와 합병으로 획득

1819년
스페인으로부터 획득

맥을 넘어야 했기에 미국의 권한은 큰 의미가 없었다. 1824년 2월 크로족
원주민을 통해 산맥을 쉽게 넘을 수 있는 오리건 통로(Oregon Trail)를 알게
되면서, 이 길은 오리건과 캘리포니아를 향할 때 이용하는 주요 통로로
자리 잡았다. 1840년대에는 '오리건 열병'이라 불리는 이주민들의 급격
한 팽창이 발생하였고, 미국인들과 영국령 식민지 캐나다 사이에 국경 분
쟁이 일어났다. 1844년 대통령 선거에서 휘그당 후보 헨리 클레이(Henry
Clay)가 미지근한 태도를 보인 것과 달리 민주당 제임스 포크는 "54° 40′
아니면 전투를!"이라는 슬로건을 내세우며 영국에게서 오리건 지역을 빼
앗겠다는 의지를 강력히 표명하였다. 포크는 취임 연설에서도 동일한 주
장을 하고 영국과의 공동 관리를 종결할 의사를 밝혔다. 그러나 영국은

물론 미국도 진짜로 전쟁을 벌일 생각이 있는 것은 아니었다. 미국은 남쪽에서 멕시코와 국경을 놓고 갈등을 빚고 있는 상태였기에 양쪽 지역으로 전선을 펼칠 수는 없었다. 1846년 5월 멕시코 전쟁이 발발하였고, 미국은 기존 요구에서 후퇴한 "북위 49° 선으로 오리건 지방을 분할하자"는 영국의 제안을 수용하면서 국경을 확정지었다.

한편, 1848년 1월에 캘리포니아 새크라멘토 근방 아메리칸강 유역에서 사금이 발견되었다. 이 소식은 서부인들에게 퍼졌고, 여름이 끝날 무렵에는 미국 동부와 유럽에까지 알려졌다. 미국과 세계 각처에서 일확천금을 꿈꾸는 '49년도의 사람들(49ers)'이 몰려드는 '골드러시(Gold Rush)' 열풍이 일었다. 이듬해 초, 캘리포니아의 인구는 10만 명을 넘어서 정식 주로 승격할 수 있는 자격을 갖추었다. 1848년 멕시코 전쟁에서 전공을 세운 재커리 테일러(재임 1849~1850) 장군이 대통령에 취임하고 1849년 10월 노예제를 금지하는 헌법을 제정해 정부를 수립하였다. 이제 남은 것은 연방에 가입하는 일이었다.

캘리포니아와 오리건으로 가는 길 중간의 로키산맥 지역은 모르몬(Mormons)교도들에 의해 개척되었다. 1830년 뉴욕에서 조셉 스미스(Joseph Smith)가 조직한 모르몬교는 종교적 소수파로, 박해를 피해 서부로 가고자 하였다. 일리노이주에 정착하는 듯했으나 다시 박해를 받아 스미스가 사망하고 브리검 영(Brigham Young)이 새 지도자가 되었다. 그는 미국 영토를 벗어나고자 로키산맥 너머 그레이트솔트 호수 지역(지금의 유타)에 정착하였다. 처음에는 황무지였지만 열심히 개간한 덕에 옥토로 바꿀 수 있었다. 마침 이곳은 캘리포니아로 가는 길목이어서 골드러시로 사람들이 몰려들자 식량과 물품의 공급지가 되어 막대한 이익을 얻을 수 있었다. 원래는 멕시코 영토였으나 미국이 멕시코 전쟁에서 승리한 후 유타는 준주가 되었고, 브리검 영이 주지사에 임명되었다.

서부 이주와 개척은 미국 역사상 커다란 의의를 가지고 있다. 서부의 개발은 경제 발전을 촉진하였고, 유럽에 대한 의존도를 감소시켰으며, 미국의 국민주의가 발전하는 기반을 마련하였다. 동부의 노동자들이 실직을 당해도 서부에서 새출발을 시도할 수 있어서 서부는 미국 사회의 불안을 해소하고 계급 대립 감정을 완화시키며 사회 경제적 안전판으로 기능하였다. 서부에서는 동부와 달리 기존의 신분과 재산에 관계없이 동일한 출발선에서 시작하였다. 따라서 평등사상이 발전하고 민주화에 도움이 되었으며, 개인의 역량이 더욱 중요해지고 누구든지 열심히 일하면 장래가 보장된다는 낙관주의가 유포되었다. 그러나 이러한 의의에도 불구하고 서부는 앞서 살펴보았듯이 조상 대대로 살아온 원주민들을 고향에서 쫓아내고 약탈한 대가로 얻어진 치부라는 점에서 서부 개척은 양면적인 성격을 가지고 있었다.

• 사료 읽기

존 오설리번, 『민주평론(Democratic Review)』

「미래의 위대한 나라(The Great Nation of Futurity)」, 1839.

장차 우리 미국인의 영토 확장은 우리 미국인의 활동지를 만들어 내는 것이며 또한 우리 미국인의 역사를 위한 것입니다. (…) 우리 역사는 오로지 신의 섭리와 함께하며, 어떠한 지상의 권력과 힘도 우리 역사와 함께할 수 없습니다. (…) 미국의 숭고한 사례는 왕정과 계서제와 과두정의 전제 정치에 사형 선고를 내릴 것이며, 지금 수많은 사람들이 들짐승만도 못한 생활을 하고 있는 곳에서 평화와 선의의 기쁜 업무들을 수행할 것입니다.

(출처: The United States Magazine and Democratic Review, Vol. 6, No. 23, Nov, 1839)

「합병 (Annexation)」, 1845.

텍사스는 우리의 땅입니다. (…) 다른 나라들은 (…) 매년 증가하는 우리 수백만 국민의 자유로운 발전을 위해 신이 허락하신 대륙으로 팽창하는 우리의 '명백한 운명(manifest destiny)'을 실현하는 것을 제지하려는 (…) 텍사스는 우리 인구의 서부 진출이라는 일반 법칙을 불가피하게 실현하는 가운데 연방으로 흡수되어 왔습니다. 인구의 성장 비율로 볼 때 백 년 이내에 우리 인구는 2억 5천만 명이라는 어마어마한 숫자로 폭발적 성장을 할 것이라 예정되어 있고, 그 연결점은 이 대륙의 점령에 관한 신의 '명백한 계획(manifest design)'이라는 것이 너무나 분명하여 의심의 여지가 없습니다.

(출처: The United States Magazine and Democratic Review, Vol. 17, No. 85, Jul, 1845)

 참고한 책, 더 읽어 볼거리

권오신·김호연, 『왜 미국 미국 하는가』, 강원대학교 출판부, 2003.

디 브라운 저, 최준석 역, 『나를 운디드니에 묻어주오: 미국 인디언 멸망사』, 길, 2016.

앨런 브링클리 저, 황혜성 외 역, 『있는 그대로의 미국사』 1, 휴머니스트, 2011.

이보형, 『미국사 개설』, 일조각, 2018.

프레데릭 잭슨 터너 저, 김태형 역, 『프런티어 미국 서부의 신화』, 신아사, 2018.

한국미국사학회 엮음, 『사료로 읽는 미국사』, 궁리, 2006.

6장

섹션의 형성과 대립,
미국의 초기 산업 발전과
위기의 1850년대

1
섹션의 형성과 대립

19세기 초 서부 개척은 교통의 발전을 통해 이루어졌다. 독립 이후 본격적으로 시작된 교통의 발전은 유료 도로를 시작으로 운하와 철도 건설로 발전하였다. 1794년 최초의 유료 도로가 펜실베이니아와 랭커스터 사이에 개통된 것을 시작으로 유료 도로는 빠르게 성장하여 1810년까지 총 398개의 유료 도로 회사가 등장하며 절정을 이루었다. 특히 1818년 연방정부에 의한 유로 도로인 컴벌랜드 도로가 메릴랜드주 컴벌랜드에서 오하이오강까지 연결되어 이주민들은 오하이오강을 이용해 미시시피강까지 진출하였다. 뒤이어 연방 정부 중심의 유료 도로가 본격적으로 건설되기 시작하였다. 유료 도로가 건설되기 전까지 서부로의 이동은 좁은 길과 산길을 통해야 했으므로 시간과 비용이 많이 필요했으나, 유료 도로가 건설되면서 서부로의 이주와 상업 활동이 활발하게 진행될 수 있었다.

운하 또한 민간 기업을 중심으로 건설되기 시작했으나 1812년 전쟁으로 활발하게 이루어지지 못하였고, 건설된 운하 또한 강 주변에 소규모로 건설되었을 뿐이었다. 1825년 뉴욕 주정부가 오대호와 뉴욕의 허드슨강을 연결하는 584km의 이리 운하(Erie Canal)를 건설하였다. 이리 운하를 통해 북동부와 오대호 주변의 북서부 지역이 연결되면서 서부로의 이주가 본격화되었고, 오대호 주변의 비옥한 평지는 대규모의 곡물 생산지로 발전하며 여러 대도시가 등장하였다. 낮은 화물 운임을 통해 이리 운하가 성공을 거두면서 많은 운하가 건설되기 시작하였다. 1830년대에 뉴욕에서 뉴올리언스까지 수로가 건설되었으며, 1840년에 이르면 총 4,800km 이상의 운하가 건설되었다. 1807년 처음 등장한 증기선을 통해 여러 상품과 사람들이 육로를 통하지 않고 운하를 통해 뉴욕에서 뉴올리언스로 오갔다. 그 결과 오대호 연안의 클리블랜드, 신시내티와 뉴올리언스가 주요항으로 성장하였고, 뉴욕은 서부로 향하는 주요한 관문이자 금융의 중심지로 발전하였다.

1830년 철도가 새로운 교통수단으로 등장하자 운하 건설도 차츰 줄어들었다. 1828년 메릴랜드주의 볼티모어와 오하이오주 사이 약 21km 거리에 미국 최초의 철도가 착공되어 1830년 개통되면서 철도 건설이 본격화되었다. 1833년 총 600km의 철로가 놓였고, 1838년 뉴잉글랜드 지역의 6개 주 중 5개의 주가 철도를 운영하였다. 1840년 약 4,500km의 철로가 미국에서 운영되었고, 1850년에 이르면 1만 4,000km 이상의 철로가 놓였다. 초기 철도는 주로 북동부와 북서부를 연결하며 발전하였다. 뉴욕, 보스턴, 필라델피아가 북동부 지역의 교통 중심지로 발전하였으며, 북서부 지역에서는 시카고가 교통 중심지로 발전하였다.

흔히, '교통 혁명'이라 불리는 이 시기 교통의 발전과 이를 통한 시장의 확대는 서부로의 이주를 촉진시켜 서부를 하나의 새로운 지역으로 성장하게 하였으며, 시장의 확대는 북동부의 산업을 발전시키는 원동력이 되었다. 따라서 종래 남부와 북부로 나뉘던 미국의 지역, 즉 '섹션(Section)'은 산업과 경제적 이해를 중심으로 북동부, 북서부, 남부의 세 개 섹션으로 재편성되어 갔다. 북동부는 제조업과 상업, 금융업을 통해 내수 기반의 산업이 발전하였으며, 북서부는 북동부 지역을 시장으로 농업, 특히 밀이나 옥수수와 같은 곡물 위주의 식량 산업을 중심으로 발전하였다. 남부는 쌀, 담배, 사탕수수나 목화와 같은 작물을 재배하였으며, 특히 목화는 1850년 전 세계 목화 생산량의 약 80%를 차지하였다. 따라서 이상의 세 지역은 1820년대 각 지역의 산업적·경제적 이해를 중심으로 독자적 '지역주의(sectionalism)'를 표방하게 되고, 이에 각 지역 사이의 정치·경제·사회적 대립 경향이 나타나게 되었다.

먼저, 관세 문제에 있어서 북동부는 공업의 육성과 외국 시장으로부터 국내 시장을 보호하기 위해 고율의 보호 관세를 요구하였으나, 북서부는 물가 상승에 대한 부담으로, 남부는 대외 수출에 의존하고 있었기 때문에 저율 관세 또는 자유 무역을 지지하였다. 국내 교통 개선 문제에 있어서 공업 위주인 북동부와 곡물 농업 위주인 북서부는 상호 의존 관계여서 연방 정부 비용으로 국내 교통 문제를 개선하는 데 찬성하였던 반면, 목화를 매개로 유럽 시장과 직결돼 있던 남부는 개별 주들이 독자적으로 해결할 것을 요구하였다. 또한, 영토가 확장되면서 등장한 공유지 문제에 있어서 북서부는 공유지를 무상 또는 저렴한 가격으로 분배할 것을 요구하였던 반면, 북동부는 노동 인구가 서부로 유출되어 노동 임금이 상승할 것을 우려해, 남부는 노예 제도의 확장이 새롭게 등장한 자영 농민에 밀려 어렵게 될 것으로 생각하였기 때문에 공유지 가격을 무상 혹은 저렴하게 분배하는 것에 반대하였다.

따라서 개별 지역들은 이해관계에 따라 합종연횡을 통해 자신의 이익을 보호하고자 하였다. 대표적으로, 1824년 종전의 20~25%의 관세율을 30~36%로 인상하여 자국 내 산업을 보호하자는 목소리가 등장하자, 각 지역은 자신의 이해관계에 따라 대립하면서 정치적 갈등이 고조되었다. 이에 휘그당 소속의 헨리 클레이는 보호 관세를 통해 얻어지는 수입으로 도로와 운하를 건설하는 데 사용하자는 '미국적 체제(American System)'를 제안하였다(4장 참조). 이 제안에 북동부와 북서부는 찬성하고 남부는 반대하였다. 당시 내수를 기반으로 성장하던 북동부와 북서부는 교통망을 개선한다면 서로의 거래가 촉진될 것이라 기대하였으나, 반대로 수출 중심의 산업으로 발전하던 남부는 관세를 올릴 경우 상대 국가의 관세 또한 상승하여 상품 경쟁력이 낮아질 것을 우려해 반대하였다. 이 과정에서 북동부와 북서부는 경제적 상호 의존도가 상승하면서 '북부'라는 하나의 지역으로 단일화되어 나갔고, 남부는 대외 수출용 면화 생산지로 독자적인 발전을 이루어 나갔다.

2
미국의 초기 산업 발달

교통 혁명을 통한 시장의 확대로 대규모의 수요를 창출할 수 있는 토대가 만들어지면서 미국에서는 전통적인 수공업을 중심으로 소규모의 생산이 아닌 대규모 생산이 가능한 공장이 출현할 수 있는 근간이 마련되었다.

미국의 초기 산업은 1812년 미·영 전쟁 이후, 특히 1816년 「관세법」을 제정하여 국내 산업 보호 체제가 확립되면서 본격적으로 발전하기 시작하였다. 미국에서 공업은 처음 18세기 말 뉴잉글랜드 지역에서 섬유 산업을 중심으로 등장했으나 영국의 섬유 제품에 밀려 크게 성장하지 못하였다. 하지만, 1812년 전쟁 이후 영국의 섬유 제품에 대한 수입이 감소하고 국산품에 대한 수요가 증가하면서 섬유 산업을 중심으로 공업이 발전

1907년경 테네시 멤피스의 목화 플랜테이션 (출처: 미 의회도서관)

하기 시작하였다. 섬유 산업의 발전은 아울러 공장 설비 제작을 위한 기계 공업과 제철 산업의 발전을 불러왔으며, 나아가 소비재 산업의 발전을 이루기 시작하였다. 특히 1798년 엘리 휘트니(Eli Whitney, 1765~1825)가 부품을 서로 교환할 수 있는 10여 종의 총기를 제작하였고, 엘리 휘트니의 부품 호환에 대한 아이디어가 여러 산업 분야에 도입되면서 점차 세부 부속품까지 교환할 수 있는 기계가 만들어졌다. 이는 기계 규격의 통일을 가져와 상품의 대량 생산을 이루게 되었으며, 그에 따라 원가가 절감되어 기업의 이윤 확대로 이어졌다.

1830년대 철도 산업의 등장은 제철 산업의 발전을 자극하였다. 1850년대 미국에서 생산된 철 648만 톤 중 107만 톤이 철로로 사용되었다. 제철 산업의 중심지는 펜실베이니아의 피츠버그였다. 피츠버그의 제철 산업은 1840년대 후반 발전에 돌입해 1860년경 미국 철 생산량의 절반 이상을 차지하였다.

한편, 플랜테이션 농업을 중심으로 발전하던 남부의 산업은 1800년대 목화 재배로 재편되었다. 1793년 엘리 휘트니가 면화에서 씨앗을 분리하는 조면기를 발명하면서 목화 재배가 쉬워지고 산업 혁명 이후 대규모로 면화 산업이 발전하자, 남부의 산업에서 목화 생산이 차지하는 비율이

1800년 37%에서 1820년 60%, 1840년대에는 80%로 급속히 성장하였다. 목화 생산량 또한 1800년 약 900톤에서 1820년 약 3,600톤, 1840년 약 1만 5,000톤, 그리고 1860년에는 약 4만 5,000톤으로 빠르게 증가하였다. 남부의 플랜테이션 농업은 대규모의 노동력이 필요한 산업이었고, 이에 대규모의 노예제가 뒤를 따랐다. 특히 남부 지역에서 목화 재배가 본격적으로 등장하자 흑인 노예의 수요는 급격하게 증가하였다. 비록 연방 정부는 1808년 노예 수입을 금지하였으나, 이후로도 남북 전쟁 전까지 대략 25만 명 이상이 불법으로 수입되었을 것으로 추정하고 있다.

남부의 백인들 모두가 노예를 소유한 것은 아니었다. 1860년 인구 조사에 따르면 15개의 노예주 인구 1,230만 명 중 약 400만 명이 노예였고, 이들 중 150만 가구 38만 5,000여 명이 노예를 보유하였다. 이들 노예 소유주 가운데 15%가 5명 이상의 노예를 소유하였고, 12%가 20명 이상의 노예를 보유하고 있었다. 노예 소유주 가운데에도 플랜테이션을 운영한 대농장주에게 노예가 집중되었던 것이다. 남부의 백인 가구 중 노예를 소유

최초의 조면기를 사용하고 있는 흑인 노예 (출처: Harper's Weekly, 1869년 12월 18일)

하지 않은 가구가 전체 백인 가구의 3/4이었다. 하지만 노예를 보유하지 않은 남부의 백인 또한 노예제를 지지하였다. 이는 만약 노예가 해방된다면 흑인들과 토지를 둘러싸고 경쟁을 벌여야 한다는 두려움 때문이었다. 또한, 노예라는 존재는 '가난한 백인'마저도 사회적인 우월함을 느끼게 해 주는 것이었다.

미국 내 총인구 중 흑인 노예와 자유 흑인 수

연도	흑인 노예	자유 흑인	미국 총인구
1790	697,681	59,527	3,929,214
1800	893,602	108,435	5,308,483
1810	1,191,362	186,446	7,239,881
1820	1,538,022	233,634	9,638,453
1830	2,009,043	319,599	12,860,702
1840	2,487,355	386,293	17,063,353
1850	3,204,313	434,495	23,191,876
1860	3,953,760	488,070	31,443,321

출처: U.S. Bureau of the Census.

3
위기의 1850년대

미국의 영토 팽창과 인구 증가는 다양한 정치·사회적 변화를 불러왔으며 지역과 지역 사이의 차이와 갈등을 야기하였다. 갈등의 중심에는 노예제가 있었다. 자유주와 노예주는 각자의 정치적 영향력을 확대하고자 자유주 혹은 노예주를 확대하고자 하였다. 이미 자유주와 노예주는 1820년

'미주리 타협'을 통해 세력 균형을 달성하였으나, 이는 지역과 지역 사이의 대립을 심화시키고 분열을 예고하는 것이었다.

멕시코 전쟁 이후 태평양 연안까지 영토를 확장한 미국은 골드러시를 통해 빠르게 이 지역을 개척하였다. 특히 골드러시의 중심지인 캘리포니아는 1849년 한 해에만 약 8만 명의 인구가 유입될 정도로 빠르게 발전하였다. 영토의 확장과 성장은 다시 지역 간의 갈등을 불러왔다. 1850년 캘리포니아가 자유주로 연방 가입을 신청하자, 정치적 균형이 깨질 것을 우려한 노예주는 강력하게 반발하였다. 이 시기 남부의 극단주의자들은 멕시코로부터 획득한 영토를 노예 소유주에게 개방할 것을 요구하였던 반면, 북부의 노예제 반대론자들은 새로 획득한 영토에 대하여 노예제를 금지할 것을 주장하였다. 온건주의자들은 '미주리 타협'을 태평양 연안까지 연장할 것을 제안하였으며, 또 다른 이들은 인민 주권에 입각하여 정착민의 의사에 따라 결정해야 한다고 보았다. 결국, 캘리포니아 문제는 두 차례의 타협, '미주리 타협'과 미국적 체제를 끌어낸 헨리 클레이의 타협안을 통해 해소되었다. '1850년의 타협'으로 알려진 이 타협안은 캘리포니아를 자유주로 하되, 남은 지역은 뉴멕시코와 유타로 나누어 준주를 조직한 뒤 향후 주로 연방에 편입될 시 노예와 관련한 사항은 정착민의 결정에 맡기는 것이었다. 1850년의 타협으로 노예주와 자유주 사이의 갈등은 일단 해소된 듯 보였다.

캘리포니아가 자유주로 편입되면서 노예주와 자유주의 구도는 15:16이 되었다. 수적으로 자유주에 비하여 열세가 된 남부의 노예주는 안정된 정치 세력을 확보하기 위해 노예 제도의 확산에 주력하였고, 극단주의자들은 노예제 유지를 위해 연방 탈퇴도 불사해야 한다고 주장하였다. 남부 노예주의 두려움은 결국 강화된 「도망 노예법(Fugitive Slave Act of 1850)」으로 나타났다. 이 법에 따르면 흑인은 '혐의'만으로 노예가 될 수 있었다. 도망 노예 혐의를 받은 흑인은 헌법상의 권리인 배심 재판권과 자기 변호권이 박탈되었고, 도망 노예주와 그 대리인의 증언만으로 도망 노예라는 것을 입증할 수 있어서 자유 흑인조차 도망 노예로 판정되어 남부로 강제 이송될 수 있었다.

북부의 자유주 또한 '1850년의 타협'에 따라 새로운 영토에서 노예제가 확산될 가능성을 우려하였으며, 특히 1850년의 「도망 노예법」에 대하여 크게 반발하였다. 나아가 해리엇 비처 스토(Harriet Beecher Stowe)의 『톰 아저씨의 오두막(Uncle Tom's cabin)』이 1852년 출판되어 널리 읽히면서 북부 지역을 중심으로 반노예제 운동과 노예제 확장 반대론이 널리 지지를 받기 시작하였다.

결국, 1854년에 이르면 노예 제도와 관련한 노예주와 자유주 사이의 갈등이 재연되었다. 대평원 지역의 캔자스와 네브래스카 지역에 정착민이 증가하면서 준주, 나아가 주 정부를 수립해야 한다는 목소리가 등장하였다. '미주리 타협'에 따르면 이 지역은 명확히 자유주가 되어야 했다. 하지만 미주리의 주류 세력인 노예 소유주들은 캔자스와 네브래스카가 자유 지역이 된다면 미주리주는 3개의 자유주(캔자스, 아이오와, 일리노이)와 인접하게 되며, 나아가 미주리 또한 자유주가 될 수 있다는 위기의식에 캔자스가 자유주로 편입되는 것에 강력히 반대하였다. 이때 일리노이의 민주당 상원 의원 스티븐 더글라스(Stephen A. Douglas, 1813~1861)는 '미주리 타협'은 '1850년의 타협'을 통해 이미 효과를 상실하였다고 주장하면서, 캔자스와 네브래스카에 준주를 조직하고 노예제 문제는 정착민들의 의사에 맡기자는 「캔자스-네브래스카 법안」을 제출하였다. 이 법안의 반응은 즉각적이었다. 북부의 자유주들은 '미주리 타협'을 통해 자유주로 예정된 지역까지 노예제가 인정될 가능성이 생기자, 이는 자유주를 제압하려는 남부 노예주의 음모라며 강력하게 규탄하였다. 나아가 1854년 2월 「캔자스-네브래스카 법안」에 반대하는 휘그당원과 일부 민주당원이 연합해 신당 조직 운동을 전개하였으며, 법안이 5월 상원에서 통과되자 이들은

드레드 스콧 판결 [Dred Scott v. Sandford, 60 U.S. (19 How.) 393]

드레드 스콧은 버지니아에서 노예로 태어나 미주리 출신의 군의관 존 에머슨(John Emerson)의 소유가 되었다. 존 에머슨은 그의 부임지에 항상 드레드 스콧을 데려갔으며 자유주인 일리노이와 위스콘신에 거주하기도 하였다. 주인이었던 존 에머슨이 사망하자 드레드 스콧은 미주리로 돌아와 자유주에 거주했다는 사실에 근거하여 자신의 자유를 위한 소송을 시작하였다. 이에 대하여 연방 대법원은 1857년 노예는 소송을 제기할 자유 시민의 특권을 행사할 수 없으며, 또한 노예는 재산에 불과하며 절대 시민이 될 수 없다고 판결하였다. 나아가 대법원은 입법부, 행정부 또는 사법부의 어떠한 재판소도 정부의 침해로부터 사유 재산을 보호하는 조항과 보장의 혜택을 부인할 권리가 없기 때문에 북위 36° 30′ 이북 지역에서 노예를 소유 및 보유하는 것을 금지한 의회의 행위(미주리 타협)는 헌법으로 용인될 수 없고 따라서 무효라고 판결하였다.

6월 「도망 노예법」과 「캔자스-네브래스카법」의 폐지, 노예제 확장 반대를 정강으로 하는 '공화당(Republican Party)'을 창당하였다.

한편, 캔자스에 준주가 만들어지는 과정에서 노예제 지지파와 반대파가 각자의 지지 세력을 상당수 이 지방에 이주시켜 자신들의 뜻에 맞는 주를 성립하려 사전 공작을 벌이기 시작하였다. 이들 사이에 유혈 사태가 빈발했고, 결국 각자의 지방 정부를 세워 대립하였다. 남부와 북부 사이의 대립이 격화되는 과정에서 1856년 대통령 선거가 열렸다. 민주당에서는 친노예 성격을 완화하고자 외교관 출신의 북부 펜실베이니아주 출신 제임스 뷰캐넌(James Buchanan)을 대통령 후보로 지명하였고, 신생 정당인 공화당에서는 여러 차례 서부를 탐험하여 명성을 얻은 존 프리몬트(John C. Fremont)를 후보로 내세웠다. 공화당은 이 선거에서 노예제 확장에 대한 반대 입장을 분명히 하였다. 1856년 대통령 선거에서 민주당은 남부의 모든 주와 남부와의 대결을 피하려는 북부 5개 주에서 승리를 거두었으며, 공화당은 남부로부터 단 한 주의 지지도 받지 못하여 대통령은 민주당의 뷰캐넌에게 돌아갔다. 북부의 많은 주는 북부 출신의 뷰캐넌이 많은 부분에서 북부에게 유리한 정책에 힘을 실어 주리라 기대하였다. 그러나 이러한 북부의 바람은 그리 오래 가지 못하였다. 뷰캐넌이 캔자스에서 노예제를 지지하는 지방 정부를 정당한 정부로 인정하자 북부 지역은 분노하였고, 민주당 또한 남부와 북부가 충돌하였다.

또 다른 사건이 다시 북부를 혼란스럽게 하였다. 1857년 대법원은 노예는 재산에 불과하기 때문에 절대 시민이 될 수 없으며, 1820년의 '미주리 타협'은 위헌이라고 판결한 것이다. 북부 전역은 이 판결에 대하여 강력하게 반발하였으나, 반대로 남부는 이 판결이 새로운 영토 전역에 걸쳐 노예제를 정당화하는 판결이었기에 하나의 큰 승리로 여겼다.

　북부와 남부의 갈등이 정치적 문화적 부분에서만 있었던 것은 아니다. 경제적 부분에 있어서도 북부와 남부는 갈등의 수렁에 빠지고 있었다. 당시 미국의 경제는 철도와 제조업에 대한 과잉 투자, 토지 투기, 불건전한 은행 경영으로 추락하고 있었고, 그 결과 1857년 경제 공황이 찾아왔다. 수출을 중심으로 발전한 남부의 경제는 1857년 공황에 큰 영향을 받지 않았으나 그 이외의 지역, 북부와 서부는 크나큰 경제적 위기에 직면하였다. 이를 타개하기 위하여 북부는 뷰캐넌 정부에게 고율의 관세법을 요구하였고, 서부는 자작 농지법을 요구했으나 뷰캐넌 정부는 이를 거부하였다. 이는 관세와 공유지에 대한 남부의 전통적인 정책에 동조한 것이었다. 결국 뷰캐넌 정부의 경제적 위기 대처는 북부와 서부를 연결시켜 남부에 저항하는 결과를 불러왔다.

 참고한 책, 더 읽어 볼거리

이보형, 『미국사개설』, 일조각, 2018.

이영효, 『미국사 낯설게 보기』, 전남대학교 출판부, 2014.

이주영, 『미국경제사개설』, 건국대학교 출판부, 1988.

최웅·김봉중, 『미국의 역사』, 소나무, 1997.

하성호 저, 양홍석 역, 『아메리칸 시스템의 흥망사, 1790-1837』, 학고방, 2009.

하워드 진 저, 유강은 역, 『미국민중사』, 시울, 2006.

7장

남북 전쟁과 재건

(1861~1877)

1

남북 전쟁(1861~1865)

미국은 19세기 초 산업 혁명이 시작되면서 지역 간의 사회·경제적인 구조의 차이가 심화되었다. 북부에서는 섬유 공업을 비롯한 각종 공업이 발전하여 자유 노동제에 입각한 공업적인 자본주의 사회가 형성되어 나갔고, 공업 발전을 위해 보호 무역과 연방 정부의 강화를 지지하였다. 이에 반해 남부에서는 면 생산 및 수출이 지역 경제에서 차지하는 비중이 막대하게 증가하여 흑인 노예 제도에 입각한 대농장 경영이 필수적이었고, 이와 같은 시스템을 유지하기 위해 자유 무역과 주(州) 중심의 지방 분권적 국가 체제를 옹호하였다. 여기에 독립적인 자영 농민을 중심으로 소맥, 옥수수, 축산 등 식량 생산지로서의 입지를 구축해 가던 북서부는 경제적으로 북동부 지역과 상호 의존성이 증가하면서 보호 관세 인상과 노예제 확대 반대를 주장하게 되었다. 이리하여 북동부와 북서부는 사회 경제적 이해관계에 있어서 남부와 점점 더 대립 관계에 놓이게 되었고, 미국의 지역주의는 '북부 대 남부'의 구도로 재편되어 나갔다.

에이브러햄 링컨

북부와 남부의 대립 관계는 서부 영토의 개척으로 성립하는 새로운 주의 연방 편입 문제를 둘러싸고 정치적 긴장과 충돌로 비화되어 갔다. 이 문제에서 핵심 쟁점은 노예 제도에 대한 입장의 차이였다. 즉, 새로 연방에 편입하는 주에서 노예 제도를 허용할 것인가 금지할 것인가라는 점이었다. 남부와 북부의 정치인들은 1820년에 미주리, 1850년에 캘리포니아의 연방 편입 문제를 두고 대립 끝에 가까스로 타협에 이르렀으나, 이러한 타협은 임시적인 봉합이었을 뿐 근본적으로는 분열과 충돌의 씨앗을 내포하고 있었다. 그래서 앞서 보았듯이, 1850년대는 노예제에 반대하는 공화당의 창당, 캔자스 지역에서의 유혈 사태, 연방 의회에서의 폭력 사건, 연방 대법원의 노예제 지지 편향 판결, 노예제 반대론자들의 봉기 등 '위기의 십 년'으로 불릴 만큼 혼란스러운 시기였다.

급기야 1860년 가을 대통령 선거에서 노예제 확산에 반대하는 공화당의 후보 에이브러햄 링컨(Abraham Lincoln, 재임 1861~1865)이 당선되자, 위기감을 느낀 남부에서는 사우스캐롤라이나를 필두로 7개의 주(사우스캐롤라이나, 미시시피, 플로리다, 앨라배마, 조지아, 루이지애나, 텍사스)가 연방을 탈퇴하여 이듬해 2월에 '남부 연합(Confederate States of America)'을 결성하고 독립을 선포하기에 이르렀다. 그리하여 미국은 영국과의 전쟁을 통해 식민지에서 독립 국가로 탄생한 지 약 80여 년 만에 두 개의 국가로 분열되어 내전(civil war)을 맞이하였고, 국가적으로 최대의 위기에 처하게 되었다.

전쟁은 1861년 4월 12일에 남부 연합이 사우스캐롤라이나주 찰스턴 항

만에 위치한 연방 군사 기지인 섬터(Sumter) 요새를 포격하는 것으로 시작되었다. 전쟁이 개시되자 남부의 4개 주(버지니아, 아칸소, 테네시, 노스캐롤라이나)가 추가로 연방을 탈퇴하여 남부 연합에 참여함으로써, 남부 연합에 가담한 주는 모두 11개로 늘어났다. 이에 남부 연합은 수도를 버지니아주의 리치먼드로 이전하고 연방 수도인 워싱턴 D.C.를 공략하는 데 심혈을 기울이게 된다. 그러나 노예주인 델라웨어, 메릴랜드, 켄터키, 미주리는 연방에 잔류하였고, 버지니아주 서쪽 지역은 버지니아로부터 분리되어 자유주로 연방에 가입하였다(웨스트버지니아, 1863).

개전 당시 남북의 인적 자원과 산업 능력을 비교해 보면 북부가 훨씬 우세하였다. 하지만 전쟁의 성격 면에서는 남부가 유리한 입장이라고 할 수 있었다. 즉, 북부는 탈퇴한 남부를 연방에 다시 귀속시켜야 하는 입장에서 남부에 대한 정복과 남부의 굴복, 그리고 공세의 성격을 지닌 전쟁을 치러야 했다. 그래서 초기부터 막대한 군사력과 경제력을 동원하여 남부 지역에 대한 원정 성격의 총력전을 펼쳐야 하는 부담을 안고 있었다. 이에 반해 남부는 북부로 하여금 남부 연합의 존재를 승인시키기만 하면 전쟁 목적을 달성하는 것이었기 때문에 국토 방위의 성격으로 수세에 치중하였다. 그래서 로버트 리(Robert E. Lee) 장군을 비롯한 우수한 장교들과 고향을 지키려는 결연한 의지로 무장한 병사들을 지닌 남군은 지역민들의 지원을 받으며 전쟁 초기 북부의 공세에 유연하게 대처해 나갔다.

개전 당시 남부와 북부의 인적 자원과 산업력 비교

	북부	남부
주수	23개	11개
인구	2,200만 명	900만 명 (백인 550만 명, 흑인 350만 명)
공업 생산력 (자본 총액)	9억 5,000만 달러	1억 달러
농업 생산	식량 생산 주도	면화 생산 주도
수송력(철도 길이)	23,000 miles	9,000 miles
해운	압도적	-

 개전 초기에 양 진영은 모두 단기간에 전쟁이 끝날 것으로 예상하고 지원병 제도를 실시하였다. 하지만 이후 장기전이 예상되자 남부는 1862년에, 북부는 1863년에 징병제를 실시하였다. 북부는 20~45세의 청장년을, 남부는 17~50세의 남성을 징집해 3년간 복무하도록 하였다. 다른 한편으로, 양측은 징병을 대체하는 제도도 운영하였다. 북부는 300달러를 지불할 경우 대리 징병을 인정하였고, 남부에서는 대리 징병 외에 식량 확보와 군수품 전달을 구실로 수많은 면제 조항이 존재하였다. 예컨대 20명

이상의 노예를 소유한 농장주는 징병을 면제시켜 주었던 것이다. 이에 남북 전쟁을 "부자의 전쟁에 말려든 빈자의 싸움(a rich man's war and a poor man's fighting)"이라고 비평하기도 한다.

전쟁 초기에 상대방의 수도(북부의 워싱턴 D.C., 남부의 리치먼드) 점령을 위한 공방전이 치열하게 전개되었다. 이것이 '동부 전선'을 형성하였는데, 여기에서 남군은 리 장군의 탁월한 지휘 아래 북군에 거듭 승리하였다. 또한 남부 연합은 유럽의 강국들, 특히 최강대국인 영국의 개입을 기대하였다. 당시 북부가 보호 관세 정책을 시행하였고 세계적인 면화 공급원인 남부의 해안을 봉쇄함으로써 유럽이 경제적으로 큰 타격을 입을 수 있었다. 그래서 유럽의 여론은 북부에 호의적이지 않았고, 영국 정부는 남부 연합의 독립을 승인하기 직전에 있었던 것이다.

이러한 상황을 극복하기 위해 링컨 대통령은 1862년 9월, "1863년 1월 1일을 기해 남부 지역의 모든 노예를 해방할 것"(Emancipation Proclamation)을 선포하였다. 링컨은 「노예해방령」을 통하여 북부의 도덕적 입지를 강화하고 영국의 개입을 차단하여 전쟁 승리에 도움이 될 것으로, 그리하여 연방 유지에 이로울 것으로 판단하였던 것이다. 그의 예상은 적중하여 이미 1833년에 노예제를 폐지한 영국의 민중들이 북부를 지지하는 여론의 전환을 가져오게 되었다. 그 후 전쟁 말기인 1865년 2월에 북부 연방 의회가 노예제를 전면 금지하는 헌법 수정 조항 제13조를 통과시키고, 각 주의 비준을 거쳐 그해 12월에 정식 헌법 조항으로 성립시켰다는 점에서 볼 때, 링컨의 「노예해방령」은 전후에 전면적인 노예 해방의 토대를 마련했다는 의의를 갖는다고 하겠다.

동부 전선에서 북군이 남군에 패배를 거듭하는 동안, 애팔래치아산맥 서쪽의 '서부 전선'에서는 그랜트(Ulysses S. Grant) 장군이 이끄는 북군이 미시시피 계곡 전역을 장악하는 전과를 올렸고, 이로써 미시시피강을 경계로 남부는 동서로 양분되었다. 이러한 와중에 1863년 7월 초, 리 장군은

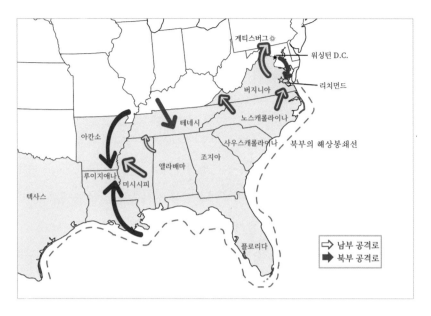

남북 전쟁의 주요 전황도

북쪽의 펜실베이니아 지역으로 진격하도록 작전을 구사했다. 바로 게티 즈버그(Gettysburg) 전투라는 남북 전쟁기 최대의 격전이 수행된 것이다. 피비린내 나는 3일간의 전투에서 양측은 각각 2만 명 이상의 사상자를 냈 고, 결국 남군이 패배하게 되었다.* 얼마 후 북군은 테네시주로 침투하였 고, 나아가 1864년 말에는 조지아주 내륙 지역을 휩쓸며 대서양 해안까 지 진격하는 데 성공하였다. 이 과정에서 남부는 그야말로 초토화되었고 남부의 군사력 기반이 거의 괴멸되다시피 하였다. 결국 남부의 리 장군과 북부의 그랜트 장군이 만나 종전 협의를 진행하였고, 1865년 4월 9일에 남군은 항복하였다. 이에 따라 남군의 지휘관을 제외한 모든 사병은 식량

* 그해 11월, 게티스버그 전투가 벌어졌던 곳을 국립 묘역으로 만들기로 결정한 뒤, 그 격전의 현장에서 링컨 대통령은 역사에 길이 남을 추도사(Gettysburg Address)를 하였다.

을 배급받고 군마와 더불어 귀향 조치되었다.

남북 전쟁은 미국 역사에서 가장 처절했던 사건으로 기억될 수밖에 없다. 희생이 엄청났다. 당시 인명 손실은 그 후 제1, 제2차 세계 대전 및 한국 전쟁에서 미군이 받은 피해 전체를 능가했을 정도였다. 북부는 289만 명, 남부는 130만 명의 병력을 동원하였고, 전쟁에서 북부와 남부의 전사자는 각각 36만 명과 26만 명, 부상자는 각각 27만 명과 13만 명이었다. 그렇지만 남북 전쟁을 통해서 미국인들은 독립을 선언한 이후 완벽히 정리하지 못했던 두 가지 국가적인 문제점을 해결할 수 있었다. 즉, 하나는 노예제 문제를 종식시킨 것이고, 다른 하나는 미국이 준(準)독립 국가들의 연합체가 아니고 단일 국가라는 사실을 확증한 것이다. 북부가 승리함으로써 연방은 유지될 수 있었고, 노예 제도는 폐지되었다.

한편, 전쟁 수행을 위해 제철·화약·피혁 등이 대량으로 동원됨으로써 제조 공업이 급속하게 발전하였고, 광산과 산림 자원 개발이 촉진되었다. 또한 식량 수요의 증대로 농업 기계화가 가속화되었고, 물자 수송을 위해 철도와 도로망이 확충됨으로써 국내 시장 형성에 기여하였다. 전반적으로 전시 경기로 인해 북부는 번영하였다. 반면에 전쟁 동안 해로를 봉쇄당한 남부는 수출이 불가능하였고 주된 전장이 된 관계로 극심한 파괴를 경험한 결과, 전후 북부에 경제적으로 종속되었다.

전쟁 중에 북부는 중요 정책을 입법화해 나갔다. 예컨대, 국내 산업 보호를 목적으로 고율 관세 정책을 채택한 「모릴 관세법(Morrill Tariff Act, 1862)」, 국유지에 5년 동안 정주하여 개척에 종사하면 160에이커의 토지를 무상으로 제공한다는 「자작 농지법(Homestead Act, 1862)」, 대륙 횡단 철도를 정식으로 인가하는 「태평양철도법(Pacific Railway Act, 1862)」, 그리고 전비 조달을 원활하게 하고 북동부 자본가에게 필요한 자본을 공급할 목적에서 「국립은행법(National Banking Act, 1863)」 등을 제정하였다. 이러한 전시 입법들은 북부와 서부가 오랫동안 추구해 온 정책들로서 전후 미국 경제 발전에 군건한 토대를 마련해 주는 것이었고, 나아가 미국 경제를 산업 자본주의 체제로 전환하는 데 크게 이바지하였다.

2
재건(1865~1877)

전쟁이 끝났을 때 연방으로부터 탈퇴했던 남부의 주들을 어떠한 절차를 통해 연방으로 복귀시키느냐 하는 문제, 즉 재건(reconstruction) 문제는 사실 전쟁 진행 중에도 이미 중대한 정치적 논쟁점으로 등장했었다. 1863년 12월에 링컨은 이른바 '10% 안'이라고 불리는 매우 관대한 재건 계획을 발표하였다. 이는 1860년 선거 당시 남부 유권자의 10%가 연방에 충성을 서약하고 노예 해방을 비롯한 연방 정부의 전시 입법을 수용한다면, 주 정부를 새로 조직하여 연방에 복귀하는 것을 허용한다는 내용이었다. 이 정책에 따라서 이듬해에 테네시, 루이지애나, 아칸소가 새로운 주 정부를 수립하였다. 하지만 링컨의 재건 계획을 둘러싸고 공화당은 그를 지지하는 온건파와 그것이 너무 관대하다고 비판하는 급진파로 분열되었다. 온건파는 남부의 조속한 연방 복귀를 기대한 반면, 급진파는 남부 연합 지도자에 대한 처벌과 남부에 대한 철저한 탄압을 요구하였다. 의회 밖에서는 노예제 폐지론자들이 급진파의 주장을 강력하게 지지하고 있었다. 그러던 와중에 1865년 4월 14일, 남부 지지자에 의해 링컨이 암살됨으로써 미국인들은 남북 전쟁이 남긴 상흔을 치유해 줄 역량과 배경을 가진 지도자를 잃게 되었다.

링컨에 이어 대통령을 계승한 인물은 전시에 북부 진영을 지지해 온 남부 출신의 부통령 앤드루 존슨(Andrew Johnson, 대통령 재임 1865~1869)이었다. 존슨은 링컨의 재건 계획을 계승하였다. 그는 링컨 재임 시 재건된 남부

앤드루 존슨

3개 주의 새로운 정부를 승인하고, 1865년 5월에 대사면령을 내려 남부 연합의 지도자와 2만 달러 이상의 재산을 소유한 유력 인사들을 제외하고 연방에 충성을 서약한 모든 남부인들을 사면하였다. 다른 한편으로 노스캐롤라이나주에 연방파의 새로운 장관을 임명하여 연방 탈퇴 선언의 취소, 연방 헌법 수정 조항 13조의 승인, 그리고 남부 연합의 전쟁 채무 청산을 조건으로 새로운 주 정부를 수립할 것을 명령하였다. 이러한 과정들을 거쳐 1865년 12월에는 대부분의 남부 주에서 사면된 사람들에 의하여 새로운 정부가 수립되고 연방 의회의 승인을 기대하는 단계에 이르렀다. 그러나 공화당 급진파는 남부인들이 새 정부를 수립할 때 해방된 흑인에게 선거권을 부여하지 않고 이른바 '흑인 단속법(Black Codes)'*을 제정하여 시행하는 행태에 대해 격분하였고, 존슨의 정책이 남부 측에 지나치게 관대하다고 비판하였다. 또한 새로운 주의 연방 가입은 의회의 권한이므로 재건 문제 역시 의회만이 다룰 수 있다고 주장하면서 존슨의 재건 정책을 거부하고 대통령과 정면충돌하는 양상을 보였다.

이후 1866년 총선의 결과로 공화당 급진파가 의회의 다수 의석을 차지하게 되자, 이들이 재건 정책 추진의 주도권을 쥐게 되었다. 1867년 3월, 제1차「재건법」이 제정되었다. 그 주요 내용은 남부를 5개의 지역으로 분할하여 군정을 실시하고, 군의 관리하에서 흑인도 참여하는 선거를 시행

---

* 당시 남부 백인들은 흑인들의 무기 휴대와 이동 및 집회의 자유를 박탈하는가 하면, 흑인 실업자들을 체포하여 벌금형에 처하고 이들을 농장주와 노동 계약을 맺도록 강제하기도 하였다. 또한 일부 주에서는 흑인이 농장을 소유·임대하는 것을 금지하였으며, 농장 노동자나 가내 하인 이외의 직업을 보유하는 것도 금지하는 등 흑인들의 자유를 심각하게 훼손하였다.

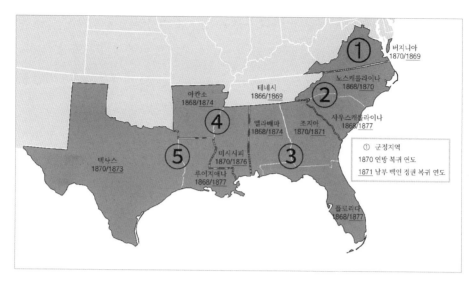

남부에서 군정의 실시와 재건

하여 급진파의 요구를 충족시키는 주 헌법을 제정한 뒤 연방에 복귀시
킨다는 것이었다. 또한 급진파는 「공직 보장법(Tenure of Office Act)」**과 「육
군 통솔법(Command of the Army Act)」***을 제정하여 대통령의 권한을 크게
축소하였다. 그러자 이듬해 2월, 존슨 대통령은 공화당 급진파와 손잡고
있었던 육군장관 에드윈 스탠튼(Edwin M. Stanton)을 해임하는 것으로 맞
섰다. 이에 급진파는 존슨이 법을 위반했다고 공격하며 그를 권좌에서 물
러나게 하려는 움직임을 전개하였다. 바로 미국 역사상 최초의 대통령 탄
핵 사건이 발생한 것이다.

　존슨 대통령에 대한 탄핵은 하원에서 가결되었으나 상원에서 가까스

** 이 법률은 관리를 면직할 때 상원의 감독을 받도록 한 것이다.
*** 이 법률은 대통령이 군사 명령을 내릴 때 반드시 군 사령관을 통하도록 하고, 상원의 동의 없이 군
사령관을 해임하거나 다른 곳으로 배치하는 것을 금지하였다.

로 부결되었다. 대통령 탄핵 부결은 권력 분립이라는 틀 속에서 보면 의미 있는 승리라고 말할 수 있다. 즉, 이 사건은 헌법에 명시되어 있듯이 "대통령이 모반, 뇌물 수수, 또 다른 심각한 범죄나 비행을 저질렀다면 몰라도 그렇지 않는 한 현직에서 물러나서는 안 된다"는 점에 비추어 의회가 대통령의 정책에 반대하기 때문에 대통령을 권좌에서 물러나게 해서는 안 된다는 점을 상징적으로 보여 준 것이다. 그렇지만 탄핵 심판 이후 존슨 대통령은 정치적으로 무력한 존재가 되었고, 남부 재건은 공화당 급진파의 주도로 전개되었다. 또한 1868년 대통령 선거에서 급진파의 지지를 받은 남북 전쟁의 영웅 그랜트(재임 1869~1877) 장군이 당선되었다.

이후로도 「재건법」은 여러 차례에 걸쳐 변화된 내용으로 제정되고 운영되었는데, 그중에서도 1868년의 헌법 수정 조항 14조(흑인의 시민권 인정 및 시민의 생명·자유·권리에 대한 법적 보호의 명시)와 1870년의 헌법 수정 조항 15조(흑인의 참정권 보장)를 수용하는 것이 남부의 연방 복귀에 필수 조건이 되었다. 이리하여 급진파의 「재건법」 아래 1870년이 되자 남부의 모든 주가 연방에 복귀하였다.

재건된 남부에서 흑인 유권자의 수는 명백하게 증가하였다. 「재건법」으로 인해 남부의 백인 20여만 명이 선거권을 박탈당하여 남부의 백인 유권자 수가 60여만 명으로 감소한 반면, 흑인 유권자 수는 70만 명을 돌파하였고 이들이 공화당의 남부 지배를 뒷받침하였다. 재건 시기에 참정권을 보장받은 흑인들은 주 의회와 연방 의회로 진출하기도 하였다. 그러나 남부의 재건 정부에서 실권을 장악한 이들은 공화당과 연방군의 힘을 배경으로 이득을 보려고 했던 카펫배거(carpetbagger, 이권을 노리고 북부에서 남부로 이주한 자)와 스캘러왜그(scalawag, 북부 세력에 협력한 남부 백인 공화당원)라고 불린 사람들이었다. 이들은 전후 혼란한 남부 사회를 수습하고 민주화하는 데 일정하게 기여하기도 했지만, 많은 이들이 정부 요직을 차지하고 주 의회를 좌우하면서 각종 부정부패를 저질렀다. 정작 흑인의 경제적 자립 정책(이른바 '40에이커의 땅과 한 필의 노새' 분배 정책)은 이행되지 않았기 때문에 시간이 갈수록 흑인들의 실망과 정치적 무관심이 증가하였다. 북부 급진파의 재건 정책 아래 카펫배거와 스캘러왜그, 그리고 흑인들이 활개를 치는 것을 보고 불만이 가득했던 남부 백인들은 백인 우월주의 단체인 '쿠 클럭스 클랜(Ku Klux Klan: KKK)'을 조직하여 해방된 흑인과 이에 동조하는 백인 공화당원에 대한 분노를 매우 공격적이고 폭력적으로 표출하면서 공화당의 남부 지배에 대해 반발하고 저항하였다. 한편, 공화당 내부에서도 급진파가 주도하는 가혹한 재건 정책, 그랜트 행정부 치하 기업가와 정치인들의 야합으로 인한 부정부패 심화 현상에 대한 비판이 고조되어 분열 양상이 나타났다. 이러한 상황에서 남부 백인 세력이 결집하였고, 여기에 그랜트 대통령이 대사면령(1872년)을 단행하자 남부 연합 지도자들

〈The Union as it Was〉 남부 백인 우월주의자들의 위협으로 노예제 시절보다 악화된 흑인의 현실에 대한 만평 (출처: Thomas Nast 작, 『Harper's Weekly』, 1874. 10. 24.)

이 대거 정계에 진출하였다. 그 결과 1876년에 이르면 남부 8개 주에서 공화당 주도의 재건 정부 대신에 남부 백인들만의 정부가 수립되었다.

　이와 같은 흐름 속에서 1876년 대통령 선거가 실시되었다. 개표 결과, 일반 투표에서 공화당의 러더퍼드 헤이스(Rutherford B. Hayes) 후보가 민주당의 새뮤얼 틸던(Samuel J. Tilden) 후보보다 25만 표를 뒤졌으나 선거인단 투표에서 단 1표 차이로 앞서 당선된 것으로 나왔다. 하지만 여러 주에서 투표 결과를 놓고 부정 선거 시비가 일었다. 그러자 연방 의회는 1877년 1월에 상·하원 의원 각각 5명과 연방 대법원 판사 5명으로 특별선거위원회를 구성하였고, 이들의 투표 결과 8 대 7로 헤이스의 승리가 선언되었다. 그러나 당시 하원의 다수파를 차지하고 있었던 민주당은 이 결과에 승복하기를 거부하였다. 결국 2월에 남북의 양당 대표자가 협상을 진행하여 타협에 이른다('1877년의 타협'). 공화당과 헤이스는 남부에서 연방 군대를 모두 철수하여 군정을 종식하고, 각료 중 최소 1인을 남부인으로 임명하며, 남부에서 연방 관리 임명권을 민주당에 이양하기로 한다. 또한 전쟁으로 심대하게 파괴된 남부의 철도 건설을 비롯한 교통망 개선 및 내륙 개발 사업에 연방 정부의 자금을 제공하기로 약속하였다. 이를 조건으로 남부 측은 헤이스의 대통령 당선을 수용하였다. 이로써 향후 남부에서 공화당 정부의 지배가 완전히 종료되고 남부 백인 민주당의 지역 '자치'가 '회복'되었다. 요컨대, 4년간의 내전으로 인한 연방의 분열과 전후 남부의 연방 복귀 문제, 즉 재건이 종결되기에 이른다.

　재건 시기를 통하여 북부는 공화당의 힘을 강화할 수 있었던 데 비해 남부에서는 백인들을 민주당으로 결집시키면서 민주당의 힘이 강화되었다. 재건은 노예제를 폐지함으로써 남부의 백인과 흑인의 관계를 근본적으로 재조정하였다. 훗날 모든 미국인에게 새로이 자유를 안겨 줄 이른바 '제2의 미국 혁명'(1960년대의 민권 운동과 민권법을 지칭)의 토대가 될 헌법 수정 조항 제14조와 제15조를 채택한 것은 분명 중요한 성과였다. 재건은 인간의 존엄성과 자유와 평등을 쟁취하려는 흑인들의 노력에 도움을 주었다. 재건기를 거치며 흑인들은 교회, 학교, 대학 등 독자적인 조직을 창설하고 강화하기 위한 다각도의 노력을 기울이면서 스스로 사회와 문화를 형성해 나갔던 것이다. 그러나 남부의 백인 우월주의 또한 강화되어 대다수 흑인이 남부 정치의 변방으로 밀려났고, 1890년대에는 정교하고 합법적인 인종 분리 체계인 「짐 크로우 법(Jim Crow Laws)」이 광범하게 확립되었으며, 이러한 상황은 1960년대까지 지속되었다. 요컨대, 미국의 가장 오래되고 심각한 사회 문제, 즉 인종 문제를 해결하려는 거대한 노력이 실패했다는 점은 재건의 가장 뚜렷한 한계였다고 하겠다. 미국인들은 다시 인종적 불의에 저항해서 한 세기를 더 싸워야만 했던 것이다.

• 사료 읽기

링컨 대통령의 게티즈버그 연설(Gettysburg Address, 1863. 11. 19)

"지금부터 87년 전 우리 조상은 자유 속에서 잉태되고 모든 사람은 평등하게 태어났다는 신조 위에 새로운 나라를 이 대륙에 세웠습니다. 지금 우리는 이와 같이 잉태되고 이와 같이 바쳐진 나라가 과연 영속할 수 있는지 여부를 실험하는 커다란 내전을 치르고 있습니다. 우리는 그 전쟁의 커다란 싸움터에 서 있습니다. 이 싸움터의 일부를, 이 나라가 영원무궁하도록 이곳에서 생명을 바친 사람들의 최후의 안식처로 바치기 위해 모인 것입니다. (…)

여기서 싸운 사람들이 지금까지 그토록 훌륭히 추진한 미완의 사업에 몸을 바쳐야 할 사람들은 이제 우리 살아 있는 사람들입니다. (…) 그 대사업이란 이들 명예로운 전사자가 최후까지 온 힘을 다해 싸운 대의를 위해 더욱 헌신해야 한다는 것, (…) 이 나라를 하느님의 뜻으로 **새로운 자유의 나라**로 탄생시키는 것, 그리고 **인민의, 인민에 의한, 인민을 위한 정부**(government of the people, by the people, for the people)가 지상에서 사라지지 않도록 하는 것입니다." (강조는 저자)

(출처 : 한국미국사학회 엮음, 『사료로 읽는 미국사』, 궁리, 2006, 173~174쪽.)

참고한 책, 더 읽어 볼거리

김봉중, 『미국을 움직이는 네 가지 힘』, 위즈덤하우스, 2019.

손세호, 『하룻밤에 읽는 미국사』, RHK, 2019.

앨런 브링클리 지음, 황혜성 외 역, 『있는 그대로의 미국사』 2, 휴머니스트, 2011.

에릭 포너 저, 박광식 역, 『에릭 포너의 역사란 무엇인가』, 알마, 2006.

이보형, 『미국사개설』, 일조각, 2018.

이주영, 『미국사』, 대한교과서, 2005.

C. N. 데글러 저, 이보형 외 역, 『현대 미국의 성립』, 일조각, 1997.

한국미국사학회 엮음, 『사료로 읽는 미국사』, 궁리, 2006.

8장

산업 발전과
도금 시대

미국은 1860년 세계 4위의 공업국으로부터 1900년 세계 1위로 뛰어올라 영국이 산업 혁명 이후 1세기에 걸쳐 이룩한 성과를 반세기만에 성취하여 선도적인 산업 국가가 되었다. 남북 전쟁이 끝나고 불과 한 세대 만에 미국은 생산품의 양과 질에서 세계 제일의 산업 국가가 된 것이다. 물론 어느 날 갑자기 그런 성과가 나타난 것은 아니다. 이미 19세기 초엽부터 제조업의 기반을 구축하였고, 산업은 전쟁 이전에도 잘 정비되어 가고 있었다. 그러나 19세기 마지막 30년 동안의 성취는 그 이전의 모든 발전을 무색하게 만들었을 정도였다. 물론 급속한 산업 발전의 이면에는 사회의 안정과 결속을 위태롭게 할 정도로 극심한 빈곤과 부패, 그리고 계급 사이의 갈등이 존재하기도 하였다. 미국의 유명 작가인 마크 트웨인(Mark Twain)은 당시 외부적으로 화려하지만 내부적으로 모순 덩어리인 미국의 사회적 특성을 상징적으로 '도금 시대(Gilded Age)'라고 표현하였다. 여기에서는 19세기 후반에 전개된 미국의 급격한 경제 발전의 양상과 그 명암에 대하여 살펴본다.

1

대서부 개척:
내륙 프런티어의 확장과 소멸

남북전쟁 이후 약 30년 동안은 그때까지 개척된 지역보다 훨씬 넓은 미개척 지대가 개척되어 '대서부 개척 시대'로 불리면서 미국 경제가 비약적으로 발전하였다. 이런 점에서 볼 때, 이 시대는 '변경, 개척지와 미개척지 사이의 경계 지방'을 의미하는 프런티어(frontier)의 확장과 소멸의 과정이라고 할 수 있다. 이 과정을 미국의 역사가 터너(Frederick Jackson Turner)는 "유럽인들을 평등, 민주주의, 낙관주의, 개인주의, 자립성, 심지어 폭력성의 가치를 중시하는 새로운 국민, 즉 미국인으로 변형시키는 과정"이라고 그 역사적 의미를 부여하였다.

대서부의 개척에는 대륙 횡단 철도의 건설과 연방 정부의 국유지 정책이 크게 기여하였다. 우선, 대륙 횡단 철도의 부설은 1840년대에 동양과의 무역을 추진하기 위해 처음으로 주장되었다가 1850년 캘리포니아주가 연방에 가입하면서 그 필요성이 증대하였다. 이후 남북 전쟁기에 연방 정부가 대륙 중앙부를 통과하는 횡단 철도 건설을 지원하기로 결정하면서 사업이 본격 추진되기 시작하였다. 연방 정부는 철도 회사에 토지를 무상 제공하고, 철도 회사는 토지를 담보로 자금을 대부해 철도 건설을 주도하였다. 미국 최초의 대륙 횡단 철도는 유니언 퍼시픽(Union Pacific) 철도 회사가 네브래스카주의 오마하를 기점으로 서쪽으로 부설해 나가고, 센트럴 퍼시픽(Central Pacific) 철도 회사가 캘리포니아주의 새크라멘토를 기점으로 동쪽으로 건설해 나가서, 1869년에 유타주의 프로먼터리(Promontory)에서 두 철도를 연결하는 데 성공함으로써 실현되었다. 이어서 1883년에 북부 노선으로 노던 퍼시픽(Northern Pacific) 철도(시카고와 워싱턴주 시애틀 연결)가, 1884년에는 남부 노선으로 산타페(Santa Fé) 철도(캔자스-

대륙 횡단 철도

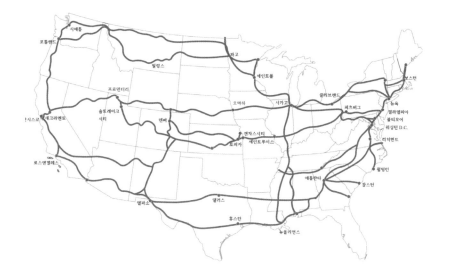

뉴멕시코-로스앤젤레스 연결)가 준공됨으로써 서부를 동서남북으로 잇는 간선 철도망을 갖추게 되었다. 이리하여 대륙 횡단 철도는 서부로의 이주와 자원의 개발을 촉진하고 국내 시장을 확대하면서 전후 미국 경제 발전 추진의 원동력으로 작용하였다.

한편, 연방 정부는 남북 전쟁 때「자작 농지법(Homestead Act, 1862)」을 제정한 이래,「1873년의 식목법」(40에이커의 토지에 나무를 심는 조건으로 160에이커의 토지 무상 제공),「1877년의 사막 개발법」(3년 안에 소유지의 일부를 관개하면 에이커당 1달러 24센트로 640에이커의 토지 구매 가능),「1878년의 토지법」(경작 불가능한 토지를 에이커당 2달러 50센트로 160에이커의 토지 구매 가능) 등을 통해 대평원으로의 이주를 촉진하는 정책을 추진하였다. 이러한 토지법을 통해 대평원의 이주민은 최소 비용으로 1,280에이커(약 150만 평)의 토지를 보유하는 것이 가능해졌다. 하지만 실제적으로는 일반 농민보다 대토지 회사가 훨씬 큰 이익을 얻을 수 있었다. 예컨대 1890년까지 자작 농민에게 부여된 토지 면적이 약 5,000만 에이커인 데 비하여 철도 회사에 부여된 토지는 무려 1억 8,000만 에이커에 달했던 것이다. 그럼에도 불구하고 철도의 부설과 함께 연방 정부의 국유지 정책은 광대한 토지를 제공함으로써 대평원 지대로의 이주를 촉발하는 첫 번째 원인으로 작용하였고, 결국 각 지역에 맞는 효과적인 토지의 이용이 이루어질 수 있도록 하였다.

서부 대평원의 카우보이의 소몰이
https://commons.wikimedia.org/wiki/File:Winter_herding_in_the_American_West.jpg
(by GoShow, CC BY-SA 3.0)

서부로 이주하는 개척 농민 (출처: 미국 국립문서기록관리청)

이미 1840년대 말부터 시작된 '골드러시'를 계기로 광부들이 대서부로의 진출에서 선두 주자로 나섰다. 서부 지역 여기저기에서 금광과 은광을 비롯하여 광산들이 발견되자, 광부들이 캘리포니아, 콜로라도, 네바다, 아이다호, 몬태나, 와이오밍, 애리조나, 뉴멕시코 등지로 몰려들어 하루아침에 광산 도시가 생겨나기도 하였다. 골드러시는 미국의 국부를 순식간에 증대시켰다.

광부의 뒤를 이어 대평원에서 카우보이들의 방목과 북부로의 소몰이가 유행하였다. 소의 방목은 원래 멕시코인들이 텍사스에서 시작했는데, 텍사스가 미국에 합병된 후 미국인들도 소 방목을 시작하였다. 당시 소의 가격이 동부 시장에서 마리당 40달러 이상이었던 데 비해 텍사스에서는 마리당 3~4달러에 불과하여 서부의 소 방목은 유리한 입장에 있었던 것이다. 카우보이들은 한 번에 수천 마리의 소를 몰고 북부로 이동하기도 했다('Long Drive'). 그러나 1885년부터 1887년을 경과하면서 목축업에 대한 과잉 투자로 인한 소 가격의 폭락, 혹한과 혹서로 인한 소의 대량 폐사, 그리고 농민들의 대평원 진출 등으로 더 이상 소의 방목과 소몰이가 어렵게 되었다. 이후로 대평원의 목축은 방목에서 목장 형태로 변화하였다.

광부와 카우보이들에 이어서 1870년대 말부터 농민들이 대평원에 대거 진출하여 대평원을 거대한 농업 지대로 탈바꿈시켰다. 대평원에서의 농경은 농업의 기계화를 촉진시켰지만, 이곳에 진출한 일반 농민들은 기계화에 필요한 막대한 자금을 마련하기 어려워 대기업농의 소작인이나 농업 노동자로 전락하는 경우도 많았다.

이러한 과정들을 거쳐 미개척지에 정착지가 많이 들어서게 되자, 1890년 미국의 국세 조사 보고서는 '프런티어'를 표시하는 선(1평방마일당 2~3명 거주 지역)을 그을 수 없다고 공식 발표하기에 이르렀다. '프런티어의 소멸'이 선언된 것이다. 서부 개척의 역사는 미국 사회에서 다양한 의미를 지니고 있다. 우선 서부는 미국 사회의 안전판 역할을 수행하였다.

서부는 동부인들의 불만을 해소할 수 있는 여건을 제공하였고, 새로운 이민자들이 미국의 도시뿐만 아니라 미국에서 정착할 수 있는 또 다른 기회를 부여해 주기도 하였다. 결과적으로 미국인들이 사회적 유동성과 경제적 평등성을 꾀할 수 있었던 것이다. 그리하여 서부는 미국 사회와 민주주의의 성장 전반에 절대적인 영향을 미쳤던 미국 역사의 중심축으로 평가되곤 한다. 하지만 서부 개척의 역사가 아메리카 원주민들에게는 전혀 다른 의미로 다가온다. 즉, 미국 백인들에 의한 프런티어의 확장은 아메리카 원주민 소탕 작전에 다름 아니었고, 원주민들은 백인들에 의해 서부의 특정 지역에 강제로 내몰려 거주가 제한되었던 '고난의 역사'였던 것이다.

2
산업 발전과
독점 자본주의의 형성

대서부 개척과 더불어 미국의 산업은 놀라울 정도로 급속하게 성장하였다. 먼저 경제 발전의 양상을 살펴보자. 미국의 인구는 1860년에 3,100만 명이던 것이 40년 동안 약 2.5배로 늘어나 1900년에는 7,600만 명에 달하였다. 같은 기간 공업 투자액은 10배로 증가하여 10억 달러에서 100억 달러에 이르렀다. 당시 산업화의 주요 지표 중 하나인 제철 공업의 생산량을 보면, 선철 생산량이 82만 톤에서 920만 톤으로, 강철 생산량은 7만 톤(1870년)에서 427만 톤으로 급증하였다. 산업화에 필요한 에너지원인 석탄의 생산량은 1,300만 톤에서 1억 4,000만 톤으로, 석유 생산량은 250만 배럴(1869년)에서 6,360만 배럴로 증산되었다. 철로 길이도 3만 마일에서 19만 마일로 늘어났다. 미국의 수출액은 4억 달러에서 15억 달러로, 수입액은 3억 6,000만 달러에서 9억 3,000만 달러로 무역량도 증대하였다. 이리하여 미국의 공업 규모는 1860년에 세계 4위에서 1900년 세계 1위로 부상하였다. 미국 내부적으로 보면, 공업과 농업의 총생산액 비율이 2 대 1로 역전되면서 미국은 분명한 공업국으로 변모하였다.

　이와 같은 산업국으로의 경제 성장이 가능했던 요인으로는 여러 가지가 있다. 우선 남북 전쟁이 북부와 서부의 여러 산업에 활기를 불어넣었고 발전 속도를 가속화시켰다. 또한 전시 입법들, 즉 보호 관세 정책·「국립은행법」·「대륙 횡단 철도법」·「자작 농지법」 등이 그 후의 경제 발전에 중요하게 기여한 것으로 평가된다. 미국은 근대 산업이 필요로 하는 모든 자원을 갖추고 있는 천혜의 땅이었다. 즉, 미국은 석탄, 철광, 석유, 목재, 수력 등 풍부한 물적 자원을 보유하고 있는 것이다. 또한 미국은 풍부한 인적 자원을 가졌다. 미국 내부적으로도 상당한 인구 증가율을 보인데다가 외부로부터 이민자들이 끊임없이 유입(1865~1918년 사이에 2,750만 명)되면서 산업화에 필요한 노동력을 확보할 수 있었던 것이다.

미국의 인구 중 이민자 비중의 변화 (1850~1900)　　　　　　　　　　　　　(단위: 1,000명)

	1850	1880	1900
외국 태생 인구 수	2,244	6,679	10,341
전체 인구 중 외국 태생 비율	9.7%	13.3%	13.6%
미국 태생 인구 수	20,947	43,476	65,653
전체 인구 중 미국 태생 비율	90.3%	86.7%	86.4%
전체 인구	23,191	50,155	75,994

출처: U.S. Bureau of the Census.

토머스 에디슨

앤드루 카네기

외국 자본 도입을 통한 풍부한 자본도 경제 성장에 중요한 요인으로 작용하였다. 외자는 1860년 4억 달러에서 1869년 15억 달러로, 그리고 1899년에는 33억 달러로 증가하였다. 외자는 특히 영국 투자가들이 막대한 자본을 투자하고 이익을 보았다. 예컨대 영국 투자가들은 철도에서만 1898년에 31억 달러 상당의 가치를 지닌 각종 증권을 소유한 것으로 알려졌다.

이와 같이 풍부한 자원과 자본에 더하여 정부의 적극적인 지원, 그리고 새로운 기술의 발명과 개발도 중요하였다. 특허의 급증은 산업화에 중요한 기술 혁신의 성과를 잘 보여 준다고 할 수 있는데, 1860년에 3만 6,000건이던 것이 1900년에 무려 44만 건으로 증가하였다. 이미 1844년에 새뮤얼 모스(Samuel F. B. Morse)가 전신을 발명하여 정보의 신속하고 정확한 전달을 가능케 하였다. 남북 전쟁 이후 타이프라이터(Christopher L. Sholes, 1868), 증권 시세 표시기(1867)와 금전등록기(1888), 전화(Alexander Graham Bell, 1876), 백열전구(Thomas A. Edison, 1879) 등을 당시 대표적인 발명품으로 들 수 있다. 특히 토머스 에디슨은 1천 개 이상의 발명품과 특허를 양산함으로써 미국이 전기 공업을 비롯한 이른바 '제2차 산업 혁명'의 주역으로 등장하는 데 크게 기여하였다.

19세기 후반의 급속한 경제 발전은 대부분의 산업 영역에서 대규모 기업과 기업가를 창출하였다. 즉, 독점체들이 출현하였던 바, 철도 산업에서 시작된 독점체는 이후 석유 산업과 철강 산업 등으로 확산되어 20세기 초에 오면 92개의 독점 대기업이 미국의 산업계를 지배하였고, 24개의 회사가 동업 부문의 80%를 지배하는 상황에 이르렀다. 이러한 독점 자본의 형성은 카네기(Andrew Carnegie, 1835~1919)와 록펠러(John Davison Rockefeller, 1839~1937)를 비롯한 수많은 재벌들을 탄생시켰다.

존 D. 록펠러

카네기는 스코틀랜드에서 가난한 베틀 직공의 아들로 태어나 13세에 가족과 함께 미국으로 이민, 펜실베이니아주 피츠버그에 정착하였다. 그는 면직물 공장 노동자, 전보 배달원, 전신 기사, 철도 회사 직원 등을 거쳐 1872년 철강 공장을 운영하다가 마침내 1889년 카네기철강회사를 설립하고 미국 철강 산업을 주도하였다.

미국 뉴욕 출생의 록펠러는 1863년 오하이오주 클리블랜드 인근에 정유소를 설립한 이래 석유 산업에 전념하였다. 그는 1870년 스탠더드 석유회사를 주식회사로 전환하여 운영하다가 1881년에 미국 최초의 대규모 '트러스트(trust)'를 형성하여 미국의 석유 산업을 거의 독점하다시

존 P. 모건

피 장악하였다. 그의 트러스트는 다른 독점 업체들에게 하나의 새로운 조직 유형을 제시한 것이었다.

그 밖에도 철도의 상당 부분을 지배했던 코르넬리우스 밴더빌트(Cornelius Vanderbilt), 미국의 정육업을 석권하였던 구스타프 스위프트(Gustavus Franklin Swift), '금융의 제왕'으로 군림하였던 존 모건(John Pierpont Morgan) 등은 시대를 대표하는 거대 재벌들이다. 이들에게 영향을 받아 다른 산업들도 대형화하는 추세를 보였다. 예를 들면, 미국담배회사는 19세

기 말까지 담배 산업의 75%를 장악하였고, 내셔널 비스킷 회사는 제과업의 90%를 독점하였다. 또한 재봉기의 싱어, 카메라의 코닥, 비누의 아이보리, 수프의 캠벨, 오트밀의 퀘이커 오츠 등이 대표적인 기업들이라고 하겠다.

이들 독점 대기업이나 트러스트는 초기에 기업의 능률을 증진하여 제품의 값을 인하하는 등 효율성을 보여 주기도 하였다. 하지만 많은 경우 독점이 보다 많은 이윤을 올리기 위해 소자본과 경영 부실 업체를 흡수하는 과정에서 형성되었기 때문에 동종업계 사이에 과다한 경쟁이 일어났고, 대자본이 소자본을 흡수하면서 약육강식 현상이 두드러졌다. 그리고 이러한 현상을 '사회적 다윈주의(Social Darwinism)'로 합리화하는 풍토가 나타났다.

영국의 철학자 허버트 스펜서(Herbert Spencer)는 찰스 다윈(Charles Darwin)의 생물 진화론을 활용하여 사회적 다윈주의를 주창하였다. 그는 생존 경쟁·자연 도태·적자 생존 등의 개념을 통하여 독점 기업과 대자본의 입장을 옹호하였다. 예일대학의 교수 윌리엄 섬너(William G. Sumner)는 사회적

독점체의 행태를 풍자하는 만평 (출처: 미 의회도서관)

다윈주의를 체계화하여 경쟁은 자연의 한 법칙이며, 이로 인해 사회는 물질적으로 성장·발전한다고 주장하였다. 이들은 경제적 방임주의를 적극 지지하였다.

당시 서양 자본주의 사회에서는 애덤 스미스(Adam Smith)의 자유방임주의적 경쟁 이론이 지배하고 있었는데, 동물의 왕국에서 오직 강한 자와 적자(the fittest)만이 지배하듯이 자본주의의 무한 경쟁 사회에서도 가장 능력 있는 기업과 기업인이 경제를 주도해야 한다는 생각이 확산되어 있었다. 또한 당시 미국에서는 근면과 성실, 정열을 통해 성공하리라는 믿음도 널리 퍼져 있었다. 이와 관련하여 신문팔이 소년의 성공담과 같은 호레이쇼 앨저(Horatio Alger)의 소설이 대중적으로 커다란 영향을 끼쳤다. 이러한 상황에서 미국 정부는 개인의 기업 활동에 일체 간섭하지 않는 경제적 방임주의 정책을 취하였다. 그리하여 법에 저촉되지 않는 한, 부당한 이윤 추구와 경쟁으로 기업 활동이 사회적 물의를 일으켜도 전혀 개의치 않는 태도를 유지하였다.

한편, 독점이 자유 경쟁을 인정하는 경제의 필연적 소산이라 하더라도 모체인 자유 경쟁 자체를 파괴해서 소수의 자본가를 제외한 절대 다수인 사람들의 경제 활동의 자유를 박탈하는 결과를 가져오는 것은 미국의 민주주의 이념과 어긋난다는 비판이 나오게 되었다. 경제 발전의 결과

독점과 사회적 다윈주의에 대한 비판

헨리 조지(Henry George, 1839~1897): 대표작 『진보와 빈곤(Progress and Poverty)』(1879). 그는 급등하는 부동산 가치를 미국의 빈부 격차와 불평등을 조장하는 근본 원인으로 진단하였다. 그는 개인의 능력과 무관하게 인구 증가와 시장 경제 발달로 생성된 부동산의 가치 증식을 '불로 소득'이라고 비판하고, 정부가 이에 대한 세금(토지세)만 거두어도 불평등 문제를 해결할 수 있다고 주장하였다.

레스터 워드(Lester F. Ward, 1841~1913): 대표작 『동태적 사회학(Dynamic Sociology)』(1883). 그는 인간 사회와 동물 세계의 근본적 차이를 지적하고, 자연 선택에 의한 적자 생존론을 인간 사회에 적용하는 것을 반대하였다. 즉, 약육강식이 동물 세계에 통용되는 질서인 데 반해, 인간 사회는 약자를 보호하면서 진보하기 때문에 과다한 경쟁은 사회 진보의 적이라고 주장하였다. 따라서 비인간적인 경쟁과 사회악을 제재하고 사회 진보를 실현하기 위해서는 정부가 적극적으로 사회 경제적 개혁을 주도해야 한다고 역설하였다.

에드워드 벨러미(Edward Bellamy, 1850~1898): 대표작 『과거를 되돌아보며, 2000~1887(Looking Backward, 2000~1887)』(1888). 그는 미국 사회가 경쟁, 독점, 사회 불평등, 정부의 무기력 등으로 심각한 상태에 있으며, 이를 개선하기 위해 정부가 사회주의적 개혁을 통하여 체제의 부조리를 척결해야 한다고 주장하였다. 그의 소설은 대중적 영향력이 매우 커서 전국에 벨러미 클럽 등 사회주의 클럽이 등장하였고, 시정 개혁, 사회 복지 법안, 철도와 기타 공익사업의 국영화 요구 운동이 일어나는 데 기여하였다.

인 독점 자본주의가 부익부 빈익빈 현상을 악화시켜 민주주의의 존립 자체를 위협하는 상황으로 인식하게 된 것이다. 헨리 조지(Henry George), 레스터 워드(Lester F. Ward), 에드워드 벨러미(Edward Bellamy) 등은 이러한 상황을 적극적으로 비판하고 대안을 제시하고자 노력하였고, 대중적으로도 많은 영향력을 끼쳤다. 이와 같이 독점에 대한 비판 여론이 확산되자, 연방 정부도 주간통상위원회(Interstate Commerce Committee, 1887)를 설립하여 철도 회사의 자의적인 운임 결정에 대하여 감독과 통제를 가하고자 하였다. 또한 1890년에 연방 의회는 독점 기업에 대한 규제를 위하여 「셔먼 반트러스트법(Sherman Anti-trust Act)」을 제정하였는데, 이 법은 독점 업체의 횡포를 막기보다 전국적인 노동조합 운동 탄압에 악용되어 입법 취지에 크게 역행하는 결과를 초래하기도 하였다.

3
도금 시대

19세기 후반의 미국에는 독점 자본주의 체제가 확립되고 인생의 성공이 금전으로 측정되는 배금사상이 확산되었다. 마크 트웨인은 당시의 미국이 경제의 비약적 발전으로 '겉으로는 화려하지만 내부적으로는 허약한 사회적 특성'을 지니고 있음을 비평하며 '도금 시대'라는 용어를 제시하였다.

산업화로 인하여 우선 도시 문제가 두드러졌다. 제1차 국세 조사가 이루어졌던 1790년에 인구 8,000명 이상의 도시에 살던 사람들이 미국 전체 인구 약 400만 명 중에서 1/25 미만이던 것이 1860년에 오면 3,100만 명 중에서 1/6로 증가하였다. 그리고 1900년에는 총인구 7,600만 명 중에서 1/3이 도시 인구였고, 인구 10만 명 이상의 도시도 38개로 1,400만 명이 거주하였다. 그중에서 뉴욕, 시카고, 필라델피아는 인구 100만 명 이상의 도시로 성장하였다. 전체적으로 북부에서는 10명 중 5명이, 중서부 지역에서는 10명 중 3명이, 남부에서는 10명 중 1명이 도시에 거주하였다.

도시 인구의 다수를 차지했던 산업 노동자들은 빈곤에서 벗어나지 못하였고, 노동자와 이민자가 밀집하여 거주하는 빈민굴 또는 슬럼 지역이 형성되어 범죄와 전염병의 온상이라는 인상을 주고 있었다. 이러한 상황에서 시 정부는 실업가와 결탁한 정치 보스의 지배하에 도시의 어두운 면을 외면한 채 도시 생활에 필요한 상하수도, 가스 시설, 교통, 전기 같은 공익사업체의 이권을 둘러싸고 부정행위가 만연하였다. 이에 중산 계층을 중심으로 도시의 각종 악폐를 없애고자 하는 시정 개혁 운동, 자선 단체와 사회사업가들의 사회 개혁 운동이 전개되기도 하였다.

정치적 부정부패 현상은 연방 차원에서도 빈번하게 나타났다. 남북 전쟁의 영웅 그랜트 대통령은 재건 시기부터 강화된 의회의 권력을 견제하지 못하였는데, 19세기 후반 내내 정치적으로 '행정부에 대한 의회의 우세 현상'이 계속되었다. 그랜트 대통령은 측근들을 주요 관직에 등용하였으나 오히려 이들에게 휘둘렸고, 일부 실업가들은 대통령과 특수한 관계를 이용하여 거금을 벌기도 하면서 정치적 부패 현상이 만연하였다.[*] 이처럼 19세기 후반에는 정치권이 실업계와 밀접한 연관을 맺고 이들의 이익에 봉사하면서 자본가의 이익을 대변하는 '금권 정치'가 횡행하였다.

이 시기의 또 다른 정치적 특징은 '보스 정치(boss politics)의 지배'라고 할 수 있다. 정치 보스는 유권자들의 표를 매수하고 당의 정치 기관을 장악하여 부하들을 요직에 안배함으로써, 실질적으로 연방과 주, 그리고 도시

---

[*] 정치권과 기업계의 결탁으로 속출했던 부정부패 사건의 대표적인 사례로서 '크레디트 모빌리어(Credit Mobilier) 사건'이 있다. 이 사건은 유니언 퍼시픽 철도 회사가 대륙 횡단 철도 건설과 관련하여 2,300만 달러를 횡령하였는데, 여기에 부통령과 각료, 그리고 다수의 의원들이 관련된 것이었다.

의 정치를 좌우하였다. 실업가들도 이들 정치 보스의 권력을 이용하여 공익사업의 경영권, 공유 재산의 매각 등 각종 이권을 획득함으로써 부정부패가 만연하였다.* 이와 같이 지역과 국가적 차원을 막론하고 만연한 정치적 부정부패 현상 때문에 19세기 후반을 '정치 부재의 시대'라고 비평하기도 한다.

한편, 전후의 산업화는 자유방임주의에 따른 기업들의 무분별한 경쟁 속에서 거대 독점 기업과 대재벌을 탄생시켰지만 경제적 양극화 또한 심화시켰다. 국민의 다수를 차지하고 생산의 주역이던 노동자와 농민 등 서민들은 이 시기 경제 발전에서 응당한 대가를 제대로 받지 못하였다. 이에 처지가 악화된 노동자와 농민들의 집단행동이 증가하는 양상을 보였다.

공업화가 전개되면서 산업 노동자의 수는 급증하였다. 1870년부터 1910년까지 농업에 종사하는 인구가 2배가량 증가한 데 비해 비농업 노동 인구는 약 4배나 증가하였다. 공장의 기계화가 증가하면서 노동자들은 생산의 주체가 아닌 생산 수단의 부속물로 전락하였고, 노동의 질과 가치보다는 단지 노동 시간으로 보상받게 되었다. 또한 기업가들은 고임금 숙련공보다 저임금 비숙련공을 선호하였고, 많은 여성과 어린이까지 고용해 이윤을 증대시켜 나갔다. 전반적으로 노동자들은 저임금·장시간 노동(하루 평균 1~2달러를 받고 주 6일에 평균 60시간 이상 노동)과 열악한 노동 환경에 시달렸다. 이처럼 상황이 악화됨에 따라, 노동 조건을 개선하고 대자본에 대항하기 위해 노동자들이 단결을 조직화하여, 즉 전국적인 규모의 노동조합을 결성하여 노동 운동을 전개해 나갔다.

* 이와 관련하여 '태머니 홀(Tammany Hall) 사건'이 대표적이다. 이것은 뉴욕 시정을 좌우하던 정치 보스인 민주당의 윌리엄 트위드(William M. Tweed)가 실제로는 300만 달러가 소요된 뉴욕 재판소 건설비를 1,100만 달러가 들었다고 보고하여 그 차액을 횡령하였다가 1872년에 적발된 사례이다.

1870~1910년 미국의 노동자 수 증가 (10세 이상 고용 인구)   (단위: 1,000명)

	비농업 노동 인구	농업 인구	총 노동 인구
1870	6,557	5,949	12,506
1880	9,678	7,714	17,392
1890	14,170	9,148	23,318
1900	18,691	10,382	29,073
1910	25,779	12,388	38,167

출처: U.S. Bureau of the Census.

1866년 주물공 윌리엄 실비스(William H. Sylbis)가 설립을 주도한 전국노동연맹(National Labor Union)은 각 지방의 기능조합을 규합하여 조직한 미국 최초의 전국적 노동자 조직으로서 64만 명의 회원을 보유하였다. 이 조합은 노동 조건의 개선보다 정치적 개혁 운동에 역점을 두었고, 파업보다 노동자와 자본가 사이의 분규 중재에 역점을 두었지만 1873년 공황 이후 쇠퇴하였다. 1869년에는 필라델피아의 재단사 스티븐스(Uriah S. Stephens)를 중심으로 노동기사단(Knights of Labor)이 조직되었다. 이 조직은 거대 독점 기업에 대항하고자 노동의 성격을 초월하여 숙련도·성별·피부색에 상관없이 모든 노동자들의 가입과 연대를 추구하였고, 생산자와 소비자가 함께 존중받는 평등 사회를 구현하고자 하였다. 구체적으로 하루 8시간 노동제, 미성년 노동의 폐지 등을 요구하고 파업이나 폭력적 수단 대신에 고용주를 설득함으로써 목적을 달성하고자 하였다. 그러다가 1878년 파우덜리(Terence V. Powderly)의 지도 아래 파업을 무기로 급속히 발전하여 회원 수가 약 70만 명을 넘어서기도 하였다. 하지만 1886년 5월 '헤이마켓(Haymarket) 사건' 이후 크게 타격을 받아 쇠퇴하였고, 1893년경에 소멸하였다.

1886년에 창설된 미국노동연맹(American Federation of Labor)은 최근까지 미

미국노동연맹 위원장 새뮤얼 곰퍼스

국 노동조합 운동의 주류를 형성하고 있을 정도로 중요한 위상을 차지해 왔다. 연초공 새뮤얼 곰퍼스(Samuel Gompers, 1850~1924)가 연맹 창설을 주도하였고, 초대 위원장으로서 장기 집권하며 연맹의 정착과 성공에 지대한 역할을 하였다. 미국 노동연맹은 오직 숙련공에게만 조합 가입 자격을 인정하였고, 웅대한 사회 개혁의 이상보다 노동자들의 현실적인 당면 문제, 즉 높은 임금, 짧은 노동 시간, 노동 환경 개선 등에 초점을 두는 보수적 조합주의 노선을 취하였다. 또한 노사 협조 정신에 입각하였고, 직접적인 정치 활동은 피하되 노동 문제에 유리한 정강을 내세우는 기성 정당을 지지하는 전략을 추구하였다. 연맹은 1890년대의 불황에도 살아남았고, 1900년에는 회원이 100만 명에 달하는 성과를 거두며 향후 사회적으로 중요한 위치를 점하게 되었다.

위와 같은 노동자 집단의 성장과 함께 노사 간의 충돌이 증대하는 경향성을 보였다. 노동자들이 생존을 위해 파업으로 기업주에 대항하게 되면, 기업주들은 법원의 파업 금지 명령·공장 폐쇄·사설 폭력단 고용·어용 조합 조직 등 온갖 수단으로 파업을 막았다. 또한 정부와 실업계의 결탁 양상도 점점 더 명확해져 감에 따라 노동 쟁의가 유혈 사태로 비화되는 경우가 비일비재하였다. 1877년에 발생한 철도 총파업은 이 점을 잘 보여 주는 대표적인 사건이었다. 철도 대기업들의 일방적인 임금 삭감과 횡포에 대항하여 웨스트버지니아의 철도 노동자들이 벌인 파업과 이에 동조하는 시민들의 시위가 인근 메릴랜드까지 확산되자, 경영주들의 요청으로 주 방위군뿐만 아니라 연방군이 출동하기까지 하였다. 연방 군대를 동원한 노동 쟁의 진압은 이때가 미국 역사에서 최초의 일이었다. 시민들의 항의 집회와 시위, 그리고 노동자들의 파업이 2주 동안 미국 전역으로 퍼져 나갔지만 파업은 결국 실패하였다. 수천 명이 죽고 다치고 감옥에 갇혔으며, 파업에 가담했던 많은 철도 노동자들이 해고되고 향후 철도 업종에서 고용이 금지되었다. 전반적으로 미국의 노동 운동은 실패했다고 평가받고 있다. 폭발적인 산업화와 서부 팽창, 그리고 이민자의 폭증 등으로 인하여 급진적인 노동 운동이 뿌리내리기 힘들었고, 유럽에 비하여 상대적으로 노동자 대중을 포괄하는 데 한계를 노정했다는 것이다.

19세기 후반의 산업화는 농민들의 처지를 악화시켜 농민 운동이 활성화되기도 하였다. 서부 개척과 철도 등 운송 수단의 발달로 광활한 토지가 농민에게 개방되고, 경작지의 대형화와 새로운 농기계의 발명으로 수확량이 증대되었다. 이리하여 농업이 기존의 자급자족적 형태에서 시장 지향적 형태로 급속히 재편되어 갔으나, 1870년대 이래 농산물 가격이 급락하고 각종 재해가 빈발하자 소규모 자영농과 대농장주 사이의 경제적 양극화가 심화되었다. 예컨대 19세기 말 서부 농장의 약 1/3이 저당을 잡히고 남부 농민의 70%가 소작농으로 전락했던 것이다. 다른 한편, 산업화는 도시화를 의미하였기에 일반 농민들에게 심리적 위축감을 조장하였다. 그래서 제퍼슨의 농본주의적 민주주의에 대한 자부심이 강했던 농민들은 자아의식의 위기를 맞이하기도 하였다. 이러한 상황에서 농민들은 상인과 투기업자, 자본가, 은행의 착취와 부당함에 분노를 표출하면서 농민 운동을 활발하게 전개하였다.

1860년대 후반과 1870년대 전반에 걸쳐 농민들 사이에 '공제조합 운동(Grange Movement)'이 일어났다. 농민들 간의 친교 성격을 강하게 띠고 일종의 협동조합 기능에 치중하였던 이 운동은 중간 상인의 이익을 제거하기 위하여 판매협동조합을 조직하고, 철도 회사와 창고 회사의 독점적 관행을 완화하기 위한 정치 활동을 전개하였다. 그 결과 1870년대 초에 「농민공제조합원법(Granger Laws)」이 제정되어 철도의 운임과 관행에 엄격한 규제가 가해졌다. 공제조합은 1873년 공황 때 약 100만 명의 회원을 확보하는 활력을 보였으나, 1870년대 후반에 경기가 회복된 뒤 세력이 약화되었다. 조합의 자금 부족, 지도자들의 정치적 경험 미숙 등이 쇠퇴의 원인으로 지적된다.

이어서 1875년 남부 농민들을 중심으로 결성된 농민동맹(Farmers' Alliance)은 다소 정치적인 연합체 성격을 지닌 단체였다. 농민동맹도 협동조합 운동을 전개하는 한편, 농민의 생산과 복지를 위해 정부가 나설 것을 요구하였다. 즉, 철도와 통신 기관에 대한 정부의 엄격한 규제와 국유화, 통화 증발, 농민에 대한 공평 과세, 정부의 농산물 저장창고 제도(Subtreasury System)* 운영 등을 주장하며 정치력 신장에 노력하였다. 1880년에 시카고에서도 북서부 농민동맹이 조직되어 대평원과 중서부 지역에서 기반을 확고히 한 결과, 1890년에는 전국적으로 약 300만 명에 달하는 회원을 확보하였다. 농민동맹은 이러한 조직된 힘을 바탕으로 1890년 선거에서 8개 주 의회를 석권하고, 6명의 주지사, 44명의 연방 하원 의원과 3명의 상원 의원을 배출하는 성과를 올렸다.

위와 같은 성공을 바탕으로 1892년에 인민당(People's Party)이 창립되었다. 인민당은 정부가 교통·통신 수단을 규제하고 공영화할 것, 부재지주 제도의 금지, 통화 제도 개혁 등 농민동맹의 핵심 요구에 더하여 누진 소득세 제도의 도입, 미국 상원 의원의 직접 선거, 노동 시간 단축(하루 8시간 노동제) 등을 주장하였다. 이들은 1892년 대선에서 제임스 위버(James B. Weaver)와 제임스 필드(James G. Field)를 각각 대통령과 부통령 후보로 내세워 선전한 결과 103만 표를 획득(전체 투표의 8.5%)하는 데 그치긴 했지만, 이 외에 3명의 주지사, 5명의 연방 상원 의원과 10명의 하원 의원, 그리고 1,500여 명의 주 의회 의원들을 당선시키는 성과를 올리기도 하였다. 선거에서 양

---

* 분고 제도(分庫制度)라고 지칭되곤 한다. 정부가 설치한 창고에 농민이 농작물을 보관하면 시장 가격의 80%까지 대부해 주고, 농민은 시세가 가장 좋을 때 작물을 처분하여 채무를 상환하는 제도이다.

당 체제의 벽을 실감한 인민당은 1896년 대선에서 민주당 후보인 윌리엄 브라이언(William J. Bryan)을 지지하는 방식을 취하였다. 그러나 선거 결과, 공화당의 윌리엄 매킨리(William McKinley, 재임 1897~1901)가 당선되었다. 이후 인민당은 사실상 민주당에 흡수되었고, 민주당을 다소나마 노동자와 농민의 이해를 반영하는 정당으로 변화시키는 역할을 하게 되었다.

전체적으로 보아서 산업화 시기를 통하여 누적된 미국의 사회 경제적인 문제들을 정부의 적극적인 개입을 통하여 개선할 것을 요구하는 목소리와 활동이 증가하였지만, 미국의 자유방임주의 기조는 여전히 탄탄하였다고 하겠다. 전통적 자본주의에 대한 인민주의자들과 개혁 세력들의 수정 요구는 아직 시기상조였던 것이다. 그러나 이와 같이 빈부 격차를 줄여 사회 정의를 실현하고 부정부패를 일소하여 진정한 민주주의 사회로 개혁하기 위해 사회 저변에서 전개되었던 흐름은 20세기에 들어가면서 국가 차원의 노력과 결합되어 성과를 보게 될 것이었다.

 참고한 책, 더 읽어 볼거리

글렌 포터 저, 손영호·연동원 편역, 『미국 기업사』, 학문사, 1998.

김봉중 외, 『근대화와 동서양』, 한국방송통신대학교출판부, 2006.

루스 슈워츠 코완 저, 김명진 역, 『미국 기술의 사회사』, 궁리, 2012.

앨런 브링클리 저, 황혜성 외 역, 『있는 그대로의 미국사』 2, 휴머니스트, 2011.

월터 리히트 저, 류두하 역, 『19세기 미국 산업화의 과정과 의미』, 한국문화사, 2004.

이보형, 『미국사개설』, 일조각, 2018.

이주영, 『미국경제사개설』, 건국대학교 출판부, 1988.

9장

혁신주의

1
혁신주의 운동의 발생과 성장

남북 전쟁과 재건, 도금 시대를 거치면서 세기의 전환기에 접어든 미국은 국내외 정책에서도 중대한 변화를 맞이하였다. 시어도어 루스벨트 (Theodore Roosevelt, 재임 1901~1909), 윌리엄 하워드 태프트(William H. Taft, 재임 1909~1913), 우드로 윌슨(Woodrow Wilson, 재임 1913~1919) 세 명의 대통령을 중심으로 국내와 국외에서 '혁신주의'와 '제국주의' 정책을 실행한 것이다. 외견상 상충되어 보이는 이 두 정책은 비슷한 시기인 19세기 말과 20세기 초, 동일한 주체에 의해 추진된 정책이다. 이번 장에서 설명할 국내 혁신주의 운동은 정치, 경제, 사회 부문 전반에 팽배해 있던 비효율과 부패를 일소하고 개혁과 민주주의를 실천하려는 운동이었다. 다음 장에서 다룰 제국주의 정책은 북미 대륙의 팽창주의를 넘어 중남미와 아시아로 세력을 확장하는 대외 정책으로, 미국은 고립주의를 넘어 국제 문제에 적극적으로 개입하였던 것이다.

19세기 후반 미국 경제는 기술 혁신과 생산성 향상으로 비약적으로 발전하였다. 산업화와 도시화가 가속화되었으며, 20세기 초까지 국민들의 생활 수준이 향상되고 평균 수명이 증가하였다. 경제적 발전이 긍정적인 결과만 낳은 것은 아니었다. 소수의 독점 자본이 성장하여 경제적 특권을 차지하였고 심각한 불평등을 야기하였다. 국민의 1%에 해당하는 특권층이 전체 국부의 8분의 7을 차지하였고, 빈민의 숫자는 1천만 명에 달하였다. 아동들의 야간 노동에 내몰렸고, 성인들도 주당 60시간의 과도한 노동에 혹사당했다. 산업 재해가 빈번하게 발생하자 노동자들은 노조를 결성하여 상태를 개선하려고 노력하였다. 회사가 노조 활동을 탄압하자 노동 운동은 좀 더 과격한 형태로 변화해 갔다. 정치가들이 각종 사회 문제를 해결하여 국민들의 복지를 실현해야 했지만, 그들은 재벌과 결탁하여 자신들의 권력을 유지하고 확대하는 데 여념이 없었다.

부익부빈익빈과 부정부패, 심화되어 가는 사회 문제를 해결하지 못하면 미국의 미래는 없다고 걱정하는 사람들이 등장하기 시작하였다. '혁신주의자(progressives)'라고 불린 이들은 대체로 중산층에 속하는 사람들이었는데, 그들은 단일한 그룹이 아니라 성격을 달리하는 여러 집단들로 구성되어 있었다. 한 집단은 정치계와 경제계 특

혁신주의 트로이카

루스벨트(공화당)

태프트(공화당)

윌슨(민주당)

권층의 횡포에 대항하여 떨쳐 일어난 시민들이다. 다른 집단에는 교육을 통해 전문직에 종사하는 젊은 층이 있었다. 이들은 당시 사회의 기업, 정부, 인간관계의 비도덕적이고 비능률적인 면을 혐오하며 과학적이고 합리적인 기술을 통해 사회 문제를 개혁하고자 하였다. 또 다른 집단은 과거 농업 사회에서 지도적 위치를 차지했던 사람들이다. 그들은 산업화 이후 새롭게 성장한 산업가나 금융가들이 독점 행위로 부를 독차지하며 사회를 양극화하는 것을 비판하였다. 신흥 부자들을 '교양 없는 졸부'라고 비꼬면서 빼앗긴 사회 주도층으로서의 지위를 되찾고 자신들의 사회적 영향력을 회복하고 싶어 하였다. 한편, 혁신주의자들은 노동자들의 급진주의적 행동에 대해서도 불안을 느끼며 자신들이 나서서 사회 개혁 운동을 추진하고자 하였다. 약간의 성격 차이는 있다 하더라도 혁신주의자들은 공통적으로 국가가 적극적으로 개입하여 개혁을 실천해야 한다고 생각하였다.

혁신주의 운동은 크게 세 가지 방향으로 추진되었다. 첫째는 독점 기업들의 횡포를 규제하는 반독점 운동이었다. 둘째는 소수의 권력 독점과 부패를 해소하고 국민들이 권력을 행사할 수 있도록 하는 정치 민주화 운동이었다. 셋째는 노동자들의 생활권을 보호하고 빈곤 문제를 해결하는 사회 정의 운동이었다.

가장 먼저 혁신주의 운동을 추진한 사람들은 정치·경제계의 추문을 폭로한 폭로 작가들(muckrakers)이었다. 링컨 스티픈스(Lincoln Steffens)는 1902년 『매클루어스 매거진(McClure's Magazine)』에 정치 보스인 트위드의 추문을 폭로하였다. 이어서 아이다 타벨(Ida M. Tarbell)은 스탠다드 석유 회사의 비리를 파헤치는 기사를 게재하였다. 폭로 작가들은 트러스트를 표적으로 삼았고, 특히 철도 회사를 집중적으로 비판하였다. 많은 잡지들이 뒤를 이어 산업계의 내막, 정치계의 추문, 사회의 부조리를 고발하며 대중의 각성을 촉구하였다. 이어서 문학 작가들도 운동에 동참하였다. 대표적으로 업튼 싱클레어(Upton Sinclair)는 시카고 통조림 공장의 비위생적 처리 문제와 이민 노동자의 어려운 현실을 고발한『정글(The Jungle)』이라는 소설을 썼다. 잭 런던(Jack London)은『강철 군화(The Iron Heel)』등을 통해 자본주의 사회의 모순을 고발하였다.

혁신주의 운동을 이론적으로 지지하는 학자들도 생겨났다. 허버트 크롤리(Herbert D. Croly)는『미국적 생활의 약속(The Promise of American Life)』에서 자유방임주의를 비판하고 국가의 개입을 통해 복지를 향상시켜야 한다고 주장하였다. 그는 월터 웨일, 월터 리프먼과 함께『뉴 리퍼블릭(New Republic)』이라는 잡지의 논설을 집필하며 혁신주의 사상을 전파해 갔다.

혁신주의 운동의 성과는 정치 개혁 분야에서 많이 나타났다. 혁신주의자들은 도시의 정치 보스가 시정을 독점하면서 부정부패와 비능률이 만연해졌다고 보았다. 과거 도시의 덕망 있는 시민들은 정치를 타락하고 야비한 활동으로 보고 가급적 거리를 두려고 하였다. 그러나 새롭게 등장한 중산층 혁신주의자들은 보스들의 지배로부터 시정을 독립시켜 무능한 시 정부를 개혁하고자 하였다. 대표적인 시정 개혁은 텍사스주 갤버스턴시에서 일어났다. 1900년 시 정부가 해일이 일어난 후 뒤처리를 제대로 하지 못한 것을 보고 혁신주의자들은 비정당 출신 인사로 구성되는 시정위원회를 설치하여 시 정부를 정당의 손아귀에서 탈출시켰다. 이러한 사례는 다른 도시로 전파되었다.

혁신주의자들은 시정 개혁 운동에 만족하지 못하고 행정 개혁을 추진할 단위로 주 정부까지 범위를 확대하였다. 특히 주 의회에 주목하였는데, 주 의원들이 대체로 무능하고 타락했으며 정당 보스들의 꼭두각시 노릇을 한다고 보았기 때문이다. 혁신주의자들은 주 의회를 개혁하기 위해 유권자인 국민의 힘을 증대시키는 방안에 관심을 가졌다.

가장 대표적인 주 정부의 개혁은 로버트 라폴레트(Robert M. La Follette, 주지사 재임 1901~1906)가 주지사로 있었던 위스콘신주에서 일어났다. '주민 발의제(initiative)'와 '주민 투표제(referendum)'는 주민들의 관심과 이해를 외면하고 의원들이 독점하던 입법 행위를 주민들이 손에 쥘 수 있게 도와주었다. 전자는 유권자들이 의원들의 손을 거치지 않고 직접 법안을 제출할 수 있는 제도였고, 후자는 의원들의 입법 행위에 대해 주민들의 승인을 받도록 규정한 것이었다. '공직자 소환제(recall)'와 '직접 예비 선거제(primary)'*를 통해서 주민들은 정당의 권력을 제한하고 선출직 공무원의 자질을 향상시킬 수 있는 가능성을 높였다. 주민들은 일정한 수 이상의 청원을 통해 문제가 있는 공직자를 소환(해임)하는 투표를 진행할 수 있었고, 정당의 보스들이 가지고 있던 후보 선택권은 주민들의 직접 투표로 대체되었다. 정치계의 격렬한 반대가 있었지만 위스콘신주의 사례는 다른 주로 널리 퍼졌다. 그 밖에도 주 의회가 선출하던 상원 의원을 직접 선거로 뽑을 수 있게 되었고, 선거 비용을 규제하는 법이 제정되어 전파되어 갔다.

혁신주의자들은 사회 분야에서 노동자와 서민들의 복지를 향상시키고 사회 정의를 실현하려는 노력도 가미하였다. 산업화와 도시화의 이면에는 빈민이 증가하는 문제점이 발생하고 있었는데, 사회적 다윈주의(Social Darwinism)를 주장하는 인물들은 이를 사회에 적응하지 못하는 빈민들의 책임으로 돌렸다. 그러나 혁신주의자들은 좋지 않은 사회적 환경으로 인해 빈민이 양산된다는 새로운 관점을 제시하였다. 그래서 이 문제를 해결하기 위해 사회복지관들이 생겨나기 시작하였다. 제인 애덤스(Jane Addams)가 시카고에 헐 하우스(Hull House)를 설립한 이후로 전국에 400여 개의 사회복지관이 문을 열었다.

사회적 개혁 운동이 성과를 거둘 수 있었던 바탕에는 보수적인 법원의 변화도 자리하고 있었다. 미국은 유럽 사회에 비해 개인의 경제적 독립을 중시하기에 사회 보장에 대한 인식이 뒤떨어져 있었다. 이러한 풍토에서 성장한 미국의 판사들은 사회 정의보다는 개인의 자유를 강조하고

---

* 한편, 남부에서는 예비 선거제가 흑인을 투표에서 제외시키기 위한 장치로 이용되기도 하였다.

공익보다는 개인의 재산권을 중시하였다. 사회 개선을 목적으로 하는 사회 입법이 자본가와 노동자 모두의 개인적 권리를 침해한다는 입장을 가지고 있었던 것이다. 그러나 변호사들이 혁신주의 운동에 참여하게 되면서 이런 관점은 변화하기 시작하였다. 1907년 오리건주에서는 여성 노동자의 노동 시간을 10시간으로 제한하는 법이 제정되었다. 자본가 측이 이에 소송을 제기하자, 당시 노동법을 변호하던 루이스 브랜다이스(Louis D. Brandeis) 변호사는 여성 노동자들의 처참한 대우를 변론 자료로 제시하며, "이런 현실을 모를 때 법의 공정한 집행을 다루는 법률가들은 대중의 적이 되기 쉽다"라고 경고하였다. 그는 노동 시간의 규제가 개인의 노동권을 박탈하는 것이 아니라고 역설하고, 근로 대중의 이익을 위해 이런 사회 입법이 제정되는 것이 마땅하다고 주장하여 승소하였다.

1911년 트라이앵글 셔츠 회사에서 화재 사건이 일어났다. 많은 노동자들이 사망하였는데, 특히 노동자들이 피해를 크게 당했던 이유는 출입구들을 잠가 놓아 빠져나가기 어려웠기 때문이었다. 정부는 노동 관련법을 제정하여 공장주들의 부당하거나 과도한 행위를 엄격히 규제하고 강제 집행 장치를 마련하였다. 이후 14세 이하 아동의 노동을 금지하거나 14세에서 16세 사이 아동들의 야간 노동을 금지하는 법이 제정되었다. 노동 시간은 주당 60시간 이하로 낮추어졌다. 최저 임금제, 노동자 상해 보상제 등의 법이 제정되어 노동 조건이 개선되었고, 또한 상속 재산 누진세 등의 사회 입법도 실현되었다.

혁신주의 시대에 일어난 주목할 만한 운동 중에는 「금주법」 제정과 여성 참정권 운동이 있다. 19세기 전반부터 여성들은 금주 운동을 시작하였다. 술은 힘든 일상과 기약 없는 미래에 지친 노동자들에게 고된 노동의 피로를 씻어 주는 청량제일 수도 있었지만, 부인들의 눈에는 쥐꼬리만 한 임금을 빨아들이는 밑 빠진 독이면서 가정 폭력을 일으키는 자극제로 보였던 것이다. 혁신주의자들은 도덕주의 운동의 일환으로 금주법 제정을 추진하였다. 드디어 1920년 수정 조항 제18조로 「금주법」이 통과되었고, 미국에서는 술을 제조, 운반, 판매, 수입하는 것이 금지되었다.*

수정 조항 제14조로 흑인들은 참정권을 얻었지만, 여성들은 여전히 투표에서 제외되어 있었다. 여성들은 자신들에 대한 차별을 철폐하고자 하였으며, 그런 노력은 여성뿐만 아니라 많은 남성들도 지지하였다. 전국여성참정권협회(National Woman Suffrage Association)가 조직되고 회원 수는 기하급수적으로 늘어났다. 1897년 콜로라도주가 처음으로 여성에게 참정권을 부여한 후 미시시피강 동쪽에서는 일리노이주가 처음으로 여성 참정권을 허용하였다. 미시시피강 서쪽에서는 1914년까지 12개 주로 여성 참정권이 확대되었다. 혁신주의자로 분류되던 윌슨 대통령이 이런 움직임에 반대하자, 여성 운동가 앨리스 폴(Alice Paul)은 1913년 대통령 취임식 때 1만 명이 참여하는 시위를 벌였다. 여권 운동 세력의 반대에도 불구하고 윌슨이 재선에 성공하자 백악관 밖에서는 여성들이 쇠사슬 시위를 벌이기도 하였다. 결국 1920년 수정 조항 제19조가 통과되며 여성들은 남성들과 동등하게 참정권을 보장받았다.

2
혁신주의 대통령들

혁신주의 운동은 도시와 주의 경계를 넘어 연방 차원으로 발전해 갔는

---

* 기업가들은 음주로 인해 노동자들의 생산성이 떨어질 것을 걱정하여 「금주법」 제정을 은밀히 지원하기도 했었다. 따라서 「금주법」 제정을 순수하게 도덕주의적 혁신주의 운동의 결과로만 보기에는 무리가 있다. 한편, 「금주법」이 제정된 이후 기대했던 음주량 감소에 의한 임금 보전과 가정 폭력 감소라는 효과가 아니라, 술을 비밀리에 제조·판매해 이익을 보는 폭력 조직의 탄생 등 부작용이 발생하였다. 결국 1933년 수정 조항 제21조로 「금주법」은 폐지되었다.

데, 루스벨트와 윌슨 두 명의 대통령 재임 당시 전격적으로 추진되었다. 시어도어 루스벨트는 독특한 정치 이력을 자랑하는 인물이었다. 그는 24세의 젊은 나이에 뉴욕주 의원으로 정치에 입문하였고, 뉴욕시 경찰청장을 거쳐 해군 차관보로 전국 무대에 등장하였다. 1894년 경찰청장 재임 시 부패 공무원들을 숙청하며 혁신 운동을 벌여 뉴욕 정계의 보스들과 갈등을 빚었는데, 흥미로운 것은 보스들이 루스벨트를 뉴욕에서 몰아내기 위해 그가 부통령에 지명되도록 힘썼다는 것이다. 1900년 윌리엄 매킨리의 러닝메이트로 출마하여 부통령에 당선되었고, 매킨리가 암살되자 1901년 9월 대통령직을 승계하여 혁신주의 정책을 적극적으로 실행하였다.

루스벨트 대통령이 혁신주의 개혁가의 이미지를 갖게 된 것은 북부증권회사를 「셔먼 반트러스트법」 위반 혐의로 고발하면서부터이다. 이 회사는 모건(J. P. Morgan) 계열의 회사로 북부의 3대 철도를 합병해서 만든 철도 독점 기업이었다. 루스벨트는 이 회사를 해산시키며 '트러스트 파괴자(trust buster)'라는 별명을 얻었다. 그 후에도 록펠러의 스탠다드 석유 회사와 통조림 회사를 포함해 44개의 독점 기업체를 고발하였다.

루스벨트는 자본주의에 반대하는 급진적 개혁가는 아니었다. 오히려 그는 보수주의자라고 할 수 있었지만, 대통령을 정점으로 하는 연방 정부가 특정 집단을 후원하는 대리인이 아니라 공익적 중재자라고 생각하였던 것이다. 그러하기에 루스벨트의 경제 정책은 혁신주의자들의 주장과 맞닿게 된 것이다. 그의 생각을 가장 잘 표현해 주는 것이 '공정한 거래(Square Deal)'라는 모토였다.

1902년 펜실베이니아 주에서 탄광 노동자들의 파업이 일어났다. 광부노조 연합은 무연탄 산업체에 대항해 격렬한 파업 투쟁을 벌여 겨울에 석탄 공급이 가능할지 불투명한 상태에 이르렀다. 루스벨트는 노사 양측을 백악관으로 초청하여 공정하게 중재하고자 하였다. 노조에서는 중재를 받아들였으나 사측에서는 제안을 거절하였다. 노조를 인정하지 않는 사측의 입장에서는 노조와 같은 테이블에 앉는다는 것 자체를 받아들일 수 없었던 것이다. 대통령은 연방 군대를 출동시켜 광산을 접수하겠다고 압력을 넣어 결국 광산주들을 굴복시켰다. 노조는 자신들의 초기 요구를 달성하지 못하였으나 일정한 성과를 거두었다.

루스벨트가 노조의 편이었던 것은 아니다. 그는 스스로를 고용주의 대표자로 생각하였고, 연방 군대를 파견하여 고용주를 대신해 파업에 개입하기도 했었다. 다만 루스벨트는 연방 정부가 미국 국민들 모두에게 공정한 거래를 제공하도록 노력해야 한다고 생각했던 것이다.

혁신주의의 개혁 정책은 당내 보수파와 대기업의 눈에 거슬리는 행위였다. 첫 번째 임기 동안 루스벨트는 가급적 보수 세력과의 충돌을 피하였다. 그 결과 1904년 대통령 선거에 출마할 때에는 무난하게 공화당 후보로 지명되어 낙승하였다. 재선에 성공한 루스벨트는 좀 더 과감한 혁신 정치, 즉 공정한 거래 정책을 확대해 나갔다. 당시 철도 산업은 막강한 힘을 자랑하고 있었는데, 1906년 「헵번 철도 규제법(Hepburn Railroad Regulation Act)」을 제정해 철도 회사를 통제하였다. 이는 1887년 「주간 통상법」을 개선하여 주간통상위원회에게 공정한 철도 요금을 책정할 수 있는 권한을 부여한 것이다. 또한 싱클레어가 소설 『정글』을 발표하여 비위생적인 식품 처리를 고발하자, 「육류검사법」을 통과시켜 육류를 통한 질병을 제거하는 데 기여했다. 「식품의약품법(Pure Food and Drug Act)」을 통해서는 문제 있는 음식과 의약품의 제조, 판매를 금지하거나 제한하여 국민들의 건강권을 위해 정부가 기업을 통제할 수 있는 선례를 남겼다. 1907년부터는 8시간 노동제, 상속세 및 소득세 등 노동과 금융에 관한 엄격한 규제법들을 제안하였다.

난개발을 방지하고 자연 보호를 추진했던 것도 루스벨트의 대표적인 혁신주의 업적 중 하나이다. 혁신주의자들은 국민 모두의 소유인 산림과 하천을 소수 기업가가 아닌 공익을 위해 개발하고 관리할 것을 요구해 왔다. 루스벨트는 1905년에 산림청의 권한을 강화하고, 자원 보전주의자인 기포드 핀촛(Gifford Pinchot)을 책임자로 임명하였다. 그들은 무분별한 개발론자들과 싸우며 수천만 에이커의 미개발 정부 소유 토지를 국유림 체계에 포함시켜 개인에 의한 개발을 통제하였다. 1907년에는 하천 보호를 위해 내륙수로위원회를 설치하였고, 이듬해 핀촛을 위원장으로 하는 전국자원보존위원회를 설치하였다. 이러한 노력으로 2,500여 개의 댐 건설 허가가 취소되고 광대한 숲이 국유림으로 편입되었다. 루스벨트가 임기를 마칠 때 국립 공원은 두 배로 증가하고 다수의 국립 명소와 야생동물 서식지가 형성되었다.

루스벨트가 1908년 대선에 출마하였다면 무난히 당선되었을 것이다. 그러나 1907년 공황이 일어나고 더욱 적극적인 혁신주의 정책으로 당내 보수파와도 소원해진 그는 스스로 공언한 대로 3선 대통령이 되지는 않겠다는 약속을 지켰다. 그의 후계자는 필리핀 초대 총독과 육군부 장관을 역임한 측근 태프트였다. 태프트는 공화당 보수파와 혁신파 모두가 자기 편으로 생각하는 사람으로 경선을 치르지 않고 지명되었다. 민주당 대통령 후보에는 윌리엄 브라이언(William J. Brian)이 다시 선출되었다. 태프트는 무난하게 백악관에 입성하였다.

태프트 대통령은 전임자의 정책을 일부 계승하였다. 90여 개의 대기업을 「트러스트 금지법」으로 고발하였다. 그의 임기 말에는 수정 조항 제16조와 제17조에 해당하는 소득세와 연방 상원 의원 직선제가 통과되었다. 그러나 그는 우유부단했으며 혁신 정책을 적극적으로 추진하지 못하였다. 문제는 임기 초부터 발생하였다. 1909년 혁신주의자들이 요구했던 관세율 인하 법안이 하원을 통과하였으나 상원에서 부결되었다. 법안은 오히려 관세율을 인상하도록 수정되어 「페인-올드리치 관세법(Payne-Aldrich Tariff Act)」이 탄생하였다. 혁신주의자들은 대통령을 의심하였으며 공화당은 혁신파와 보수파로 분열하기 시작하였다. 1910년에는 보수적인 내무장관 리처드 볼린저(Richard Ballinger)가 루스벨트의 자연 보호 정책을 무효화하려 하는 과정에서 갈등이 빚어졌고, 결국 산림청장 핀촛이 파면되며 혁신파와 보수파의 관계는 파국을 맞았다.

공화당의 혁신주의자들은 루스벨트의 귀환을 요구하였다. 루스벨트는 1910년 9월, '신국민주의(New Nationalism)'를 표방하며 태프트를 공격하였고, 혁신파들은 루스벨트에 환호하였다. 이어진 중간 선거에서 혁신파는 거의 당선되었지만 보수파 공화당원들은 참패하였다. 민주당은 자체 혁신주의 후보를 내세워 16년 만에 하원을 장악하였다. 태프트는 정치적 위기에 빠졌지만 1912년 후보 지명전에서 루스벨트를 누르고 대선에 출마할 수 있었다. 태프트가 공화당 후보가 되자, 혁신파와 루스벨트는 공화당을 떠나 '혁신당(Progressive Party)'을 창당해 대선에 임하였다. 그러나 분열한 공화당 세력은 떠오르는 민주당을 꺾을 수 없었다. 루스벨트와 태프트는 각각 27%와 23%의 일반 투표를 차지했으나 민주당의 신예 우드로 윌슨이 42%의 표를 얻었다. 윌슨은 선거인단 표에서 크게 앞서며 대통령에 당선되었고, 공화당의 오랜 집권은 마침표를 찍었다. 관점을 달리해서 혁신주의와 보수주의의 대결로 보면 1912년 대선은 사회당의 유진 뎁스(Eugene V. Debs)가 얻은 일반 투표 6%까지 포함해 혁신주의 세력이 압도적인 승리를 거둔 선거였다고 할 수 있다.

우드로 윌슨은 정치학과 역사학을 전공한 학자로, 프린스턴 대학 총장재임 시 민주당의 제안을 받고 정치에 입문하였다. 민주당의 지원을 받아 1910년 뉴저지 주지사에 당선된 후 혁신주의적 개혁으로 두각을 나타냈고, 1912년에 민주당 대선 주자로 나서게 되었다. 대통령에 당선된 윌슨의 구호는 루스벨트의 '신국민주의'와 대비되는 '신자유(New Freedom)'였다. 둘 다 혁신주의적 정책으로 독점 기업을 통제하고자 하였으나 통제의 대상과 내용이 달랐다. 루스벨트가 대기업의 장점은 유지하되 악덕 독점 기업을 규제하자는 의미의 '독점의 규제'를 주장했다면, 윌슨은 부정한 경쟁이 독점 기업을 양성했으므로 그 자체를 규제하자는 '경쟁의 규제'를 주장하였다. 그러나 윌슨의 주장도 자유방임적 경제 원리를 부정한 것이 아니었다. 즉, 독점을 해체해 '진정한' 경쟁을 부활시키고 '부정한' 경쟁은 억제하자는 것이었다. 어쨌든 두 사람은 국가 권력의 적극적 개입으로 혁신주의 정책을 추진해야 한다는 점에서 견해가 일치하였다.

혁신주의의 압도적 승리를 경험한 윌슨 대통령이 추진한 혁신 정책의 첫 번째 성과는 전임 태프트 대통령이 높인 관세율을 크게 낮춘 것이다. 1913년 「언더우드-시몬스 관세법(Underwood-Simmons Tariff Act)」을 통과시켜 평균 40%나 되는 관세율을 약 29%까지 떨어뜨려 트러스트 세력을 억제하고 산업의 자유 경쟁을 보장하였다. 그리고 관세율 인하로 인한 세금 수입의 결손을 방지하기 위해 혁신 정책의 하나인 누진 소득세를 도입하였다. 윌슨은 「연방 준비법(Federal Reserve Act)」을 마련하여 앤드루 잭슨 대통령이 1836년 제2 미국은행을 없앤 이래 처음으로 중앙은행 제도를 다시 마련하였다. 12개의 연방준비은행이 전국에 설치되어 총통화량의 증감을 조절하고 사기업인 거대 은행의 통화 독점을 통제하였다. 독점 기업을 통제하기 위한 윌슨의 노력은 1914년에도 이어졌다. 그는 「클레이턴 반트러스트법(Clayton Anti-trust Act)」을 제정하여 연방통상위원회가 독점 기업의 부정한 거래를 조사하고 적발할 수 있도록 하였다. 한편, 클레이턴법을 심의하는 과정에서 당시 법원이 노조의 파업을 독점 행위라고 규정하여 처벌하고 있었다는 사실이 발각되었다. 윌슨은 노조의 파업권을 인정하였고, 또한 농민들에게 장기 저리를 보장하는 「연방 농장 대여법」을 제정하였다. 이후에도 혁신주의 정책은 계속되었지만 미국이 제1차 세계 대전에 참전하게 되면서 국내 개혁은 후순위로 밀리게 되었다.

· 사료 읽기

루스벨트 대통령의 제1차 연례 교서: 트러스트에 관하여 (1901. 12. 3)

미국인들의 마음속에는 트러스트로 알려진 대기업 결합의 어떤 양상과 경향에는 일반적 복지에 해로운 측면이 있다는 신념이 널리 퍼져 있습니다. 이러한 신념은 (…) 기업 결합과 기업 집중은 금지될 것이 아니라 감독되어야 하며 합리적 범위 내에서 통제되어야 한다는 진지한 확신에 입각하고 있습니다. 그리고 제 판단으로, 이러한 신념은 옳은 것입니다. (…)

공공 이익을 위해 정부는 주간 통상에 종사하는 대기업의 업무를 조사하고 검토할 권한을 가져야 합니다. (…)

트러스트로 불리는 대기업들은 비록 한 개 주에서 조직되었다 할지라도 통상 여러 주에서 사업을 하며, (…) 이들에 대한 주법(州法)은 통일성이 매우 결여되어 있을 뿐만 아니라, (…) 주의 주치를 통해 적절히 규제할 수 없다는 것이 실제로 증명되고 있습니다. 따라서 국가는 전체 국민을 위해 이 문제에 관해 주의 권리를 손상시키지 않으면서, 주간 사업을 하는 모든 기업에 대한 감독권과 규제권을 장악해야 될 것입니다.

(출처 : 한국미국사학회 엮음, 『사료로 읽는 미국사』, 궁리, 242~243쪽.)

참고한 책, 더 읽어 볼거리

권오신, 『우드로 윌슨: 제28대 대통령』, 선인, 2011.

김봉중, 『이런 대통령을 만나고 싶다: 미국의 황금기를 만든 대통령의 품격』, 위즈덤하우스, 2017.

앨런 브링클리 저, 황혜성 외 역, 『있는 그대로의 미국사』 2, 휴머니스트, 2011.

이주영, 『미국사』, 대한교과서, 2000.

한국미국사학회 엮음, 『사료로 읽는 미국사』, 궁리, 2006.

10장
제국주의와
제1차 세계 대전

1
팽창주의에서 제국주의로

건국 이래 미국은 원주민을 축출하고 서쪽으로 영토를 팽창시켜 태평양 연안에까지 다다랐다. 대륙 내에서 더 이상 영토 팽창의 여지가 없자 중남미와 태평양을 거쳐 아시아까지 영향력을 확장해 가며 제국주의 국가로 변신해 갔다. 미국의 상업적 이익을 확대하기 위한 해외 팽창은 간헐적이지만 꾸준히 시도되었다. 1820년대에는 하와이로 진출하며 태평양 제도에서 미국의 상업권을 확보하기 위해 노력하였다. 1844년에는 중국에 진출하였고, 10년 후에는 일본을 강제로 개항시켜 화친 조약을 체결하였으며, 1871년에는 조선에서 이익을 확보하고자 신미양요를 일으켰다. 중남미에서는 1867년 멕시코에 침투한 프랑스 세력을 축출하였고, 같은 해 러시아와 협상해 알래스카의 거대한 땅을 720만 달러에 구입하였다.

미국 제국주의를 이론적으로 뒷받침하려는 노력도 함께 발전해 갔다. 프레드릭 잭슨 터너(Frederick Jackson Turner)는 '프론티어의 종식'을 이야기하며 국내 프론티어를 대체할 해외 지역을 탐색할 것을 요구하였다. 하버드대 역사학 교수인 존 피스크(John Fiske)는 19세기 중반 북미 대륙의 영토 확장을 위해 활용되었던 '명백한 운명' 이론을 해외 진출을 합리화하기 위한 도구로 사용하고자 하였다. '명백한 운명 시즌 2'가 시작된 것이다.

해외 팽창 정책이 구체적으로 실현되는 데는 알프레드 머핸(Alfred T. Mahan)의 영향이 매우 컸다. 해군대학 교수였던 그는 『제해권이 역사에 미친 영향(The Influence of Sea Power upon History, 1660~1783)』을 발표하며 미국이 선진 국가로 발돋움하기 위해서는 대규모의 해군력을 양성해야 한다고 강조하였다. 시어도어 루스벨트를 비롯한 팽창주의자들은 그와 교류하며 미 해군을 성장시켰다. 1890년에는 「해군법」이 제정되어 최신 함정이 건조되기 시작했고, 미 해군력은 세계 4위에서 1900년경 세계 3위로 상승하였다.

1890년대 미국 내부는 경제적인 어려움으로 혼란스러운 상황이었다. 농민들은 채무에 허덕이며 은화 자유 주조를 주장하였고, 노동자들은 노동 쟁의를 통해 자신들의 곤란함을 개선하고자 하였다. 사업가들은 해외 시장에 눈을 돌리기 시작하였으며, 정치가들은 공격적 외교 정책으로 국내의 사회적 불만을 해소하려 하였다. 이 시기에 미국인들의 하와이에 대한 영향력이 점차 증가하고 있었다. 해군 장교들은 진주만에 미국 함정을 정박시킬 영구 기지를 건설하려고 하였다. 하와이에 정착해 사탕수수 농장을 운영하고 정치적 영향력을 강화하는 미국인의 숫자도 늘어났다. 그러던 중 1890년 「매킨리 관세법」이 통과되며 하와이산 설탕의 면세 특권을 박탈하자 백인 농장주들은 타격을 입었다. 그들은 하와이를 미국에 합병시켜 미국 본토 농장주들과 똑같은 정부 지원을 받는 것을 대안으로 생각하였다.

1891년에 하와이의 무력한 왕이 물러나고 릴리우오칼라니(Liliʻuokalani) 여왕이 즉위하였다. 여왕은 '하와이인을 위한 하와이'를 표방하며 백인 설탕업자들이 하와이를 좌우하는 상황을 극복하려고 하였다. 그러자 미국인들은 여왕의 퇴위를 강요하고 미국 정부에 하와이 합병을 요구하였다. 당시 벤자민 해리슨(Benjamin Harrison) 대통령은 합병 조약에 서명하였으나 상원에서 거부되었고, 합병되지 않은 상태에서 미국인들이 하와이 공화국을 통치하였다. 미국-스페인 전쟁이 진행되던 중 1898년 7월에 하와이는 미국에 합병되었다.

　　미국 제국주의의 본격적인 출발은 미국-스페인 전쟁을 통한 식민지 획득이었다. 전쟁의 직접적인 원인이 된 것은 쿠바에서 일어난 반스페인 독립 운동이었다. 미국은 쿠바의 사탕수수 농장에 자본을 투자하여 점점 이익을 증대하고 있었는데, 1868년 쿠바인들이 스페인에 반기를 들며 봉기하였다. 쿠바인들이 스페인계 백인인 크리올들의 사탕수수 농장을 습격하고 노예를 해방시켰을 때, 일부 농장주들은 미국에게 쿠바 병합을 요청하였다. 미국 내에서도 일부는 쿠바 병합을 지지하고 있었다. 흑인과 원주민들의 피가 섞인 백인들을 경시하는 인종주의적 문제로 결국 병합이 성사되지는 않았지만, 쿠바 내 미국 자본의 비중은 더욱 확대되어 갔다.

　　1895년 쿠바에서 다시 반식민 독립 혁명이 일어났다. 황색 언론의 원조인 허스트(William Randolph Hearst)의 『뉴욕 저널』과 퓰리처(Joseph Pulitzer)의 『뉴욕 월드』는 스페인의 잔혹 행위가 쿠바에 만연하다는 인상을 심어 주는 과장 보도로 미국인들의 반스페인 감정을 자극하였다. 그러던 중 두 가지 사건이 발생하면서 미국과 스페인의 관계는 파국으로 치달았다. 첫 번째는 1898년 1월 주미 스페인 공사가 매킨리(William McKinley, 재임 1896~1901) 대통령을 모욕한 서신을 허스트계 신문이 입수하여 공개한 것이다. 미국인들의 스페인에 대한 반감이 급속도로 증대하였다.

　　두 번째는 메인(Maine)호 사건으로, 일촉즉발의 미국인들 감정에 불씨

〈School begins〉. 잡지 「Puck」에 실린 정치 풍자만화로 '명백한 운명 시즌 2'를 시작하는 미국 제국주의를 풍자하고 있다. 교사인 엉클 샘(미국)이 새롭게 편입된 영토의 백인들을 가르치는 교실 맨 앞자리에 새로 획득한 쿠바, 푸에르토리코, 하와이, 필리핀이 앉아서 훈육받고 있다. 이들은 미개한 유색 인종 어린아이로 표현되었다. 한편, 흑인은 노예적인 삶을 벗어나지 못하고 유리창을 닦고 있고, 인디언은 교실 뒤에 소외되어 있으며, 중국인(황색 인종)은 교실에 들어오지 못하고 바깥에서 눈치를 보고 있다.
(출처: 「Puck」, 1899. 1. 25.)

를 당겼다. 1898년 2월, 쿠바 아바나 항구에 정박해 있던 미군 전함 메인 호가 폭발하였다. 폭발의 원인은 불분명하였지만 『뉴욕 저널』은 "메인 호를 기억하라"라는 구호를 외치며 공공연하게 스페인과의 전쟁을 부추겼다. 보수적 정치가, 기업가, 개신교 목사, 국가주의자 등 국내 여러 세력들이 제각각의 이유로 스페인과의 전쟁을 원하였다. 매킨리 행정부는 스페인에 쿠바의 독립을 요구했으나 스페인은 거절하였다. 미 의회는 4월 19일, 스페인 군대를 몰아내기 위한 전쟁에 돌입할 것을 승인하였다. 미해군은 쿠바의 산티아고 항구를 점령하고 스페인 함대를 포위하여 전멸시켰다. 7월 16일에는 스페인 지상군 사령관이 항복했으며, 푸에르토리코 역시 미군에 의해 점령되었다.

한편, 쿠바에서 스페인과 본격적인 전투를 벌이기도 전인 5월 1일, 지구 반대편의 태평양에서 미국의 승전보가 날아왔다. 스페인의 식민지인 필리핀 마닐라만에서 듀이(George Dewey) 제독이 이끄는 미 해군이 스페인 함대를 궤멸시킨 것이다. 미국인들은 예상치 못한 승리에 환호하며 지도상에서 마닐라를 찾기에 바빴다. 그러나 이 전투는 미국의 팽창주의자들이 치밀하게 준비한 결과였다. 해군부 차관이었던 루스벨트는 장관이 없는 틈을 타서 홍콩에 있던 듀이 제독에게 전문을 보냈다. 양국 간 전쟁이 발발하면 마닐라만으로 이동하여 스페인 함대를 공격하라는 명령이었다. 미 외교관 프래트(E. Spencer Pratt)는 홍콩에 망명해 있던 필리핀 독립 운동가 에밀리오 아기날도(Emilio Aguinaldo)와 접촉하여 미국의 후원 아래 독립 운동을 재개하라고 설득하였다. 아기날도는 미국 선박을 타고 귀국하여 필리핀의 독립을 선포하고 스페인에 대항해 재차 봉기하였다. 스페인은 바다에서 미 해군에, 육지에서 필리핀 독립군에 포위당하자 비밀 협약을 맺고 8월 12일 '거짓 전투(mock battle)'*를 수행한 후 미군에 항복하였다. 이로써 미국과 스페인은 전쟁을 끝내고 휴전 협상에 돌입하였다.

1898년 8월 13일, 미군은 마닐라의 인트라무로스를 점령하여 성조기를 게양하고 미군정을 선포하였다. 한편, 미국과 스페인은 파리 강화 회의에서 스페인의 쿠바 독립 승인과 푸에르토리코·괌의 미국 양도를 약속하였다. 미국 측 협상 대표는 필리핀의 양도를 요구하여 스페인 측을 놀라게 했지만 그 대가로 2천만 달러를 지급하겠다며 협상을 마무리지었다. 매킨리 대통령은 12월 '자비로운 동화(benevolent assimilation)' 정책을 발표하였다. 독립을 원하던 필리핀군과의 충돌은 시간 문제였다. 필리핀 독립군

* 스페인은 백인인 자신들이 격렬한 전투도 없이 황인종인 필리핀 원주민에게 항복한다는 것을 수치스럽게 생각하며 미국에게 거짓으로 한나절 전투를 진행한 후 항복하겠다고 비밀 협약을 맺어 미 해군과 거짓 전투를 벌였다.

은 '해방자 미국'의 배신에 당황하며 수도를 말롤로스로 옮겨 민주 공화국 수립을 선포하였다. 이는 아시아 최초이며, 신해 혁명을 통해 1912년에 수립된 중화민국보다 14년이나 빠른 것이었다.

미국 내에는 필리핀 식민지화를 찬성 또는 반대하는 여러 세력이 있었고, 그 이유는 다양했다. 파리 조약이 의회에서 비준되기 위해서는 3분의 2 이상의 의원 동의가 필요하였기에 조약의 통과는 난항을 겪고 있었다. 바로 그 시기 1899년 2월 4일, 산후안교(San Juan Bridge)에서 양측의 총격 사건이 벌어지며 미군은 미국-필리핀 전쟁을 선포하였다. 이틀 후 드디어 파리 조약이 의회에서 통과되었다.

필리핀군은 본부를 이동하며 미군과의 전쟁을 계속하였다. 미국은 전쟁 중간에 필리핀위원단을 파견하여 필리핀의 상황을 조사하고 통치 계획을 수립하였다. 전쟁이 진행되는 지역은 군정장관인 아더 맥아더(Arthur MacArthur)가 통치하였으며, 점령 지역에는 1901년 7월 4일 민간 식민 정부가 출범하였다. 제2차 필리핀위원단 단장이었던 윌리엄 태프트(William H. Taft, 총독 재임 1901~1904)가 초대 총독으로 부임하며 식민 통치 정책은 연착륙하였다.

하와이와 괌, 그리고 필리핀을 점령하며 미국은 태평양에서 자유로운 해상 교역을 하고 거대한 중국 시장과 아시아에서의 상업적 이익을 극대화할 수 있는 발판을 마련하였다. 후술할 중남미에서와는 달리 중국에서 미국은 후발 주자로서 유럽 열강들과 동등한 권리를 확보하기 위해 노력하였다. 첫 번째 의미 있는 조치는 국무장관 존 헤이(John M. Hay)가 영국과 일본을 포함한 6개국에 문호 개방 서신(open door notes)을 발송한 것이다. 후발 주자인 미국이 이미 세력권을 구축한 열강들에게 동등한 무역권을 인정해 달라는 내용이었다. 미국이 아메리카 대륙에서 유럽의 간섭을 배제하고 독점적 지위를 차지하겠다고 발표한 '먼로 선언'과는 다른 논리였다. 1900년 중국에서 부청멸양(扶淸滅洋)을 외치며 의화단 운동*이 일어나자, 미국은 7개국의 열강과 함께 베이징에 군대를 파견하여 청나라와 의화단 세력을 진압하였다. 헤이는 제2차 문호 개방 각서를 11개국의 열강에게 보내 회신을 받았다. 이로써 미국은 다른 열강들과 동등하게 중국에서 무역권을 확보할 수 있었다.

2
혁신주의 시대의 대외 정책

혁신주의 시대 대기업들은 「셔먼 반트러스트법」으로 인해 독점을 금지당하자 해외 진출을 적극적으로 모색하였다. 정부는 국내 혁신 정책의 성공을 위해서 역설적이게도 해외에서 미국의 상업적 이익을 극대화하기 위한 불법적·비도덕적 수단의 사용도 합리화하였다. '문명국'인 미국이 '비문명국'들의 질서와 안정을 유지하기 위해서는 그 나라 문제에 간섭해도 되고, 나아가 간섭해야 할 의무가 있다는 사회적 다원주의 논리가 이를 뒷받침하였다. 대표적인 혁신주의 대통령들의 외교 정책은 각각 자기 색깔을 가졌지만, 결국 미국의 이익을 최우선으로 강조하면서 다른 요소를 희생시켰다는 면에서 일맥상통하였다.

루스벨트 대통령(재임 1901~1909)의 외교 정책은 속담에서 유래한 "몽둥이 외교(big stick policy)"라고 이름 붙여졌다. 대외 정책은 무력행사(carry a big stick)에 바탕을 두었지만, 부드럽게 말하는(speak softly) 정책도 병행되었다. 중남미 정책에서는 전자가, 동양 정책에서는 후자가 두드러졌다.

---

* 서양 세력의 침탈이 거세지며 국민들의 생활이 파탄나면서 만주족이 통치하는 청나라를 지원하고 서양 제국주의를 멸망시키자고 주장하며 일어난 민중운동이었다.

루스벨트는 중남미에서 미국의 독점적 지위를 확보하기 위해서 무력 사용도 불사하였다. 1904년 먼로 선언을 보충한 「루스벨트 추론(Roosevelt corollary)」을 발표하여 이를 논리적으로 뒷받침하였다. 만약 주변 국가들이 자체적으로 질서를 유지할 수 없다면 미국이 해당 국가의 국내 문제에 간섭할 권리가 있다는 주장이었다. 이때 미국의 무력행사는 국제 경찰력 발동으로 합리화되었다.

루스벨트의 구상이 싹트기 시작한 것은 1902년 베네수엘라 정부가 채무를 이행하지 못하자 독일 등 유럽 국가의 해군이 베네수엘라 해안을 봉쇄한 사건에서 비롯되었다. 루스벨트는 미 해군을 동원해 독일 해군이 철수하도록 압력을 가하였다. 당시 대통령은 라틴아메리카의 불안한 정세나 채무 불이행 등도 유럽의 침략을 야기할 수 있다고 생각하였다. 1903년에는 파나마 운하의 건설이 시작되면서 이 지역에 미국의 이해관계가 급증하였고, 급기야 「루스벨트 추론」이 발표된 것이다.

도미니카 공화국에서 정치적 혼란이 발생하자 루스벨트는 자신의 이론을 실천할 좋은 기회로 사용하였다. 도미니카에서 혁명이 일어나 부패한 정부가 전복되고 새 정부가 수립되었다. 그러나 유럽 국가에 대한 채무는 여전히 해결되지 않아서 미 대통령을 불안하게 만들었다. 미국은 1905년 도미니카 세관을 접수하여 세입의 45%는 도미니카인들에게 분배하고, 나머지는 외국 채권자들에게 할당하며 실질적인 재산 관리를 담당하였다.

쿠바 헌법에 삽입한 「플랫 수정안(Platt Amendment)」도 마찬가지였다. 쿠바는 1902년 미국에게 독립을 허용받고 공화국을 수립하였지만 사실상 식민지나 다름없는 종속국이었다. 미국은 플랫 수정안을 통해 쿠바 관타나모만을 점령하여 해군 기지를 만들었으며, 쿠바가 다른 나라와 조약을 맺기 위해서는 미국의 승인을 받도록 하였다. 쿠바는 1934년이 되어서야 플랫 수정안을 삭제하고 진정한 독립국의 권리를 누리게 되었다.

대서양과 태평양을 잇는 파나마 운하의 건설은 미국이 중남미에서 안정적인 시장을 확보하고 태평양과 아시아에서 무역을 확대하기 위한 가장 중요한 조치 중 하나였다. 중남미의 무역을 독점한 영국에 대항하기 위해서 미국에게 운하는 절실하였다. 운하 예정지로 니카라과와 파나마 두 지역이 물망에 올랐으나 최종적으로 두 대양 간의 거리가 짧은 파나마에 건설하였다. 당시 파나마는 콜롬비아에 속해 있었는데, 프랑스 회사가 운하를 건설하려다 실패하고 미국과 건설권 매매 협상을 벌이게 되었다. 미국은 프랑스 회사에 4천만 달러의 권리금을 지급하기로 하였다. 그런데 콜롬비아 정부와는 폭 6마일의 토지에 운하를 건설하는 대가로 일시금 1천만 달러와 사용료 명목으로 연간 25만 달러를 지급하기로 약정하였다.

콜롬비아 의회는 자신들의 대가가 너무 적었기에 조약 비준을 거부하고 재협상을 담당할 대표를 미국에 파견하였다. 루스벨트는 콜롬비아의 행동에 당황하였다. 다급해진 것은 미국뿐만이 아니었다. 프랑스 회사는 미국이 운하 건설지를 니카라과로 바꿀까 염려하여 파나마 주민들을 선동하여 독립 혁명을 일으켰다. 콜롬비아 정부가 이를 진압하려 하자, 루스벨트는 해병대를 파견해 진압을 방해하였다. 파나마 공화국이 수립되자 이를 승인하고 공화국을 상대로 파나마 운하 건설 조약을 체결하였다. 새로 체결한 조약에 따르면 운하 지역은 폭이 10마일로 확대되었고, 미국은 이 지역에서 마치 주권 국가인 것처럼 행동할 수 있는 권리를 획득하였다. 미국은 기존 조약보다 훨씬 유리한 조약을 체결할 수 있었지만 미의회에서는 루스벨트의 비도덕적 행위가 논란이 되었다. 그러나 운하 건설 조약은 결국 의회를 통과하였고, 10년간 운하를 건설하여 1914년에 개통되었다.

동북아시아에서 만주와 조선을 차지하기 위해 러·일 전쟁이 발발하자 미국은 일본에 호의적 태도를 보였다. 이미 문호 개방 서신을 통해 중국

태프트·가쓰라 밀약

미 육군장관 태프트는 미국의 식민지 관리와 아시아에서의 상업적 이익 확보를 위해 1905년 동양을 시찰하였다. 함께 승선한 이들 중에는 루스벨트 대통령의 장녀 앨리스 루스벨트가 있었다. 그들은 하와이를 거쳐 7월 25일 도쿄에 도착하였고, 여기서 태프트는 일본 총리대신 가쓰라와 비밀 협약(태프트·가쓰라 밀약, 1905)을 맺는다. 제국 일본과는 달리 미국은 외국과의 조약을 의회에서 비준받아야 했기에 루스벨트는 이 밀약을 공개하지 않았다. 이 문서는 1924년 미국 역사가 타일러 데넷(Tyler Dennett)에 의해 발굴되었다. 태프트는 자신이 총독으로 통치했던 필리핀을 거쳐 상하이로 향했다. 한편, 앨리스는 도쿄에서 조선으로 향해 9월 19일 서울에 도착했다. 고종 황제는 미국 대통령의 장녀를 환영했으나 미국이 일본과 어떤 조약을 맺고 있는지는 전혀 알지 못했다. 일본은 러·일 전쟁이 끝난 후 미국의 중재로 러시아와 포츠머스 조약을 맺었고 미국을 비롯한 강대국의 용인하에 을사조약을 강요해 조선의 외교권을 박탈하였다. 미국은 서양 국가 중 가장 먼저 조선과 외교 관계를 수립하였고, 일본의 요청에 의해 가장 먼저 공사관을 철수시켰다.

에서 다른 열강들과 동등한 무역권을 보장받으려 한 미국은 러시아의 팽창을 경계하고 있었다. 일본이 중재를 요청하자 포츠머스에서 러·일 간의 조약 체결을 성사시킨 미국은 이후 일본과 「태프트·가쓰라 밀약」을 맺으며 을사조약의 길을 열어 주었다. 루스벨트는 러·일 전쟁 중재로 노벨 평화상을 수상했지만 자국의 이익을 위해 약소국을 희생시켰다는 비난을 피해 가기는 어려웠다.

루스벨트의 뒤를 이은 태프트 대통령(재임 1909~1913)의 외교 정책은 "달러 외교(dollar diplomacy)"라는 이름으로 특징지어졌다. 이는 태프트가 1912년 의회 교서에서 "총탄 대신 달러를 사용하겠다"라고 말한 데서 유래하였다. 달러 외교는 중국에서 한차례 시련을 겪었다. 국무장관 녹스(Philander C. Knox)는 철도 건설을 위한 국제 차관단에 일본을 배제하고 미국을 포함시키기 위해 노력하였다. 결과는 철도 건설 계획이 무산되어 버린 것으로 나타났다.

중남미에서는 니카라과와 온두라스 등이 유럽 국가들에게 차관을 얻으며 생긴 채무를 미국 투자가가 인수하도록 하였다. 그리고 이 국가들의 국고 수입 중심인 세관을 미국이 장악하고 친미적인 정부를 지원함으로써 영향력을 확대시켰다. 만약 미국의 영향력이 축소될 상황이 발생하면 군대를 파견하여 내정을 간섭하는 일도 불사하였다는 점에서 '달러 외교'는 '몽둥이 외교'와 마찬가지로 폭력적이었다. 1909년 니카라과 혁명 당시 미군 파병, 친미 정부 보호, 군대 주둔 조치를 취한 것이 대표적인 사례였다.

우드로 윌슨 대통령(재임 1913~1921)은 미국의 힘은 바로 도덕적 원리에서 나온다고 하며 "도의 외교(moral diplomacy)"를 강조하였다. 그는 윌리엄 브라이언(William J. Brian)을 국무장관에 임명하여 중재와 조정을 통해 국제 분쟁을 해결한다는 내용으로 30개 국가와 조약을 체결하였다. 중국에서는 달러 외교로 표현된 경제 침략을 중단하고, 콜롬비아 정부와는 관계 개선을 시도해 중남미의 반미 감정을 누그러뜨리려 하였다.

'도의 외교'에 가장 큰 시련을 가져다준 것은 멕시코 혁명이었다. 1910년 멕시코에서 혁명이 일어나 독재 정부가 붕괴되고 내전이 발생하였다. 연이은 내전 속에 빅토리아노 우에르타(Victoriano Huerta) 장군이 정권을 잡았으나 윌슨은 베누스티아노 카란사(Venustiano Carranza)가 이끄는 입헌주의자들을 우회적으로 지원하였다. 1914년 미국은 군대를 파견하여 베라크루스를 점령하고 카란사 정부가 수립되는 데 기여하였다. 이후에도 군사적으로 개입하여 멕시코인들의 눈총을 받았다. 윌슨은 '도의 외교'를 표방하였지만 결과적으로 카리브해에서 전임 두 대통령보다 더 많은 무력행사를 하였고, 이를 해당 국가 국민의 복리 향상을 위해서라거나 독재 정부에 대한 징벌이라고 합리화하였다.

3
제1차 세계 대전에서
미국의 역할

멕시코에서 미군이 철수할 당시 미국은 유럽에서 벌어지는 더 큰 전쟁에 개입하게 되었다. 유럽에서는 삼국 협상(the Triple Entente, 영국·프랑스·러시아) 측과 삼국 동맹(the Triple Alliance, 독일·오스트리아·이탈리아) 측이 대립하다가, 1914년 제1차 세계 대전이 발발하였다. 미국은 엄정 중립을 선언하였다. 국민의 3분의 1이 유럽 태생이거나 2세였던 이민자 국가 미국으로서는 국내의 동요와 분열을 막기 위한 불가피한 선택이었다. 그러나 중립은 말처럼 엄정할 수 없었다. 다수의 미국인이 영국에 호의적이었다. 또한 영국과 독일 모두 이론적으로는 미국에 물품과 차관을 빌릴 수 있었지만 현실적으로는 해군이 강한 영국에만 해당되는 이야기였다. 실제로 미국과 협상국 세력과의 통상량은 급증하는 데 비해 동맹국 진영과의 통상량은 감소되고 있었다. 협상국은 미국에 차관까지 요구했고, 신임 국무장관 로버트 랜싱(Robert Lansing)은 차관이 필요함을 주장해 윌슨의 동의를 얻었다.

전쟁이 격화되는 가운데 영국은 유럽 대륙에 대한 해상 봉쇄를 단행하고 중립국 선박마저 불법 수색하여 미국을 당황하게 만들었다. 독일은 해상 봉쇄를 무력화하고 영국이 미국에게 전쟁 물자를 보급받지 못하도록 잠수함 작전을 감행하였다. 그리고 중립국 선박의 안전 보장은 약속했지만 미국인이 적국의 선박으로 여행하지 않도록 당부하였다. 1915년 독일은 영국 선박 루시타니아호를 격침시켰는데, 이 작전은 사전 경고 없이 진행되었고 사망자 명단에 미국인 부녀자 124명이 포함되었다. 미국인들은 분노하였고 윌슨은 독일에 강력히 항의하여 독일의 사과를 받아내었다. 나중에 밝혀진 바로는 영국 선박이 승객뿐만 아니라 군수품도 싣고 있었으나 미국인들의 반독일 감정은 사그라들지 않았다.

전쟁이 3년째 진행되던 1916년, 윌슨은 다시 대선에 도전하였다. 그는 혁신 정치의 지속과 중립 외교의 원칙으로 전쟁에 불참하겠다는 공약을 내걸고 공화당의 찰스 에반스 휴즈(Charles Evans Hughes)를 가까스로 물리쳤다. 대통령은 국민들의 바람이 평화 실현이라고 판단하고 전쟁 종결을 위해 분투하였다. 1917년 1월, 윌슨은 의회 연설에서 "승리 없는 평화(peace without victory)"를 외치며 국제 분쟁을 평화적으로 해결할 국제기구를 설치할 것을 역설하였다. 그러나 상황은 급속도로 미국을 전쟁의 소용돌이 속으로 빨아들였다. 2월 1일 독일은 '무제한 잠수함 작전'을 개시한다고 선언했다. 즉, 독일의 봉쇄 수역 내에 진입하는 모든 선박은 중립국 민간 선박이라 할지라도 무조건 공격하겠다는 것이었다. 며칠 후 독일 외무 장관 짐머만(Arthur Zimmermann)이 주멕시코 독일 대사에게 보냈다고 하는 문서가 윌슨에게 전달되었다. 영국 정보부가 입수한 것으로, 곧 미국 신문에 발표되었다. 미국과 독일이 전쟁에 돌입하면 멕시코가 1848년 전쟁에서 빼앗긴 영토를 돌려주는 조건으로 독일과 동맹을 맺자고 제의하라는 내용이었다. 다음 달 미국 상선 4척이 독일 잠수함에 격침되자, 독일을 규탄하는 미국 여론이 고조되었다. 러시아에서 3월 혁명이 발생하며 동부 전선이 무너지자, 독일은 영국과 프랑스가 담당하는 서부 전선에 화력을 집중시켰다.

윌슨 대통령은 1917년 4월 2일 의회에 '세계 민주주의의 안전'을 위해 전쟁에 참여하겠다는 의사를 밝혔고, 의회는 동맹국 측을 상대로 하는 참전을 승인하였다. 사실 미국은 전쟁에 참여할 준비를 이미 하고 있었다. 1916년 6월에 「국방법」을 제정하여 상비군을 확대하고 16세 이상 학생들에게 군사 훈련을 실시하고 있었다. 이어서 해군력 증가와 상선의 전시 동원에 관한 법을 마련하였다. 선전 포고를 한 이후에는 징병제를 실시하여 약 300만 명의 병사를 징집하였다. 물자 동원에 필요한 계획 경제를 부분적으로 추진하였고, 징세와 공채를 통해 군비를 증가시켰다. 이적 행위, 징집 활동 방해, 반전 행위를 처벌할 수 있는 「방첩법(Espionage Act)」도 제정하였다. 1918년 5월에는 「방첩법」을 강화한 「선동 방지법(Sedition Act)」을 제정하여 정부·헌법·국기·군복에 대한 비방이나 태업 등 전쟁 수행에 방해되는 어떠한 행위도 금지·처벌할 수 있도록 하였다. 실제로 사회당의 유진 뎁스(Eugene V. Debs)는 전쟁에 반대해 10년형을 언도받기도 하였다.

윌슨은 존 퍼싱(John J. Pershing) 장군을 총사령관으로 하여 유럽 전장에 미군을 파견하였다. 전쟁은 이미 막바지를 향해 달려가고 있었기에 미군이 전투에 참여한 기간은 길지 않았고 손실도 크지 않았으나, 미 해군과 지상군의 투입으로 연합군의 전력은 상승하였다.

1917년 11월 러시아 사회주의 혁명이 성공하고 볼세비키 정권이 민족 자결, 무병합, 무배당의 원칙을 주장하며 독일과 단독으로 강화할 움직임을 보이자, 윌슨은 이듬해 1월 자신의 전후 구상을 담은 '14개조'를 발표하며 휴전에 박차를 가하였다. '14개조'는 윌슨의 '승리 없는 평화' 구상을 집대성한 것이다. 1조에서 5조까지는 국가 간의 행위에 관한 일반 원칙으로 비밀 외교 폐지, 해양의 자유 확립, 관세 장벽 철폐, 군비 축소, 식민지 문제의 공정한 해결을 담고 있다. 6조에서 13조까지는 민족 자결주의에 입각하여 유럽 제국의 영토와 국경을 재조정하는 조항들이다. 마지막 14조는 위의 원칙들과 영토 조정을 실행하고 미래의 논쟁을 해결할 항구적 평화 기구인 국제 조직(국제 연맹, League of Nations)의 창설을 주장하고 있다. 독일은 '14개조'를 휴전 조건으로 해석하였고, 미국의 노력에 힘입어 1918년 11월 11일 제1차 세계 대전은 종료되었다. 이제 당사국들은 강화 회의에 참여하기 위해 파리로 향했다.

협상국 주민들은 윌슨의 주장에 환영하였지만, '14개조'의 실현은 이미 시작부터 국내외의 암초에 부딪히고 있었다. 1918년 중간 선거에서 공화당은 민주당을 꺾고 상·하 양원을 차지한 상태였다. 윌슨은 파리 강화 회의에 참석할 미국 측 수석대표를 자신이 직접 담당하겠다고 발표하였다. 더구나 다수당인 공화당 위원을 협상 대표단에 한 명도 포함시키지 않았다. 공화당이 윌슨의 행보에 제동을 건 것은 일면 당연하였다. 그러나 윌슨은 강화 회의에서 공정하고 도덕적인 협정을 달성한다면 세계와 국내 여론의 지지로 문제가 해결될 것이라 생각하며 파리로 향하였다. 미국과는 달리 영국과 프랑스 수상들은 대독 강경론을 주장하여 협상이 순조롭지 않았다. 윌슨은 처음에 패전국에 대한 배상 요구에 반대하였지만 서서히 양보할 수밖에 없었다. 대신 수상들을 설득해 「국제연맹 규약」을 「베르사유 조약안」에 삽입하는 데 성공했다. 규약은 분쟁 해결과 평화 유지 방법을 논의하는 총회를 규정하였고, 미국은 영국, 프랑스, 이탈리아, 일본과 함께 집행위원회 상임이사국이 되어 영구 지위를 보장받게 될 예정이었다.

베르사유 조약안을 가지고 귀국한 윌슨은 1919년 7월 10일 상원에 제출하여 비준을 요청하였다. 국민들은 대체로 조약안을 지지했으나 공화당 의원들은 먼로주의를 침해할 수 있다고 우려하였다. 특히 문제가 되는 것은 제10조였는데 국제연맹 가맹국 분쟁 발생 시 미국의 자동 개입을 규정하는 조항이었다. 상원 외교위원장이었던 공화당의 롯지(Henry. C. Lodge) 의원은 공청회를 열어 비준을 지연시켰고, 그러는 사이 미국의 전쟁 개입에 대한 우려가 확산되며 제10조에 유보 조건을 설정할 것이 제안되었다. 그러나 윌슨은 한 치의 양보도 없이 원안을 고수하였다. 그에게 제10조는 '도의 외교'의 원리를 구현하는 핵심 조항이었던 것이다.

상원이 꿈쩍도 하지 않자 윌슨은 대중의 힘으로 비준을 성사시키겠다는 계획으로 전국 순회를 시작하였다. 9월 3일 출발한 전국 유세에서 그는 종종 하루 네 번의 연설을 감행하며 32차례나 연설하였다. 이동 거리만 8,000마일이나 되는 강행군이었다. 그러다가 윌슨은 9월 25일 콜로라도주의 푸에블로에서 연설하던 중 쓰러졌다. 그는 사경을 헤맸고, 결국 좌반신 마비로 임기 말까지 치료를 받아야 했다.

외교위원회가 원안에 수정·유보 조건을 붙여 본회의에 제출했을 때에도 윌슨은 끝까지 원안을 고집하였다. 결국 원안과 수정안 모두 부결되었고, 시민 단체의 탄원으로 재수정된 조약안도 3분의 2에 못 미쳐 부결되었다. 미국은 자신이 제안하여 설립된 국제연맹에 스스로 가입을 거부한 꼴이 되었다. 윌슨은 다음해에 있는 대통령 선거를 국제연맹 가입에 대한 국민 투표로 만들고자 하였으나 "정상(normalcy)으로의 복귀"를 공약으로 내세운 공화당의 워렌 하딩(Warren G. Harding)이 당선되면서 미국의 국제 연맹 가입은 물 건너가고, 윌슨의 마음의 상처는 영영 회복되지 못했다. 조약안의 부결로 미국과 독일은 법적으로 전쟁 상태를 종료하지 못하였으나 1921년 7월 21일 상·하 양원 합동 의회가 전쟁 종결을 결의하며 양국은 평화 관계로 전환되었다.

참고한 책, 더 읽어 볼거리

권오신, 『미국의 제국주의: 필리핀인들의 시련과 저항』, 문학과 지성사, 2000.

권용립, 『미국 외교의 역사』, 삼인, 2010.

앨런 와인스타인·데이비드 루벨 저, 이은선 역, 『사진과 그림으로 보는 미국사』, 시공사, 2004.

에밀리 S. 로젠버그 저, 양홍석 역, 『미국의 팽창』, 동과서, 2003.

하워드 진·레베카 스테포프 저, 김영진 역, 『살아있는 미국 역사』, 추수밭, 2008.

11장

1920년대의 번영과 대공황,
그리고 뉴딜

1
1920년대의 번영

제1차 세계 대전 이후 모든 산업 시설이 파괴된 유럽과 달리, 전쟁의 직접적인 타격을 받지 않은 미국은 1920년대 유례없는 경제적 성장을 이루고 있었다. 재즈가 폭발적으로 유행하였고, 영화 극장으로 향하는 사람이 줄을 이었다. 그야말로 '재즈의 시대'이자 '광란의 20년대(the Roaring Twenties)'였다. 19세기 말 흑인들로부터 시작된 재즈는 1920년대 대중화되기 시작한 라디오를 통해 '완전히 새로운 문화'로 백인 중산층에 의해 널리 퍼지기 시작하였다. 젊은이들은 기성세대 문화의 저항으로 재즈를 듣기 시작하였다. 무릎까지 내려오는 짧은 치마와 단발의 젊은 여성들을 가리키는 이른바 '플래퍼(flapper)'들은 재즈를 듣고, 술을 마시고, 담배를 피우며 자동차를 운전하는 등 기존 관습과 성적 표준에 저항하였다. 또한, 19세기 말 토머스 에디슨이 발명한 활동사진(moving picture)은 1920년대로

1920년대 배우이자 무용가로 유명했던
루이즈 브룩스(Louise Brooks)는 '플래퍼'
의 상징이었다.
(출처: 미 의회도서관)

접어들면서 할리우드(Hollywood)의 스튜디오 시스템(studio system)으로 발전하여 전 세계로 퍼져 갔고, 이를 통하여 미국의 문화와 생활양식은 세계적인 문화가 되어 가고 있었다. 지속해서 상승하는 주식 시장은 많은 사람에게 빠르게 부를 얻을 수 있다는 전망을 보여 주었다. 1920년대는 이처럼 19세기의 도덕적 관습에 저항하는 시기이자 다른 한편으로는 보수주의의 시기였다.

남북 전쟁 이후 남부에서 성립된 특정 인종 탄압 조직인 쿠 클럭스 클랜에 새로운 추종자들이 몰려들었으며 그들은 흑인, 가톨릭 신자, 유대인, 그리고 신흥 이민자로 대상을 넓혀 테러를 감행하고 있었다. 제1차 세계 대전 전후 남부와 동부 유럽 출신 이민자의 유입은 미국 토착 문화 보호주의자들의 호소력을 강화하였고, "100% 미국풍"을 요구하며 KKK가 재조직되었다. 재건기(1865~1877)의 조직과는 다르게 이 새로운 조직은 단원 자격을 미국 태생의 백인 프로테스탄트로 제한하였고, 활동 대상 지역을 북부 및 중서부 지역으로 확대하였다. 반면에 가톨릭 신자였던 뉴욕주지사 알프레드 스미스(Alfred E. Smith)가 민주당 대통령 후보로 지명되기도 하였다.

또한, 이 시기는 '금주의 시대'였다. 금주는 미국의 역사와 함께하였다. 식민지 시절이었던 1657년 매사추세츠주에서 럼, 위스키, 와인, 브랜디 등의 도수가 강한 알코올의 판매를 불법으로 규정하기도 하였다. 이후 1840년대 감리교도들에 의해 금주 운동이 시작되면서 1869년에는 '금주당'이 설립되기도 하였다. 1873년에 기독교여성절제회를 중심으로 금주 운동이 전개되면서 1881년 남부의 캔자스주에서 최초로 알코올음료를 불법으로 규정하였다. 캔자스의 알코올음료 금지 이후, 대부분의 남부 주에서 금주법이 만들어지기 시작하였다. 금주 운동은 주로 농촌에 기반을 둔 근본주의적 사고에 영향을 받은 중산 계층이 주도하였고, 결국 1920년 "미국 내와 그 관할에 속하는 모든 영토 내에서 음용할 목적으로 주류를 양조, 판매 또는 운송하거나 미국에서 이를 수입 또는 수출하는 것을 금지"하는 '수정 조항 제18조'가 제정되었다. 하지만 애주가들은 수천 개의 비밀 술집(speakeasy)에서 음주를 즐겼고, 갱 조직은 불법적인 주류 제조와 판매를 통해 큰돈을 벌어들이고 있었다. 밀주와 범법 행위가 성행하였으며 범죄율이 증가하고 조직범죄가 등장하였다. 결국, 1933년 12월 '수정 조항 제21조'가 통과되면서 금주법은 폐지되었다. 금주법은 말 그대로 "고귀한 실험(Noble Experiment)"이었을 뿐이다.

경제적 측면에서 1920년대는 완전히 황금기였다. 당시 미국 사회는 라디오, 가재도구, 합성 직물, 플라스틱 제품 등이 인기리에 판매되면서, 소득의 80%에서 90%를 소비하는 소비 사회(consumer society)로 돌입하였다. 미국은 1890년대 공업 생산량이 농업 생산량을 초과하였으며 제1차 세계대전 직전 세계 공업 생산량의 1/3을 차지하였다. 전후 유럽의 경제 침체에 따라 미국의 공산품은 세계 시장으로 확대되었다. 이를 가능케 하였던 것은 '테일러주의'와 '포드주의'를 통한 대량 생산이었다.

프레드릭 테일러(Frederick W. Taylor)는 작업장 내에서 효율성을 증대시키기 위해 작업 과정을 과학적으로 관찰한 뒤 가장 효율적인 방법을 고안하여 과학적 관리 기법을 선보였다. '시간 동작 연구(time and motion study)'를 통해 노동자의 작업을 초 단위로 측정해 반복 작업을 표준화하였다. 이를 바탕으로 작업 능력을 향상시킨 테일러주의는 노동자들이 관습과 경험으로 체득한 지식을 모두 빼내 공장의 시간동작연구실로 옮겨와 관리자의 손에 집중시켰고, 결국 노동자는 관리자의 손에 독점된 노동 과정 지식을 바탕으로 작성된 작업 지시서에 따라 일해야 하는 존재가 되었다. 한편,

첫 번째 쿠 클럭스 클랜은 남북 전쟁 이후 1860년대 말 미국 남부 지역을 중심으로 등장하였다. 이들은 남부 지역의 공화당 정부를 전복하고자 투표자를 위협하거나, 특히 흑인 지도자에게 물리적 테러를 감행하였다. 개별 조직은 자율적으로 행동하였고 비밀리에 조직을 운영하였으나 1871년 「강제법(Enforcement Act of 1871)」으로 쇠퇴하였다. 두 번째 쿠 클럭스 클랜은 1915년 조지아주에서 소규모로 시작하여 1920년대 초중반 입회비와 쿠 클럭스 클랜을 상징하는 흰 의복 판매 등의 마케팅 기술을 접목해 도시와 북부를 포함한 전국적인 조직으로 성장하였다. 지역의 프로테스탄트 공동체를 기반으로 조직된 두 번째 쿠 클럭스 클랜은 백인 우월주의를 바탕으로 흑인뿐 아니라 가톨릭교도와 유대인 등을 테러의 대상으로 삼았으나, 1920년대 중후반 급격히 쇠퇴하였다.

헨리 포드(Henry Ford)는 극단적인 분업과 기계 속도에 통제되는 단순 반복적인 노동으로 제품을 표준화하여 생산하기 시작하였다. 1908년 처음 생산된 포드의 '모델-T'는 처음엔 825달러였으나 1914년에는 440달러, 1925년에는 260달러에 판매되었다. 이는 생산 효율을 높이고 생산을 증대하여 가격을 낮춘 결과였다. 포드는 제품을 표준화하고 부품을 규격화하여 이동 조립 라인 시스템(assembly line system)을 통해 표준 제품을 생산하기 시작하였다. 제품을 표준화하여 자동차 생산에서 부품 조립의 자동화를 이끌었다. 포드는 고임금을 지불하고도 당시 엄청나게 팔려 나간 모델-T 자동차를 대량 생산하였다.

하지만 테일러주의와 포드주의를 통한 놀라운 생산 효율성에도 불구하고 기계에 의해 인간의 작업이 좌우되어 인간을 기계의 일부로 만들었다는 비판을 받기도 하였다.

2
대공황과 뉴딜

"오늘날 우리 미국은 어떠한 나라보다 빈곤에 대한 마지막 승리가 눈앞에 와 있다." 1929년 공화당 출신의 대통령 허버트 후버(Hebert C. Hoover, 재임 1929~1933)는 취임 연설에서 이렇게 선언하였다. 그의 말처럼 1920년대 미국의 물질적 풍요는 꺼지지 않는 불빛으로 보였다. 미국에서 생산한 공산품은 전 세계로 퍼져 나가고 있었고 공장은 쉼 없이 돌아갔다. 이윤이 지속적으로 상승하면서 이자율은 하락하였고, 따라서 많은 자본이 투자에 투입되었다. 그중 많은 자본이 주식 시장에 집중되고 있었다. 투자자들은 구매가의 90% 이상을 융자받아 주식 시장에 뛰어들기도 하였다. 1929년 9월 3일 미국의 주식은 역사상 최고가를 기록하였지만 지나친 투기성 자본의 투입으로 주식의 실질적 가치 수준을 훨씬 웃도는 거품 현상이 나타나기 시작하였다. 더불어 제품의 과잉 생산이 이루어지면서 많은 기업에서 구조 조정이 이루어지고 있었다. 많은 노동자가 공장을 떠나기 시작하였다.

1929년 10월 들어 주식 시장에 파국이 왔다. 10월 21일과 22일 주가가 크게 폭락하였다가 일시적으로 회복되었다. 10월 29일, 일명 '검은 화요일'을 기점으로 주식 시장을 구하려는 모든 노력은 수포로 돌아갔다. '대공황(Great Depression)'이 시작된 것이다. 주식은 이전 가치의 절반을 상실하였고, 그로부터 수년간 주가 하락이 계속되었다. 주식 투자자들에게 대출을 해 준 은행은 대출금을 회수할 수 없었고, 1932년 말까지 5,600여 개의

다우존스(Dow-Jones) 주가 지수 (1920~1950)

출처: National Bureau of Economic Research

물가 상승 (1920~1940)

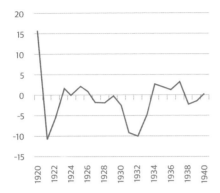

출처: US Inflation Calculator

국내총생산 (1929~1949, 단위: 10억 달러)

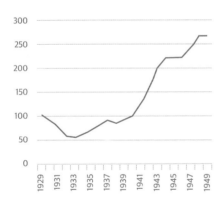

출처: U.S. Bureau of Economic Analysis

은행이 파산하였다. 주식 시장은 4년 이상 깊이 침체되었으며, 10년 이상
완전히 회복되지 못하였다.

1930년 5월 1일 후버 대통령은 "위기가 6개월 전에 왔지만, 나는 우리
가 이제 최악을 지났고 지속적인 노력을 통해 우리는 빠르게 극복할 것이

라 확신한다"라고 연설하였다. 이는 자유방임의 지속을 의미했지만 미국 경제 붕괴는 너무 급속하고 심각한 타격을 가져왔다. 미국의 국내 총생산은 1929년 1,040억 달러가 넘었으나, 1931년에는 764억 달러로 3년 만에 25%나 감소하였을 정도였다. 1932년에 이르면 9,000개에 달하는 미국은행과 10만 개 이상의 기업이 도산하였다. 산업 생산은 반감되었고, 노동임금은 60% 이상 감소하였다. 노동자 네 명중 한 명은 실업자가 되었다. 대공황은 재산을 상실하고, 집을 잃고, 기아 상태에 빠지는 등 개개인들이 경험한 최고의 재앙이었다. 결국, 미국의 정치 사회적 체계에 엄청난 긴장과 갈등이 유발된 것이다.

바로 그해 "국민을 위한 새로운 조치(a New Deal for the American People)"라는 정강을 내걸고 민주당의 프랭클린 루스벨트가 대통령에 당선되었다. 그는 취임사에서 "우리가 두려워해야 할 유일한 적은 두려움 그 자체일 뿐이다"라고 천명하면서 보다 새로운 방향의 생각과 행동이 필요함을 강조하였다.

루스벨트는 대공황을 극복하기 위해 필요한 것은 유효 수요의 창출이라 보았다. 이는 구매력이 뒷받침되는 수요, 즉 물건을 살 수 있는 사람을 늘려 경제를 복구하는 것이었다. 루스벨트는 정부만이 유효 수요를 창출할 수 있을 것이라 보았다. 이것은 정부가 종래의 자유방임주의의 방관적 자세를 버리고 보다 적극적인 개입주의의 자세를 가지게 되었음을 의미한다. 신정부의 보다 적극적인 개입주의 정책은 '3R 정책'으로 알려진 세 가지 목표를 지향하였다. 첫째, 마비된 경제 체제를 다시 움직이게 하는 경기 회복 정책(Recovery, 부흥), 두 번째, 실업자들에게 먹을 것과 일거리를 줄 구호 정책(Relief, 구호), 세 번째, 대공황과 사회 혼란을 가져오게 된 원인을 근본적으로 치유할 개혁 정책(Reform, 개혁)이었다. 그는 확고부동하게 실천에 옮겨 가면서 난국을 타개하려 하였다.

"역사적인 100일(the Hundred Days)"이라고 일컬어지는 취임 후 3개월 동안 루스벨트는 경제 회복을 지원할 수 있는 다양한 입법을 제정하도록 의회에 촉구하였다. 133일간 국회에 10여 차례 교서를 보내고 15개의 중요 법안이 통과되었다. 먼저, 금융 위기를 수습하기 위하여 「긴급은행법(Emergency Banking Act)」을 제정하였다. 이 법은 부실한 은행을 재편하고 부활이 가능한 은행에 자금을 지원하여 은행의 정상화를 추진하는 한편, 금 본위제를 포기하고 금에 대한 달러의 평가를 절하하여 통화에 대한 정부의 통제력을 강화하고 상업 은행의 방만한 경영을 규제하기 위한 법이었다. 또한, 은행의 파산에 대하여 고객을 보호하기 위한 기구로 연방저축보험공사(Federal Deposit Insurance Corporation)를 설치하였다. 더불어 증권 시장의 자금 유입 및 부동산 저당 대출을 규제하기 위해 「증권법(Securities Act)」을 제정하였다. 다음으로, 「농업 조정법(Agricultural Adjustment Act)」을 통해 농산물의 경작 면적을 줄이고 휴경지에 보조금을 지급해 과잉 생산을 막아 농산물 가격 하락을 방지함으로써 농업 경제를 부흥하고자 하였다. 나아가 실업자를 구제하기 위하여 「연방 긴급 구제법(Federal Emergency Recovery Act)」을 제정하여 주 정부에 교부금을 지급하고 이를 통하여 실업 가정과 빈곤 가정에 현금과 현물을 지급하였다. 또한, 연방 정부는 자체적으로 공공사업국과 구제사업국을 설치하여 여러 공공사업을 벌여 약 450만 명의 실업자를 고용하였다. 무엇보다 산업 부문의 회복과 개혁을 위해 제정한 「전국 산업 부흥법(the National Industrial Recovery Act)」은 기업 간 과당 경쟁을 제한하고 가격 협정을 통해 과잉 생산을 억제함으로써 상품 가격의 하락을 방지하고자 하였다. 나아가 이 법은 노동자의 단결권과 단체 교섭권을 인정하고 최저 임금과 임금 인상, 노동 시간 단축을 통해 임금 소득을 증대하고 공공사업을 추진하여 실업자를 흡수하였다.[*]

　연방 정부는 실업자들에게 일자리를 창출하기 위해 정부 자금으로 공공사업을 벌였다. 공공사업 추진 방법으로 여러 지역 개발 계획이 수립되었는데, 그중 1933년 테네시계곡개발공사(Tennessee Valley Authority: TVA)

의 설립이 대표적 사업이었다. 그 외에도 민간자원보존단(Civilian Conservation Corps: CCC)은 공공사업청(Public Works Administration: PWA)과 같은 새로운 사무국을 통해 18세에서 25세 사이의 청소년을 모집하여 식목, 산불 방지, 제방 건설, 해충 방지 등의 사업에 종사하게 하였다. 또한, 1935년 여러 구제 사업 기관을 통합하여 설립한 공공사업촉진국(Works Progress Administration/the Work Projects Administration: WPA)을 통하여 1935년부터 1943년까지 공공사업에 850만 명 이상의 실업자를 고용하여 미국 전역의 경제에 영향을 주었다. 이후 「사회보장법(Social Security Act)」을 통해 사회에 기여가 많은 노년층이나 유족들이 연금을 받을 수 있도록 조치하였다. 나아가 소득세에 누진율을 높여 연 수입 500만 달러 이상의 소득에 대하여 75%의 소득세를 부과하였다. 그러나 루스벨트의 다양하고 적극적인 뉴딜 프로그램들만으로 공황을 타개할 수는 없었다. 1930년대 말에 이르러 경제가 상당히 호전된 것은 사실이었지만, 완전히 회복된 것은 미국이 제2차 세계 대전에 개입하여 군수 산업이 호황을 누릴 때에 이르러서야 가능하였다.

이런 한계점이 나타나긴 하였지만, 뉴딜은 대공황기의 국민이 그들의 경제적 사회적 운명을 제어하는 데, 그리고 일시적으로 혼란스러웠던 미

케인즈주의

뉴딜 정책의 기반이 된 대표적인 경제 사상은 케인즈(John Maynard Keynes, 1883~1946)의 경제학이었다. 케인즈는 기업은 자신의 상품을 살 수 있는 '유효 수요층'을 기대하기 때문에 유효 수요의 정도에 따라 공급 수준이 결정된다고 보았다. 즉, 기업은 유효 수요의 수준에 맞추어 공급을 조절하게 되는데, 이때 유효 수효가 줄어들게 되면 공급이 줄게 되면서 실업이 발생한다는 것이다. 한편, 저축은 투자로 전환되기도 하지만 소비로 연결되지 않으며, 소득이 증가하더라도 수요가 증가하는 것이 아니라 저축이 증가할 수 있다고 보았다. 하지만 소득이 낮은 계층일수록 소비 성향이 강하기 때문에 이들의 소득 수준을 높이면 소비 수준이 향상될 수 있다고 보았다. 이에 정부는 경제에 적극적으로 개입하여 사회 보장 정책이나 공공사업을 통해 이들의 소비 수준을 높여야 한다고 보았다. 이러한 케인즈의 경제학은 통상 '혼합 경제' 또는 '제3의 경제학'이라 불리면서 뉴딜 정책의 주요 근간이 되었다.

---

* 1936년 연방 대법원이 「전국 산업 부흥법」, 「농업 조정법」 등을 위헌으로 판결하였으나, 재선에 성공한 루스벨트는 위헌 판결을 받은 법들을 여러 법으로 나누어 새롭게 제정하여 자신의 개혁을 추진해 나갔다.

국적 체제에 대한 신뢰감을 회복시키는 데 크게 기여하였다. 루스벨트의 민주당 정권에서 강조했던 정부 간섭주의 강화 정책은 제2차 세계 대전 이후 '뉴딜 진보주의(New Deal Liberalism)'라 부르는데, 대체로 민주당의 기본 정강인 정부 간섭주의(governmental interventionism)로 자리 잡게 되었다. 이는 공화당의 기본 이념인 자유방임주의와는 서로 노선을 달리하는 것이다.

 참고한 책, 더 읽어 볼거리

김덕호, 『세탁기의 배신』, 뿌리와이파리, 2020.

송충기 외, 『세계화 시대의 서양 현대사』, 아카넷, 2010.

앨런 브링클리 저, 황혜성 외 역, 『있는 그대로의 미국사』 3, 휴머니스트, 2011.

양동휴, 『대공황 시대』, 살림출판사, 2009.

이주영·황혜성·김연진·조지형·김형인, 『미국현대사』, 비봉출판사, 1997.

12장

제2차 세계 대전과
미국의 부상

1
제2차 세계 대전과
미국 외교 정책의 변화

미국에서 발생한 대공황은 아메리카 대륙을 넘어 유럽과 아시아를 혼란에 빠뜨렸다. 공황의 위기는 유럽과 일본의 극우 파시즘 세력들에게 기회를 가져다주었다. 그들은 경제 파탄에 대한 국민들의 불안을 자극하였고, 전쟁을 통해 식민지를 확대하여 자국을 위기에서 탈출시키려 하였다. 1930년대 초부터 세계는 전쟁의 소용돌이에 휘말리기 시작하였다.

일본은 1931년 만주를 침략하여 만주국이라는 괴뢰국을 만들고 '마지막 황제' 푸이(溥儀)를 자리에 앉혔다. 이후 상하이 사변을 일으키고, 국제연맹을 탈퇴하였으며, 워싱턴 회의의 해군 군축 조약을 일방적으로 파기하였다. 이탈리아는 1920년대 초부터 집권한 파시스트당의 무솔리니(Benito Mussolini)가 1935년 에티오피아를 정복하였다. 독일에서는 1933년

나치당의 히틀러(Adolf Hitler)가 수상에 취임하였다. 그는 군비 축소를 반대하며 국제연맹에서 탈퇴하고, 베르사유 조약의 군비 조항을 일방적으로 파기하였다. 1936년에는 비무장 지대인 라인란트에 군대를 주둔시키며 전쟁의 문 앞에 바짝 다가섰다. 한편, 스페인에서는 프랑코(Francisco Franco)가 내란을 일으켜 공화당 정부를 몰아내고 정권을 차지하였다. 이탈리아와 독일은 로마-베를린 추축(樞軸)을 형성하여 프랑코 정권을 지원하였다.

제1차 세계 대전 이후 미국 외교 정책은 다시 고립주의로 돌아갔다. 1930년대에 들어서도 미국의 입장은 변함이 없었다. 후버 대통령은 일제의 만주 침략에 대해 불승인 입장을 밝혔지만, 경제적 제재를 수반하지 않았으므로 실질적인 효과는 없었다. 프랭클린 루스벨트 대통령은 공황 탈출을 위해 전력을 다하였고, 외교 분야에서는 후버의 정책을 계승하였다. 그는 일본과 독일의 나치당에 대해 관망하는 자세를 취하였기에 침략을 저지하는 효과를 발휘하지 못하였다.

국민 여론도 전쟁 참여보다는 중립을 더 선호하였다. 일부 역사가들은 미국의 제1차 세계 대전 개입이 민주주의를 수호하기 위한 것이 아니라 유럽 국가들의 제국주의 전쟁에 휘말리게 된 것이라 주장하였다. 1934년 군수 산업 조사를 위해 상원에 설치된 '나이위원회(Nye Committee)'는 미국의 제1차 세계 대전 참가로 일부 군수업자와 금융업자들이 큰 이익을 봤다고 하였다. 이러한 주장들은 국민을 더욱 전쟁 불개입 쪽으로 기울게 하였다.

이탈리아의 에티오피아 침공이 다가왔지만, 루스벨트는 「1935년 8월 중립법(Neutrality Act)」을 제정하였다. 핵심 내용은 교전국에 대한 무기 수송과 교전국 선박을 이용한 해외 여행을 금지하는 것이었다. 이듬해에는 이 법을 개정하여 교전국에 대해 현물과 현금을 대여하는 행위를 금지시켰고, 프랑코가 스페인 내전을 일으키자 여기까지 「1937년 8월 중립법」

을 확대 적용하였다. 이에 대해 미국이 침략 세력과 비침략 세력을 구분하지 않고 중립을 표방하여 결과적으로 파시스트 세력에게 유리해졌다는 비판이 일어났다.

프랭클린 루스벨트

1937년 두 번째 임기를 시작한 루스벨트는 고립주의 외교 정책에서 조금씩 탈피하기 시작하였다. 「1937년 중립법」은 내전에도 개입하지 않도록 하였지만 동시에 '현금 자국선 수송(cash and carry)' 원칙을 삽입하였다. 교전국의 경우라도 현금을 지불하여 자국의 선박으로 수송할 경우 미국에서 탄약 이외의 물자를 매입할 수 있도록 한 조치였다. 당시 대서양을 장악하고 있던 것은 영국이었으므로 이 조치로 이득을 보는 쪽은 독일이 아닌 영국이었다.

한편, 아시아에서는 일본이 루거우차오 사건을 빌미로 중일 전쟁을 일으킨 후, 내륙으로 전선을 확대하였다. 이에 루스벨트는 1937년 10월 시카고에서 '격리 연설(Quarantine Speech)'로 응답하였다. 전염병이 퍼질 때 환자를 격리 수용하듯이 침략자들은 국제 사회에서 격리해야 한다며 일본에게 경고한 것이다. 미국은 일본의 중국 침략이 문호 개방 정책에 부정적 영향을 끼치는 것을 우려하였다. 의회를 중심으로 여전히 고립주의 세력이 건재함에도 불구하고 루스벨트가 이렇게 국제주의적 면모의 외교 정책을 추진한 것은 중립 정책의 결과가 해외 시장 상실로 나타나는 것을 방지하려고 한 것이다. 이때까지 고립주의의 탈피는 군사적 개입이 아니라 경제적 팽창을 지향하는 것이었다.

세계 평화는 아시아와 유럽 도처에서 점점 더 심각하게 위협받고 있었다. 일본은 1937년 12월 난징 대학살을 자행하였고, 또한 양쯔강을 지나던 미국 함선 파나이(Panay)호를 폭격하여 침몰시키기도 하였다. 독일의 히틀러는 1938년 오스트리아를 합병하고, 체코슬로바키아의 수데텐 (Sudeten) 지방을 침략하였다. 영국과 프랑스의 지도자들은 히틀러와 '뮌헨 협정(Munich Agreement)'을 맺어 추가적인 영토 확장을 하지 않는다는 조건 으로 수데텐 지방을 넘겨주었다. 그러나 이는 눈앞에 보이는 불꽃만 없애 버린 것이지 불씨를 완전히 꺼 버린 것은 아니었다. 독일은 1939년 '뮌헨 협정'을 파기하고 체코슬로바키아를 점령해 버렸다. 이어서 소련과 8월 에 불가침 조약을 맺은 후 9월 1일 폴란드를 침공하였다. 영국과 프랑스 는 이틀 후 독일에게 전쟁을 선포하였고, 이로써 제2차 세계 대전이 시작 되었다.

처음 2주 동안 독일은 폴란드를 집중 공격하였고, 전선을 확대하여 덴 마크와 노르웨이, 그리고 네덜란드와 벨기에를 공격하였다. 프랑스 파리 가 1940년 6월에 함락되며 독일의 괴뢰 정권인 비시(Vichy) 정권이 수립되 었다. 독일이 유럽을 독식할까 우려한 이탈리아는 영국과 프랑스에 선전 포고하며 세계 대전에 참여하였다. 한편, 유럽에서 프랑스가 패배한 후 일본은 동남아의 프랑스령 인도차이나에 진주하였다. 그리고 독일, 이탈 리아와 함께 동맹을 결성하여 베를린-로마-도쿄의 추축을 형성하였다.

1938년 이후 유럽 상황 변화에 대한 미국의 대처 방식은 더 이상 고 립주의라고 하기 어려웠다. 독일이 오스트리아를 합병하자 미국은 재 무장 가속화를 선언하고 국방 예산 증대, 군수 생산 확장을 추진하였다. 1939년 독일이 폴란드를 침공하자 루스벨트는 2년 전 개정된 「1937년 중 립법」을 다시 개정하여 당시 '현금 자국선 수송' 원칙에 해당되지 않았 던 무기를 포함시켰다. 즉, 교전국도 현금을 지불하고 자국 선박으로 수 송한다면 무기를 구입할 수 있었던 것이다. 앞서 말한 것처럼 실질적으 로 이는 영국에만 해당되는 내용이었다. 따라서 「1939년 중립법」은 미국 이 연합국을 지원하고 전쟁에 개입하겠다는 선언과도 같았다. 1940년 파 리가 함락될 즈음에는 국방력 강화와 연합국 지원 정책을 연달아 실시하였다. 루스벨트는 40억 달러 규모의 「해군 확대법」에 서명하였다. 9월에는 뉴펀들랜드, 버뮤다, 카리브해에 있는 영국 해군 기지를 미국이 이용한다는 조건으로 영국에 중고 구축함 50척을 양도하였다. 또한 「징집법 (Selective Training and Service Act)」을 통과시켜 21세 이상 35세 이하 남자의 등록을 의무화했다. 이는 평시에 통과된 최초의 강제 징집법이었다.

1940년 루스벨트는 미국 역사상 처음으로 3선에 도전하여 당선되었다. 공화당 후보 웬델 윌키(Wendell Willkie)는 미국의 참전을 적극적으로 반대하였다. 루스벨트도 중립을 공약으로 내걸었고, 미국의 군비는 방어를 위한 목적이라고 말하였다. 그러나 루스벨트는 이미 전쟁 개입을 준비하고 있었다고 할 수 있다. 공화당의 거물급 인사인 프랭크 녹스(Frank Knox)를 해군장관으로, 그리고 헨리 스팀슨(Henry L. Stimson)을 육군장관으로 임명해 미국의 개입 정책이 정당을 초월한 거국적 외교 정책임을 암시하였다. 곧바로 방위세를 신설하였다. 사실 1940년에 들어서 미국의 여론도 변화하고 있었다. 고립파보다는 개입파를 지지하는 성향이 점차 강해지고 있었던 것이다.

선거가 끝나자 루스벨트는 전쟁 개입의 의지를 분명히 드러내었다. 당선이 확정된 후 기자 회견에서 루스벨트는 연합국에 대한 무기 대여 구상을 밝혔는데, 이웃집에 불이 났을 때 당연히 소방 호스를 빌려 주는 것처럼 미국은 영국에 무기를 대여할 도덕적 의무가 있다는 것이었다. 이어서 노변 담화에서는 미국이 '민주주의의 병기고(arsenal of democracy)'가 되어야 한다고 호소하였다.

이에 화답하듯이 의회는 「무기 대여법(Lend-Lease Act)」을 통과시켰다. 미국은 본격적으로 친영 반독 정책을 펼치기 시작하였다. 1941년 6월에 독일이 불가침 조약을 파기하고 소련을 공격하자, 미국은 즉각 무기 대여 범위를 소련으로 확대하고 미국 내 독일과 이탈리아의 자산을 동결시켰다. 그해 9월에 이르러 독일은 대서양의 미국 전함을 공격하여 침몰시켰다. 그러자 루스벨트는 독일 잠수함을 발견할 시 즉각 발포하라고 명령했다. 상황이 이렇게 되자 의회는 미국 상선들의 무장을 허용하였다. 미국은 사실상 독일과의 해전을 시작하게 된 것이다.

1941년 8월, 루스벨트는 영국 수상 처칠을 만나 '대서양 헌장(The Atlantic Charter)'을 발표하였다. 총 8개의 조항으로 구성된 헌장은 연합국이 전쟁을 치르는 목적을 말해 주는 것으로 제1차 세계 대전 당시 윌슨의 '14개조'와 비슷하였다. 소련이 '대서양 헌장'을 수용하면서 미·영 연합군에 소련도 참여하게 되었다.

2
미국의 참전과
전시 미국 사회의 변화

미국은 유럽과 아시아 전선에 힘을 동시에 쏟아부을 수 없었기에 '유럽 우선 정책(Europe first policy)'을 추진하였지만 아시아의 침략국에 대한 견제의 끈도 놓치지 않았다. 1940년 독일-이탈리아-일본 추축국 동맹이 체결되자 미국은 대서양과 태평양을 포괄하는 전 지구적 전략을 세울 필요를 느꼈다. 그래서 '무지개 계획(Rainbow Plan)'을 수립했는데, 그중 '레인보우 5' 계획이 유럽 우선 정책이다. 즉, 단호한 태도를 견지하여 일본의 전력을 묶어 두고, 영국의 사활이 달린 대서양에 미국의 화력을 집중시킨다는 내용이었다.

일본이 중국을 침략하여 문호 개방 정책에 위협을 가하자 미국은 미·일 통상 조약 파기를 선언하며 전략 물자를 통제하였다. 1940년 1월에 조약이 파기되자 단계적으로 산업 기계류, 항공유, 고철에 대한 수출입 금지로 일본에 대한 압력을 강화해 갔다. 선철, 구리, 석유의 대부분을 미국에게 수입하였기에 일본은 막대한 타격을 입었고, 상황을 호전시키기 위해 1941년 봄 워싱턴에서 미국과 회담을 가졌으나 아무런 소득을 얻지 못했다. 일본은 미국에 반발하듯 7월 프랑스령 인도차이나(베트남)의 사이공을 점령하였다. 미국은 국내 일본 자산을 동결하고 석유의 대일 수출을 전면 금지시키는 것으로 응수하였다. 궁지에 몰린 일본은 백기를 들던가 네덜란드령 동인도(인도네시아)산 석유를 무력으로라도 빼앗던가 선택해야 했다. 10월 일본의 호전 세력은 온건파 내각을 무너뜨리고 군부 실세 도조 히데키(東條英機)를 수상으로 옹립하였다. 양측의 충돌은 이제 시간 문제였다. 미국은 일본의 암호 전보문을 입수하여 전쟁이 임박했음을 알고 있었으나 구체적인 공격 목표는 확인하지 못했던 것으로 판단된다.

1941년 12월 7일, 미국 태평양 함대의 근거지인 하와이 진주만이 잿더미로 변했다. 당시 미국과 일본은 회담 중이었지만, 일본이 진주만을 기습하여 정박 중인 미 전함 8척과 군용기 300대를 격파하고 수천 명 장병의 목숨을 앗아간 것이다. 일본군은 곧바로 필리핀으로 날아가 미군 기지를 폭격하고 동남아시아 각지를 공격하였다.

다음 날인 12월 8일, 루스벨트는 상·하 양원 합동 회의에 나와 일본에 대한 선전 포고를 요청하는 짤막한 교서를 읽었다. 상원은 만장일치로, 하원은 388:1로 결의안을 통과시켰다. 이에 따라 미국은 12월 9일에 일본에 정식으로 선전 포고하였고, 11일에는 독일과 이탈리아에 전쟁을 선포하며 참전국이 되었다. 그야말로 '제2차 세계 대전'이 된 것이다.

진주만 기습 이후 일본은 말레이반도의 싱가포르, 네덜란드령 동인도 제도를 함락시키고 미얀마와 필리핀을 정복하였다. 1942년 봄에는 태평양 서쪽의 절반을 지배하였다. 연합군은 반격을 통해 산호해(Coral Sea) 전투에서 승리하였고, 과달카날섬을 시작으로 일본이 차지했던 태평양 섬들을 탈환해 나갔다. 미군은 1944년 10월 필리핀의 레이테 상륙 작전을 성공시켰고, 이듬해에는 마닐라와 루손섬을 탈환하였다. 북쪽으로는 사이판과 이오섬을 함락시키며 일본 본토 점령을 눈앞에 두고 있었다.

　대서양에서의 반격은 아프리카에서부터 시작되었다. 1942년 미·영 연합군은 모로코의 카사블랑카에 상륙하여 전투를 벌였고, 이듬해 독일군과 이탈리아군을 소탕하였다. 연합군은 이탈리아반도로 진주하여 1943년 9월 무솔리니를 대신한 바돌리오 정권을 굴복시켰다. 그러나 미·영 연합군은 독일군에 막혀 이탈리아를 넘어 진격하지 못하였고, 서부 전선은 형성되지 않은 상태였다. 한편, 동부 전선에서는 소련이 독일을 상대로 치열하게 싸워 서쪽으로 몰아내는 데 성공하였다.

　1944년 6월 연합군은 아이젠하워(Dwight D. Eisenhower)의 지휘 아래 프랑스의 노르망디 해안에 상륙 작전을 성공시켰고, 연합군은 프랑스로 밀고 들어가 8월 25일 파리를 해방시켰다. 1945년 3월, 연합군은 라인강을 넘어 베를린으로 향하였다. 연합군의 진주 소식을 들은 히틀러는 벙커에서 스스로 목숨을 끊었다. 독일은 무조건 항복을 선언했고, 5월 8일 유럽에서의 전투는 공식적으로 종료되었다. 3개월 후 일본도 무조건 항복을 선언하며 기나긴 전쟁은 끝이 났다.

　제2차 세계 대전 중 미국 사회는 많은 변화를 겪었다. 뉴딜 정책을 추진하며 공황 탈출을 위해 노력하였지만 쉬운 일이 아니었다. 그러던 중 민주주의의 병기창을 표방한 미국의 군수 산업 발전으로 경제는 회복되었다. 항공기와 선박의 생산이 크게 증가하였고, 항공 산업의 고용 인원도 함께 팽창하였다. 이는 군수품 총생산액과 국민 총생산액의 급증을 가져왔다(다음 〈표〉 참조). 일본의 동남아 점령으로 고무 수입이 불가능해지자 인조 고무 산업이 등장하는 등 새로운 산업도 발전하기 시작하였다. 어떤 면에서는 공황에 빠져 있던 미국을 살린 것은 전쟁이었다고도 할 수 있다.

　제2차 세계 대전에 참전하게 되면서 사회적 약자들의 처지에도 변화의 바람이 불기 시작하였다. 전시라는 특수한 상황을 감안하여 정부는 중

제2차 세계대전 중 미국 경제의 변화

항목	변화
항공기 생산	6,000대(1939) → 9만 6,000대(1944), 전시 총 27만 5,000대 생산
항공 산업 고용 인원	5만 명(1939) → 210만 명(1944)
선박 생산	100만 톤(1941) → 800만 톤(1942) → 1,900만 톤(1943) : 전시 총 5,523만 톤 생산
군수품 총생산	84억 달러(1941) → 300억 달러(1942), 추축국과 비슷 → 추축국의 약 두 배(1944)
국민 총생산	913억 달러(1939) → 1,666억 달러(1945)

단 없는 생산을 위해 노조에게 무파업 서약과 임금 인상 15% 상한선이라는 양보를 얻어냈다. 반대급부로 정부는 노동자들이 자동적으로 조합에 등록하도록 보장하였다. 노조원들의 수는 증가하였고, 무파업 선언에도 불구하고 열악한 작업 환경과 스트레스에 기인한 1만 5,000건의 조업 중단이 있었다. 농민들도 전쟁의 수혜자에 포함되었다. 1939년 기준으로 1945년에는 농업 생산량이 22%나 증대되었고, 농산물 가격은 2배가 되었다. 농민들의 수입은 그만큼 증가하였다.

아프리카계 미국인들이 인종 차별에 저항하며 전쟁 기간 동안 그들의 지위가 크게 향상되었다. 100만 명에 달하는 흑인들이 군 복무를 하게 되었고, 군수 공장에서 일하는 사람들도 급증하였다. 군대 내에서 흑인들은 처음에 허드렛일을 담당하였고, 해병대나 공군에서는 완전히 배제되었다. 그러나 전쟁이 끝날 무렵에는 많은 흑인들이 전투에 투입되었고, 해군에서 백인들과 함께 복무하였다. 1941년 흑인 노동조합인 침대차 짐꾼 노조 위원장인 필립 랜돌프(Philip Randolph)는 회사 내 흑백 노동력의 통합을 요구하며 워싱턴으로의 대대적 행진을 계획하였다. 대통령이 나서서 군수 산업체에서 흑백 차별을 조사하는 공정고용위원회 설치를 약속한 결과 행진 시위는 취소되었지만, 아프리카계 미국인들은 승리의 경험을 얻을 수 있었다. 1942년 인종평등회의(Congress of Racial Equality: CORE)가 조직되어 다양한 방식으로 투쟁하였고 흑인 민권은 전쟁 전에 비해 크게 신장되었다.

국내라 할지라도 전쟁 기간이 순조롭게 흘러가기만 한 것은 아니었다. 군수 공장의 흑인 노동력이 증가하면서 산업 도시들에서는 흑백 갈등이 고조되었고, 1943년 디트로이트에서는 인종 폭동이 일어나 34명이 사망하였다. 이들 중 25명이 흑인이었다. 일본계 미국인들의 피해도 발생하였다. 1차 세계 대전 때 독일계 미국인들에게 적대감이 나타난 것처럼 일본계 미국인들이 일본을 위해 음모를 꾸미고 있다는 편견이 유포되었고, 그런 '위협'을 제거하라는 압력이 증가하였다. 1942년 2월, 대통령은 군대가 일본계 미국인들을 수용하는 것을 승인하였고, 10만 명 이상이 체포되고 재산 처분 명령을 받았다. 그들은 주로 캘리포니아에 거주하고 있었는데, 정부가 마련한 내륙 지역의 강제 이주 수용소(Reconcentration Camp)로 이주되었다. 대법원 또한 강제 이주 조치를 승인하였다.*

3
전쟁 종결과
전후 질서의 모색

전쟁의 중요한 고비마다 연합국 정상들은 회담을 통해 전쟁의 진행과 전후 세계 질서에 관한 중요한 내용들을 결정하였다. 이탈리아를 굴복시키고 난 후 미·영 정상들은 소련과 함께 이란의 테헤란에서 정상 회담을

---

* 미국 정부는 1982년이 되어서야 잘못을 인정하고 강제 이주 희생자들에 대한 보상을 결정했다.

갖기로 하였다. 1943년 11월 28일, 루스벨트와 처칠(Winston Churchill)은 그동안 소련이 원했던 제2 전선을 형성하겠다는 의지를 표명하여 스탈린(Joseph Stalin)을 만족시켰다. 그리고 소련이 대일전에 참전해 달라고 요청하였다. 스탈린은 독일과의 전투를 마무리하고 대일전에 참전하겠다는 의사를 밝혔다. 한편, 루스벨트와 처칠은 테헤란으로 가던 중 이집트 카이로에 들러 중국의 장제스(蔣介石)를 만났다. 회담의 결과는 11월 26일 '카이로 선언'으로 발표되어 동아시아의 항일 운동 세력들에게 힘을 실어주었다.' 카이로 선언'은 제1차 세계 대전 이후 일본이 획득한 영토를 중국에 반환하고, 조선의 독립을 보장하며, 일본이 무조건 항복해야 한다는 내용을 포함하고 있었다.

전쟁이 막바지에 다다랐을 때, 루스벨트는 그의 네 번째이자 마지막 대통령 선거에 도전하였다. 그는 지명을 받는다면 미국을 위해 봉사하겠다는 의지를 밝혔다. 문제는 그의 4선 도전이 아니라 부통령 지명이었다. 당시 현직 부통령이었던 헨리 월리스(Henry A. Wallace)는 소련과의 협조를 주장하였고, 전시동원국장인 제임스 번스(James F. Byrnes)는 보수파로 좌파 측이 기피하였다. 결국 중도파로 평가받았던 해리 트루먼(Harry S. Truman)이 지명되었다. 공화당의 후보는 뉴욕 주지사 출신 토머스 듀이(Thomas E. Dewey)로 결정되었다. 지난번과 마찬가지로 이번 선거에서도 두 당의 정책에는 큰 차이가 없었다. 결국 선거인단 표에서 432 대 99로 승리하며 루스벨트가 당선되었다.

1945년 2월, 루스벨트는 얄타 회담에 참석하였다. 크림 반도에 있는 소련의 휴양지 얄타에서 미·영·소 3국의 정상이 다시 만나는 자리였다. 회담의 내용은 크게 세 가지로 정리될 수 있다. 첫째는 전후 국제질서를 유지할 국제기구 수립에 관한 것으로, 4월 25일 예정된 샌프란시스코 연합국 회의에서 최종 결정하기로 하였다. 이미 1943년 모스크바에서 3국 외상 회의를 열고 국제연합(United Nations) 설립에 대해 논의했으며, 다음 해

8월에는 워싱턴에서 국제연합의 초안을 작성한 바가 있었다.

둘째는 유럽 문제로, 패전 후의 독일을 미·영·프·소 4개국이 공동 점령하여 관리하고, 독일의 배상, 영토 처리, 전범 처벌 등에 관한 기본 사항을 작성하고 정기적인 3국 외상 회의를 개최한다는 것이었다. 폴란드의 임시 정부 승인 문제를 놓고는 영국은 런던 정부를, 소련은 루블린 정부를 지지하였다. 루스벨트는 전후 소련의 역할을 기대하면서 소련 측의 입장을 지지해 주었다. 또한 소련의 폴란드 동쪽 합병을 승인하였다.

셋째는 극동 문제에 관한 얄타 비밀 협정이다. 3국은 소련이 대일전에 참전하는 대가로 외몽골 독립 인정, 쿠릴 열도의 소련 양도, 사할린 반환을 포함해 러·일 전쟁 시 일본에게 빼앗긴 권리의 원상회복을 약속하였다. 여기에는 뤼순 군항의 조차, 다롄항 우선적 사용, 동청 철도와 남만 철도의 중·소 공동 운영이 들어있었다. 이런 내용들은 중국과 아무런 상의 없이 일방적으로 결정되었다. 얄타 회담의 내용상 최종 승자는 소련이라고 할 수 있었다. 루스벨트가 회담 결과를 보고한 직후부터 회담에 대해 비판적 의견이 나오고 있었다.

루스벨트는 일본의 항복을 보지 못하고 1945년 4월 12일 요양지에서 지병으로 사망하였고, 대통령직은 부통령인 트루먼이 승계하였다. 독일이 항복하고 난 후 1945년 6월, 대통령 해리 트루먼(재임 1945~1953)은 연합국에 참여한 50개국을 샌프란시스코에 초청하였다. 이들은 얄타 회담에서 결정한 대로 '국제연합 헌장'을 조인하였고, 미국 상원은 이를 비준하였다. 제1차 세계 대전 이후 국제연맹안이 부결된 것과는 사뭇 다른 분위기였다. 7월에는 독일 포츠담에서 미·영·소 3국 정상 회담이 다시 열렸다. 소련 대표는 그대로 스탈린이었지만 미국 대표는 트루먼 대통령으로 바뀌었다. 영국의 대표는 처칠이었으나 새로 수상이 된 노동당의 클레멘트 애틀리(Clement R. Attlee)로 교체되었다. 참가자들의 의견 차이는 컸으나 얄타 회담에서 논의되었던 독일의 분할 점령에는 모두 동의하였다. 회

원자 폭탄 투하의 결과

히로시마/나가사키 상공의 버섯구름: 왼쪽은 히로시마, 오른쪽은 나가사키에 원자 폭탄이 투하된 후 만들어진 버섯구름이다. 히로시마에는 '꼬마 소년(Little boy)'이란 이름의 원자 폭탄이 투하된 후 도시 인구 30%에 해당하는 7~8만 명이 즉시 사망했고, 7만여 명이 부상당했으며, 도시 빌딩 69%가 파괴되었다. 사흘 뒤 나가사키에 원자 폭탄 '뚱뚱보(Fat man)'가 다시 투하되었고, 결국 일본 정부는 항복하였다. '꼬마 소년'과 '뚱뚱보'는 루스벨트와 처칠의 별명으로 알려져 있다.

담 중간에 '맨해튼 프로젝트(Manhattan Project)'의 성공을 보고받은 트루먼은 일본에 대해 강경한 입장을 표명하였다.

 1945년 8월 6일 일본의 히로시마에 역사상 처음으로 원자 폭탄이 투하되었다. 사방은 아비규환이었고, 검은 버섯구름이 하늘까지 피어올랐다. 민간인 사망자가 약 8만 명 발생하였다. 일본 정부가 우물쭈물하는 사이 8월 9일에는 나가사키에 두 번째 원자 폭탄이 투하되어 수많은 인명 피해가 발생하였다. 소련은 하루 전날 일본에 선전 포고하여 대일전에 참전하였다. 일왕 히로히토(裕仁)가 8월 15일 무조건 항복을 선언하며 식민지 조선은 해방을 맞이하였다. 9월 2일에는 태평양에 정박해 있던 미국 전함 미주리호 선상에서 공식적인 항복 문서 조인식이 이루어졌다. 이로써

제2차 세계 대전기 주요 전시 회담 (1941~1945)

회담명	회담 일정	회담 참석자	회담 결과
플라센티아, 뉴펀들랜드	1941. 8. 9~8.12	루스벨트, 처칠	대서양 헌장
워싱턴	1941.12.22~1942.11. 4	루스벨트, 처칠	독일 타도 우선주의 전략 수립 연합국 선언
모스크바	1943.10.19~10.30	헐, 이든, 몰로토프	전후 국제기구 수립 독일 항복 후 소련의 대일 참전
카이로	1943. 11. 22~11. 26	루스벨트, 처칠, 장개석	카이로 선언 : 중국 영토 회복, 한국 독립, 일본 영토 박탈
테헤란	1943. 11. 28~12. 1	루스벨트, 처칠, 스탈린	프랑스 서부 해안 상륙 작전 전후 국제기구 수립 합의 소련의 대일전 참전 재확인
브레튼우즈	1944. 7. 1~7. 22	44개국	IBRD, IMF 창설
퀘벡	1944. 9.11~9. 16	루스벨트, 처칠	독일에 대한 모겐소 플랜
모스크바	1944.10. 9~10. 18	처칠, 스탈린	퍼센티지 협정 : 발칸의 세력 범위 확정
얄타	1945. 2. 4~2. 11	루스벨트, 처칠, 스탈린	폴란드 정부 구조 및 국경선 확정 독일 배상금 소련의 대일전 참전 선언 장개석 정부의 승인 약속 소련의 아시아 영토 보장
샌프란시스코	1945. 4. 25~6. 26	50개국	국제연합 헌장
포츠담	1945. 7. 16~8. 2	트루먼, 처칠, 애틀리, 스탈린	독일 재건과 배상금 대일 포츠담 선언 외무장관 회의 창설

출처 : 권오신·김호연, 『왜 미국 미국 하는가』, 강원대학교 출판부, 2003, 102쪽.

1,400만 명이나 되는 군인들의 목숨을 빼앗아 간 제2차 세계 대전이 종결되었다. 미국이 동원한 병력은 약 1,600만 명으로, 그중 29만 명이 전사하고 67만 명이 부상당했다. 굳이 타국과 비교하자면 미국의 피해는 심각한 편은 아니었다.

참고한 책, 더 읽어 볼거리

권오신·김호연, 『왜 미국 미국 하는가』, 강원대학교 출판부, 2003.

손세호, 『하룻밤에 읽는 미국사』, RHK, 2019.

앨런 브링클리 저, 황혜성 외 역, 『있는 그대로의 미국사』 3, 휴머니스트, 2011.

자크 파월 저, 윤태준 역, 『좋은 전쟁이라는 신화: 미국의 제2차 세계 대전, 전쟁의 추악한 진실』, 오월의봄, 2017

제프리 주크스 외 저, 강민수 역, 『제2차 세계대전: 탐욕의 끝, 사상 최악의 전쟁』, 플래닛미디어, 2008.

13장

냉전 개시와
1950년대의 미국

1
냉전의 발생과 국내 정치

제2차 세계 대전의 승리에도 불구하고 해리 트루먼 대통령은 녹록지 않은 국내외 상황을 마주해야 했다. 유럽과 아시아에서 공산주의의 영향력이 증가하고 국내에서는 전후 혼란과 파업이 확대되자, 공산주의에 대한 미국인들의 두려움은 커져 갔다. 제2차 세계 대전 중 미국과 소련은 연합군의 주요 일원이었지만, 전쟁이 끝난 후 전 세계가 자본주의와 공산주의 진영으로 재편되면서 미·소는 양 진영의 대표 국가로서 대립하게 되었다.

미·소는 '냉전(Cold War)' 시대에 들어섰다. 냉전이란 불을 뿜는 '열전(hot war)'에 대비되는 개념으로서 무기를 사용하지 않고 치르는 진영 간의 정치·외교·기술 등의 전쟁을 말한다. 조지 오웰이 처음 쓴 냉전이란 용어는 바루크(Bernard Baruch)에 의해 미·소 간의 대립을 설명하는 데 사용되었고, 언론인 월터 리프먼에 의해 대중화되었다. 냉
전의 기원에 대해서는 논쟁이 있으나 대체로 제
2차 세계 대전 후 국제 질서 확립 과정에서 얄타
체제에 대한 간극을 메우지 못한 미·소가 세력
권을 확장하며 매사에 충돌하게 된 데서 비롯되
었다고 본다. 미국과 소련은 상대방이 자신의 안
보를 보장하기 위해 취한 조치를 도발적인 행동
으로 간주하는 '안보 딜레마'라는 덫에 갇혀 사사
건건 오해와 상호 불신, 나아가 충돌에 이르게 된
것이다. 냉전은 세계사에서 '휴전된 평화 시대'라

해리 트루먼

고 규정될 수 있는 제2차 세계 대전 이후 국제 환경의 특성을 설명하는 틀
로 자리매김하였다.

　미국은 자본주의 진영의 수장으로서 소련을 봉쇄하고 서방 세계를 보
호하고자 하였다. 냉전 시기 미국 외교 정책의 기본 원칙으로 유지된 '봉
쇄 정책(containment policy)'은 조지 케넌(George F. Kennan)에게서 비롯되었다.
국무부 정책기획실장일 당시 그는 『외교 평론(Foreign Affairs)』에 익명으로
기고한 논문에서 "소련에 대해서는 참을성 있고 단호하며 장기적인 봉쇄
만이 해답"이라는 주장을 발전시켰다. 봉쇄 정책은 유럽에서 '트루먼 독
트린(Truman Doctrine)'과 '마셜 플랜(Marshall Plan)'으로 구체화되었다.

　1947년 3월, 트루먼은 그리스와 터키에 대한 군사적·경제적 원조 목적
으로 의회에 4억 달러를 요청하였다. 터키와 그리스는 소련과 공산 세력
의 위협을 받고 있었으나 서방의 원조는 미약하였다. 트루먼은 "자유 국
가의 국민을 원조하는 것이 미국의 정책"임을 강조하는 독트린을 발표하
며 양국에 대한 원조를 추진한 것이다.

　대통령에 이어 국무장관 조지 마셜(George C. Marshall)도 유럽에서 공산주
의 확산을 저지할 계획을 발표하였다. 그는 공산주의의 팽창을 막기 위해

경제 발전을 통해 유럽을 빈곤에서 탈출시키고, 미국의 최대 시장인 유럽을 안정시켜 자국 상품의 판매를 보장하려 한 것이다. 국무장관은 유럽의 경제 부흥을 위하여 미국이 대규모 원조를 할 의사가 있음을 피력하였다. 자본주의 진영의 서유럽 국가들은 미국의 제안을 크게 환영하였지만, 소련과 동유럽 국가들은 이를 제국주의적 계획이라고 비난하고 참여하지 않았다. 결국 미국은 1948년부터 1951년까지 서유럽 경제 부흥을 위해 120억 달러 이상을 지원하며 공산주의의 영향력을 차단하였다.

냉전에 대처해 미국은 반공 체제를 구축하였다. 마셜 플랜 발표 직후 「국가보안법(National Security Act)」을 제정하고, 육·해·공 3군을 통합하는 국방부, 그리고 통합참모본부와 중앙정보국(CIA)을 신설하였다. 백악관에서는 국가안보회의(NSC)를 통해 외교·군사 정책을 총괄하였다. 이듬해인 1948년 6월에는 「평시 징병법」을 발표하였다.

국내 정치에서 트루먼은 고전하고 있었다. 전쟁 이후 병력은 급격히 축소되어 군인들은 새로운 일자리를 찾아야 했고, 그들을 대신해 공장에 투입되었던 수백만 명의 여성, 흑인, 소수 민족들은 연쇄적으로 실업의 위험에 처했다. 전후 호황의 열매를 나눠 갖지 못한 노동자들은 파업을 일으켰다. 존 루이스가 이끄는 연합탄광노조의 파업이 대표적이다. 국제적으로 공산주의가 확산되고 국내에서 노동자들의 파업이 빈번해지자 국민들은 더욱 보수화되었다. 급기야 1946년 말에 실시된 중간 선거에서 공화당이 상·하 양원에서 다수를 차지하였다.

공화당 주도 의회는 뉴딜 정책을 전면적으로 부정하며, 혁신주의를 계승하려는 대통령의 정책에 제동을 걸었다. 대통령이 권고한 교육 원조나 사회 보장은 거부되었고, 정부 예산은 삭감되었으나 부자에게 유리한 감세안은 통과되었다. 상원 의원 로버트 태프트(Robert A. Taft)가 발의한 「1947년 노사관계법」, 일명 「태프트-하틀리법(Taft-Hartley Act)」은 이런 보수 반혁신 조치의 절정이었다.

「태프트-하틀리법」은 뉴딜 시대의 「와그너법」을 대체하는 법으로, 노조를 약화시키고 자본가의 권한을 강화시키는 다양한 조치를 취하였다. 먼저 노조원만 고용하는 폐쇄 조합(closed shop) 제도를 폐지하였다. 더불어 노조의 예결산 공개 의무화, 정치 헌금 금지, 노조 지도자들의 공개적 비공산주의자 선언을 규정하였다. 노조의 파업에는 각종 제한 사항이 부가되었고, 반면에 자본가에게는 노조를 탄압할 수 있는 수단이 제공되었다. 노동조합은 이 법을 '노예 노동법'이라 규정하며 강력히 비판하였다. 트루먼 대통령은 거부권을 행사하였지만 공화당 중심의 의회는 3분의 2 이상의 찬성으로 법안을 확정지었다.

1948년 대선에서 트루먼이 당선될 것이라고 예상한 사람은 거의 없었다고 해도 과언이 아니었다. 트루먼이 후보로 지명되자 당내 반발이 거세지며 민주당은 분열하였고, 공화당은 손쉬운 승리를 기대하였다. 그러나 선거가 시작되자 상황은 달라졌다. 트루먼은 5만 킬로미터 이상을 기차로 이동하며 유세를 하였다. 그는 공화당의 제80차 의회가 법안을 입법화하지 못하는 것을 집요하게 비판하였다. "아무것도 하지 않는 무익한 정당인 공화당이 집권하면 공약은 실현되지 않을 것"이라고 주장하였다. 트루먼은 그야말로 자력으로 당선되었고, 상·하 양원 선거에서도 민주당은 다시 다수당을 차지하였다.

1949년 1월, 취임 연설에서 트루먼은 '페어딜(Fair Deal)' 정책을 발표하였다. 공정성을 강조하여 이름 붙여진 페어딜 정책은 혁신주의의 계승이자 트루먼 버전의 뉴딜 정책이라고 할 수 있겠다. 트루먼 당선 초기 페어딜 정책은 일부 성공하였다. 대통령은 「공정 노동 기준법」을 통해 최저 임금을 시간당 40센트에서 75센트로 인상하고, 「전국 주택법」을 통과시켜 저소득층을 위한 임대 주택을 건설하였다. 「사회 보장법」 확대로 1천만 명이 추가로 연금을 받았다. 그러나 민주당 우위의 의회에서도 페어딜 정책은 여전히 고전하였다. 보수적인 민주당 남부 의원들과 공화당 의원들은 페어딜을 사회주의 정책이라 비난하며 제동을 걸었다. 「태프트-하틀리법」을 폐지하려던 트루먼의 노력은 좌절되었고, 전국 의료보험 계획과 흑인 민권법은 저지되었다. 1950년 중간 선거에서 다시 공화당이 다수를 차지하면서 페어딜은 사실상 폐기되었다.

2
반공 체제 강화와
냉전의 심화

냉전이 시작된 후 미국의 반공 체제는 강화되어 갔다. 하원은 '반미활동조사위원회(House Un-American Activities Committee: HUAC)'를 설치하고 민주당 정부에 공산주의 딱지를 붙이기 위한 활동을 벌였다. 반미 활동 조사의 일환으로 1947년 3월, 연방충성심사국(Federal Loyalty Bureau)을 신설하였다. 심사국은 연방 정부 직원 중 공산주의자를 색출한다는 명목으로 1952년까지 약 660만 명의 충성도를 심사하였다. 그 결과 5,900명이 사임하고 490명이 해직되었는데, 그 과정에서 일어난 가장 유명한 사건은 '앨저 히스(Alger Hiss) 사건'이었다. 히스는 국무성 고위 관료로, 얄타 회담의 실무 책임자로 일했을 정도로 비중 있는 인물이었다. 그는 국가 기밀을 소련에게 넘겨주었다는 혐의로 기소되었으나 공소 시효가 지났기에 처벌받지 않았다. 그런데 공화당 초선 의원 리처드 닉슨(Richard M. Nixon)이 이 문제를 집요하게 물고 늘어져 히스를 위증죄로 투옥시켰다. 닉슨은 전국적인 명성을 얻게 되었고, 1950년에 상원에 진출할 수 있었다.

하원에 상응하여 상원은 「국내 보안법(Internal Security Act)」을 제정하여 반공 활동을 강화하였다. 1950년 제정된 「국내 보안법」, 일명 「맥캐런법(McCarran Act)」은 공산주의 단체의 등록을 의무화하고, 우편물과 글에 공산주의자임을 명시하도록 하였다. 또한, 공산주의자들은 방위 산업체에 근무하지 못하고 비상시 집단 수용소에 수용되도록 하였다. 트루먼 대통령은 이 법이 국민의 자유를 지나치게 제한한다는 점에서 거부권을 발동했지만, 공화당 우세 의회가 결국 통과시켰다. 이런 분위기 속에서 공화당 상원 의원 조셉 매카시(Joseph R. McCarthy)는 국무성이 공산주의자들에게 장악되었다는 충격 발언을 터뜨렸고, 줄리어스 로젠버그(Julius Rosenberg) 부부가 원자 폭탄에 관한 기밀을 소련에 넘겨주었다는 혐의로 사형에 처해졌다.

트루먼 집권 후반기 국제 정세는 냉전이 지속적으로 심화되었다. 트루먼이 영국·프랑스와 합의하여 독일 내 자본주의 진영 점령 지역을 서독으로 통합하기로 하자 소련이 반발하였다. 당시 베를린은 동서로 분할되어 동베를린은 소련이 점령하고 서베를린은 미·영·프 3국이 점령 지역을 통할하고 있었다. 베를린이 소련의 점령 지역 내에 위치하고 있었기에 서베를린은 육지의 섬처럼 포위되어 있는 형국이었다. 소련은 베를린의 서쪽과 서독 사이의 교통로를 전면적으로 차단하였다. 서베를린이 봉쇄되자 트루먼은 항공기로 식료품과 생필품을 보급해 봉쇄를 무력화하였다. 결국 소련은 1949년 5월에 베를린 차단을 해제하였고, 서독(독일연방공화국)과 동독(독일민주공화국)이 각각 수립되면서 독일은 분단되었다.

소련의 서베를린 봉쇄를 계기로 미국은 서유럽에 군사 동맹을 맺어 공산주의에 대비하고자 하였다. 1949년 4월, 북대서양조약기구(North Atlantic Treaty Organization: NATO)가 설립되었고, 미국의 아이젠하워 장군이 최고사령관에 임명되었다. 미국이 평시에 군사 동맹을 맺은 것은 사상 초유의 일로 미국 외교사의 획기적인 일이었다. 이제 미국은 전시가 아닌 평시에도 유럽에 군대를 파견할 수 있었고, 공산주의에 대해 서유럽 세력을 결속시킬 수 있었다. 이에 대항해 소련은 동유럽 국가들과 바르샤바조약기구(Warsaw Treaty Organization: WTO)를 조직하여 공산주의 군사 동맹을 구축하였다. 한편, 트루먼은 1950년에 NSC-68을 승인해 전 세계에서 소련과 대립하며 공산주의를 봉쇄하고, 나아가 괴멸하려는 의지를 다졌다.

유럽과 달리 아시아의 반공 계획은 순조롭게 추진되지 못하였다. 미국은 후에 국무장관이 되는 제2차 세계 대전의 영웅 조지 마셜 장군을 중국 내전에 파견하여 국민당과 공산당이 연립 정부를 수립하도록 중재하였으나 실패하였다. 공산당은 국민당 정부를 타이완으로 몰아내고 중국을 통일하여 1949년 중화인민공화국을 수립하였다. 미국은 중공 승인을 거부하고 유엔 가입도 저지하였다.

중국 공산화로 미국은 극동 정책 전반을 재편성해야만 했다. 1950년 1월, 국무장관 딘 애치슨(Dean Acheson)은 오키나와, 필리핀을 포함하되 한반도와 타이완을 제외시키는 미국의 극동 방위선(일명 '애치슨 라인')을 발표하였다. 그해 6월 25일 북한의 전면적 남침으로 한국 전쟁이 발발하였다. 3일 만에 서울을 함락시킨 북한군은 낙동강 전선까지 밀어붙이며 한반도를 공산화시키려 하였다. 미국은 유엔 안전보장이사회에 한국 문제를 상정하였고, 중공의 안전보장이사회 대표권 불승인에 항의하여 소련이 이사회 출석을 거부하는 틈을 타 결의안을 통과시켰다. 더글러스 맥아더(Douglas MacArthur)를 총사령관으로 하여 16개국으로 구성된 유엔군이 한국 전쟁에 파견되었다. 9월 15일 인천 상륙 작전에 이어 북진하던 유엔군은 중국 의용군의 투입으로 후퇴하였다. 1년간의 전투 후 전선이 다시 38선 부근에서 교착 상태에 빠지자 소련이 휴전을 제안하였다. 2년간의 지루하고 치열한 회담과 전투가 계속되었다.

중공군이 개입하고 전쟁이 동서 진영의 대리전 양상을 띠며 새로운 국면에 접어들자 맥아더와 트루먼은 전쟁 전략을 두고 대립하였다. 맥아더는 확전을 주장하였으나 받아들여지지 않았다. 그러자 그는 민주당 행정부를 공개적으로 비난하며 대통령의 명령을 따르지 않았고, 트루먼은 그를 해임하였다. 국민 여론은 처음에 맥아더를 절대 지지하였지만, 상원

청문회에서 맥아더 전략의 위험성과 대통령의 해임 사유가 타당함을 확인하면서 맥아더에 대한 동정 여론은 가라앉았다.

미국 아이젠하워의 당선과 소련 스탈린의 사망 이후 휴전 회담은 급진전하였다. 1953년 7월 27일 판문점에서는 남한이 불참한 가운데 유엔군을 대표한 미국, 중국, 북한이 휴전 조약을 체결하였다.

한국 전쟁을 거치면서 미국은 군비 축소 정책을 폐기하고 군비를 대폭 증강하였다. 군사 예산은 1950년 33%에서 1952년 67%로, 병력은 140만 명에서 360만 명으로 증가하였다. 해군과 공군의 장비도 보강되었고, 미국은 군사 대국으로 자리 잡았다.

제2차 세계 대전 종전 후 미국은 일본에 군정을 실시하였다. 미군정은 군국주의와 봉건적 요소를 제거하고 일본을 민주주의 국가로 탈바꿈시키고자 하였다. 그런데 중국의 공산화와 한국 전쟁으로 동아시아 정세가 급변하자, 공산주의에 대항하는 동아시아의 중심축이 필요하였다. 1951년, 미국은 소련의 반대에도 불구하고 서둘러 일본과 샌프란시스코 조약을 체결하였고, 일본은 독일처럼 군비 증강이 가능해졌다. 일본은 한국 전쟁의 병참 기지로 활용되면서 경제 회복의 실마리도 찾았다.

3
아이젠하워의 당선과
냉전의 변화

한반도에서 전쟁이 한창 진행 중이던 1952년 미국은 대선을 맞이하였다. 트루먼 대통령은 재출마를 포기하고 일리노이 주지사 아들라이 스티븐슨(Adlai E. Stevenson)이 지명되는 데 일조하였다. 공화당은 아이젠하워 장군을 영입하여 대선 후보로 지명하였고, 앨저 히스 사건으로 유명해

아이젠하워

진 리처드 닉슨이 부통령 후보가 되었다. 아이젠하워는 자신이 당선된다면 한국 전선을 직접 시찰하고 전쟁을 조속히 종결시키겠다고 약속하였다. 그는 압도적인 표차로 승리하였고, 공화당은 24년 만에 대통령을 배출하였다.

아이젠하워(재임 1953~1961) 집권 초기, 냉전 체제는 더욱 심화되었다. 국내에서는 매카시즘(McCarthyism)의 광풍이 몰아쳤다. 앞서 말한 것처럼 매카시 상원 의원은 민주당 정부하의 국무성을 공산주의와 엮어 보려 했지만 별다른 소득을 얻지 못했었다. 그런데 한국 전쟁이 발발하자 분위기는 변하였다. 그는 반공의 기수로 부각되었고, 1952년 상원 의원에 재선된 후 새로운 고발을 계속하였다. 국무장관 출신인 조지 마셜과 딘 애치슨 등 거물급 인사들과 지식인들을 공산주의자로 매도하였다. 한편, 로버트 태프트를 비롯한 공화당 보수파와 심지어 처음에는 냉담하던 아이젠하워까지도 정치적 목적을 위해 매카시즘을 이용하였다.

외교 정책 역시 냉전의 성격이 강화되었다. 아이젠하워는 덜레스(John Foster Dulles)를 국무장관으로 임명하여 외교 정책을 일임하였다. 그는 트루먼 행정부의 '봉쇄 정책'이 소극적이라고 비판하고, 더 적극적인 공산주의 '해방 정책'을 추진해야 한다고 주장하였다. 소련과의 공존이 아니라 필요하다면 소련과 중국에 대한 대량 보복도 불사해야 한다는 것이었다.

스탈린이 사망하고 한국 전쟁이 끝나자 매카시즘의 광풍은 잦아들고 소련과의 대결은 일면 세력 균형과 공존을 추구하는 혼합적인 면모를 보였다. 국내에서는 매카시즘에 대한 비판적 여론이 조성되었다. 결정적으로 매카시가 국방부 장관 스티븐스와 육군 전체를 모욕하자 그는 궁지에 몰렸다. 1954년 상원은 매카시에 대한 비난 결의안을 67:22로 통과시켰

냉전 시대 도미노 이론 (출처: 위키 커먼스)

고 매카시즘은 종말을 고했다.

　스탈린의 후임으로 흐루쇼프(Nikita S. Khrushchov)가 등장한 후 아이젠하워는 전 세계를 무대로 소련과 밀고 당기는 외교 정책을 구사하였다. 아이젠하워는 공약대로 한국 전쟁의 종결을 위해 노력하였고 휴전 조약이 체결되었다. 반면, 타이완 정부와는 상호 방위 조약을 맺으며 중공에 대항해 방위를 책임져 주겠다고 약속하였다. 프랑스로부터 독립한 베트남이 남북의 자본주의와 공산주의 국가로 분단되고 동남아시아 공산화 위험이 증가하자, 미국은 동남아시아에서도 나토를 모델로 하는 동남아시아조약기구(SEATO)를 결성하였다. 문제는 동남아시아 국가가 별로 참여하지 않았다는 것인데, 미국의 주도로 영국, 프랑스, 오스트레일리아, 뉴질랜드, 파키스탄이 참여하였고, 동남아시아 국가로는 필리핀과 태국이 동참하였다.

　동아시아와 달리 동유럽과 중동에서는 소련이 적극적으로 영향력을 행사하고자 하였다. 1956년 흐루쇼프는 스탈린을 비판하는 연설을 하면서 동서의 평화를 강조하였다. 바야흐로 냉전이 해빙되는 듯했다. 그런데 이 연설이 동유럽의 민족주의를 자극하면서 폴란드와 헝가리에서 반공 봉기가 일어났고, 특히 헝가리에서는 반소 정부가 수립되었다. 소련군은 대부대를 투입하여 친소 공산주의 정부로 교체하였는데, 미국은 개입을 자제하고 관망하였다.

　이집트는 나세르(Gamal Abdel Nasser) 정권이 들어선 후 냉전 중립을 표방하고 미·소 양쪽과 관계를 맺으며 이익을 추구하였다. 중동 지역에 영향력을 확대하려던 소련은 미국보다 적극적으로 이집트를 지원하였다. 미국은 소련 세력의 중동 침투를 막기 위해 '아이젠하워 독트린(Eisenhower Doctrine)'을 발표하고 의회에 경제·군사 원조 제공을 요청하였다. 요르단과 레바논에는 친서방 정부를 보호하고자 병력을 파견하였다.

　중남미에서도 미국은 어려움을 겪고 있었다. 겉으로는 민주주의를 외쳤지만, 투자 자본을 보호하기 위해 독재 정권을 지원했기 때문에 중남미에서는 반미 감정이 고조되고 있었다. 1959년 쿠바의 피델 카스트로(Fidel Castro, 1926~2016)가 독재 정권을 무너뜨리고 혁명에 성공하자, 미국은 처음에 '민주주의의 승리'라고 찬양하였다. 그러나 카스트로가 미국 자본을 몰수하고 소련의 원조를 받아들이기 시작하자 양국 관계는 급속도로 악화되었다. 아이젠하워는 카스트로를 타도하기 위한 군사 작전을 계획하였다.

　미·소는 외교 정책의 대립뿐만 아니라 다양한 부문에서 경쟁하였다. 수소 폭탄 실험에서 미국이 1952년에 성공하자 소련은 이듬해 성공시켰다. 인공위성에서는 소련이 승리하였다. 1957년 소련이 최초로 스푸트니크(Sputnik)호 발사에 성공하자 미국은 경악을 금치 못했고, 인공위성 개발에 박차를 가하여 다음 해에 성공시켰다.

　그러던 양국 관계는 1959년 이후 급변하기 시작하였다. 반공주의자 덜레스 국무장관이 교체되었고 소련도 서방과 화해 정책을 추구하기 시작하였다. 9월에는 흐루쇼프가 직접 미국을 방문하여 대통령의 별장인 캠프 데이비드(Camp David)에서 회담을 가졌다. 두 정상은 '캠프 데이비드 정신'이라 불린 화해 조치를 약속하고, 파리에서 다시 만나기로 하였다. 그런데 1960년 5월 파리 정상 회담 직전에 소련 영공을 정찰하던 미국 U-2 정찰기가 격추되는 사건이 발생하였다. 소련은 미국의 정찰 행위에 대해 사과를 요구했지만 거절당하였다. 소련은 아이젠하워의 소련 방문을 취소해 버렸고, 양국 관계는 다시 냉랭해졌다. 그러나 긴장 완화 쪽으로 흐르던 전체적 추세를 꺾을 수는 없었다.

4
자유방임주의와 번영의 시대

아이젠하워의 국내 정책은 친기업적이었지만 사회 복지 정책은 일부 지속되었다. 아이젠하워 대통령은 자본가 중심의 내각을 구성해 국방장관에 제너럴 모터스 사장 찰스 윌슨(Charles E. Wilson)을 임명하였고, 그 밖에 7명의 백만장자를 내각에 등용시켰다. 배관공 출신의 마크 더킨(Mark Durkin)이 노동장관에 임명되긴 했지만, 그는 「태프트-하틀리법」 개정이 실패하자 8개월 만에 사임하였다.

공화당 정부는 민주당이 추진했던 혁신주의 정책을 최소로 축소하고 자유방임적 정부 운영을 추구하였다. 국영 기업은 사회주의 이념을 확산시킨다는 구실로 민영화시켰다. 연방 정부가 관리하던 연안 유전 지대는 주 정부가 관리하였고, 테네시계곡개발공사 등의 공기업이 관리하는 발전소는 민간으로 넘겼다. 임금과 가격에 대한 통제도 제거했으며 국가 의료보험 같은 새로운 사회 복지 프로그램을 만드는 데는 반대하였다. 정부의 지출은 삭감되었고 균형 예산이 만들어졌으며, 세금 감면과 사기업 장려 등 전통적인 보수 정책을 추진한 것이다.

아이젠하워도 선거를 맞아 유권자들을 의식하지 않을 수 없었고, 시대의 커다란 흐름을 거스를 수는 없었다. 그는 사회 복지 정책에서만큼은 '뉴딜'과 '페어딜' 정책을 계승하였다. 대표적으로 「사회 보장법」을 개정하여 수혜 노동자와 수혜 금액을 증가시켰다. 1954년에는 「주택법」을 통해 도시 재개발로 밀려난 저소득층을 위한 주택 건설에 연방 자금을 제공하였다. '내륙 수로 계획'과 「연방 고속도로법」도 승인하였다.

전후 호황을 경험하며 미국은 1950년대 전례 없는 풍요와 번영을 누리는 국가가 되었다. 제2차 세계 대전 직후부터 1970년까지 연평균 성장률은 3.5%를 기록하였고, 국민 총생산은 2,000억 달러에서 1조 달러로 500%나 증가하였다. 실업률은 5% 내외에 머물렀는데, 평균 15~20%에 달했던 대공황기 실업률과 비교한다면 경제는 호황이었다. 노동자들의 노조 가입률이 증가하였고, 직업을 가진 주부가 늘어나면서 가계 소득 또한 증가하였다. 누진세가 큰 폭으로 시행되면서 소득 격차가 감소하고 상당히 평준화되었다. 전후 베이비붐으로 인해 인구가 증가하자 이를 충족시킬 주택, 학교, 각종 시설 건축이 활발해졌다. 소득이 평준화되고 소비자 상품이 표준화되며 최상층을 제외한 계층의 격차는 감소되었고, 이에 따라 가치관과 소비 유형도 유사해지며 사회가 동질화되는 경향을 보였다.

한편으로 번영의 시대가 열렸고, 전쟁 중 억눌렸던 소비 심리가 되살아나며 주택, 가전제품, 자동차 소비가 증가하였다. 중산층들은 번잡한 도시를 떠나 넓고 쾌적한 교외 주택에서 거주하기를 희망하였다. 자동차 산업이 발달하면서 출퇴근이 용이해지자 교외로의 이주 경향은 가속화되었다. 경제적 풍요, 노동 시간 단축, 늘어난 휴가로 여행, 스포츠, 취미 생활을 향유하는 여유 있는 삶을 추구하였다. 평균 수명은 1945년 65.9세에서 1970년 70.9세로 증가하였다.

다른 한편으로 동질화된 사회에 순응해야 한다는 가치관이 팽배해지며 보수화 경향이 강해졌다. 안정된 직업, 전원주택, 퇴직 계획 등 개인 문제에 관심이 집중되었다. 대중문화가 발달하고 텔레비전과 대중 매체들이 대중의 사고와 기호를 지배하였다. 새로운 세대들은 기성세대의 가치관을 거부하고 성공 지향적 사람들을 속물로 취급하며, 자기들만의 은어를 사용하고 반항을 숭배하였다. 이런 세대들을 '비트 세대(Beat Generation)'

라고 불렀다.

놀라운 것은 풍요의 이면에 상당수 빈곤층이 공존한다는 점이었다. 미국 노동통계국의 조사에 따르면 1962년 미국인의 4분의 1인 약 4,200만명이 빈민이었다. 흑인의 절반이 빈민, 아메리카 원주민의 경우는 절반이상이었다. 중남미에서 온 이민자들도 새롭게 빈민층에 합류하였다.

1950년대 주목할 만한 점은 흑인 민권 운동이 태동하기 시작했다는 것이다. 이는 물론 흑인 자신들의 적극적 투쟁으로 가능했던 것이지만, 그동안 혁신주의에서 후퇴하고 흑인 민권법을 반대해 왔던 공화당 정부도 이 역사적 흐름에 동참할 수밖에 없었다는 점이 중요하다.「브라운 대 토피카 교육위원회(Brown v. Board of Education of Topeka) 판결」은 그 시발점에 해당한다. 토피카에 사는 흑인 소녀 브라운은 근처에 백인 학교가 있음에도 불구하고 수마일 떨어진 흑인 공립학교에 다녀야 했다. 이에 격분한 아버지가 소송을 제기하였고, 이는 대법원까지 상고되어 1954년에 공립학교에서 흑백 학생들이 함께 공부하는 '흑백 공학'을 금지하는 법안은 위헌이라는 판결을 받아냈다. 1896년 '분리하되 평등한(separate but equal)' 시설을 구비하면 법 앞에 평등하다는「플레시 대 퍼거슨(Plessy v. Ferguson) 판결」을 뒤엎은 것이다. 대법원 판사 전원은 "분리된 교육 시설은 본질적으로 불평등하다"라고 결론 내렸다.

북부에 인접한 경계 지역 남부 주들은 반대가 심하지 않았으나 최남부(Deep South) 주의 백인들은 격렬하게 반발하였다. 특히 아칸소주 리틀록시에서는 저항이 심하였다. 1957년 리틀록 센트럴고등학교에 흑인 학생 9명이 입학을 신청하자 주 차원에서 학생들의 등교를 저지하려 하였고, 결국 연방군이 파견되어 한 학기 동안 흑인 학생들의 통학을 보장하였다.

리틀록 사건이 일어나기 전 몽고메리시에서는 흑인들의 버스 승차 거부 운동이 있었다. 1955년 앨라배마주 몽고메리에서 흑인 여성 로자 파크스(Rosa Parks)가 시내버스에서 백인에게 자리를 양보하지 않았다는 이유로 체포되었다. 흑인 목사 마틴 루터 킹 2세(Martin Luther King, Jr.)는 이 도시 흑인들과 함께 1년 동안이나 버스 승차 거부 운동을 벌이며 항의하였다. 1956년, 대법원은 앨라배마의 「짐 크로우법」이 위헌이라 판결하여 흑인들에게 승리를 안겨 주었다. 킹 목사는 이 운동으로 전국적 명성을 얻게 되었다.

1960년 노스캐롤라이나주 그린즈버러(Greensboro) 소재 농업기술대학에서는 흑인 학생들이 연좌 농성을 통해 흑백 분리와 차별에 대해 저항하였다. 이 대학에 재학 중이던 흑인 학생 4명은 흑백 분리 교내 식당 카운터에 앉아 커피를 주문하였다. 주문은 거부되었고, 흑인 학생들에게는 온갖 욕설과 폭력이 가해졌다. 그러나 학생들은 움직이지 않고 끝까지 참으며 농성을 전개하였다. 이를 계기로 연좌 농성이 전국적으로 확대되었고, 공공시설에서 흑백 분리는 줄어들게 되었다.

흑인 민권의 향상은 관련법의 통과와 조직적 투쟁의 원인이자 결과였다. 1957년 연방 의회는 「민권법(Civil Rights Act)」을 통과시켰다. 1875년 이후 처음이었다. 민권위원회(Civil Rights Commission)가 구성되어 흑인 투표권 박탈, 교육과 고용의 차별, 재판의 불평등에 관한 사례를 조사하고 시정 조치하였다. 전미유색인지위향상협회(NAACP)가 민권 향상을 위해 투쟁하고, 새로 창설된 남부기독교지도자회의(SCLC)가 가세하며 흑인들의 민권은 서서히 신장되어 갔다.

• 사료 읽기

트루먼 독트린(Truman Doctrine, 1947. 3. 12)
현재 무장한 수천 명의 파괴 활동으로 그리스의 생존 자체가 위협받고 있습니다. 공산주의자들의 조종을 받는 이들은 여러 곳, 특히 그리스 북쪽 국경 지역에서 그리스 정부의 권위에 도전하고 있습니다. (…)

세계사가 말해 주듯이, 지금 이 순간에도 거의 모든 국가는 여러 생활양식 가운데 하나를 선택해야 합니다. 그와 같은 선택은 흔히 자유롭게 이루어지지 못합니다. 삶의 형태 가운데 하나는 다수의 의사에 기초하고 있고, 자유주의적 제도, 대의 정부, 자유선거, 개인의 자유 보장, 언론과 종교의 자유, 정치적 억압에서의 자유 등으로 특징지어집니다. 또 다른 형태의 삶은 다수에게 억지로 강요된 소수의 의사에 바탕하고 있는 것으로, 그것은 폭력과 억압, 언론의 통제, 비민주적 선거, 그리고 개인의 자유 억압 등에 의존하고 있습니다. (…)

이와 같은 중차대한 시점에서 우리가 그리스와 터키에 원조를 하지 못한다면, 그 영향은 동서양을 막론하고 매우 광범위할 것입니다. 우리는 즉각적이고도 단호한 조치를 취해야만 합니다. 따라서 저는 1948년 6월 30일까지 그리스와 터키에 4억 달러에 달하는 원조를 제공할 수 있도록 의회가 승인해 주기를 요청합니다.

(출처 : 한국미국사학회 엮음, 『사료로 읽는 미국사』, 궁리, 353~357쪽.)

 참고한 책, 더 읽어 볼거리

권용립, 『미국 외교의 역사』, 삼인, 2010.

김정배, 『미국과 냉전의 기원: 공존과 지배의 전략』, 혜안, 2001.

존 루이스 개디스 저, 정철·강규형 역, 『냉전의 역사: 거래, 스파이, 거짓말, 그리고 진실』, 에코리브르, 2010.

최영보 외, 『미국 현대 외교사』, 비봉출판사, 1998.

클레이본 카슨 편저, 이순희 역, 『나에게는 꿈이 있습니다: 마틴 루터 킹 자서전』, 바다출판사, 2018.

14장

1960년대와 1970년대의 미국
: '뉴프런티어'와 '위대한 사회', 그리고 데탕트

1
케네디의 '뉴프런티어'와
존슨의 '위대한 사회'

1960년의 대통령 선거에서 승리한 민주당 대통령 후보 존 F. 케네디 (John F. Kennedy, 재임 1961~1963)는 43세의 나이로 대통령직에 오른 미국 역사상 최연소 후보였다. 그는 선거 운동에서 "우리가 뉴프런티어(New Frontier, 신개척자 정신)를 추구하건 추구하지 않건, 뉴프런티어는 이미 와 있기 때문에 새로운 시대로 적극적으로 진입해야 합니다"라고 주장했다. 케네디는 재임 기간 내내 젊고 활력 넘치는 지성과 자신감, 그리고 개인적 스타일이 결합된 독특한 매력을 통해 인기를 유지하였으며, 그 이후 여러 세대의 정치가들에게도 영향을 주었다.

케네디 대통령은 모든 국민에게 경제적인 혜택을 주기 위하여 강력한 지도력을 행사하고자 했지만, 근소한 표차로 승리한 탓에 대통령 직무 수행에 제약을 받았다. 민주당이 의회의 양원을 지배했지만, 보수적인 남부인들과 공화당 정치인들이 교육 지원을 증대시키고, 노년층에게 의료보험을 제공하고, 도시문제부를 신설하려는 연방 정부의 계획들에 반대하였다. 그리하여 케네디 행정부는 학교 교육 지원 정책과 고령자에 대한 의료보험 정책에서는 실패했으며, 최저 임금을 약간 인상시켰을 뿐 전반적으로 입법 성과 면에서 저조한 편이었다. 케네디 대통령은 민권 운동 지도자들에게 호의적인 태도를 보였지만, 거의 임기 말에 이르러서야 비로소 민권 운동의 목표들을 받아들였다. 하지만 그는 우주 개발 계획 자금을 확보하는 데 성공하였고, 개발도상국들의 자구 노력을 돕기 위해 '평화봉사단(Peace Corps)'을 창설하여 미국의 청년들을 해외에 파견함으로써 국내외에서 호평을 받았다. 그러나 케

케네디의 1960년 대통령 선거 운동 팜플렛 (출처: 케네디 대통령 도서관 및 박물관)

네디는 그의 정책들이 빛을 보기도 전에 1963년 11월 22일 텍사스주 댈러스를 방문했을 때 암살당하였다. 그것은 동시대인들에게 잊을 수 없는 커다란 충격이었다.

케네디 대통령이 '진보적 자유주의자'라는 평판은 주로 그의 스타일과 이념에 기인하는 측면이 크지만, 임기 마지막 해에 책정된 과제가 1964년부터 1966년 사이에 법제화되었기 때문에 그는 사후에 변화를 위한 진보적 자유주의 세력으로 평가되었다.

민주당 상원 원내대표였다가 케네디의 부통령이 된 텍사스주 출신의 린든 존슨(Lyndon Baines Johnson, 재임 1963~1969)이 대통령직을 승계하였다. 존슨은 그의 전임자보다 더 유능한 정치가였다. 그는 연방 의회에서 오랫

동안 의정 활동을 하면서 정치력을 키웠던 것이다. 1964년 봄, 그는 "위대한 사회(Great Society)"라는 용어를 사용하여 자신의 개혁 구상을 밝히고, 국민들이 자신감과 국가적 결속력을 다질 수 있기를 기대하였다. 대통령으로서 그는 빈곤을 없애고, 피부색에 따른 차별 없이 모든 국민이 번영의 혜택을 누릴 수 있도록 권력을 적극적으로 사용하고자 했다.

존슨은 케네디 대통령이 추구한 법안들이 의회에서 통과될 수 있도록 강력한 추진력을 발휘하였다. 우선 존슨 대통령은 과거 케네디 대통령이 제출한 민권 법안을 통과시키는 데 성공했다. 1964년의 「민권법」은 재건 시대 이래 제정된 가장 원대하고 성공적인 민권법이었다. 그것은 인종, 피부색, 종교, 출신국을 근거로 한 공공시설과 장소에서의 차별, 취업에서의 차별, 연방 정부 지원 프로그램에서의 차별, 그리고 선거에서의 흑백 차별을 금지하였다.

1964년 민권 법안에 서명하는 린든 존슨 대통령. 그 뒤로 흑인 민권 운동 지도자 마틴 루터 킹 목사가 보인다. (출처: 존슨 대통령 도서관 및 박물관)

존슨 대통령은 경제 면에서 감세안을 성공적으로 추진시킨 다음, 케네디 대통령이 시작한 빈곤 퇴치 계획을 적극 추진하였다. 그는 "오늘 이 자리에서 우리 행정부는 미국의 빈곤에 대해 무조건적인 전쟁을 선포합니다!"라고 선언했다. 백악관 산하 기관으로 설치된 경제기회국(Office of Economic Opportunity)은 빈민층에게 직업 훈련을 제공하고, 서민들이 교육, 주택, 보건 등에서 더 나은 기회를 가질 수 있도록 갖가지 지역 사회 활동 프로그램을 수립, 추진하였다.

다음 순서는 의료보험 정책이었다. 20여 년 전에 트루먼 대통령이 전국 의료보험 계획을 제안했었지만 의회에서 통과되지 못하였다. 존슨 집권기에 의회는 노년층을 위한 의료보험 계획인 '메디케어(Medicare)'와 빈곤층을 위한 의료 지원 계획인 '메디케이드(Medicaid)'를 법제화하였다. 또한 존슨 대통령은 케네디 때 실패했던 초·중등 교육 지원 노력에서도 성공했다. 새 「교육 지원법」은 저소득 가정 출신의 어린이 수를 기초로 각 주에 자금을 제공하였다. 이 자금으로 공립뿐만 아니라 사립학교의 어린이들까지도 지원받을 수 있었다.

'위대한 사회' 프로그램은 한층 더 넓은 범위에까지 추진되었다. 「신주택법」으로 빈민들을 위한 주택 임차료 보조비가 제공되었고, 주택·도시개발부가 신설되었다. 1924년에 책정된 인종과 민족에 따라 차별적으로 적용되던 국적 기원별 이민 할당 제도가 마침내 폐지되고 새로운 「이민법」으로 대체되었다. 그 결과 부분적으로 아시아계 이민이 크게 늘어나 미국 사회를 변화시키는 데 기여하였다. 연방 정부는 예술가들과 인문학자들의 활동을 장려하기 위해 국립 진흥 재단을 설립하고 그들에게 인센티브를 제공하였다.

전체적으로 보아서, 존슨의 '위대한 사회'는 뉴딜 정책 이래 가장 많은 입법 성과를 보았다. 그의 집권 시기에 경제 성장과 함께 사회 보장, 보건, 교육 분야에 대한 연방 정부의 지출이 크게 증가하였고, 빈곤이 어느 정도 감소되었다. 예컨대, 1965년부터 1968년 사이에 흑인 가구 소득이 백인 가구 소득의 54%에서 60%로 증대되었고, 빈곤층 규모는 1962년의 25%에서 1973년 11%로 줄어들었다. 그러나 존슨의 국내 정책의 성과는 대외 정책에서의 실패로 빛이 바래게 되었다. 특히 베트남 전쟁에 대한 실책은 존슨의 정치 생명을 끝장내고 말았다.

2
냉전의 고조, 베트남 전쟁, 그리고 데탕트

1960년대와 1970년대에 미국은 여전히 사회주의 국가들과의 대결 양상에서 벗어나지 못하였다. 이 시기 내내 대부분의 미국 지도자들은 세계를 냉전적 시각에서 보았으며, 소비에트권의 위협에 대항하고자 노력하였다. 이런 가운데 쿠바가 케네디 시대의 미·소 대결장이 되었다.

피델 카스트로의 혁명군이 1959년에 집권하고 소련의 지지를 얻은 이래, 미국의 대쿠바 관계에는 긴장이 계속되었다. 미국은 케네디 대통령이 취임하기 직전에 외교 관계를 단절했으며, 미국의 중앙정보국(CIA)은 망명한 쿠바인들을 훈련시켜 그들의 고국을 침공하고 폭동을 야기하는 계획을 추진하였다. 하지만 1961년의 피그스만(Bay of Pigs) 침공은 비참하게 실패하였다. 아이젠하워 행정부가 시작한 계획을 찬성한 케네디 대통령은 그 실패에 대한 책임을 인정하였다.

이듬해 10월, 떨어진 위신을 되찾으려 노력하고 있던 케네디 대통령은 소련이 비밀리에 쿠바에 공격용 핵미사일을 설치하고 있다는 사실을 알게 되자 단호한 태도를 취하였다. 그는 소련 선박들이 더 이상 미사일을 가져오지 못하도록 쿠바를 봉쇄하기로 결정한 다음, 소련이 핵무기를 철거하도록 공개적으로 요구하였다. 세계가 과거의 그 어느 때보다 더 핵전쟁에 접근한 긴장의 5, 6일이 지난 후, 소련이 한 발 물러섰다. 지지자들은 케네디의 용기에 박수갈채를 보냈지만, 비판자들은 조용한 외교가 더 적절했을지도 모르는 때에 그가 핵 재난의 위험을 무릅썼다고 비난하였다. 그러나 쿠바의 미사일 위기는 직접적인 군사적 충돌을 초래할 가능성이 있는 긴장을 완화시켜야 할 필요성을 미·소 양측이 깨달음에 따라 미·소 관계에서 하나의 전환점이 되었다. 1963년 미국과 소련은 대기권 내에서 핵무기 실험을 금지한 획기적인 '부분적 핵실험 금지 조약(PTBT)'에 서명하고, 워싱턴과 모스크바 사이에 '핫라인(hot line, 직통전화)'을 가설하여 우발적인 충돌을 예방하고자 하였다.

한편, 1957년 10월에 소련이 최초의 인공위성 스푸트니크 1호를 발사한 뒤 우주는 또 하나의 전장이 되었다. 소련이 핵폭탄을 손쉽게 운반할 수 있는 로켓으로 인공위성을 궤도에 진입시켰기 때문이다. 소련의 성공에 충격을 받은 미국은 1958년 초 자국 최초의 인공위성 익스플로러 1호(Explorer-1)를 발사하였고, 10월에는 항공우주국(NASA)을 설립해 유인 우주 비행 및 탐사 추진 체제를 구축하였다. 이로써 미·소 간 우주 경쟁이 본격화되었다.

1961년 4월, 유리 가가린(Yurii Gagarin)이 인류 첫 유인 우주 비행을 성공시키며 소련이 우주 개발 계획에서 앞서 나가자, 케네디 대통령은 1960년대가 끝나기 전에 미국이 인간을 달에 상륙시킨 다음, 그를 다시 지구로 귀환시킬 것이라고 공표하였다. 미 항공우주국 설립과 함께 '머큐리 계획(Project Mercury)'과 '제미니 계획(Project Gemini)'을 추진함으로써, 1966년 11월까지 유인 우주 비행에 성공하고 달 착륙 및 탐사 활동, 그리고 지구로의 귀환에 필요한 전반적인 기술을 개발하고 습득하는 데에서 소기의 성과를 거두었다. 마침내 1969년 7월, 아폴로 11호가 케네디의 약속을 실현시켜 주었다. 수억 명의 텔레비전 시청자들이 지켜보는 가운데 미국의

인류 최초로 달 표면에 상륙한 닐 암스트롱 (출처: 미국 항공우주국)

우주 비행사 닐 암스트롱(Neil A. Armstrong)이 달 표면을 걷는 최초의 인간이 되었던 것이다.

인도차이나반도 또한 냉전의 전장이었다. 남베트남이 패망하게 되면, 미얀마·태국·인도네시아 등도 공산화될 가능성이 있다고 확신하고 있던 아이젠하워 대통령은 1956년의 선거 실시에 대한 응오딘지엠(Ngo Dinh Diem) 대통령의 거부를 지지하고, 경제 및 군사 원조를 증가하기 시작하였다. 케네디 대통령도 남베트남 지원을 늘리고 소수의 군사 고문관을 파견했지만, 남·북 베트남 사이의 전투는 여전히 계속되었다. 응오딘지엠은 인기가 계속 떨어져 마침내 1963년 타도되어 피살되었다.

이제 정세는 더욱 불안정해졌다. 남베트남에서 '베트콩(Viet Cong, 베트남 민족해방전선)'으로 알려져 있는 게릴라들이 남베트남 정부에 도전하였다.

북베트남의 지원을 받고 있던 그들은 특히 시골의 농민들 사이에서 세력을 넓혔다. 베트남에서 공산 세력의 확장을 저지하기로 결심하고 있던 존슨 대통령은 베트남전에 개입하기로 하였다. 북베트남군의 어뢰정이 2척의 미국 구축함을 공격했다는 보고가 있은 후 존슨 대통령은 1964년 8월 7일, "미군에 대한 어떠한 무력 공격도 격퇴하고, 더 이상의 침략을 막기 위해서 필요한 모든 조치를 취할 수 있는" 권한을 대통령에게 부여하는 '통킹만 결의안'을 의회로부터 얻어냈다. 존슨 대통령은 1964년 11월에 재선된 후 확전 정책에 착수했다. 1965년 2월, 북베트남에 대한 이른바 '북폭'을 개시함으로써 미국은 베트남전에 대한 간접 개입에서 직접 개입으로 전환하였다(베트남전의 '미국화'). 베트남전에 참가한 미군 수는 1965년 초에 2만 5,000명에서 1968년 50만 명으로 급증하였다. 대규모 폭격이 북베트남과 남베트남 모두에게 엄청난 황폐화를 가져왔다.

미국인들은 텔레비전에서 방영되는 소름끼치는 전투 장면들을 보고 미국의 베트남전 개입에 항의하기 시작하였다. 조지 케넌(George Kennan)과 같은 대외 정책 전문가들도 미국은 베트남전 종결 전략을 갖고 있지 않다고 비판하였다. 대량 군사 행동이 전쟁의 추이에 아무런 영향을 미치지 않는 것처럼 보이자, 미국인들의 불만은 더욱 고조되었고 존슨 대통령은 여론의 압력을 받아 강화 협상을 시작하였다. 1968년에 반전 운동이 더욱 거세지자, 존슨 대통령은 재선 출마를 포기하였다. 일리노이주 시카고의 민주당 전당 대회에서는 반전 시위대가 경찰과 시가전까지 벌였다. 특히 6월의 로버트 케네디 암살 이후 민주당 내에서의 혼란, 1960년대 민권 법안들에 대한 백인들의 반대, 그리고 앨라배마 주지사 조지 C. 월리스 2세 (George C. Wallace, Jr.)의 제3당 대통령 후보 출마 등의 상황 전개는 베트남전이라는 수렁에 빠진 미국을 구출하고 법과 질서를 회복시키겠다는 계획을 내걸고 출마한 공화당 대통령 후보 리처드 닉슨(Richard Milhous Nixon, 재임 1969~1974)의 당선에 도움을 주었다.

대통령에 취임한 닉슨은 베트남전을 베트남인에게 맡긴다는 이른바 '베트남화 계획'을 추진하고 미군을 베트남에서 단계적으로 철수시키는 한편, 이 전쟁에서 가장 가공할 몇몇 폭격 명령을 내리기도 하였다. 또한 닉슨 대통령은 캄보디아 내 베트콩 거점을 파괴할 목적으로 1970년 초 캄보디아 침공을 지시하였다. 이로 인해 전국의 많은 대학생들이 반전 시위를 벌였다. 오하이오주 켄트 주립대학에서는 질서를 유지하기 위해 소집된 주 방위군이 시위대에 발포하여 4명의 대학생이 사망하는 상황까지 발생하였다. 결국 닉슨은 6월 말까지 캄보디아 주둔 미군을 철수하였다.

또한 닉슨은 대통령 국가안보보좌관 헨리 키신저(Henry A. Kissinger)를 통해 베트남전 종결을 위한 협상을 주도하였고, 1973년 1월에 마침내 평화 협정이 조인되었다. 두 달 뒤에 미군은 남베트남에서 완전히 철수하였다. 그러나 이듬해 북베트남은 남베트남에 대한 공세를 재개하였고, 1975년 봄 남베트남의 수도 사이공을 함락시킴으로써 베트남 전체를 통일하였다. 이리하여 베트남 전쟁은 종료되었다.

전쟁은 엄청난 대가를 치렀다. 베트남 전역이 황폐화되었고, 수백만 명이 불구자가 되거나 살해되었다. 미국은 미국인 5만 8,000명의 사망자와 1,500억 달러가 넘는 전비를 지불하였다. 이 전쟁으로 인하여 냉전기 대외 정책에 대한 국민적 합의도 깨졌다. 미국인들은 미군이 베트남에서 잔학 행위를 저질렀을 뿐만 아니라, 미국 정부가 1964년 '통킹만 사건'에 관해서도 거짓말을 했다는 사실을 알게 되었다. 많은 미국인들이 미국의 캄보디아 침공에 혐오감을 느꼈다. 또한 미국의 많은 젊은이들이 자국의 행동, 그리고 미국이 지지하려고 노력한 가치관을 의문으로 여기게 되었다. 미국은 역사상 가장 오랜 전쟁을 치렀지만, 대내적인 국론 분열과 대외적인 위신 추락이라는 오점만 안게 되었다.

한편, 전쟁이 단계적으로 축소됨에 따라, 닉슨 행정부는 주요 사회주의 국가들과 실리를 추구할 수 있게 되었다. 이른바 '데탕트(Détente, 긴장 완

1972년 2월 21일 중국 공산당 지도자 마오쩌둥과 만나는 닉슨 대통령 (출처: 미국 국립문서기록관리청)

화)'가 도래한 것이다. 가장 극적인 조치는 중화인민공화국과 유대를 맺기 시작한 일이었다. 1949년 중국 공산당이 내전에서 승리한 이래 20년 동안 미국은 타이완의 국민당 정부가 중국을 대표한다고 주장해 왔다. 1972년에 닉슨 대통령은 미국의 태도를 누그러뜨리고 통상 제한 조치를 완화하였으며, 베이징을 방문하는 미국 최초의 대통령이 되었다.

소련에 대해서도 닉슨 대통령은 긴장 완화 정책을 추구하는 일에서 성공적이었다. 닉슨은 중국을 방문한 지 몇 달 후에 소련도 방문했다. 그는 소련 지도자 레오니트 브레즈네프(Leonid Ilyich Brezhnev)와 몇 차례 회담을 통해 비축 미사일을 제한하고(전략 무기 제한 협정, SALT), 우주에서 협력하고, 그리고 통상 제한 조치를 완화하기로 합의하였다.

3

닉슨의 국내 정책, 워터게이트 사건,
그리고 대통령 사임

닉슨은 격동의 시기에 대통령이 되었다. 존슨 행정부 말기에 베트남전은 '위대한 사회'를 무너뜨리고, 사회적 분열을 매우 심화시켰다. 1950년대 아이젠하워 대통령 시절 부통령을 역임한 닉슨은 1960년 대선에 출마하였으나 케네디에게 패배하였다. 그리고 마침내 1968년 선거에서 대통령에 당선되었지만, 그는 대외 정책에 비해 국내 정책에서는 전임자처럼 열정적으로 일을 처리하지는 않았다. 닉슨 대통령의 우선 과제는 국내에서 안정을 회복하는 일이었다. 그는 정부 재정에 대한 공화당의 관점, 즉 균형 예산 정책에 찬성했지만, 정부의 책임을 확대시켜야 할 필요성을 인정하고 뉴딜 정책 이래 복지 국가의 기본적인 형태를 받아들였다. 다만 그는 복지 국가 계획들을 보다 효율적으로 집행하기를 원하였다.

닉슨은 재임 중 악화된 경제 상태를 개선해야만 하였다. 다우존스 지수는 1968년 11월부터 1970년 5월 사이에 36%나 떨어졌고, 1970년 말의 실업률은 6.6%에 달하였다. 닉슨 대통령은 1971년에 임금-물가 통제 조치를 단행하였지만 효과가 별로 없었다. 1972년 3.3%이던 인플레이션이 1973년에 9%까지 치솟았다. 외부 요인들이 그의 경제 개선 노력을 저해하였다. 1973년 10월 이스라엘, 이집트, 시리아 사이에 전쟁이 발발하자 ('제4차 중동 전쟁'), 석유수출국기구(OPEC)의 아랍 국가들이 이스라엘의 동맹국인 미국에 수출되는 석유류에 대한 금수 조치를 취하고 유가를 네 배로 올렸다. 미국인들은 석유 부족 및 유가 급등 현상에 직면하였다. 그 이듬해에 대미 석유 금수 조치가 끝났지만, 유가는 여전히 높았다. 높은 에너지 가격은 미국 경제생활의 모든 분야에 영향을 주었다. 1974년 물가 상승률은 12%에 달했고, 이는 경제 혼란을 가중시키고 한층 더 높은 실업률을 초래하였다. 이처럼 인플레이션을 동반한 경기 후퇴('스태그플레이션') 현상은 1948년 이래 미국이 누려 오던 미증유의 경제 호황에 종지부를 찍었다.

한편, 닉슨 대통령은 미국 사회의 '법과 질서'를 회복시키려고 노력하였다. 당시 일부 미국인들은 도시지역에서 증대 일로에 있던 범죄율과 정치적인 항의, 마약 사용의 증가, 그리고 자유로운 성관계에 대한 보다 관용적인 의견의 증가 등에 대해 분노하였다. 자신의 정치적 지지 세력을 강화하려고 노력하고 있던 닉슨은 혼란에 대항하기 위해 정부 권력을 적극 사용하였다. 그는 시위하는 사람들을 비난하고, 정부에 비판적인 보도를 하는 언론을 공격하고, 그리고 자기를 반대하는 사람들을 침묵시키려고 애썼다. 닉슨 대통령의 첫 임기 중에 민주당이 의회 양원에서 다수당을 차지하고 있었다. 닉슨은 1972년 가을 선거에서 공화당이 의회 다수당이 되고 자신 또한 압도적인 지지를 받아 재선에 성공하기를 원하였다.

1972년 초, 닉슨 대통령 재선위원회는 워싱턴 D.C.의 워터게이트 빌딩 단지에 있는 민주당 전국위원회 사무실을 불법 침입하여 수색하고 전화 도청을 시도하였다. 그러나 불법 도청 활동을 위한 후원 자금과 관련 서류를 소지한 침입자들이 경찰에 체포되었다. 이른바 '워터게이트 사건'이 터진 것이다. 그러자 닉슨 행정부는 자신들의 개입을 은폐하기로 결정하였다. 이 침입 사건이 발각된 지 6일 뒤 닉슨 대통령은 국가 안보가 위태롭다는 이유로 이 사건에 대한 연방수사국(FBI)의 수사를 중지시키라는 명령을 중앙정보국(CIA)에 내렸다. 사실 그 침입 사건은 닉슨 행정부가 자신들의 '적'이라고 생각한 사람들을 찾아내서 제거하기 위한 활동의 일환이었다. 그러한 활동에는 불법 전신·전화 도청, 주거 침입, 자금 모집 등이 포함되어 있었다. 닉슨은 그해에 압도적으로 재선되었지만, 민주당은 닉슨 대통령에 대한 탄핵 절차를 밟기 시작하였다. 닉슨이 개입한 증거가 늘어나기 시작하자, 그는 1974년 8월 9일 사임하였다. 이로써 닉슨은 미국 역사상 임기 중 사임한 최초의 대통령이라는 불명예를 남기게 되었다.

4
1960년대와 1970년대의 민권 운동, 여성 운동, 대항문화, 환경 운동

격동의 시대인 1960년대 중반, 미국 흑인들의 평등을 위한 투쟁도 절정에 달하였다. 흑인들은 1950년대에 점진적 승리를 거둔 이후 비폭력적인 민권 운동에 전념하였다. 흑인 목사들로 구성된 남부기독교지도자회의(SCLC)와 젊은 민권 운동가들로 구성된 학생비폭력조정위원회(SNCC)와 같은 단체들은 평화적인 방식을 통한 개혁을 추구하였다.

1960년 노스캐롤라이나주의 흑인 대학생들이 학내 식당의 인종 분리에 항의하며 벌인 연좌 농성이 언론 매체의 주목을 받으며 전국적인 연좌 시위로 이어진 후, 그 이듬해에 인종평등회의(CORE) 소속 흑백 학생들이 "자유를 위한 승차" 운동(freedom rides)을 전개하였다. 이들은 버스로 남부 지역을 돌아다니면서 버스 대합실의 흑백 통합을 강행하며 인종 차별 철폐 운동을 벌였다.

민권 운동가들은 또한 1963년의 '워싱턴 행진'과 같은 집회들도 추진했다. 20만 명이 넘는 흑백 시민들이 인종 평등을 요구하며 워싱턴 시내를 행진하고 링컨기념관 앞에 운집하였다. 이 날의 행사는 탁월한 민권 대변인으로 활약하고 있던 마틴 루터 킹 목사의 연설로 최고조에 달하였다. 그는 "나는 어느 날 조지아주의 붉은 언덕에서 옛 노예의 자손들과 옛 노예 소유주의 자손들이 우애의 테이블에 함께 앉아 있게 될 수 있으리라는 꿈을 가지고 있습니다"라고 외쳤다. 그가 "나에게는 꿈이 있습니다(I have a dream)"라는 구절을 반복할 때마다 군중은 환호성을 울렸다.

케네디 대통령은 취임 초에 남부 백인들에게 민권 정책을 지지해 달라고 공개적으로 요청하기를 주저하였다. 왜냐하면 그는 다른 문제들에 관해서 그들의 지지표가 필요했기 때문이었다. 그러나 사건들이 전개됨에 따라 케네디 대통령은 민권을 위한 행동을 취하지 않을 수 없었다. 1962년에 미시시피대학교가 흑인 학생 제임스 메러디스(James H. Meredith)에게 그의 인종을 이유로 입학 허가를 거부했을 때, 케네디 대통령은 법을 준수한다는 명분으로 연방군을 파견하였다. 또한 경찰이 앨라배마주 버밍햄시의 인종 분리 철폐를 목표로 한 시민들의 항의를 폭력적으로 진압하자, 그는 마침내 공공장소의 흑백 인종 통합을 명령하는 새로운 민권 법안을 의회에 제출하였다. 그러나 '워싱턴 행진'과 같은 대중적인 시위에도 불구하고, 그 법안은 의회에서 통과되지 못한 채 케네디 대통령의 암살 당시에도 여전히 의회에 계류 중이었다.

1963년 워싱턴 대행진 후 링컨기념관 앞에서의 집회 (출처: 미국 국립문서기록관리청)

이후 케네디를 계승한 존슨 대통령은 의회에서 이렇게 말하였다. "케네디 대통령을 추모함에 있어서, 민권 법안의 가능한 한 가장 빠른 통과보다 더 웅변적인 추도사는 없습니다." 존슨은 자신의 모든 권한을 사용하여 상원을 설득함으로써, 1964년에 모든 공공시설에서의 인종 차별을 불법화한 포괄적인 민권법을, 그 이듬해에는 「투표권법(Voting Rights Act)」을 통과시켰다. 「투표권법」은 지방 관리들이 흑인들의 유권자 등록을 방해하는 지역에서 유권자 등록 조사관을 임명할 수 있는 권한을 연방 정부에 부여하였다. 「투표권법」이 통과된 이듬해 최남부 지방에서 40만 명의 흑인들이 등록하였고, 1968년에는 그 수가 100만 명에 달하였으며, 흑인들이 선출한 관리들의 수는 전국적으로 대폭 증가되었다. 마침내 1968년에는 주택 분야에서의 인종 차별을 금지하는 법안도 의회에서 통과되었다.

이러한 모든 입법 활동에도 불구하고, 일부 흑인들은 민권의 느린 발전 속도를 참을 수 없었다. 흑인 민권 운동가 맬컴 엑스(Malcolm X)는 백인종으로부터 흑인종의 분리를 주장하였다. 흑인 학생 지도자인 스토클리 카마이클(Stokely Carmichael)도 비폭력 및 인종 간의 협력이라는 생각에 환멸을 표출하였고, 흑인을 억압하는 '백인 권력'과 투쟁하기 위해 어떠한 수단에 의해서라도 '흑인 권력(Black Power)'을 이룩해야 할 필요성을 역설하였다.

급진적인 개혁 요구에 폭력이 수반되었다. 1965년 8월 로스앤젤레스 와츠에서의 흑인 폭동을 비롯하여 1966년과 1967년에도 몇몇 대도시에서 인종 폭동이 일어났다. 흑인의 절반 이상이 도시 빈민가에서 만성적 실업과 빈곤에 시달린 끝에 분노한 흑인들이 일으킨 사건들이었다. 이제 백인들 사이에서 점차 인종적 정의에 대한 위기감과 의구심이 증가하였다. 이런 흐름 속에서 1968년 킹 목사가 암살자의 총탄에 맞아 사망하였다. 몇 달 후 사회적으로 불우한 입장에 있는 사람들의 대변자이자 베트남전 반대자인 로버트 케네디(Robert F. Kennedy) 상원 의원도 암살당하였다.

닉슨 대통령 집권기에는 연방 정부의 민권 공약이 감소하였다. 닉슨은 흑인의 평등 운동이 너무나 지나쳤다고 느낀 백인 보수주의자들을 중심으로 자신의 정치적 기반을 공고히 하려는 생각이 있었다. 행정부는 「공정주택법」의 시행을 위한 예산 배정액을 축소하였고, 1970년에는 1965년의 「투표권법」 확장을 막으려고 하였다. 1971년 연방 대법원이 흑백 학생 통합을 위해 어린이들을 거주 구역 밖의 학교로 보내는 강제 버스 통학을 인종 차별 철폐 학교들에게 허용될 수 있는 한 수단이라고 판시하자, 닉슨 대통령은 텔레비전에서 그 판결을 비난하고 판결 집행의 일시 정지나 제한을 추구하였다. 결국 강제 버스 통학 반대자들은 도심지 흑인 학생들을 백인 일색의 교외 학교로 보내는 노력을 연방 대법원이 무효화한 1974년의 「밀리컨 대 브래들리(Milliken v. Bradley) 판결」에서 승리를 거두었다.

소수 집단에 대한 차별을 시정하기 위한 연방 정부의 적극적 정책, 즉 '적극적 차별 시정 정책(Affirmative Action)'에 대한 반발은 1978년의 연방 대법원 판결에서 한층 더 공공연하게 되었다. 백인 남자인 앨런 배키(Allan Bakke)는 소수 인종 입학 할당제 때문에 캘리포니아주에 있는 의과대학에서 자신의 입학 허가 신청을 받아들이지 않았다고 주장하였다. 연방 대법원은 입학 할당제는 이제 더 이상 강제될 수 없다면서 배키의 입학 허가를 명령하였고, 인종에 대한 고려는 입학생 선발 절차에 관련된 요인 중의 하나임을 확인하였다. 이 소란스러운 시기 내내 어린이 강제 버스 통학과 적극적 차별 시정 정책에 관한 논쟁으로 인해서 흑인들이 중류층 및 교외 거주자 대열로 꾸준히 진입하는 일이 종종 불투명하게 되었다.

한편, 1950년대와 1960년대에 점점 더 많은 기혼 여성들이 직업을 가졌지만, 1963년에 근로 여성의 평균 수입은 남성의 63%에 불과했다. 그해에 베티 프리던(Betty Friedan)이 중산층 여성들의 생활양식을 대담하게 비판한 『여성의 신비(The Feminine Mystique)』를 출간하였다. 그녀의 비판은 수많은 여성들이 지니고 있던 불만감을 명백히 밝히는 데 도움을 주었다. 프리던은 여성들이 흔히 "남편을 찾아서 결혼하고 자녀를 양육하는 일" 이외에는 아무런 출구를 가지고 있지 않다고 주장하면서, 여성들 스스로 새로운 역할과 책임을 추구하고 남성 지배 사회가 여성들에게 정해 주지 않는 자기 자신의 개인적·직업적 주체성을 추구하도록 독자들에게 권장하였다.

1960년대와 1970년대의 여성 운동은 민권 운동으로부터 영감을 얻었다. 당시의 여성 운동은 주로 상류층 여성들로 이루어져 있었고, 1960년대 대부분의 중류층 젊은이들에게 영향을 준 반항 정신의 기색이 있었다. 여성 운동의 출현과 관련된 또 하나의 요인은 피임약의 개발 및 시판으로 촉발된 1960년대 '성 혁명(Sexual Revolution)'이었다.

이제 여성들은 자신들의 처지를 개선하기 위하여 적극적으로 나섰다. 1966년 베티 프리던을 포함한 28명의 직업여성들이 "미국 여성들이 미국 사회의 주류에 전면적으로 참여하도록 만들 수 있는 조치를 취하기 위해" 전국여성협회(National Organization of Women: NOW)를 창설하였다. 그해에 1,000명의 여성이 이 단체에 가입했으며, 4년 후에 회원 수는 1만 5,000명에 이르렀다. NOW 및 이와 유사한 여성 단체들의 도움으로 여성들은 자신들의 기회가 제한되어 있음을 점점 더 깨닫게 되었고, 자신들의 기회를 늘리겠다는 결심을 강화하였다.

여성의 권리 및 이익을 위한 조직적 활동(페미니즘)은 1970년대 초에 절정에 달하였다. 여성 저널리스트 글로리아 스타이넘(Gloria M. Steinem)과 몇몇 여성들은 1972년에 새 잡지 『미즈(Ms.)』를 창간하였다. 일부 페미니즘 운동가들은 「남녀평등 헌법 수정안(ERA)」의 비준을 강력히 추진하였다. 1972년 의회에서 통과된 이 헌법 수정안은 "법 아래에서 남녀평등권은 성별로 해서 미합중국이나 주에 의하여 거부되거나 제한되지 아니한다"라고 선언하였다. 그 후 수년 동안에 걸쳐서 비준에 필요한 38개 주 가운데 35개 주가 그 수정안을 비준하였다. 법원들도 남녀평등을 증진시켰다.

가령 1973년 연방 대법원은 「로 대 웨이드(Roe v. Wade) 사건」에서 여성이 임신 후 6개월까지 낙태를 선택할 헌법상의 권리를 가진다고 판결했는데, 이는 여성 운동의 중요한 승리 중 하나였다.

1970년대 중엽 이후 여성 운동은 침체되었다. 여성 운동은 그 호소의 범위를 중산층 너머까지 넓히지 못하였고, 페미니스트들 사이에 온건파와 급진파로 분열 현상도 나타났다. 보수주의자들은 「남녀평등 헌법 수정안」에 반대하는 운동을 개시하였으며, 이 헌법 수정안은 비준에 필요한 38개 주의 승인을 얻지 못한 채 1982년에 폐기되었다.

평등한 기회를 위한 운동은 다른 형태의 격변을 촉발하였다. 특히 젊은이들은 제2차 세계 대전 후 수십 년 동안 자기 부모들이 만들어 온 안정된 중산층 생활양식을 거부하였다. 일부 젊은이들은 급진적인 정치 활동에 투신하였고, 많은 젊은이들이 복장 및 성행위의 새로운 기준을 받아들였다. 즉, 대항문화(counter culture)의 징후가 1960년대 말과 1970년대 초의 미국 사회에 퍼져 있었다. 장발과 턱수염이 흔하게 되었고, 청바지와 티셔츠가 양복바지와 와이셔츠, 넥타이를 대신하였다. 사회적 구속감으로부터 마음을 해방시키기 위한 노력의 일환으로 불법 마약 사용이 증가하였으며, 로큰롤이 점점 더 성행하고 여러 변주곡으로 발전하였다. 비틀스(The Beatles), 롤링스톤스(The Rolling Stones), 그리고 기타 영국 밴드들이 흥행을 거듭하였다. 싱어송라이터인 밥 딜런(Bob Dylan)의 노래와 같은 젊은이들의 대항문화는 1969년 8월, 참가자가 약 50만 명이나 되었던 뉴욕주의 전원 도시 우드스톡(Woodstock)에서 개최된 3일간의 음악 축제에서 그 절정에 달하였다. 영화와 음반 앨범에서 신화적으로 다루어진 이 축제는 당시를 나타내는 시대 명칭, 즉 '우드스톡 세대'를 낳게 하였다.

민권 운동을 뒷받침하고 대항문화를 촉진시킨 에너지는 또한 1960년대 중반의 환경 보호 운동에도 자극을 주었다. 살충제, 특히 디디티(DDT)가 초래하는 참상과 해악을 지적한 레이첼 카슨(Rachel L. Carson)의 저서

『침묵의 봄(Silent Spring)』(1962)이 출간되어 많은 사람들이 각성하게 되었다. 사람들이 자신의 건강과 환경에 위협을 주는 오염 물질들, 즉 자동차 배기가스, 산업 폐기물, 해상 석유 누출 등을 점점 더 많이 알게 됨에 따라, 환경에 대한 국민들의 염려는 1960년대에 계속 증대되었다. 1970년 4월 22일, 미국 전역의 학교와 지역 사회는 '환경의 날' 선포식을 거행하였다. 아울러 많은 대학에서 토론회가 개최되어 미국인들에게 환경 오염의 위험성을 널리 인식시켰다.

대기와 물을 맑게 만들기 위해 제안된 방안들에 대한 저항도 적지 않았다. 그 방안들이 기업과 개인들에게 비용을 부담시키고, 사람들의 생활양식이나 일하는 방식에서 변화를 요구할 것이기 때문이었다. 그러나 1970년 연방 의회는 전국적으로 통일된 대기질 기준을 만들기 위해 1967년의 「맑은 대기법」을 개정하였다. 의회는 또한 「수질 개선법 (WQIA)」을 통과시켜 연안 해상에서 누출된 유류를 깨끗이 청소하는 일의 책임을 오염자가 부담하도록 하였다. 그리고 환경오염의 악폐를 막기 위하여 1970년에 연방 정부 독립 기관으로서 환경보호청(EPA)이 신설되었다.

 참고한 책, 더 읽어 볼거리

권용립, 『미국 외교의 역사』, 삼인, 2010.

김덕호·김연진 엮음, 『현대 미국의 사회운동』, 비봉, 2001.

앨런 브링클리 지음, 황혜성 외 역, 『있는 그대로의 미국사』 3, 휴머니스트, 2011.

이보형, 『미국사개설』, 일조각, 2018.

이주영·김형인, 『미국 현대사의 흐름』, 비봉출판사, 2003.

하워드 진 저, 유강은 역, 『달리는 기차 위에 중립은 없다』, 이후, 2002.

한국미국사학회 엮음, 『사료로 읽는 미국사』, 궁리, 2006.

15장

브레튼우즈 체제의 붕괴와
신냉전
: 1970년대와 1980년대의 미국

1
브레튼우즈 체제의 붕괴

제2차 세계 대전 말엽인 1944년 7월 1일부터 22일까지 44개국의 연합국 대표자들은 미국 뉴햄프셔주 브레튼우즈(Bretton Woods)에서 전후 세계 경제 질서를 재정립하기 위한 회의를 개최하였다. 연합국 일원은 경제 민족주의와 통화 블록(달러 블록, 파운드 블록, 금 블록)이 제2차 세계 대전 발발의 한 원인이라는 데 인식을 함께하며, 이를 방지하기 위한 경제 질서를 만들고자 하였다. 이에 따라 1930년대 이래 등장한 불안정한 통화 가치와 평가 절하 경쟁, 무역 거래 제한 등을 바꾸어 국제 무역을 확대하고 고용 및 실질 소득을 증대시키며, 외환의 안정과 자유화, 국제 수지의 균형을 달성할 목적으로 브레튼우즈 조약을 체결하였다. 주요한 내용은 다음과 같다.

먼저, 미국의 달러화를 기축 통화로 하는 금 환 본위제를 시행하고, 이를 위해 금 1온스를 35달러로 고정하며, 그 외 다른 나라의 통화는 달러에 고정하였다. 다음으로, 1% 내외로 조정 가능한 고정 환율제를 시행하고, 국제 수지의 근본적인 불균형이 있는 경우에만 예외적으로 그 이상의 변동을 허용하였다. 나아가 환율과 국제 수지와 국제 금융 체계를 감독하여 국제 통화 협력을 강화하기 위하여 국제통화기금(International Monetary Fund: IMF)을 설립하였다. 국제통화기금은 무엇보다 회원국의 국제 수지가 악화되었을 때 담보 없이 필요한 만큼의 외화를 인출할 수 있는 특별 인출권(Special Drawing Rights: SDR)을 통해 회원국의 경제적 안정을 도모하고자 하였다. 이와 함께 전후 복구와 신흥국의 개발을 위하여 국제부흥개발은행(International Bank for Reconstruction and Development: IBRD)을 설립하였다.

브레튼우즈 조약을 통하여 형성된 브레튼우즈 체제는 전후 미국 중심의 세계 경제 질서를 만드는 데 중요한 한 축이 되었으며, 이를 기반으로 안정적인 경제 질서를 만들 수 있었다. 실제로 브레튼우즈 체제하에서 금융 위기는 거의 존재하지 않았다.

제2차 세계 대전 이후 미국은 '황금시대'를 맞이하였다. 전후 미국은 경제적 팽창, 안정된 물가, 낮은 실업률과 삶의 질이 향상된 시기였다. 1946년에서 1960년 사이 미국의 국민 총생산(GNP)은 두 배 이상 증가하였고, 임금이 상승하였다. 주택, 가정 수입, 교육, 여가 등 모든 생활에 있어서 미국인들은 그들의 부모와 조부모 세대보다 더 나은 삶의 모습을 보여 주었다. 이 시기 텔레비전, 가정용 에어컨, 자동 세척기, 저렴한 장거리 전화 요금과 비행기 여행 같은 다양한 혁신이 퍼져 나가면서 미국인의 일상생활이 변화하였다. 미국인의 기억에 오직 부유하고 건실한 중산 계층만이 누렸던 전기, 중앙난방과 실내 화장실 같은 설비는 이제 일상생활이 되었다. 소비가 미덕이었다.

하지만, 1970년대로 접어들면서 장기간의 전후 경제 성장과 소비 문화는 막을 내리고 뒤이어 저성장과 고물가가 뒤를 이었다. 냉전이 시작되면서 미국은 반공 국가를 강화하기 위해서 일본과 독일의 공업을 부활시켰고, 한국과 대만은 제조업의 새로운 중심지가 되었다. 미국의 회사가 해외에 공장을 건설하고, 이들 국가의 상품이 미국 내 시장을 잠식하였다. 브레튼우즈 조약에 따라 금과 연동된 강력한 달러의 힘은 미국산 상품의 수출을 더욱 어렵게 만들었다. 20세기 들어 처음으로 미국은 1971년 무역 적자를 기록하였다. 1970년 미국에서 생산된 상품 중 거의 3분의 1이 외국산 제품과 경쟁하였고, 제조업에 종사하는 노동자의 수는 1960년 38%에서 28%로 하락하였다. 더구나, 베트남 전쟁으로 연방 예산은 급등하고 물가는 상승하였다. 주가는 1968년 11월부터 1970년 5월 사이 36% 하락하였고, 1970년 말 실업률은 6.6%였다.

결국, 1971년 닉슨 대통령은 금과 연동된 달러의 가치를 고정한 브레튼우즈 조약을 폐기하여 금 환 본위제를 종식시켰다. 이를 통해 닉슨은 달러의 가치 하락을 통해 해외 시장에서 미국의 상품이 저렴하게 판매되고 수입이 감소하길 기대하였다. 브레튼우즈 체제의 종식으로 미국은 일시적으로 물가 상승이 줄고 상품의 수입 또한 감소하였다. 하지만 1973년 제4차 중동 전쟁(이스라엘과 이집트·시리아 사이의 전쟁)은 '제1차 오일 쇼크'를 불러왔다. 중동의 아랍 국가들은 이스라엘을 후원한 서방 세계에 원유 가격을 네 배로 올리고 미국으로 수출하는 원유의 수출을 여러 달 동안 지연시켜 보복하였다. 당시 미국은 국내에서 소비되는 원유의 3분의 1을 수입에 의존하였고, 유럽과 일본은 그 비중이 더 컸다. 유가의 상승은 서방 세계로 하여금 이제까지의 친이스라엘에서 친아랍 중동 정책으로 기울게 하였다. 기존 국제 석유 자본이 독점하고 있던 원유 가격의 결정권은 석유수출국기구(Organization of the Petroleum Exporting Countries: OPEC)로 이동하였으며, 자원 민족주의를 강화시키는 결과를 초래하였다. 하지만 석유의 가격은 물가 상승과 달러 가치의 하락을 고려한 실질 원유 가격으로 올라가지 못하였다. 또한, 1979년 이란의 이슬람 혁명과 이란-이라크 전쟁으로 인한 '제2차 오일 쇼크'로 세계 경제는 혼란에 빠졌고, 불황임에도 인플레이션이 지속되는 스태그플레이션(stagflation)이 등장하였다. 1973년에서 1981년 사이 선진국의 물가는 연간 10% 상승하였으며, 연간 경제 성장률은 2.4%였을 뿐이었다.

이 과정에서 미국의 경제는 커다란 변화를 맞이하였다. 1970년대 중반 이후부터 미국에서 서비스 산업이 확대되면서 후기 산업 사회가 시작된 것이다. 미국은 전통적인 철강이나 섬유 산업과 같은 "굴뚝 산업"이 쇠퇴하고, 자동차 산업은 일본의 자동차 산업과 경쟁하며 시장을 잃어 가고 있었다. 반면, 서비스를 제공하여 부를 창출하는 엔터테인먼트 산업, 레크리에이션 산업, 호텔 및 레스토랑 업종, 통신, 교육, 금융업 등이 성장하면서 서비스업의 비중이 제조업의 비중을 넘어서기 시작하였다. 서비스 업종이나 고도의 지식을 바탕으로 한 산업의 발전은 미국의 제조업 부문을 중심으로 대량 실업을 초래하였다. 또한, 산업 구조 재편으로 인한 무역 수지 적자와 공업 부문의 쇠퇴는 미국의 경제를 심각한 상황으로 이끌었다.

2
포드 행정부와 카터 행정부

1974년 경제적 위기 속에서 '워터게이트 사건'으로 사임한 닉슨의 후임으로 부통령이었던 제럴드 포드(Gerald Ford, 재임 1974~1977)가 닉슨의 남은 임기를 수행하였다.* 대통령직을 시작하며 포드가 가장 먼저 한 일은 닉슨의 사면이었다. 포드는 워터게이트 사건을 뒤로 묻고 싶었으나, 미국 내 여론은 악화되었다. 더불어 경제 또한 상황이 좋지 못하였다. 포드와 그의 경제 고문인 경제자문위원회 의장 앨런 그린스펀(Allen Greenspan)

은 경제 위기는 급증하는 소비 지출에 반하여 저축률은 매우 낮아 기업이 투자할 자금이 너무 부족하기 때문이라 보았다. 따라서 포드 행정부는 기업에 대한 세금을 줄이고 경제에 대한 정부 간섭을 최소화하고자 하였다. 그러나 다수당인 민주당은 이러한 전통적인 공화당의 정책을 환영하지 않았다. 인플레이션을 억제하기 위하여 포드는 소비와 지출을 줄이고 "인플레이션을 당장 몰아내자(WIN, Whip Inflation Now)"라는 운동을 벌였다. 하지만 실업률은 계속 상승하여 1974년부터 1975년 사이 9%에 이르렀고, 이는 대공황 이후 최고의 실업률이었다.

대외적으로 포드 행정부는 닉슨의 데탕트 정책을 이어 나가 미국과 소련은 제2차 세계 대전 이후 유럽의 국경을 확정하고, 자국의 국민에 대한 기본적 자유를 존중하는 데 동의하였다. 이는 서방 세계가 공산 진영의 존재를 합법적으로 인정한 것이며, 나아가 이들 사이의 '평화적 공존'에 대한 가능성을 높인 것이었다(헬싱키 회담). 하지만 포드 행정부의 대외적 성과에도 불구하고 미국 내 경제적 위기는 포드 행정부의 여론을 더욱 악화시켰다.

결국, 1976년 대통령 선거에서 민주당의 지미 카터(Jimmy Carter, 재임 1977~1981)가 효율적 정부, 환경 보전과 정치적 도덕성을 강조하며 흑인들의 압도적 지지로 대통령으로 당선되었다. 카터는 실업률보다 인플레이션이 미국 경제의 주요한 문제라고 보았다. 카터는 경쟁을 통해 상품의 가격을 낮추길 기대하였고, 나아가 몇몇 산업 분야의 규제를 풀고, 임금과 물가가 모두 하락할 때까지 연방준비은행이 금리를 높이는 것을 지지하였는데, 이는 전통적인 공화당의 정책이었다. 따라서 상원과 하원 모

* 제럴드 포드는 그의 전임 부통령 스피로 애그뉴(Spiro Agnew)가 수뢰 혐의로 1973년 사임하면서 닉슨 대통령에 의해 부통령으로 임명되었다. 따라서 제럴드 포드는 미국 역사상 처음으로 심지어 부통령 선거도 치르지 않고 대통령이 되었다.

두 민주당이 다수였음에도 카터 행정부는 종종
의회와 충돌하였다. 의회와 충돌을 무릅쓴 카터
행정부의 경제 정책은 그러나 성공을 거두지 못
하였다. 1979년 이란 혁명으로 석유 가격은 계
속 상승하였고 인플레이션은 지속되었다. 또한
원자력 에너지가 석유 소비를 줄일 수 있다고 믿
은 카터 행정부는 대규모의 원자력 발전소 건설
을 추진하였으나, 1979년 쓰리마일섬(Three Mile
Island)에 있는 원자력 발전소에서 사고가 나면서
원자력 발전의 안정성에 대한 논란이 거세지고
원자력 발전에 대한 대중의 공포와 불안이 널리
퍼져 나갔다. 이와 더불어 1979년 이란 혁명 당
시 인질이 된 테헤란 주재 미국 대사관 직원 53명
의 석방에 실패하면서 카터 행정부는 국민의 신
임을 잃게 되었다.

3
레이건 행정부와 '위대한 미국'

1980년대에 접어들면서 지난 20여 년간의 사회적, 경제적, 정치적 과정
을 지켜본 많은 미국인은 정부의 능력에 회의감을 갖기 시작하였다. 많은
미국인은 관용적이고 혼란스러운 사회 현상의 범람에 대하여 반대하고
정부의 권한을 제한하며 국방력을 강화하자는 주장을 받아들이기 시작하

였다. 이와 같은 상황에서 1980년대 '신보수주의
(Neo-conservatism)'가 전면에 등장하였다. 1970년대
에 이미 나타나기 시작했던 신보수주의자는 거
대 정부의 비능률성을 비판하면서 사적 영역에
대한 정부의 간섭을 최대한 배제하고자 감세, 정
부 규모의 축소, 규제 철폐를 주장하였으며, 군
사력에 있어 미국은 언제나 제일이어야 한다고
보았다. 이들은 또한 사회적 약자와 빈부 격차에
대한 문제를 개인적인 문제로 바라보아 복지 정

1980년 대통령 선거 당시 레이건 캠프에
서 사용하였던 유세 배지

책·사회 개혁·소수 민족 지위 향상 등과 같은 문제에 대해서는 비판적이
었다.

이와 같은 신보수주의의 주장은 당시 미국에서 성공한 백인들의 광범
위한 공감을 얻기 시작하였고, 그 중심에는 로널드 레이건(Ronald W. Reagan,
재임 1981~1989)이 있었다. 영화배우 출신인 레이건은 1964년 공화당 출신
의 보수주의자였던 대통령 후보 배리 골드워터(Barry Morris Goldwater) 지지
연설로 정치적 두각을 나타내기 시작하였다. 그는 1966년 캘리포니아 주
지사가 되었고, 1980년 대통령 선거에서 지미 카터를 누르고 대통령으로
당선되었다. 레이건은 많은 미국인에게 텔레비전을 통해 안정감을 심어
주었고, 이를 통해 1950년대의 번영과 사회적 안정을 상기시켰다.

레이건은 정부가 미국인 생활에 깊이 개입하고 있다고 믿었다. 그는
낭비와 사기, 권력 남용을 제거하여 미국에 필요하지 않은 여러 프로그
램을 줄여 나가고자 하였다. 레이건은 소비자, 작업장, 환경 등에 영향
을 주며 비능률적이고 값비싸고 경제 성장을 방해하는 것이라 주장되
는 여러 규제 조치를 철폐하고자 하였다. 레이건은 민간 경제 부문의 규
제가 풀리면 미국의 경제가 활성화될 것이라는 믿음을 통해 '레이거노
믹스(Reaganomics)'로 불리는 정책을 실행해 나갔다. 레이거노믹스는 경제

의 재활성화를 통하여 힘에 의한 '위대한 미국'을 재건한다는 국가 정책이었다. 소비 지출, 저축, 투자 등을 활성화하기 위해 대폭적인 소비세 감세를 추진하고 정부의 세출 삭감을 통해 재정 적자를 줄이면, 기업에 대한 정부 규제의 완화와 감세를 통해 기업은 투자를 활성화할 것이고 이를 통해 수익을 늘려 정부의 세수와 민간의 수익이 증대할 것이라고 보았다. 이는 당시 미국이 당면하였던 스태그플레이션 치유를 위해 공급 측면을 자극해 그 파급 효과가 수요의 증대로 이어지게 한다는 '공급 중심의 경제'가 그 토대였다. 이를 위하여 레이건은 소득세를 임기 첫해인 1981년 최고 세율 70%에서 50%로 줄였고, 5년 후인 1986년에는 50%에서 33%로 다시 인하하였다. 또한, 규제 기구들의 수장을 보수적인 인물로 임명하여 기업들이 수년간 불만을 제기한 여러 환경 보호 규정과 작업장의 안전 규정을 완화하였다.

이와 함께, 레이건 행정부는 미국의 군대를 현대화하고, 소련으로부터 계속적이고 점증하는 위협에 대항하기 위해 방위비 지출의 대폭적인 증대를 추구하였다.

하지만, 경기 후퇴는 레이건 행정부 초기의 주요한 특징이었다. 실업률은 약 10%였으며, 미국 공장의 3분의 1이 운영되지 않게 되자 1982년 미국의 국민 총생산은 2.5%나 떨어졌다. 그러나 1982년의 경기 후퇴는 물가 상승 억제라는 주요한 이점을 가지고 있었다. 유가 하락과 더불어 물가가 하락하자 1983년 말 경제 상황이 서서히 좋아지기 시작하였고 1984년에는 경제가 원상태로 돌아왔다. 미국은 이제 제2차 세계 대전 이래 경제 성장의 가장 긴 시간 중 하나로 진입하였다. 연방 정부의 감세 정책에 따라 소비 지출은 증대하였고, 주식 시장은 폭등하였다. 경제 회복이 시작된 후 5년 동안 국민 총생산은 연평균 4.2% 성장하였고 1987년까지 미국 경제가 창출한 새로운 일자리는 1,300만 개 이상이었다. 그러나 이러한 성장이 모두에게 고르게 나타난 것은 아니었다. 미국의 성장은 적자 재정에 바탕을 두고 있었고 따라서 국가 채무는 레이건 행정부 기간 동안 거의 3배가 증가하였다. 또한, 경제 성장은 최고 소득 계층에게만 나타났다. 낮은 수준의 기술 및 비숙련 기술을 필요로 하는 일자리는 사라졌고 대부분의 빈곤층과 중산층 가구가 몰락하기 시작하였다. 더불어 감세 및 보건 지출의 증가와 국방비의 증대로 정부의 재정 적자는 더욱 심해졌다.

4
1980년대의 신냉전과
냉전의 종식

1983년 3월 한 모임에서 레이건은 소련을 "악의 제국(Evil Empire)"이라고 묘사하였다. 소련과의 관계에 있어 레이건이 선언한 정책은 힘에 의한 평화 정책이었다. 냉전 전통에 뿌리를 두고 있던 레이건은 악의 제국이라 말한 소련을 다룰 때는 단호한 태도를 보이기로 결심하고 있었다. 이 시기 두 개의 사건이 미·소 간의 긴장을 고조시켰다. 1981년 12월 폴란드의 자유노조 운동 탄압 사건과 1983년 9월 1일 소련 전투기가 항로를 이탈한 민간 항공기 대한항공 007기를 격추한 사건이다. 미국은 또한 소련의 계속된 아프가니스탄 점령을 규탄했으며, 그곳의 무자헤딘 저항 세력을 지원하였다.

레이건 행정부는 첫 임기 중에 소련의 미사일 배치에 대항하기 위해 중거리 핵미사일을 유럽에 배치하였고, 군사력 증대를 위해 국방 지출을 늘렸다. 그리고 레이건 대통령은 1983년 3월 23일 대륙 간 탄도미사일을 막기 위해 레이저 광선 무기 및 고에너지 발사체와 같은 발달한 과학 기술을 연구할 수 있는 "스타워즈 계획"으로 알려진 '전략 방위 계획(Strategic

레이건 대통령과 고르바초프 공산당 서기장이 백악관에서 '중거리 핵전력 조약'을 체결하고 있다.
(출처: 로널드 레이건 대통령 도서관)

Defense Initiative: SDI)' 연구 프로그램을 발표했다. 많은 과학자가 전략 방위 계획의 과학 기술 부문 타당성에 의문을 제기했으며, 경제 전문가들은 이에 관련된 거대한 천문학적인 액수를 지적했지만 레이건 행정부는 그 계획을 계속 추진하였다.

1984년 재선에 성공한 레이건은 당선된 후 군비 통제에 관한 그의 경직된 태도를 다소 누그러뜨렸다. 미국은 소련의 경제가 미국의 방위력 증강과 경쟁하는 데 필요로 하는 경비 수준을 지탱할 능력이 없다는 것을 알게 되자, 이내 소련과의 회담을 시작하였다. 1985년 11월 레이건 대통령은 제네바에서 소련의 새 지도자 미하일 고르바초프(Mikhail Sergeyevich Gorbachev, 공산당 서기장 재임 1985~1991, 대통령 재임 1990~1991)와 정상회담을 개최하였다. 미국과 소련은 중거리 핵전력에 관한 잠정 협정과 아울러 공격용 전략 핵무기의 50%를 감축해 나가는 것에 원칙적인 합의를 보았다. 1987년 12월 레이건 대통령과 고르바초프 소련 공산당 서기장은 핵무기의 파괴를 규정하고 있는 '중거리 핵전력 조약(Intermediate-Range Nuclear

1989년 12월 조지 부시 미국 대통령과 고르바초프 소련 대통령이 몰타에서 회담하고 있다.
(출처: 조지, 바바라 부시 재단.)

Forces Treaty: INF)'에 서명하였다.

　1988년 대통령 선거에서 레이건 행정부 당시 부통령이었던 공화당의 조지 부시(George H. W. Bush, 재임 1989~1993)가 당선되었다. 부시 대통령이 임기를 시작한 1989년은 제2차 세계 대전 이후 세계사 전개에서 가장 중요한 연도 중 하나였다. 그해 봄 중국의 천안문 광장에서 수만 명의 학생들이 민주주의를 요구하며 시위를 벌였으나 군에 의해 강제로 진압되었고, 가을엔 동유럽 전역에서 민주주의를 요구하는 시위가 퍼져 나갔다. 소련은 이전과 달리 동유럽의 시위에 간섭하지 않았다. 결국, 동서 냉전의 상징이었던 베를린 장벽이 11월 9일 무너졌다. 냉전의 대표 국가였던 미국과 소련의 지도자는 12월 몰타에서 회담을 개최하였다. 소련의 고르바초프 대통령은 이 회담에서 "우리는 항구적이고 평화로운 시대로 가는 긴 여정의 시작에 있다. 무력의 위협, 불신, 심리적·이데올로기적 투쟁은 모두 과거의 유산이 되었다"라고 연설하였다. 이에 대하여 부시 대통령은 "우리는 항구적인 평화를 실현하고 동서 관계를 영속적인 협력 관계로 전환할 수 있다"라고 화답하였다.

1990년 1월 부시 대통령은 연두 교서에서 유럽 주둔 미군을 감축할 것이라 발표하였고, 2월 미국과 소련은 군비 통제와 동·서독의 통일에 대하여 협의하였다. 7월까지 미국과 소련은 여러 차례의 회담을 통해 소련의 전시 권리를 포기하고 북대서양조약기구(NATO)에 통일 독일이 정식 회원국의 자격을 가지는 것에 합의하였고, 9월 독일에 관한 '최종 해결 조약(The Treaty on the Final Settlement)'이 체결되었다. 10월 3일 독일은 통일되었다. 한편, 소련은 깊은 수렁에 빠져 있었다. 고르바초프의 경제 개혁은 혼란만 따랐고, 개방 정책으로 오랜 시간 억눌린 민족적·인종적 긴장이 표면에 드러났다. 1990년 에스토니아, 라트비아, 리투아니아의 독립 선언을 시작으로 1991년 말 소비에트 연방은 15개의 새로운 국가(독립 국가 연합(Commonwealth of Independent States: CIS)로 분리되었다.

냉전은 종식되었다.

참고한 책, 더 읽어 볼거리

김남균, 『로널드 레이건: 보수혁명의 전설』, 선인, 2011.
김정배, 『미국 냉전의 기원』, 혜안, 2001.
손세호, 『하룻밤에 읽는 미국사』, RHK, 2019.
이근욱, 『냉전』, 서강대학교출판부, 2012.
이주영 외, 『미국현대사』, 비봉출판사, 1996.
이주영·김형인, 『미국현대사의 흐름』, 비봉출판사, 2006.

16장

탈냉전, '9·11',
그리고 그 이후의 변화

1
클린턴 행정부:
변화와 보수 사이에서 표류

1992년 대통령 선거가 다가왔을 때, 미국인들은 자신들이 4년 전 대선 때와 매우 달라진 세계에 있다는 것을 알게 되었다. 베를린 장벽이 사라지고 독일은 통일되었으며, 소비에트 연방(소련)의 해체로 소속 국가들이 독자들인 행보를 내딛게 되어 동유럽 사회주의권은 붕괴되었고, 핵 대결의 위협은 격감되었다. 즉, '탈냉전 시대'라는 새로운 국면에 진입해 있었던 것이다. 그러나 국내의 현실은 낙관적이지 못했다. 1980년대 초 이래 가장 심각한 경기 후퇴 국면에 빠져 있었기 때문이었다. 블루칼라 노동자들뿐만 아니라 화이트칼라 노동자들의 실업이 증가하고 있었고, 여러 지역들이 경기 침체의 깊은 수렁에 빠져 있었으며, 연방 정부의 재정 적자와 국가 대외 채무는 계속 증대 일로에 있었다. 많은 미국인들이 자신들의 미래에 대해 심각한 비관론을 표명하고, 미국이 잘못된 방향으로 가고 있다고 생각하고 있었다.

재선 캠페인에 나선 조지 부시 대통령은 세금 인하와 정부 지출 삭감에 입각한 경제 계획을 제시하였다. 이에 반해 12년 동안 아칸소 주지사를 역임하고 있던 민주당의 빌 클린턴(William J. Clinton) 후보는 경제 성장, 교육, 보건 문제 등과 씨름해 온 자신의 경험을 내세우면서 부유층에 대한 증세와 교육, 운수, 통신 분야에 대한 정부 지출의 증가를 통해 국가적 생산성 및 경제 성장을 증대시킬 것을 주장하였다. 선거 운동 기간 내내 '변화'를 역설한 클린턴은 제2차 세계 대전 이후 탄생한 이른바 베이비 붐 세대의 지지와 12년간 지속된 공화당 행정부의 보수적 분위기에 지친 민심 덕분에 마침내 낭선되었다.

케네디 이래 가장 젊은 나이인 46세에 대통령으로 선출된 클린턴(재임 1993~2001)은 취임 연설에서도 미국의 이상인 생명, 자유, 행복의 추구를 보존하고 국가적 존속을 위해서 '변화'해야 한다고 강조하였다. 클린턴은 우선 각료 임명에서 변화를 시도하였다. 그는 처음으로 법무장관에 여성을 기용한 것을 비롯하여 4명의 여성, 4명의 아프리카계 미국인, 2명의 히스패닉계 미국인을 각료로 임명하였다. 또한 자신의 부인인 힐러리 클린턴(Hillary R. Clinton)에게 의료보험 제도 개혁안 작성을 맡기는 파격적인 인사를 단행하기도 하였다.

클린턴의 국내 정책 우선순위는 경제 재생이었다. 이를 위해 그는 공화당 행정부 시절의 경제 정책과 달리 부유층에 대한 감세 정책을 증세 정책으로 전환하고 이를 통해 재정 적자를 줄이는 한편, 공공사업에 대한 투자를 늘리고 수출 시장 확대에 주력하였다. 이와 관련하여 클린턴은 1993년 미국, 캐나다, 멕시코 간의 북미자유무역협정(North America Free Trade Agreement: NAFTA)을 체결하였고, 나아가 1995년 자유무역의 범세계적 확산을 목표로 하는 세계무역기구(World Trade Organization: WTO)의 창설도 주도하였다.

클린턴은 '변화'를 강조하면서 개혁을 시도하였지만 여러 정책에서 좌절을 맛보기도 하였다. 그는 취임 직후 자신의 공약대로 동성애자의 군 입대를 추진하였으나 군과 공화당의 강한 반대에 부딪쳐 애매한 방식으로 타협하였다. 즉, 동성애자는 군대 내에서 자신이 동성애자임을 밝히지 않는 한 어떤 차별도 금지되지만, 만약 동성애자라는 사실이 알려지면 전역시킨다는 것이었다. 힐러리를 내세워 야심차게 추진한 의료보험 제도 개혁도 기대한 만큼의 성과를 거두지는 못하였다. 당시 메디케어 (Medicare)와 메디케이드(Medicaid)로 각각 의료보험 혜택을 받고 있던 65세 이상의 노년층과 빈민층을 제외한 다수 시민들은 민간 보험 회사의 사적인 보험 말고는 국가 차원의 보험 혜택을 전혀 받지 못하고 있었다. 그래서 힐러리의 보고서를 토대로 전 국민을 대상으로 하는 국민건강보험 제도를 만들고자 했으나, 미국 의사회와 보험업계, 그리고 보수 세력의 완강한 반대로 좌절되고 말았다.* 의료보험 개혁의 실패는 1994년 중간 선거에서 민주당이 상·하원 모두 공화당에 패배하는 원인이 되기도 하였다. 나아가 이 선거 결과로 공화당이 40년 만에 상·하 양원에서 다수당을 차지하게 되자, 클린턴 행정부는 임신 중절, 총기 규제, 복지 개혁 등의 문제에서 공화당에 많은 양보를 할 수밖에 없었다.

1996년 대통령 선거에서 클린턴은 집권 초기의 진보적 노선을 포기하고 중도 노선을 채택하여 초당적 지도자의 이미지를 부각시킴으로써 온건 보수 성향의 중산층으로부터 지지를 얻고자 하였다. 당시 미국 경제의 호황이 지속되고 있었고, 국내외적으로 특별한 쟁점이 부각되지 않았

---

* 힐러리가 주도한 개혁안은 이후 오바마 정부에서 추진한 의료보험 개혁법인 이른바 '오바마케어'의 모태라고 평가받고 있다. 또한 1997년 힐러리는 의료 혜택을 받지 못하는 가정의 어린이 500만 명에게 연방 차원에서 지원하는 '아동건강보험 프로그램 법안'을 추진하여 성공시키는 성과를 거두기도 하였다.

던 덕분에 대선 승리는 민주당에 돌아갔다. 클린턴의 재선은 민주당 출신 대통령으로서는 프랭클린 루스벨트 이후 60년 만에 처음이었기에 상당히 고무적인 분위기 속에서 제2기 행정부가 출범할 수 있었다. 그러나 뜻하지 않게 불거진 스캔들로 인하여 위기에 봉착하게 되었다. 특히 과거 백악관 인턴으로 근무했던 여성 모니카 르윈스키(Monica Lewinsky)와의 성추문 사건은 클린턴을 탄핵으로까지 몰고 갔다. 1998년 8월 17일 대배심(Grand Jury)에서 클린턴은 르윈스키와의 '부적절한 관계'가 있었음을 인정하고, 국민에게 공개 사과하였다. 그러나 특별 검사는 클린턴을 정식 고발하였고, 이에 대해 12월에 연방 하원이 위증죄와 법 집행 방해를 유죄로 인정해 클린턴의 탄핵을 가결하였다. 이리하여 클린턴은 앤드루 존슨 대통령 이후 두 번째로 탄핵 재판을 받는 대통령이 되었다. 그러나 1999년 2월 상원은 탄핵안을 부결시켰다. 당시 미국인들은 클린턴이 사생활에서 저지른 불미스러운 행위로 인해 동요되기는 하였지만, 대통령으로서 국정을 수행하는 것에 대해서는 지지를 보여 주었다. 이는 1998년 중간 선거에서 민주당이 하원에서 5석을 추가로 획득하고 상원에서 의석수를 유지한 것이나 탄핵 재판 후 실시된 여론 조사 결과를 통해 드러났다고 할 수 있다. 집권당이 중간 선거에서 의석수를 추가한 것은 1934년 이래 64년 만에 처음 있는 일로서, 클린턴 대통령이 국민들로부터 사실상 면죄부를 받은 것이라고 평가되었다.

한편, 20세기가 끝나가면서 두 가지 경향이 미국의 대외 정책에 변화를 가져다주었다. 하나는 세계화 현상(Globalization)이었다. 국경의 장벽은 점차 옅어져 갔고, 국내 경제도 사람, 사상, 투자, 엔터테인먼트 등의 급속한 이동의 결과 점차 상호 연결성이 증가하였다. 저렴해진 비행기 여행과 인터넷은 세계를 새로운 방식으로 함께 묶어 주었다. 클린턴은 세계화가 전 세계의 경제적 번영과 민주주의를 증진시켜 줄 것이라고 믿었다. 그래서 그는 자유 무역주의 정책을 적극적으로 추진하였다. 또 다른 변화의 동인은 민족주의와 소수 민족 문제의 부활이었다. 소련의 해체와 더불어 구소련에서 새로운 국민 국가들이 속속 생겨났다. 20세기의 마지막 10년 동안 유엔 가입국이 156개국에서 185개국으로 늘어났다. 냉전 시기에는 많은 권위주의적 정부들이 자국 내 소수 민족 간의 갈등을 억압할 수 있었지만, 미국과 소련 사이의 갈등이 종식되자 코카서스, 동티모르, 라이베리아, 르완다, 유고슬라비아 등에서 소수 민족 간 폭력 사태가 분출하였다.

앞서 12년간 공화당 집권기 미국의 대외 정책을 '적극적 강경 정책'이라고 한다면, 클린턴 행정부의 대외 정책은 '소극적·유화적 정책'이라고 할 수 있다. 클린턴은 지역 분쟁을 효과적으로 관리하고 세계 경제를 활성화시키는 데 중점을 두면서 '개입과 확산'의 정책 기조를 추구했지만, 탈냉전 시대를 맞이하여 유일의 패권 국가로서 위력을 과시하기보다는 인적·물적 소모를 가능한 한 억제 또는 축소하는 정책으로 나아갔던 것이다.

클린턴의 대통령 취임 당시 미군은 유엔 평화유지군의 일원으로 내전 중인 소말리아(Somalia)에 주둔하고 있었다. 그런데 1993년 6월 소말리아 군벌 일부가 유엔 평화유지군을 공격하자 미군이 보복 공격을 감행하여 양측에서 많은 사상자가 발생하였다. 클린턴은 의회의 압력을 받아 이듬해 4월까지 소말리아에서 모든 미군을 철수할 것이라고 발표하였다. 1995년에는 구(舊)유고슬라비아 연방에서 분리 독립한 보스니아(Bosnia)에서 세르비아인과 이슬람계의 비(非)세르비아 민족 사이에 민족 분쟁이 발생하였는데, 클린턴 행정부는 초기에 사태를 관망하는 태도를 취하였다. 그러나 결국 유엔 감시하에 보스니아에 미군을 파견해 민족 분쟁을 해결하려고 노력하였다. 1998년에는 유고슬라비아가 세르비아의 코소보(Kosovo)에서 주민의 절대 다수를 차지하고 있던 알바니아인에 대한 말살 정책을 기도하였다. 그러자 이듬해 3월 클린턴은 북대서양조약기구(NATO)와 협력하여 미군을 파견해 세르비아를 공습하였고, 유고 대통령

슬로보단 밀로셰비치(Slobodan Milosevic)를 인종 학살을 자행한 전범으로 체포해 기소하였다. 이후 코소보 평화유지군을 배치해 사태를 수습하였다.

북한의 핵 문제 해결에도 클린턴 행정부는 유화 정책을 견지하였다. 1993년 3월 북한이 핵 확산 금지 조약(NPT)을 탈퇴하겠다고 위협하자, 클린턴은 유엔을 통한 외교적 압박과 더불어 북한 핵 시설에 대한 군사적 공격을 검토하였다. 이후 공화당의 반대를 무릅쓰고 로버트 갈루치(Robert Gallucci)를 대표로 임명해 북한과 협상에 나섰다. 1994년 10월 미국은 북한과 '제네바 합의(1994 Agreed Framework)'를 맺어 북한이 핵 개발을 중단하는 대가로 경수로 발전소 건설과 매년 50만 톤의 중유 제공, 그리고 경제 협력과 정치·외교적 관계 정상화 등에 합의하였다. 그러는 한편 한국의 방어를 강화하기 위해 주한 미군 기지에 패트리어트 미사일을 배치하였다. 또한 1997년 이후 홍수 등으로 인해 북한의 식량 사정이 악화되자 미국은 인도적 차원에서 대규모 식량을 원조하기도 하였다. 그러나 1998년 북한의 대포동미사일 발사 실험이 양국의 관계를 다시 긴장 상태로 몰아갔다. 이에 클린턴은 미국 최초의 여성 국무장관인 매들린 올브라이트(Madeleine Albright)를 북한에 파견해 긴장을 완화하고자 하였다.

2
부시 행정부:
'테러와의 전쟁'

2000년 대선에서 민주당은 현직 부통령인 앨 고어(Albert A. Gore, Jr.)를, 공화당은 제41대 대통령이었던 조지 H. W. 부시의 장남이자 현직 텍사스 주지사인 조지 W. 부시(George W. Bush)를 후보로 지명하였다. 선거전은 경제적 호황 속에서 양당 간 별다른 쟁점 없이 대체로 국민의 무관심 속에서 진행되었다. 11월 7일 선거 결과, 일반 투표에서 고어가 부시보다 100만여 표를 더 얻었지만 선거인단 투표에서 패배하는 바람에 부시가 대통령에 당선되었다. 미국 대선 역사상 일반 투표에서 승리하고도 선거인단 투표에서 패배하여 낙선한 네 번째 사례였다. 하지만 이번에는 연방 대법원이 대통령의 당선을 판정한 첫 번째 사례라는 점에서 특기할 만하다.

그 상황 전개는 대강 이렇다. 최종 당선자를 가리기 위해 각 주의 선거인단 표의 최종 집계를 기다리는 가운데 부시가 플로리다주의 일반 투표에서 고어보다 약 1,210표를 앞서고 있었고, 이러한 박빙의 표 차가 확실하다면 부시가 플로리다의 선거인단 25표를 차지하게 되는 것이었다. 그렇게 되면 부시는 선거인단 표의 총수에서 271표를 득표하여 266표의 고어를 누르고 당선될 수 있었다. 그러자 고어 측에서 플로리다주의 4개 선거구에서 투표용지와 투표 기계가 제대로 갖추어져 있지 않아 표 집계에서 오류가 있을 수 있다고 항의하며 수작업에 의한 재집계를 요구하였다. 플로리다주 대법원은 고어 측의 요구를 받아들여 재집계를 승인하였다. 그러나 부시 측에서 곧장 연방 대법원에 항의하였고, 12월 12일에 연방 대법원은 재집계를 위헌이라고 판정하였다. 결국 플로리다주의 선거인단 표가 부시의 득표로 인정되어 부시의 승리가 확정되었다. 그래서 당시 다수 국민의 의사가 무시되었다며 미국 민주주의의 위기설이 나돌기도 하였지만, 연방 대법원의 판정 직후 고어가 그 결과에 깨끗이 승복함으로써 일단락되었다. 그러나 부시는 공식적으로 집권하기 이전부터 이미 국민의 불신을 안고 출발하게 되었다.

제43대 대통령이 된 조지 W. 부시(재임 2001~2009)는 자신의 정치 철학을 '동정적 보수주의(compassionate conservatism)'라고 칭하면서 특히 자유, 가족, 신앙, 책임의 네 덕목을 지킬 것을 강조하고, 대외 정책에서는 초강대국으로서 미국의 보수적 영도력을 강조하였다.

부시는 취임과 동시에 공화당의 전통적인 국내외 정책을 답습하였다. 우선 11년에 걸쳐 1조 3,500억 달러를 감세하는 정책을 시작하였고, 클린턴 행정부로부터 물려받은 재정 흑자를 바탕으로 개인에게는 300달러까지, 기혼 남녀에게는 600달러까지 납세자의 세금을 환불해 주기로 하였다. 이러한 정책으로 기업체와 개인의 자금 사정을 호전시켰지만, 클린턴 행정부 말기부터 시작된 경기 하강 추세는 회복되지 않았다. 한편, 부시는 「아동 낙오 방지법」을 통한 교육 개혁을 추진하였다. 대외 정책에서는 일방주의(unilateralism)적 외교 정책을 전개하였다. 군비 경쟁을 우려하는 러시아와 중국의 반대를 물리치고 국가 미사일 방어 체제(National Missile Defence System: NMD)를 추진하였고, 유엔이 추진하는 국제범죄재판소의 설치를 반대하였으며, 지구 온난화 방지를 위한 '교토 의정서'에 불참을 선언하였다. 북한 핵 문제에 대해서는 클린턴의 당근 정책에서 채찍 정책으로 전환하려는 움직임을 보였다.

부시 대통령이 취임한 지 7개월이 흐른 2001년 9월 11일, 미국은 불특정 다수를 대상으로 한 역사상 유례없는 테러 사건, 즉 '9·11 테러'로 불리게 되는 참사를 겪었다. 그날 오전 8시 46분, 뉴욕시 세계무역센터(World Trade Center) 쌍둥이 빌딩 북쪽 타워에 여객기 한 대가 돌진해 폭발하였다. 이어서 9시 3분, 다른 여객기 한 대가 남쪽 타워에 돌진해 폭발하였다. 그로부터 30여 분이 지난 9시 38분, 여객기 한 대가 워싱턴 D.C. 근교에 있는 국방부 건물에 돌진하여 일부를 파괴하였다. 10시경에 또 다른 여객기가 펜실베이니아주의 시골 들판에 추락해 폭발하였다. 이 테러로 인하여 피랍 여객기에 탑승했던 승무원과 승객, 무역센터에 있던 일반 시민들, 그리고 구조대원을 합쳐 모두 3,095명이 희생되었다.

테러범들은 19명의 아랍인 이슬람교 원리주의자들이고, 사우디아라비아 부호의 아들인 오사마 빈 라덴(Osama bin Laden)이 조직한 테러 단체 알카에다(Al-Qaeda) 소속이라는 것이 곧 밝혀졌다. 테러에 앞서 사전 녹화된

9·11 테러로 화염에 휩싸인 세계무역센터
(출처: 미국 국립공원관리청)

9·11 테러로 일부가 파괴된 미 국방부 건물
(출처: U.S. Air Force photo/Tech. Sgt. Cedric H. Rudisill)

빈 라덴의 비디오 연설이 공개되었다. 그는 "팔레스타인에 평화가 정착할 때까지, 그리고 모든 비이슬람교도가 무함마드의 땅을 떠날 때까지 미국에 평화가 있을 수 없다"라고 말했다.

이러한 도발에 대응하여 부시 대통령은 9월 19일 의회 연설에서 테러의 주범이 알카에다라는 것을 밝히고, 다음 날에는 알카에다를 비롯한 모든 테러 조직을 지원하는 집단과 정부는 미국의 반테러 작전의 대상이 된다고 천명하였다. 이른바 '테러와의 전쟁(War on terrorism)'을 선포한 것이다. 부시의 강경 대응 발언에 미국 국민의 90%가 지지를 표명하였다. 하지만 정부 내에서는 테러 대책을 둘러싸고 국방부를 주축으로 하는 매파와 국무부를 주축으로 하는 비둘기파가 나뉘었다.

이미 중동과 아프리카 등지에서 미군과 미국 대사관에 대한 테러를 감행해 국제 지명 수배를 받고 있던 빈 라덴은 9·11 테러 당시 아프가니스탄에 은신하여 테러 분자를 훈련시키고 있었다. 미국은 아프가니스탄을 강권 통치하고 있던 탈레반(Taleban)의 지도자 무하마드 오마르(Muhammad Omar)에게 빈 라덴의 인도를 요구하였다. 그러나 오마르는 빈 라덴의 개입 증거를 요구하며 미국의 요구를 차일피일 계속 거절하였다. 결국 10월 7일, 미국은 탈레반의 군사 시설과 테러 단체의 훈련장에 폭격을 개시하였고, 영국을 비롯한 여러 나라의 군사적 원조와 아프가니스탄 북부에 근거지를 둔 반정부군의 협력을 얻어 탈레반의 군사력을 분쇄하였다. 그러나 빈 라덴과 오마르 체포에는 실패하였다. 두 달 만에 작전을 끝낸 미국은 군대를 계속 주둔시키고, 하미드 카르자이 임시 정부를 세워 그의 통치를 후원하였다.

9·11 테러는 미국인들에게 이루 말할 수 없는 충격을 안겨 주었다. 이 사건은 테러에 관한 한 미국이 결코 안전한 국가가 아니라는 것을 보여 주었다. 냉전의 해체로 분명한 적대 세력이나 국가를 상정할 수 없었던 미국은 이제 전 세계 테러 집단들과 테러 지원국을 확실한 적으로 규정하게 되었다. 특히 그들이 대량 살상 무기를 보유·사용하는 것은 미국과 세계의 안전에 가장 위협적인 요소로 인식되었고, 따라서 '반테러'가 미국 외교 정책의 최우선 순위를 차지하게 되었다. 이렇게 2001년 9·11 테러를 겪은 이후 미국의 안보 정책은 근본적으로 변화하였다.

부시 대통령의 2002년 연두 교서는 위와 같은 인식을 분명하게 보여 주었다. 그는 북한·이란·이라크를 대량 살상 무기로 세계 평화를 위협하는 테러 지원 국가로 규정하고 '악의 축(Axis of Evil)'이라고 지정함으로써 노골적인 적대감을 분명히 나타냈다. 그뿐만 아니라 부시는 테러 방지책의 일환으로 미국의 '선제공격(preemption)' 가능성을 강력하게 시사함으로써 미국의 일방적인 힘의 외교 정책을 표방하였다. 이러한 정책 기조에 따라 미국 정부는 2003년 3월, 기존의 정보 관련 기관 22개를 통합해 약 18만 명으로 구성된 '국토안보부(Department of Homeland Security)'를 신설하였다. 이는 냉전 시대에도 보기 어려운 연방 정부의 거대하고 획기적인 구조 조정으로, 테러에 대한 미국의 의지와 노력을 잘 보여 준다. 또한 외국인의 출입국 검색을 거듭 강화해 2004년부터는 27개국을 제외한 국가의 국민이 미국에 입국할 때 지문 채취와 사진 촬영을 받도록 하였다. 그러나 자국의 안전을 위해 비미국인에게 강요되는 인권 침해의 사례가 증가하자 이에 대해 우려를 표명하는 목소리가 나오기도 하였다.

미국의 선제 공격론은 2003년 봄 이라크 공격으로 현실화되었다. 이라크가 1991년 걸프 전쟁 때 합의한 유엔의 무기 사찰에 비협조적이고, 대량 살상 무기의 개발 또는 은닉 의혹이 있으며, 알카에다와 연관성을 갖고 있을지도 모른다는 이유에서였다. 그러나 이라크의 사담 후세인(Saddam Hussein) 대통령은 대량 살상 무기의 존재를 부인하고 유엔의 무기 사찰단을 축출하였다. 이에 미국은 유엔 안보리에 이라크 제재안을 상정하였다. 하지만 15개 이사국 중 미국, 영국, 스페인, 불가리아만 찬성하고 나머지는 신중론을 펴면서 반대하였다. 그러자 미국은 유엔 결의 없이 이라크에 최후통첩을 보내고 3월 7일에 영국과 함께 이라크를 공격하였다. 미군의 막강한 화력에 이라크군은 순식간에 무너져 한 달 만에 수도 바그다드가 점령되었다. 그 뒤 각지에 흩어진 이라크 패잔병을 소탕한 미국은 5월 1일 자로 이라크 전쟁의 종료를 선언하였다.

이어서 7월에 이라크인으로 구성된 임시 통치 기구를 설치하였다. 그러나 이즈음부터 미군과 미국의 이라크 통치에 협력하는 과도 정부 및 그 추종 세력에 대한 테러가 빈발하기 시작하였다. 2003년 말에 후세인이 체포된 이후에도 이라크 내 미군과 불특정 다수에 대한 테러는 그치지 않았고, 인명 피해는 날이 갈수록 늘어 갔다. 그럼에도 불구하고 미국은 전쟁 원인이었던 대량 살상 무기를 찾아내지 못하였다. 그리하여 이라크 전쟁의 정당성에 대한 논란이 일었다. 영국 수상 토니 블레어(Tony Blair)는 이라크 국민을 사담 후세인의 비인도적 독재 정치로부터 해방시킨 것에서 전쟁의 정당성을 역설하였다. 하지만 확고한 증거 없이, 또는 잘못된 정보에 입각해서 전쟁을 일으킨 것은 처음부터 잘못된 일이었으며, 이라크 전쟁은 미국의 일방주의적 정책의 산물에 지나지 않으므로 미군이 조속히 철수해야 한다는 비판에 직면하였다.

이렇게 이라크 전쟁에 대한 찬반 여론이 분분한 가운데 2004년 대통령 선거가 치러졌다. 재선에 출마한 부시는 매사추세츠주 연방 상원 의원인 민주당의 존 케리(John Kerry) 후보에게 승리를 거두었다. 그러나 득표수 차이가 크지 않았는데, 이는 부시에 대한 국민의 지지가 그리 높지 않다는 것을 보여 주었다.

집권 2기를 맞은 부시 대통령은 콘돌리자 라이스(Condoleezza Rice) 국가 안보 보좌관을 국무장관으로 임명하였다. 흑인 여성으로서 국무장관에 임명된 최초의 인물인 라이스는 현상 유지 외교 정책에서 벗어나 민주주의와 미국적 가치들의 확장을 통해 세계를 변화시키는 이른바 '변형 외교(Transformational Diplomacy)'를 주창하였다. 그런 차원에서 중동의 민주적 개혁을 추진해야 한다고도 주장하였다. 라이스는 표면적으로 다자주의적 협상 태도를 보였지만 실제로는 반미 세력들을 공격적인 외교로 봉쇄하는 정책을 추진했다는 평가를 받는다. 예컨대 미국의 이라크 침공의 문제점에는 함구하면서 이슬람권의 민주화를 주장하는가 하면, 북한 문제에서 겉으로는 6자 회담에 찬성하면서 실제로는 대북 강경 노선을 바꾸지 않았다는 것이다.

이라크 전쟁 종료 선언 이후에도 산발적인 전투가 때와 장소를 가리지 않고 일어나며 사태 호전의 기미가 보이지 않자, 2007년에 부시 대통령은 이라크에서 부분적 철군 계획을 발표하였다. 그러나 민주당은 조속히 즉각 철군할 것을 요구하였다.

2005년 8월 말, 허리케인 카트리나(Katrina)가 앨라배마, 미시시피, 루이지애나주 등지를 강타하였다. 이로 인하여 2,000여 명의 사망자와 실종자가 발생하고 812억 달러에 달하는 재산상 피해를 입게 되었다. 특히 뉴올리언스시에서는 도시의 80%가 물에 잠기며 피해가 막대하였는데, 저소득층이 거주하는 지역의 흑인들은 미처 피난하지 못한 경우가 많아 그 피해 정도가 더욱 컸다. 더구나 이들에 대한 구호 활동이 늦어지고 미흡하여 그 지역이 한때 무법 지대가 될 정도였다. 그래서 정부의 대규모 재난 대응이 미비하고 미온적이라는 거센 비난을 받았다. 게다가 부시 대통령은 막대한 재해를 입은 지역에 방문은커녕 위로의 성명조차도 발표하지 않는 냉담한 태도를 보여 크게 빈축을 샀다.

한편, 2005년 말부터 연방준비제도이사회의 기준 금리 인상과 미국의 주택 경기 하락으로 인하여 '비우량 주택 담보 대출(Subprime Mortgage Loan)'로 주택을 구입한 사람들이 원리금 상환에 어려움을 겪게 되고, 이에 따라 대출을 해준 금융 회사도 자금 압박을 받았다. 이에 금융 회사는 담보 주택을 차압하였고, 주택을 차압당한 구입자는 대출 상환 자금이 없어서 다시 무주택자로 전락하였다. 2007년에는 서브프라임 모기지 연체율이 16%를 넘어섰고, 문을 닫는 군소 금융 회사가 속출하였으며, 이내 AIG와 같은 대형 보험사와 HSBC은행 등 대기업들의 손실도 크게 증가하였다('서 브프라임 모기지 사태').

그 여파가 다음 해에도 이어지자 정부는 9월에 대형 투자 회사인 메릴 린치(Merrill Lynch)를 아메리카은행(Bank of America)이 50억 달러에 매입하도록 알선하였다. 그러나 미국의 4대 글로벌 투자 은행 중 하나였던 리먼 브라더스(Lehman Brothers)는 매입자를 구하지 못해 6,000억 달러가 넘는 부채를 감당하지 못하고 결국 파산하였다. 이는 미국 역사상 가장 큰 규모의 파산이었다. 리먼 브라더스의 파산은 다른 기업과 중소 은행들의 파산과 손실로 이어졌고, 그 여파가 전 세계로 확산되어 세계적인 경제 위기를 초래하였다('2008년 세계 금융 위기'). 급기야 정부는 7,000억 달러에 달하는 사상 최대의 구제 금융안을 마련하여 금융 시장의 신용을 회복시키고 경제 위기에서 벗어나고자 하였다. 그러나 미국 경제는 여전히 불안한 상태에 놓여 있었다. 무엇보다도 아프가니스탄과 이라크에 수 조 달러의 막대한 군사비가 지출되어 정부 재정이 심각한 적자 상태에 빠졌고, 지속적인 감세 정책, 리먼 사태 이후 많은 은행과 기업에서 진행된 구조 조정으로 높은 실업률과 전반적인 경기 침체가 지속되었다. 결국 이러한 상황이 2008년 대선에서 공화당이 패배하고 민주당이 승리하는 데 큰 요인으로 작용하였다.

3
오바마 행정부:
혁신을 위한 과감한 행보

2008년 대통령 선거는 역사적으로 매우 획기적인 사건이었다. 흑인이자 초선의 연방 상원 의원이던 47세의 민주당 후보 버락 오바마(Barack Hussein Obama, Jr.)가 보수 진영의 거물급 정치인인 공화당의 존 매케인(John S. McCain) 후보를 일반 투표에서 1,000만 표, 선거인단 투표에서 192표라는 매우 큰 표 차로 제치고 승리하였다. 이로써 미국 역사상 최초로 '흑인 대통령'이 탄생하였다. 최초의 '흑인 퍼스트레이디'가 된 미셸 오바마(Michelle L. R. Obama)의 조상은 사우스캐롤라이나주에 살았던 노예였다고 한다. 실로 오바마 대통령의 취임은 반세기 전 마틴 루터 킹 목사가 절규한 "나에게는 꿈이 있다"가 현실화된 순간이라고 할 수 있겠다.

인종 차별과 갈등의 역사가 뿌리 깊은 미국 사회에서 버락 오바마의 당선은 역사적 이변이라고 할 수 있지만, 그는 오늘날 미국 사회의 다인종·다문화적 성격을 매우 함축적으로 보여 주는 인물이라고 하겠다. 그는 여러모로 주류 미국인과는 다른 출생 배경 및 성장 과정을 갖고 있다. 우선 그는 역대 대통령들과 달리 본토에서 멀리 떨어진 하와이에서 출생한 최초의 대통령이었다. 게다가 그는 아프리카 케냐 출신의 흑인 아버지와 캔자스 출신의 유럽계 백인 어머니에게서 태어난 '흑백인 혼혈'이었다. 오바마는 세 살 때 부모가 이혼한 뒤로 인도네시아인과 재혼한 어머니를 따라 인도네시아로 이주하여 살다가 열 살이던 1971년 하와이로 돌아와 고등학교를 졸업할 때까지 외조부모 슬하에서 살았다. 이렇게 오바마는 성장기에 남달리 다인종·다문화적인 환경에서 자랐다. 그러면서 청소년기에 정체성 문제로 잠시 방황하기도 했지만 고등학교를 우등으로 졸업하였다. 오바마는 로스앤젤레스의 옥시덴탈칼리지를 2년간 다니고 컬럼비아대학에 편입한 뒤 정치학을 전공하였다. 대학 졸업 후 시카고에서 빈민층 복지를 위한 공동체 운동에 종사하던 오바마는 1988년 하버드 법대에 진학해 흑인 최초로 『하버드 법률 평론(Harvard Law Review)』의 편집장으로 활동하며 전국적으로 언론의 조명을 받기도 하였다. 1991년 최우등생으로 하버드를 졸업한 그는 다시 시카고로 돌아가 공동체 운동을 계속하면서 인권 변호사로 활약하는 한편, 시카고 법대 강사로 출강하기도 하였다.

위와 같은 이력을 바탕으로 오바마는 1996년 일리노이주 상원 의원으로 출마하여 당선된 뒤 복지 개혁, 건강보험, 빈민 아동의 교육에 관한 입법에 적극 참여하였다. 2004년에는 연방 상원 의원에 도전하여 70%의 높은 지지율로 당선되었는데, 재건 시대 이후 상원에 입성한 세 번째 흑인이라고 한다. 오바마는 2006년에 펴낸 『담대한 희망: 아메리칸 드림의 재활에 관한 성찰(The Audacity of Hope: Thoughts on Reclaiming the American Dreams)』에서 미국의 당면 문제를 제시하면서 진보와 보수, 부유층과 빈민, 흑인과 백인, 그 밖의 사회적 갈등을 해소하는 길은 오직 '통합'에 있음을 강조하여 정파와 인종을 막론하고 호평을 받았다. 마침내 오바마는 2008년 민주당의 대통령 후보 경선에 나와 "변화와 개혁"을 기치로 통합과 포용의 이미지를 구축하는 데 성공하여 대통령으로 당선되었다. 그는 흑인 유권자의 95%, 히스패닉의 67%, 아시아계의 62%, 그리고 전체 등록 유권자의 74%를 차지한 백인들로부터도 43%를 득표한 것으로 나타났다. 그의 승리는 소수 인종과 젊은층, 그리고 여성층의 지지에 힘입은 바 크다고 분석되고 있다.

대통령에 취임(재임 2009~2017)한 오바마는 전임 부시 대통령으로부터 물려받은 두 개의 난제, 즉 심각한 경제 위기와 중동 문제를 해결하는 데 신속하게 착수하였다. 우선 2월에 총 7,870억 달러 규모의 재정을 향후 수년간 보건 복지, 인프라, 교육, 다양한 세금 감면, 개인에 대한 직접적인 보조 등에 투입하는 경기 부양 법안에 서명하였다. 그리고 하락한 부동산 자산을 2조 달러까지 사들이는 투자 계획을 추진하여 침체의 늪에 빠진 부동산 경기 회복에 힘썼다. 또한 3월에는 미국 자동차 산업을 구제하기 위해 제너럴 모터스(GM)와 크라이슬러에 신규 대출을 제공하는 한편, GM에는 500억 달러의 구제 금융을 제공하였다. 나아가 '노후 차량 현금 보상제'를 한시적으로 도입하여 자동차 재고를 줄이고 자동차 회사의 생산을 늘려 실직한 노동자들의 재고용을 촉진시켰다. 중동 문제와 관련해서는 아프가니스탄에 파견된 나토 연합군을 증원하기 위해 1만 7,000명의 미군을 증파하기로 하고, 이라크에서는 2010년까지 미군을 철수할 것을 발표하였다. 이에 따라 6월 30일부터 이라크 주둔 미군의 철수가 시작되었다.

2009년 9월 노벨상위원회는 오바마에게 평화상을 수여하였다. 그가 국제 협조 외교를 추진하는 데 공적이 컸다는 이유에서였다. 그의 수상은 처음엔 뜻밖의 일로 여겨지기도 했지만, 그가 대선 후보 시절부터 공약했던 외교 정책을 실천한 것이 인정받았다는 평가가 있다. 우선 그가 이라크로부터의 미군 철수 약속을 곧바로 이행함으로써 그간 미국의 일방주의적이고 군사력 의존적인 분쟁 해결 방식을 변화시키고 있다고 여겨졌다는 것이다. 4월에는 체코 프라하에서 '핵무기 없는 세계'를 역설하고 '핵 안보 정상 회의'를 주재하여 47개국 수뇌로부터 핵무기 확산에 강력히 대처한다는 합의를 끌어냈다. 6월에는 러시아와 교섭하여 핵무기 감

건강보험 법안에 서명하는 오바마 대통령

축에 합의하였다. 노벨 평화상 수상 이후로도 그는 꾸준히 평화 실현을 위한 노력을 지속하였다.

오바마가 취임하고 가장 힘쓴 정책 중 하나가 의료보험 제도 개선이었다. 당시 미국에는 보험에 가입하지 못한 관계로 의료 혜택을 받지 못하는 사람들이 전 국민의 15%에 이르렀다. 그래서 오바마는 2010년 3월 「환자 보호 및 부담 적정 보험법(Patient Protection and Affordable Care Act)」을 발표하였다. 그러나 이 법은 하원에서 219:212의 근소한 차이로 통과될 정도로 반대 세력이 만만치 않았다. 반대파는 자기 건강은 자기가 책임져야 하고 개인의 건강을 국가가 책임질 수 없다면서 이 법을 '오바마 케어(Obama Care)'라고 비판하였다. 오바마 케어는 2014년까지 전 국민의 건강보험 가입을 의무화시켜 4,800만 명의 미보험 가입자를 보험에 가입시

컸다. 보험 가입비와 국가 보조비는 가구당 가족 수와 소득에 따라 차등을 두었다. 개인뿐만 아니라 주당 30시간 이상 일하는 노동자를 50명 이상 고용하는 기업주도 직원의 보험 가입을 의무화시켰으며, 미가입자에게는 벌금을 부과하여 가입을 독려하였다. 그러나 2010년 가을 중간 선거에서 하원 다수당을 차지하게 된 공화당은 개인과 기업의 자유를 침해하고 국가 재정의 지출을 증대시킨다는 이유로 오바마 케어를 맹렬하게 반대하였고, 급기야 2013년 10월 1일부터 16일까지 정부 예산 지출을 동결하는 사태까지 일으켰다.

  2010년 8월, 오바마는 이라크에서 미군 전투 병력의 철수를 완료시켰다. 5만 명의 비전투 병력도 임무를 수행한 뒤 2011년 12월까지 완전히 철수하였다. 아프가니스탄에서도 2014년 12월 28일 전투의 종식을 선언한 뒤 미군과 나토군을 철수시켰다. 그동안 두 지역에 동원된 미군은 200만 명이 넘었다. 이라크에서는 전사자 4,500명, 부상자 3만 2,000명, 아프가니스탄에서는 전사자와 부상자가 각각 2,200명과 2만 명이 발생하였다. 그런데 이러한 수치보다 전쟁의 후유증은 더 심대하였다. 예컨대, 귀환 군인 중 약 30만 명이 외상성 뇌손상(Traumatic Brain Injury)의 고통을 호소하며 군 병원에서 치료를 받았다. 한편, 2011년 3월에 미군은 리비아 반정부 세력을 지원하고 있던 나토군의 카다피(Muammar al-Gaddafi) 체포 작전에 동참하여 미국에 적대적이었던 그를 제거하였다. 5월에는 9·11 테러의 주범으로 여겨지는 오사마 빈 라덴의 소재가 파악되어 미 해군 특수부대(Navy SEALs)가 그를 사살하고 몇 시간 뒤 이슬람 전통에 따라 시신을 바다에 수장하였다.

  2012년 대선에서 오바마는 공화당 후보 미트 롬니(Mitt Romney)보다 일반 투표에서 500만 표를 더 얻고 선거인단 투표에서 332:206으로 이겨 재선에 성공하였다. 집권 2기를 맞은 오바마 행정부는 심각한 경제 위기에서 탈출하는 데 일단 성공하였다. 막대한 구제 금융을 제공하여 주택 경기를 회복시키고, 각종 규제 완화 조치와 세금 감면 확대 정책을 통해 경기를 부양하였다. 외국으로 나간 기업들의 국내 복귀를 유도하여 34만 개의 새 일자리를 창출하고, 신생 기업의 설립을 후원하여 100여 개의 기업이 탄생하였다. 일련의 경제 정책으로 경제가 회복되었고, 취임 당시 9.3%에 달했던 실업률이 2015년에는 5.3%까지 떨어졌다.

오바마 대통령은 재임 중 성적 소수자들(LGBT)의 권리를 향상시키는 데 크게 기여하였다. 2010년에 그는 동성애자가 공개적으로 미군에서 복무하는 것을 불허하는 조치를 폐지하였다. 또한 2015년 5월, 현직 대통령으로서는 처음으로 동성 결혼의 합법화를 지지한다는 성명을 발표하였다. 이후 같은 해 6월, 연방 대법원은 「오버거펠 대 호지스(Obergefell v. Hodges) 사건」에서 모든 주에서 동성 결혼이 합헌이라는 판결을 내렸다.

오바마 행정부는 재생 가능 에너지 산업의 발전을 촉진시켜 오바마 재임 중 태양광 발전량이 세 배로 증가하기도 하였다. 2015년 8월 오바마는 '청정 전력 계획(Clean Power Plan)'을 발표하였다. 이에 의하면, 미국 내 화석 연료 발전소에서 배출하는 이산화탄소의 양을 2005년 기준으로 2030년까지 32% 줄이고, 대체 동력으로 풍력, 수력, 태양광 등의 재생 가능 에너지의 사용을 늘리도록 권장하였다. 하지만 이 계획은 석탄 생산 지역 주민들과 화석 연료를 사용하는 전력 회사들의 반대 여론을 등에 업은 공화당의 반대에 부딪혔다. 이에 오바마는 "우리는 기후 변화로부터 충격을 받은 최초의 세대이지만, 기후 변화에 대해 대책을 낼 수 있는 최후의 세대이기도 하다"라고 하면서 청정 전력 계획을 적극 옹호하였다. 이어서 11월, 오바마는 지구 온난화를 막기 위한 '파리 협정'에 서명하였다. 그러나 2016년 2월, 연방 대법원은 27개 주 정부와 기업들이 청정 전력 계획의 집행을 반대하며 낸 소송이 끝날 때까지 탄소 배출 규제 조치를 중단할 수 있다고 판결함으로써 오바마의 기후 변화 대처 정책에 제동이 걸리게 되었다.

한편, 오바마는 대외 정책에 있어서 전임 부시 행정부의 일방주의적 방식보다는 다자주의적인 방식을 선호하였다. 2013년 9월, 이란의 로하니(Hassan Rouhani) 대통령이 유엔 총회 참석 차 미국을 방문하여 오바마와 핵 문제를 비롯한 양국의 현안을 협의할 의사를 밝혔다. 1979년 11월 양국 관계의 단절 이후 34년 만의 소통이었다. 이후 유엔 안보리 상임이사국과 독일 등 6개국이 이란과 핵 문제 협의에 들어가 2015년 7월, 합의에 도달하였다. 그에 따르면, 이란이 향후 15년간 핵무기 개발 계획 중단과 국제 원자력기구(IAEA)의 감시를 수용하는 대가로 이란에 대한 경제 제재를 단계적으로 해제하기로 하였다.

2014년 8월경 시리아에 근거지를 두고 인접한 이라크 지역을 점거하고 있던 수니파 이슬람 원리주의 무장 단체(이슬람국가, 'Islamic State: IS' 또는 'The Islamic State of Iraq and Syria: ISIS')가 외국인 취재 기자들을 인질로 잡고 공개적으로 참수하는 만행을 저질렀다. 그러자 오바마는 몇몇 아랍 국가와 협력하여 IS의 점령 지역을 대대적으로 공습하고, 유엔 총회에서 IS의 붕괴 및 테러와의 전쟁에 필요한 국제 공조를 강조하였다.

오바마 대통령은 1959년 쿠바 혁명 이후 국교가 단절되고 나서 미국 대통령으로서는 처음으로 쿠바와 국교 정상화에 나섰다. 쿠바도 자국에 대한 미국의 경제 제재 해제를 통해 경제 문제를 해결하고자 하였다. 오바마는 2009년 4월에 쿠바 방문과 송금에 대한 제한을 해제하였고, 2014년 12월에는 양국의 국교 정상화 추진을 선언하였다. 이후 양국 관계는 급속히 호전되어 2015년 오바마와 쿠바 공산당 제1서기 라울 카스트로(피델 카스트로의 동생)가 파나마에서 만나 회담한 결과, 5월에 쿠바를 테러 지원국 명단에서 삭제하기로 합의하였고, 8월에는 공식적으로 외교 관계가 회복되면서 양국 수도에 대사관이 설치되었다. 마침내 2016년 3월 20일, 오바마가 쿠바를 방문함으로써 캘빈 쿨리지 대통령 이후 88년 만에 현직 대통령이 쿠바를 직접 방문하는 역사적인 사건이 되었다.

2016년 3월 21일 아바나에서 열린 오바마 대통령과 쿠바 지도자 라울 카스트로의 공동 기자 회견

4

트럼프 행정부:
또다시 미국 우선주의?!

2017년 1월 10일, 오바마는 퇴임을 열흘 앞두고 자신의 정치적 고향인 일리노이주 시카고를 찾아 고별 연설을 하였다. 그는 미국「독립 선언서」에 담긴 평등, 생명, 자유, 행복 추구의 천부인권은 자명하지만 저절로 실현된 적이 없고, 미국인들이 민주주의를 통하여 더 완벽한 나라를 만들 수 있다고 주장하였다. 오바마는 보통 사람들이 참여하고 함께 뭉쳐서 요구할 때 변화가 일어난다는 것을 믿고 있는바, 그러한 믿음은 자치의 대담한 실험이라는 미국인들의 가슴 벅찬 이상이며 건국 시조들이 남겨 준 위대한 선물이라고 하였다. 그는 변화를 위한 시민들의 참여 덕분에 취임 때보다 거의 모든 분야에서 미국이 더 훌륭하고 강력해졌다고 평하였다.

그는 "끊임없는 변화가 미국의 특징"이고, 그 변화를 만들어 낸 것은 바로 평범한 미국 시민들이라는 점을 거듭 상기시켰다. 하지만 미국의 무한한 잠재력은 민주주의가 작동할 경우에만 실현될 것인데, 미국의 민주주의는 경제적 불평등, 인종 차별, 그리고 불관용의 정신과 태도에 의해 위협받고 있으므로 이에 대한 대처가 미국의 미래를 결정할 것이라고 경고하였다. 그는 미국이 민주주의와 인권, 여성 및 성 소수자(LGBT)의 권리 확대, 자유와 법의 지배에 대한 존중 등과 같은 가치들을 포기하지 않고, 약소국을 괴롭히는 대국이 되지 않는다면, 러시아나 중국과 같은 경쟁국들은 세계적 영향력 면에서 미국의 상대가 되지 않는다고 주장하였다. 오바마는 평범한 시민들이 자기 자신을 변화의 능력을 지닌 주체로서 확신을 깃고서 민주주의에 침여하고 연대할 때 늘 상상 이상의 변화와 성취를 가져올 수 있었다는 점을 재차 강조하면서 "우리는 할 수 있고, 해냈고, 또 할 수 있다(Yes, we can, Yes, we did, Yes, we can.)"면서 연설을 끝냈다.

오바마는 고별 연설에서 시민들이 세상을 바꾸었고, 그러한 변화가 특히 젊은이들에게 영감을 주었기 때문에 취임 당시보다 더 낙관적인 태도로 퇴임한다고 말하였다. 하지만 그 후의 미국은 오바마가 우려하고 경고했던 점들이 현실화한 듯하다.

주지하다시피 공화당의 도널드 트럼프(Donald J. Trump)가 미국의 제45대 대통령으로 집권하였다. 그는 부동산 사업으로 성공한 억만장자이자 텔레비전 리얼리티 쇼의 진행자로 유명세를 지녔지만, 대선 전까지 공직자나 정치인으로서의 경력은 전무한 인물이었다. 그런 그가 난관 끝에 공화당 후보로 확정되고, 2016년 대선에서 민주당의 힐러리 클린턴과 격돌한 결과 대통령으로 당선되었다. 그는 일반 투표에서 졌으나 선거인단 투표에서 승리하여 대통령이 된 미국 역사상 다섯 번째 사례였다. 트럼프는 당대 미국을 '불구의 상태(Crippled America)'로 규정하고, 워싱턴의 기성 정치 세력들이 미국을 그런 위기에 빠뜨렸다고 신랄하게 비판하였다. 그는 '불구가 된 미국'을 '다시 위대하게 만들겠다(Make America Great Again)'면서 '미국 우선주의(America First)'를 앞세우고 전임 오바마 행정부의 정책과 그 성과들을 전복시키는 기조로 국정을 운영해 나갔다. 대표적인 행적들을 일별해 보면, 다음과 같다.

트럼프 대통령은 취임과 더불어 제1호 행정 명령으로 '오바마 케어'의 폐지를 시도하였다. 또한 강력한 이민 억제 정책을 천명한바, 불법 이민을 철저히 단속하기 위한 정책의 하나로 미국과 멕시코 사이의 국경에 장벽을 건설하되 비용은 멕시코에 부담시킬 것이라고 하였다. 그런가 하면 미국에 적대적이라고 간주되는 중동과 아프리카 지역의 이슬람 7개국 출신 국민이 정당한 수속을 밟아서 받은 비자로 미국에 입국하려 했으나, 테러 방지라는 명분 아래 입국이 거부되는 일도 벌어졌다. 한편, 보호무역주의자임을 자처했던 트럼프는 미국 우선의 무역 기조에 입각하여 '환태평양경제동반자협정(TPP)'에서 탈퇴하는 행정 명령을 내렸고, '북미자유무역협정(NAFTA)'을 개정하였으며, 한미 FTA 재협상을 추진하였다. 세계무역기구(WTO)에 대해서도 자신의 관세안이 수용되지 않으면 탈퇴하겠다는 입장을 표명하기도 하였다. 미국의 국익을 중시하는 트럼프의 보호 무역주의 정책은 이른바 '미·중 무역 전쟁'으로 비화되었다. 그는 일찍이 중국이 저임금 노동력을 활용해 미국의 산업을 파괴하고 수만 개의 일자리를 사라지게 했으며, 미국 기업을 염탐하고 기술을 탈취하는 등의 활동을 해 왔다고 비난하였다. 세계 공동의 사안인 기후 변화와 관련하여 오바마가 맺은 '파리 협정'에서도 탈퇴하고, 미국의 독자주의를 천명하였다.

트럼프는 군사 안보 면에 있어서도 미국 우선주의를 실행하였다. 세계의 경찰을 자처해 온 미국은 그동안 퍼주기만 했지 얻은 게 없다는 불만에서였다. 그래서 대외적으로 강경하고 일방주의적인 노선을 취하였다. 그는 극단주의 무장 단체인 이슬람국가(IS) 격퇴를 위해 시리아에 지상군을 급파하는 등 군사 개입 수준을 높였고, 시리아 내전에 개입하여 2017년 4월에 시리아 공군 기지에 대한 미사일 공격 명령을 내렸다. 또한 아프가니스탄 주둔 미군도 증원하였다. 그런가 하면 이란 핵 협정에서 일방적으로 탈퇴한 후 이란에 대한 제재를 부활시켰다. 반면, 이스라엘과 팔레스타인 간의 갈등과 관련해서는 친이스라엘 정책을 거침없이 추진하였다. 트럼프 행정부에서 대외적으로 가장 심각하게 대두한 북한의 핵 및 미사일 발사 실험에 대해서도 오바마 행정부의 이른바 '전략적 인내' 정책을 지양하고 강경한 태도를 취하였다. 북·미 간의 강 대 강 대립이 계속되다가 2018년 2월 평창 동계 올림픽을 기점으로 북한이 한국을 중재자로 삼아 북·미 대화에 긍정적인 입장을 표명하면서 분위기가 급변하였다. 그 후 2018년 6월 싱가포르에서 사상 첫 북·미 정상 회담이, 2019년 2월 말 베트남의 하노이에서 2차 북·미 정상 회담이 개최되었다. 하지만 북한이 비핵화와 관련한 실질적인 조처를 취하지 않고 미국도 북한에 대한 제재를 완화하지 않음으로써, 북미 양측 간의 협상은 교착 상태에 빠지고 더 이상의 진전을 보지 못하였다.

이러한 정책 추진 이외에 트럼프 대통령은 이른바 '러시아 스캔들'로 인한 일련의 사건들 속에서 끊임없이 탄핵의 위협을 맞으면서도 각종 선정적 발언과 돌출 행동으로 사람들의 이목을 끌고 이변을 연출하려고 하였다. 이미 그는 대선에 참여한 이래로 백인 우월주의적인 인종 차별, 성소수자 차별, 여성 비하를 비롯한 막말을 종종 쏟아 내어 많은 이들의 빈축을 샀다. 따라서 그의 행보는 국내외에서 수많은 논란과 갈등, 충돌을 불러일으켰다. 트럼프 집권기를 거치며 대내적으로 경제적 불평등의 심화, 사회적 분노와 갈등의 고조, 극도로 양극화된 미국 사회의 분열, 그리고 대외적으로 기존 우방 및 동맹국들과의 관계 악화, 미국의 글로벌 리더십 약화, 미국 주도 세계 질서에 대한 신뢰 저하 등 미국도 세계도 이전보다 더 불확실하고 혼란스럽고 불안한 상태에 빠진 것처럼 보인다. 앞으로 미국과 세계의 미래는 어떻게 될 것인가? 과연 미국은 유례없을 정도의 팬데믹으로 인해 악화된 사회적 적대와 분열을 치유 및 통합하고, 지구적 차원의 불평등과 기후 위기, 그리고 국제 협력의 약화를 해결하기 위한 주도적 역할을 수행함으로써 미국 주도의 새로운 세계 질서 구축의 계기를 마련할 수 있을 것인가?

참고한 책, 더 읽어 볼거리

권용립, 『미국 외교의 역사』, 삼인, 2010.

김동춘, 『미국의 엔진, 전쟁과 시장』, 창비, 2004.

대니얼 임머바르 저, 김현정 역, 『미국, 제국의 연대기: 전쟁, 전략, 은밀한 확장에 대하여』, 글항아리, 2020.

손세호, 『하룻밤에 읽는 미국사』, RHK, 2019.

앨런 브링클리 저, 황혜성 외 역, 『있는 그대로의 미국사』 3, 휴머니스트, 2011.

이보형, 『미국사개설』, 일조각, 2018.

하워드 진·레베카 스테포프 저, 김영진 역, 『살아 있는 미국사』, 추수밭, 2008.

한국미국사학회 엮음, 『사료로 읽는 미국사』, 궁리, 2006.

2부

미국의
정치, 경제
사회, 문화

1장

Capitol Hill & White House
: 정치적 구조와 변화

1

헌법(Constitution) 제정과 그 특성:
미국의 기초

    영국에서 독립한 아메리카 식민지인들은 세계 최초로 민주 공화국인 미국을 건국하였다. 민주 공화국이란 국민이 주권을 가진 국가로서 왕권 신수설에 기반한 왕국과는 근본적으로 다르다. 국민은 양도할 수 없는 권리를 가지고 있으며 이는 헌법을 통해 보장받는다. 헌법은 미국 정부의 가장 기본적인 문서이며, 모든 법의 근간이 되는 최고 법이다. 국민 개개인은 개별적으로 해결할 수 없는 공적인 문제를 담당할 정부를 수립하여 국민의 권리 일부를 정부에 위임한다. 헌법은 국민이 주권을 위임해 정부를 조직하는 일종의 계약이다. 따라서 (적어도 미국의) 헌법에는 주권 위임자인 국민의 권리가 '권리 장전'의 형태로 기술되어 있고, 이런 권리를 보장하기 위한 정부 조직 체계와 조직의 기능과 의무에 대해 서술되어 있다. 나아가 정부 조직이 국민의 권리를 보장하거나 침해하지 않도록 규제하고 있다.

미국의 헌법은 독립 직후 바로 만들어진 것은 아니다. 독립 직후에는 13개 식민지 연합의 헌장이 만들어졌다가 헌법이 만들어지면서 연방으로 전환되었다. 미국 헌법의 성립 과정을 간단히 살펴보자.

아메리카 대륙의 13개 영국 식민지는 1776년 영국으로부터 독립을 선언하였고, 이어 6년 동안 독립 전쟁을 치렀다. 서로의 관계를 고민하여 정리한 13개 '국가(주, state)'는 '연합 헌장(Articles of Confederation and Perpetual Union)'을 제정하였고, 각 국가에서는 이를 비준하였다. 이로써 각 주의 독립성을 보장하며 동시에 국방, 외교, 화폐 등의 공통 사항은 '연합 의회(Confederate Congress)'에서 담당하는 연합 국가가 탄생한 것이다. 그러나 연합체는 매우 느슨하게 묶여 있었고 극히 제한된 권한만을 지니고 있었다. 국방, 재정, 통상 등 긴요한 문제 처리에 있어서도 주 의회들의 요구를 따라야만 했기에 미국을 효율적으로 통치하는 데 한계가 있었다. 불과 6년도 못 되어서 이 연합체의 취약성은 극명하게 드러났다. 연합 의회는 이러한 약점을 보완하기 위해 개별 주에서 대표자를 회의에 파견해 줄 것을 요구했다. 일명 '제헌회의(Constitutional Convention)'가 1787년 5월 필라델피아에 소집되었다. 대표자들은 강력한 중앙 정부를 원하는 그룹과 지방 정부에 많은 권한을 이양하기를 원하는 그룹으로 나뉘었다. 양측은 심혈을 기울여 복잡한 의견을 조율하였고, 그해 9월 헌법 최종안을 완성하였으며, 각 주의 비준 절차를 거쳐 1789년 3월 정식으로 연방 헌법이 채택되었다.

연방 헌법은 서언과 본문으로 구성되어 있다. 서언에서는 헌법 제정 목적을 서술하고 있고, 본문에서는 국가 운영 문제를 다루고 있다. 국가 운영의 일부 권한은 연방 정부가 갖고, 일단의 다른 권한은 주 정부가 행사할 수 있도록 하였다. 제1조에서 제3조까지는 연방 정부의 입법권, 행정

미국 연방 헌법

권, 사법권의 운용을 다루고, 제4조에서는 연방과 각 주의 관계를 규범화하고 있다. 제5조는 헌법의 수정, 제6조는 헌법의 지고한 지위, 제7조는 헌법의 발효를 규정한다.

헌법에서 규정된 연방의 기능은 3권으로 분립되어 있었다. 입법부는 상·하 양원의 의회가, 행정부는 대통령을 수반으로, 그리고 사법부는 연방 법원이 주체가 되어 해당 부서의 기능을 수행한다. 지난 200여 년 동안 이 헌법은 미국의 정치제도 발전, 정치적 안정과 개인의 자유, 경제 성장과 사회적 발전을 위한 기초로 작용하였다. 변화된 상황의 도래로 헌법이 수정되어야 할 때는 기존 헌법을 변경하는 것이 아니라 수정 조항을 첨가하는 방식으로 개헌하였다. 본래 미국 동부 13개 주의 서로 다른 특성을 지닌 시민들 400만 명을 다스리기 위해 만들어진 그 기본 규정들은 여러 형태의 국내적 환경과 조직의 변화에도 불구하고, 지금까지 불과 27개 수정 조항을 부가한 채로 원형대로 유지되고 있다. 대서양에서 태평양에 이르는 50개 주, 3억 3,000만 명의 미국인을 움직이는 원형이며 지침서인 것이다.

제헌 의원들은 헌법을 개정할 수 있는 두 가지 절차를 고안해 냈다. 하나는 "의회는 각 원에서 재적 의원 3분의 2 이상의 찬성으로 헌법 수정을 발의"하는 것이고, 다른 하나는 "전체 주의 3분의 2 이상의 주 의회가 연방 헌법 수정안을 토의·수정하기 위한 전국 회의를 소집하도록 연방 의회에 요구"하는 것이다(두 번째 방법은 지금껏 한 번도 실행된 적이 없다).

헌법이 제정된 지 2년 뒤(1791년), 오늘날 '권리 장전(The Bill of Rights)'이라고 불리는 10개 수정 조항(Amendment)이 헌법에 처음으로 첨가되었다. 헌법에 개인의 권리를 인정해 주는 명백한 내용이 부재하다는 이유 때문이었다. 주요 내용을 요약해 보면, 처음 4개조는 종교·언론·출판·집회의 자유(1조), 무기 소지권(2조), 군대 숙영 금지(3조), 부당한 수색·체포 등의 금지(4조)를 규정하고 있다. 다음으로 5조에서 8조까지는 재판 제도를 다루고 있다. 9조와 10조는 기타 국민의 권리를 포괄적으로 규정하고 있다.

'권리 장전' 이후의 수정 조항들은 변화된 현실의 요구를 수용하기 위해 다양한 내용들을 담고 있다. 대표적인 내용을 보면, 노예제 금지(13조), 시민권의 명확한 정의 확정 및 모든 시민은 법의 동등한 보호를 받을 권리 규정(14조), 여성의 투표권 인정(19조), 대통령 임기를 연임으로 제한(22조), 투표 연령을 18세로 인하(26조), 그리고 미국 의회 의원의 보수 변경(27조) 등이 있다.

미국은 연방 제도(The Federal System)로 운영되고 있다. 이는 미국 정부 체제의 가장 지배적인 특징이라고 할 수 있으며, 헌법 규정에 의해 뒷받침되고 있다. 워싱턴 D. C.(Washington D. C.)에 있는 연방 정부(federal government)는 주 정부(state government)와 지방 정부(municipal government)의 관할권이 포함되어 있는 피라미드형 정부 조직의 정점에 위치한다. 연방 제도는 마치 전체를 구성하는 벽돌같이 수천 개의 작은 단위로 구성된 모자이크와 같다. 그래서 미국을 가리켜 "정부가 많은 나라"라고 칭하게 되는 것이다. 50개의 주 정부에는 하위 행정 단위로 카운티(county), 시(city), 타운(town), 빌리지(village)가 있다. 큰 주에는 다수의 카운티가, 작은 주에는 소수의 카운티가 있는데, 그 이하의 행정 단위는 반드시 필수적으로 분포되어 있는 것은 아니다. 즉, 카운티 내에 작은 규모의 시가 여러 개 존재하는 경우도 있고, 카운티 전체가 하나의 시를 구성하는 독립 시가 있으며, 여러 개의 카운티가 독립된 거대한 대도시를 구성하는 경우도 있다. 예를 들면 뉴욕 시는 브롱크스, 맨해튼, 브루클린, 퀸즈, 스테이튼 아일랜드 5개의 카운티가 독립 구로서 대도시인 뉴욕을 구성한다. 시의 규모를 충족하지 못한 타운이나 빌리지에도 작은 정부가 존재하며 지방세를 징수하고 지역 현안을 처리하는 등 정부의 역할을 수행한다.

미국에서 각급 정부는 제각기 자체에 확보된 특정 권한들을 행사할 수 있는 충실한 자치권을 갖는다. 연방 정부와 주 정부의 관할권에 관한 분쟁이 발생할 시에는 법원에 의해 해결할 수 있지만, 이들의 권한 간의 균형을 찾는 것은 쉬운 일은 아니다. 전쟁, 외교, 통화 규제(조폐), 국제 무역 등은 전적으로 연방 정부 권한이나, 조세권은 연방 정부와 주 정부 모두가 갖는다. 교육, 공중 보건, 사업 조직, 지역 도로 건설, 경찰 및 소방 행정, 근로 조건, 결혼과 이혼에 대해서는 주 정부가 전적으로 권한을 행사한다. 이에 따라 이웃 주들 간에 같은 사안에 대해 전혀 다른 방식으로 운영되기도 한다.

2
3부의 성립과
3권 분립

입법부

입법부는 연방 정부의 입법권 일체를 담당한다. 헌법 1조에는 입법권을 의회에 부여한다고 되어 있다. 일반적으로 미국에서 가장 큰 권력을 가진 사람은 대통령이라고 생각하고 있다. 그만큼 미국 대통령의 이름을 아는 사람들은 많으나, 미국 의회 의장을 아는 사람은 많지 않다. 그러나 헌법 제정에 큰 영향력을 주었던 정치 이론가들에게 가장 중요하고 거대한 권력은 입법권이며, 국민 주권은 입법권을 통해 실현되었기에 헌법 제1조를 차지한 것은 입법권이었다.

의회는 상원(The Senate)과 하원(The House of Representative)의 양원으로 구성한다. 상원은 각 주의 대표이고, 하원은 모든 국민의 대표이다. 많은 국가에서 의원의 수는 인구 비례에 따라 결정된다. 그런데 미국의 독립 초기 연방을 구성할 때 큰 주와 작은 주가 연방 의회의 의원 수를 두고 대립하였다. 큰 주는 민주적 원칙에 따라 인구 비례로 의원 수를 배정받기를 원하였다. 그렇게 될 경우 연방의 주요 결정은 큰 주에게 유리하게 될 가능성이 컸다. 작은 주들은 당연히 반대하였고 연방은 위기에 빠졌다. 양측은 주별로 동일하게 상원 의원 2명을 배정하고, 하원 의원은 인구 비례로 숫자를 정하기로 타협하였다. 그러면 아무리 작은 주라도 적어도 상원 의원 2명과 하원 의원 1명 이상을 배정받아 연방 의회에 영향력을 조금이나마 행사할 수 있었기 때문이다.

상원 의원이 되기 위해서는 30세 이상으로 9년 이상 미국 시민이어야 하고, 선출될 당시 해당 주의 주민이어야 한다. 각 주는 인구수에 관계없이 동일하게 2명의 상원 의원을 선출할 권리가 있기에 현재 미국 상원 의

미국 연방 의회

원은 100명이다. 상원은 짝수 해마다 직접 선거에 의해 선출되며, 각 주를 하나의 선거구로 하는 대선거구제를 채택하고 있다. 상원 의원의 임기는 6년이며, 2년마다 상원 의원의 3분의 1이 교체된다. 따라서 상원 의원 중 3분의 2는 항상 연방에서의 입법 경험이 있는 의원들로 채워지도록 되어 있다. 이를 위해 최초로 상원을 구성할 때 의원 총수를 같은 수의 3조로 나누어 제1조 의원의 임기는 2년, 제2조 의원의 임기는 4년, 제3조 의원의 임기는 6년으로 하였다. 상원 의원 공석의 경우 주지사가 보궐 의원을 임명하여 다음 선거까지 봉직하도록 한다. 상원 의장은 미국 부통령이 담당한다. 상원 의장은 표결에서 투표권이 없지만, 가부 동수일 경우 투표할 수 있다(casting vote).

하원 의원의 출마 자격은 25세 이상의 나이로 7년 이상 미국 시민이어야 하고, 상원과 마찬가지로 선출 주의 주민이어야 한다. 하원 의원의 수는 인구 변동에 따라 매번 달라진다. 헌법은 10년마다 한 번씩 인구 총조사를 실시하여 인구 변동에 따라 하원 의석수를 재배분하도록 규정하고 있다. 현재 미국 하원 의원은 435명이다. 이는 개략적으로 인구 74만 명당 1명의 하원 의원을 선출하는 비율이다. 현재 사우스다코타주, 버몬트주, 알래스카주는 단 1명의 하원 의원만 선출하고 있고, 반면에 캘리포니아주는 단독으로 53명의 하원 의원을 가지고 있다. 하원 의원의 임기는 2년으로 각 주의 소선거구당 1명씩 보통·직접 선거로 선출된다. 하원 의원 공석의 경우도 역시 주지사는 보궐 선거를 실시한다.

상·하원으로 구성된 의회는 50개 주에서 선출된 국민의 대표자로 구성된다. 미 정부하에서 연방법을 만들고, 연방 조세를 징수하고, 전쟁을 선포하고, 외국과의 조약을 승인할 수 있는 유일한 조직이다. 의회는 실제로 국가의 관심사가 되는 모든 문제에 대해 광대한 권한을 가지고 활발한 역할을 수행해 왔다. 미국 역사를 거슬러 보면 행정부에 대한 의회의 힘이 때로는 강화되기도 하고 약화되기도 했지만, 의회가 완전 무력하거나 대통령의 결정에 추종하는 경우는 결코 없었다. 행정부 수반인 대통령의 임기가 4년인 것은 상원 의원 6년과 하원 의원 2년의 중간이다. 의원 선거는 매번 대통령 선거와 같이 하거나 '중간 선거'라는 이름으로 대통령 임기 중간 2년 후에 진행함으로써 대통령의 업무 수행에 대한 평가의 성격을 지니며 행정부에 대한 견제와 균형의 역할을 한다.

입법안이 법률로 제정되기 위해서는 상·하 양원에서 모두 통과되어야 한다(입법 과정은 〈도표〉 참조). 미국 의회의 특징 하나는 그 의사 진행에 있어서 상임위원회들이 수행하고 있는 지배적 역할이다. 현재 상원에는 16개의 상임위원회가 있으며, 하원에는 22개의 상임위원회가 있다. 각 위원회는 외교, 국방, 금융, 농업, 상업, 세출 및 기타 특정 분야들을 담당하고 있다. 법안이 상원이나 하원에서 제안되면 하나 혹은 몇 개 위원회에서 연구되고, 수정이 가해지며, 위원회에서 표결에 붙여지고, 이어서 상

입법 과정

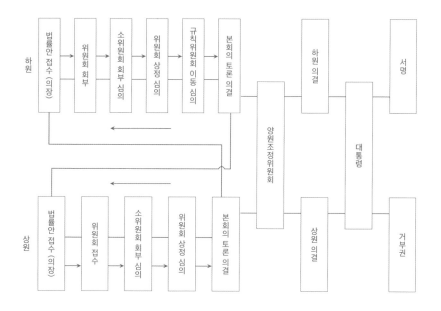

원이나 하원에서 논의된다. 한 원에서 통과된 법안은 표결을 위해 다른 원으로 송부된다. 만약 그 법안이 다른 원에서 수정되면, 양원 의원으로 구성된 양원조정위원회를 개최하여 논의한다. 일단 양원에서 똑같은 내용의 법안이 통과되면 그 법안은 대통령의 승인 절차를 밟는다. 대통령은 그 법안에 서명하던가, 아니면 거부권을 행사할 수 있다. 서명하게 되면 그 법안은 법률로 확정된다. 대통령에게 거부당한 법안이 다시 법률로 확정되기 위해서는 양원에서 3분의 2 이상의 다수표로 가결되어야 한다.

의회가 가지고 있는 중요한 비입법 기능 중의 하나는 조사권이다. 이 권한은 흔히 위원회에 위임되며, 위원회는 상임위원회일 수도 있고, 특별한 목적으로 설치되는 특별위원회나 양원 의원으로 구성되는 합동위원회일 수도 있다. 조사는 향후 입법에 필요한 정보 수집, 이미 통과된 법의 효율성 검토, 타부서 공직자들의 자격이나 업무 성과 검토, 그리고 드문 경우지만 탄핵 심리 준비를 위해 실시한다. 때에 따라 위원회는 외부 전문가들에게 조사를 위한 심리의 진행을 도와주고 문제를 상세히 검토해 주기를 요청하기도 한다.

행정부

미국 행정부 수반은 대통령(President)이다. 헌법 2조는 행정권이 대통령에 속한다고 규정하고 있다. 대통령은 부통령과 함께 4년 임기로 선출되며, 재선까지 가능하다. 건국 초기 초대 대통령 조지 워싱턴 재임 시에는 연임에 대한 제한 규정이 없었다. 당시 대통령이 상대해야 하는 외교 상대는 유럽의 군주들이었는데, 그들은 종신 집권을 보장받았기에 임기의 제한이 있는 미국 대통령이 대등한 대우를 받기 힘들었기 때문이다. 연임 제한 규정이 없었음에도 초대 대통령의 선례를 거스르는 후임 대통령은 없었다. 그러다가 제2차 세계 대전 시기 미국 대통령이었던 프랭클린 루스벨트는 '워싱턴 전례'를 깨고 1940년 3선, 1944년 4선에 도전하여 성공

백악관 (남현관)

하였다. 이에 대한 반발로 1951년 헌법 '수정 조항 제22조'를 통해 대통령은 재선까지만 가능하도록 제한하였다.

　미국 사회를 이해하는 데 가장 혼란스러운 문제의 하나는 미국 대통령을 선출하는 선거 제도일 것이다. 그것은 미국에서만 볼 수 있는 특이한 제도이기 때문이다. 일단 자격(피선거권)을 보자. 미국 대통령에 선출되기 위해서는 미국에서 출생한 시민권자로서, 35세 이상으로 14년 이상 미국에 거주한 사람이어야 한다.

　미국 대통령 선거 절차는 크게 두 단계를 거친다. 먼저 정당(보통 민주·공화 양당) 후보 지명(party nomination) 단계가 있고, 다음으로 총선(general election)을 통한 대통령 선출 단계가 있다.

　대통령 후보자는 먼저 정당 지명을 받아야 한다. 정당 지명은 총선보다

수개월 전(선거가 있는 해의 7~8월경)에 진행된다. 양당 후보는 각 지구당으로부터 선출된 대의원(delegates)들이 참석하는 전국 전당 대회(nominating convention)에서 대의원 과반수를 획득함으로써 지명 받을 수 있다. 한편, 양당 전당 대회에 참석할 대의원은 정당별 규칙에 따라 각 주의 대의원과 중앙당이 지명하는 전국 대의원으로 구성된다. 주 대의원 선출 방식은 정당별, 주별로 차이가 있다. 보통 예비 선거(Primary), 당 간부 회의(Caucus), 주 전당 대회(State Convention)를 통해 선출되며 같은 주 내에서도 정당별로 다를 수 있다.

다음으로 총선 단계에 접어드는데, 이 단계의 선거 제도는 미국에서만 볼 수 있는 특이한 제도이다. 초기 연방 구성 시기 큰 주와 작은 주의 대립이라는 역사적 맥락을 알지 못하면 이해하기 어려운 지점이다. 미국 국민들은 대통령을 (부통령과 함께) 직접 선출하지 않는다. 다만 각 주 유권자들은 의회에 보내는 상원과 하원의 의원 수만큼의 선거인을 선출하는 것이다. 미국 대통령 선거인단(Electoral College) 전체 수는 상원 의원 100석, 하원 의원 435석을 합하여 535명에다 수도 워싱턴 D. C.(컬럼비아 특별구) 지역에 할당된 3명을 합하여 538명이 된다. 각 주의 유권자는 양당이 제시한 후보의 선거인단 명부를 받아 그중 하나를 선택한다. 일종의 정당 선택 투표를 하는 것이며, 그 국민 투표 결과 다수 득표 정당이 그 주에 배당된 선거인단 표를 전부 획득하는 '승자 독점(winner takes all)' 방식을 택한다.

승자 독점 방식의 선거인단 제도는 소수 국민의 표를 받고도 선거인단 투표에서 승리하여 대통령에 당선되는 행운아를 탄생시켰다. 미국 대통령 선거사에서 국민 투표에서 승리했는데도 대통령에 낙선된 사례는 총 다섯 차례로, 1824년, 1876년, 1888년, 2000년과 공화당의 트럼프와 민주당의 힐러리 클린턴이 맞붙은 2016년 선거가 있었다. 이 중 1876년과 1888년 선거는 소수 국민의 표를 얻었지만, 선거인단 투표에서 승리했기 때문에 당선된 것이다. 1824년 선거는 앤드루 잭슨이 국민 투표와 선거인단 투표에서 1위를 하였지만, 과반수를 차지하지 못해 하원에서 결선 투표를 해야 했다. 하원에서 잭슨은 존 퀸시 애덤스 연합파에게 패배하여 낙선하였다. 2000년 대선에서는 민주당의 앨 고어가 국민 투표에서 과반수를 차지하였으나 선거인단 투표에서 패배할 가능성이 있었다. 고어 측에서는 플로리다주 선거인단 표 재집계를 요청하였으나, 연방 대법원이 위헌 판정을 내려 묵살함으로써 부시의 승리가 확정되었다. 이는 최초로 연방 대법원이 대통령의 당락을 결정한 사례이다.

헌법 규정에 의하면 이 선거인단은 한자리에 모이지는 않는다. 다만 선거인들은 대통령 선거가 끝난 직후 각 주의 수도에 모여 그 주의 일반 투표에서 가장 많은 표를 얻은 후보에게 그들의 표를 투표한다. 그 결과는 연방 상원 의장 앞으로 송부되며, 연방 상원 의장은 상·하원 합동 회의에서 투표 결과를 집계한다. 결국 선거인단 선출 투표가 집계되면 대통령 선거 결과가 판명되는 것이므로 통상 선거인단 선거를 대통령 선거라고 한다. 대통령으로 당선되려면 선거인단 투표에서 과반 득표를 해야 한다. 만약 어느 후보도 과반수를 얻지 못할 경우는 하원에서 결선 투표를 한다.

하원에서 결선 투표를 한 최초의 사례는 1800년 선거였다. 현직 대통령인 존 애덤스와 부통령인 토머스 제퍼슨, 그리고 아론 버가 맞붙은 선거에서 후자 2명이 동수의 표를 얻었고, 대통령은 그보다 8표 적은 표를 획득하였다. 하원에서 이루어진 결선 투표는 35차례나 이루어졌으나 당선자를 가리지 못하였다. 당시 하원을 장악했던 연방파의 실력자 알렉산더 해밀턴은 버보다 제퍼슨이 차악이라며 제퍼슨을 뽑을 것을 설득하였다. 결국 36번째 투표에서 제퍼슨이 대통령에, 버가 부통령에 당선되었다. 이 일을 계기로 버는 해밀턴에게 결투를 신청해 그를 사망에 이르게 하였다. 최고 득점자가 대통령에, 차점자가 부통령에 당선되는 선거 제도는 1800년 선거가 불러온 사건으로 인해 변화되었다. 대통령과 부통령은 분리해서 따로 선출하고, 두 후보는 동일 티켓으로 출마해야 한다는 내용으로 헌법이 개정된 것이다. 앞서 소개한 존 퀸시 애덤스의 사례도 하원의 결선 투표로 대통령을 결정한 것이다.

대통령 선거는 매 4년마다(4로 나눌 수 있는 해) 11월 첫 월요일 다음 첫 화요일에 실시된다. 당선된 대통령의 임기는 다음 해 1월 20일에 시작된다. 대통령 취임식은 전통적으로 연방 의회 의사당 앞 계단에서 진행되며, 대통령은 미국 대법원장의 주재 아래 공개적으로 취임 선서를 하면서 공식 직무를 시작하게 된다.

대통령은 직무를 성실히 수행하고, 최선을 다하여 헌법을 준수할 의무가 있다. 또한 수시로 의회에 연방의 상황을 보고하고, 시책의 심의를 의회에 권고해야 한다. 더불어 대통령은 직무 수행에 필요한 각종 권한을 가지고 있다. 연방 정부의 행정부를 통괄하며, 그 밖에도 외교상, 입법상, 사법상으로 중요한 권한을 행사한다. 중요 권한을 보면, 군 총사령관으로서의 권한, 외교권, 외교 사절 임명권, 법률 제정 요구권, 의회의 특별 회기 소집권, 법안 거부권, 연방 판사 임명권, 연방 정부 부처와 정부 기관의 수장 임명권, 범죄자 사면권 등이 있다. 탈냉전기 이후 세계 패권국으로 등장하면서 미국 대통령은 그 어느 때보다 막강한 권력을 행사하고 있는 것이 현실이다. 대통령의 권한은 광범위한 것이지만 무제한적인 것은 아니다. 취임 이후의 '밀월(honeymoon)'이라는 짧은 기간이 사라지면, 신임 대통령은 의회가 비협조적으로 바뀌고 언론 매체들 또한 더 비판적이 된다는 것을 알게 된다. 다양한 경제적, 인종적, 이념적 이해관계 집단들과 협조 체제를 구하지 않을 수 없게 된다.

부통령(Vice-President)은 대통령이 사망하거나 유고시에 대통령직을 승계하고, 앞서 설명한 대로 상원 의장직을 겸직한다. 부통령(상원 의장)은 상원 표결에서 찬반 동수가 나왔을 때만 표결에 참여한다. 현재로서는 대통령과 부통령이 함께 공석일 때 하원 의장이 대통령직을 계승하도록 되어 있고, 그 다음으로는 상원 임시 의장(President pro tempore, 부통령 부재 시에 상원 회의를 주재하도록 선출된 상원 의원)이 계승한다. 상원 임시 의장은 보통 다수당의 최고참 의원이 맡는다. 이어서 정부 각료가 미리 지정된 순위에 따라 대통령직을 계승한다.

행정부는 연방법에 따라 국정과 국제 문제의 특정 분야를 담당하도록 각 부(때로는 '성'이라고 칭해지는 Department)를 운영한다(〈표〉 참조).

행정 부서

부서명	설립연도	승계 순위*
국무부(Department of State)	1789	4
재무부(Department of Treasury)	1789	5
내무부(Department of the Interior)	1849	8
농무부(Department of Agriculture)	1862	9
법무부(Department of Justice)	1870	7
상무부(Department of Commerce)	1903	10
노동부(Department of Labor)	1913	11
국방부(Department of Defense)	1947	6
보건복지부(Department of Health and Human Services)	1953	12
주택도시개발부(Department of Housing and Urban Development)	1965	13
교통부(Department of Transportation)	1966	14
에너지부(Department of Energy)	1977	15
교육부(Department of Education)	1980	16
재향군인원호부(Department of Veterans Affairs)	1989	17
국토안보부(Department of Homeland Security)	2002	18

* 승계 순위 1, 2, 3은 위에서 설명한 대로 부통령, 하원 의장, 상원 임시 의장이다.

대통령이 선임하고 상원이 인준하는 각 부 장관은 일반적으로 대통령의 '내각(Cabinet)'으로 알려진 각료 회의를 구성한다. 행정부의 15개 부 이외에 대통령실(Executive Office of the President) 직속의 여러 참모 기구들이 있다. 그중에는 백악관 참모진, 국가안전보장회의(NSC), 행정관리·예산국, 경제자문회의, 미국 무역대표부(USTR), 그리고 과학·기술국 등이 있다.

행정부 각 부는 수도 워싱턴은 물론이고 전국 각지에 사무소를 두고 있다. 부, 국, 처, 청 등으로 나뉘어 많은 직원들이 각기 정해진 업무를 관장한다.

행정부 각 부는 연방 정부의 주요 운영 단위이지만, 그 외에도 정부와 경제를 항상 원만하게 운영하기 위해 여러 가지 책임을 맡은 기관들이 있다. 그들 기관은 행정부의 어느 '부'에도 소속되어 있지 않기 때문에 '독립 기관'이라고 불린다. 대표적인 독립 기관들로는 중앙정보국(Central Intelligence Agency: CIA), 연방준비제도(Federal Reserve System), 주간통상위원회(Interstate Commerce Commission), 항공우주국(National Aeronautics and Space Administration: NASA), 전국노사관계위원회(National Labor Relations Board), 평화봉사단(Peace Corps), 미국우정공사(U. S. Postal Service) 등이 있다.

사법부

헌법 3조에는 "합중국의 사법권은 1개의 연방 대법원과 의회가 수시로 제정, 설치하는 하급 법원들에게 속한다"라고 되어 있다. 사법부는 최상위기구로 연방대법원이 있으며, 그것을 정점으로 하여 전국에 산재한 산하 법원들로 구성되어 있다. 사법부에는 연방 법원(Federal Court)과 주 법원(State Court)의 이원적인 사법 체계가 병존한다. 연방 법원은 연방 대법원(Supreme Court), 연방 항소 법원(Court of Appeals, 13개소), 연방 지방 법원(District Court, 95개소)의 3단계 구조로 되어 있다.

연방 대법원은 대통령이 임명하는 9명의 종신직 대법원 판사로 구성되며, 수도인 워싱턴 D. C.에 위치해 있다. 대법원 판사들도 상원의 인준을 받아야 한다.

헌법은 연방 판사들이 재직 중 범법 행위를 할 경우 대통령이나 다른 연방 관리들과 마찬가지 방식으로 탄핵될 수 있다고 규정했는데, 그렇지 않는 한 종신직이므로 사법부의 독립을 유지할 수 있다. 약 200년 전에 연방 대법원이 창설된 이래 지금까지 임명된 연방 대법원 판사는 약 100여 명에 불과하다. 당초에는 대법원장과 5명의 판사로 구성되었던 연방 대법원이 그 후 80년 동안 판사의 수가 일정치 않다가 1869년에 이르러 비로소 대법원장 1명과 대법원 판사 8명으로 확정되었다. 대법원장은 대법원의 행정장이지만 사건 판결 때는 다른 판사들과 같이 1표만을 행사한다. 연방 대법원에서는 헌법·연방 법률·조약과 관련된 사건, 해양 사건, 외국 시민이나 외국 정부와 관련된 사건, 그리고 국가·주 정부가 관련된 사건에 대해서만 심리하게 된다. 그 밖의 모든 사건은 하급 법원으로

미국 연방 대법원

부터 상소되어야만 대법원에 올라올 수 있다. 연방 대법원의 판결은 다른 어떠한 법원에도 상소할 수 없다. 우리가 알고 있는 위헌 법률 심사권은 헌법에 규정되어 있는 것은 아니고, 단지 연방 대법원이 헌법을 해석하는 가운데 획득한 하나의 독트린에 속한다고 볼 수 있다.

연방 항소 법원은 사건 처리를 촉진하고, 대법원의 업무량을 덜어 주기 위해 1891년 창설되었다. 미국은 13개 항소 지역으로 나뉘어 있고, 지역마다 3명 내지 15명의 상주 판사를 둔다. 항소 법원은 항소를 처리하는 재판권을 가지고 있으며, 지역 내 연방 지방 법원의 판결을 재심한다. 항소 법원은 또 독립 기관들이 자체 심리 기능으로는 힘이 모자라거나, 아니면 법적 문제점들에 관해 이견이 해소되지 않을 때 이들 기관의 명령을 심리할 수 있는 권한도 가지고 있다.

연방 지방 법원은 그 지방 법원에서 처음 제소된 것들을 다루며 불법 우편물 이용, 연방 재산의 도난, 식품 위생 위반, 금융 및 위폐 관계법 위반 등 연방법의 범법 행위에 관련된 것들이다. 배심원들이 사건을 평결하는 유일한 연방 법원이기도 하다. 워싱턴 D. C.를 제외하고 지방 법원 판사들은 그들이 상주하는 지구의 거주자여야 한다. 지방 법원은 일정 기간의 간격을 두고 지구 내 도시를 순회하면서 개정한다.

주 법원의 경우 연방 법원과 상하 관계에 있는 것은 아니고 다만 관할권의 차이가 있을 뿐이다. 각 주는 주 헌법과 법률의 규정에 따라 독립적인 사법 제도를 채택하고 있다. 사법권 행사도 주 법원은 연방 법원보다 광범위한 사법권을 보유하고 있고, 나아가 연방 법원은 헌법 관련 재판 사항을 제외하고는 주 법원의 재판 사항에 대해 관여할 수 없다. 주 법원은 1개의 대법원과 여러 개의 항소 및 일반 법원으로 구성되어 있다. 주 법원 판사가 되는 방법은 주민의 직접 선거, 주 입법 기관에서의 선출, 주 법원의 승인을 얻어 주지사가 임명하는 세 경로가 있는데, 대부분 주민의 직접 선출 방식을 채택하고 있다.

3
정당의 성립과
양당 체제의 확립

미국에는 여러 정당이 존재하지만, 실질적으로는 민주·공화 양당이 국정을 독점하는 대표적인 양당 체제(Two-Party System) 국가이다. 물론 두 당이 아닌 소수 정당도 존재하고, 역사 속에서는 제3당이 영향력을 미친 경우도 있었다. 특히 선거 시즌이 되면 때에 따라서는 특정 인물이나 집단이 정치 세력화하려는 움직임도 있었다. 주지사나 연방 의원의 경우 소수당 출신이 선출되는 경우도 발생하였다. 그러나 대선에서 민주·공화 양당을 제외한 정당이 집권하는 경우는 아직 없었다. 이런 까닭에 미국은 민주당과 공화당 양당이 정치의 토대로 기능하는 양당 체제 국가라고 해도 과언이 아니다.

미국인들은 민주당원 또는 공화당원으로서 자신의 정당을 지지하고 선거에서 투표하며 시민적 권리를 행사한다. 그런데 일부는 당 활동가나 공직자 당원으로서 적극적으로 당의 정책을 홍보하고 선거에서 자신이 속한 당의 승리를 위해 노력하지만, 유럽에서와는 달리 당원이라고 하는 의미가 실질적으로 당에 가입한 당원이 아닌 지지층인 경우도 적지 않다. 헌법에는 정당과 그 역할에 대해 특별한 규정이 없다.

미국의 정당(political party) 체제는 크고 작은 변화 과정을 겪으며 현재의 민주당과 공화당의 양당 체제로 정착되어 왔다. 1789년 4월 6일 조지 워싱턴이 초대 대통령으로 취임한 이후 오래지 않아 대내적으로 재정 정책, 대외적으로 프랑스 혁명에 대한 중립 정책을 둘러싸고 국론이 대립되었다. 제헌회의에 참석했던 "건국의 아버지들(Founding Fathers)"은 예기치 않게 '연방파(Federalists)'와 '공화파(Republicans)'라고 하는 두 개의 정치적 당파(political faction)*로 분열되었다. 연방파는 조지 워싱턴과 알렉산더 해밀턴을 주축으로 하였고, 공화파는 토머스 제퍼슨과 제임스 매디슨이 포진하고 있었다. 연방파는 강력한 중앙 정부가 필요하다고 믿었고 친영적 성향을 가진 반면, 공화파는 주의 독립성을 더 강조하고 친프랑스적 성향을 띠고 있었다.

조지 워싱턴이 고별사(Farewell Address)에서 정치적 붕당을 만들지 말 것을 권고했음에도 불구하고 이미 나름대로 정파는 수립되어 있었다. 먼저 정권을 장악한 것은 연방파라고 할 수 있는 워싱턴과 애덤스였다. 1800년 대통령 선거전은 미국 헌정사에서 대단히 중요한 의미를 갖는다. 그것은 신 헌법 아래 연방파에서 공화파로 정권의 평화적 교체를 기록한 첫 사례가 되었기 때문이다. 이 대선을 "1800년의 혁명"이라고 일컫게 되었으며, 이로써 그 후 여러 차례 대통령 선거가 시행되면서 평화적 정권 교체의 전통이 수립되었다. 1824년 선거에 이르러 연방파는 거의 소멸되고 공화파만이 득세하면서 정당 체제는 변화를 맞이하였다.

두 번째 정치 세력의 분리와 정당 체제의 정립은 공화파의 내부 분열에서 시작된 '국민공화파'와 '민주공화파'의 분리였다. 1828년 민주공화파의 후보로 출마한 앤드루 잭슨은 대통령에 당선되자 기존 정치 관행들을 타파하는 행보로 반대파에게 폭군에 비유되었다. 국민공화파를 포함한 반대파는 자신들을 영국의 휘그당에 비유하여 '휘그당'으로 불렀고, 민주공화파였던 잭슨의 당은 자연스럽게 '민주당'이 되었다. 그런데 대립하던 두 당이 노예제 문제에 대해서는 같은 입장이었다. 제3의 정당들이 출현하였고, 1854년에는 '공화당'이 결성되어 노예제를 놓고 민주당과 대립하였다. 휘그당은 점차 소멸의 길로 접어들었고 공화당에 흡수되었다.

* 이 시기의 분열은 현대적 의미의 정당 분리라고 보기 힘들고 특정 정책에 대해 견해를 달리하는 분파라고 할 수 있다. 따라서 정치적 당파라고 부르는 것이 타당하다.

1860년 에이브러햄 링컨이 노예 해방을 주요 정책으로 공화당 후보로 출마해 남부와 북부 진영으로 분열된 민주당을 꺾고 당선되었다. 이제 공화당은 핵심 정당으로 자리 잡았고, 민주당과 함께 미국의 양당 체제를 이끌어 나가기 시작하였다.

민주당과 공화당 지지자들은 1896년 선거를 계기로 재편되었다. 남북전쟁 뒤 몇 십 년 동안 민주당은 링컨의 공화당에 대한 분노를 기반으로 남부를 철저히 잠식하였다. 급속한 산업화 시기를 거치며 산업계 거물들이 양당의 후보들을 후원하면서 당을 장악하였다. 1896년 선거를 맞아 공화당은 도시, 노동자, 산업가의 정당이 되었고, 민주당은 남부와 변경 주에서 우위를 차지하였지만 여전히 소수당의 처지를 벗어나지 못하였다. 그 후 이어지는 선거에서 공화당은 계속해서 승리하였고, 공화당 출신 전직 대통령 시어도어 루스벨트가 혁신당 후보로 출마하며 공화당 세력이 분열되었을 때에야 민주당의 우드로 윌슨이 당선될 수 있었다.

20세기에 들어서 안정적으로 유지되어 오던 양당의 선거 구도는 1929년 대공황과 이에 대한 대응으로 커다란 변화를 겪게 되었다. 민주당과 공화당은 당의 간판을 유지하고 있었지만, 열혈 당원들은 지지 정당을 갈아치웠다. 대공황이 발발했을 때 공화당 대통령 허버트 후버는 현상 유지를 주장했고, 민주당 후보 프랭클린 루스벨트는 변화를 외치며 백악관에 입성하였다. 루스벨트는 새로운 대처 방식인 '뉴딜(New Deal)'을 주장하였다. 정부가 궁핍하고 의지할 곳 없는 이들의 버팀목이 되겠다는 것이었다. 미국을 대공황에서 구출해 낸 것이 민주당의 뉴딜이었는지, 제2차 세계 대전으로 인한 경기 부양 효과였는지는 논란이 되고 있지만, 루스벨트의 정책은 대중들의 뇌리에 깊이 각인되었고, 수십 년 동안의 선거 정치를 바꿔 놓았다. 민주당은 전통적으로 남부의 지지를 받았으나, '뉴딜 연합'에는 노조원과 소농, 빈민층, 아메리카 원주민, 소수 민족, 평등권을 위해 투쟁하는 이들의 지지가 더해졌다. 반면, 공화당은 대기업과 부유층

공화당과 민주당의 상징 동물과 색이 담긴 로고

의 당이 되었다. 이후에도 양당을 지지하는 세력들은 작게나마 끊임없는 변화와 진화를 겪었지만, 민주당과 공화당의 양당 체제는 미국 역사 전반에 걸쳐 두드러진 지속성을 간직하면서 오늘날까지 전개되고 있다.

　공화·민주 양당은 경직된 이념적 조직이 아니라 정강과 정책에 따라 운영된다. 이들 두 정당은 미국의 광범위한 중도적 유권자들에 호소하며 경쟁을 벌인다. 공화당이 민주당보다는 전반적으로 더 보수적이고 상류층의 지지를 받고 있으며, 민주당은 보다 개방·진보적이고 노동자와 빈곤층의 지지를 배경으로 한다. 민주당 성향을 가진 인사들은 정부가 도움이 필요한 약자들을 위한 사회·경제적 프로그램을 더 많이 개발해야 한다고 주장하고, 공화당 지향 인사들은 약자를 위한 프로그램을 따로 만드는 것은 일반 시민들이 그만큼 세금을 더 내야 한다는 이유로 반대한다. 그러나 최근 들어 양당의 정책 기조는 크게 차이를 보이지 않고 있는 실정이기도 하다. 더구나 실제에 있어서 두 정당은 영향력 증대를 위해 경쟁하는 비교적 자유·진보적인 파와 보수적인 파를 당내에 각각 갖고 있다. 정치 선진화를 위해서는 인물을 중심으로 하는 정당의 성립과 해체가 아닌, 명확한 정강과 정책 차별화를 통하여 국민에게 지지를 구하는 정당의 존립이 필요한 것임을 읽을 수 있다.

　선거를 비롯해 다양한 상황에서 양당은 정식 명칭 대신 상징 동물이나 색, 별명 등으로 표현된다. 공화당과 민주당의 상징 동물은 각각 코끼리와 당나귀이고, 상징색은 빨간색과 파란색이다. 공화당의 별명은 GOP인데 'Grande Old Party'의 줄임말이다.

제3당이라고 칭해지는 소수 정당들도 주와 지방 수준에서 활발하게 활동하고 있다. 그들이 공천한 후보들을 공직에 당선시키며 상당한 영향력을 행사하기도 한다. 20세기 초엽에 사회당원들이 하원 의원으로 당선되었고, 50개의 시와 읍에서 시장 및 읍장(town mayor)으로 당선되기도 하였다. 진보당은 다년간 위스콘신 주지사직을 차지했었고, 1974년에는 한 무소속 후보가 메인 주지사가 된 적도 있었다.

참고한 책, 더 읽어 볼거리

권오신·김호연, 『왜 미국 미국 하는가』, 강원대학교 출판부, 2003.

미국정치연구회 엮음, 『미국 정부와 정치 2 (개정판)』, 오름, 2020.

양자오 저, 박다짐 역, 『미국 헌법을 읽다』, 유유, 2015.

이보형, 『미국사 개설』, 일조각, 2018.

L. 샌디 마이젤 저, 정의길 역, 『미국인도 잘 모르는 미국선거 이야기』, 한겨레출판, 2010.

2장

미국 경제 발전의 역사

많은 사람에게 미국은 풍요의 나라이자 기회의 나라이다. 콜럼버스가 아메리카 대륙을 발견(?)한 지 500여 년이 훨씬 지난 지금이다. 미국은 경제적 차원에서 보면 적어도 19세기까지는 농업과 농촌 생활이 지배적이었고, 19세기 말을 거쳐 20세기로 접어들어 공업과 도시 생활이 중심적인 생활양식이었으며, 1970~1980년대를 기점으로 이른바 후기 산업 사회의 면모를 유감없이 보여 주고 있다. 현재 미국 사회는 정보의 생산, 서비스 산업, 첨단 하이테크놀로지 산업, 네트워크형 기업의 탄생 등 탈공업화 현상을 보인다. 따라서 전통적인 제조업 중심의 공업 중심지가 쇠퇴하고(러스트벨트, rust belt), 이른바 선벨트(sun belt)로 불리는 첨단 공업 지대가 대두됨으로써 21세기 미국 경제 발전의 견인차 구실을 하고 있다.

1
거대한 농업 국가의 탄생

식민지 정착과 농업의 형성

소수의 이주민들이 북아메리카 대륙에 정착한 이후 적어도 약 200년간
은 농업의 시대였다. 미국 독립 혁명 당시 인구의 95%가 농업에 종사하
였다. 하지만 오늘날 농업은 GDP 대비 약 1%를 차지하고 있다. 미국은 전
체 국토의 1/3 이상이 농지이며, 중국, EU, 인도의 뒤를 잇는 세계 4위의
농업국이자 자급자족을 하는 전 세계 몇 안 되는 나라 중 하나이다. 농업
은 미국인들에게 풍요의 원천을 제공하는 기본적인 산업인 것이다. 초기
의 미국 사회에서 농업의 의미는 절대적이었다. 구성원 전체의 생존을 결
정하는 문제였다. 하지만 상황은 그리 좋지 못했다. 불확실한 날씨 예측
과 비정기적인 시장의 존재는 자급자족의 생활 환경을 제공해 주지 못하
였다. 단지 식민지 정착 초기에 형성된 공동체주의적 생활 방식만이 그들
의 생존을 다소나마 보장해 줄 뿐이었다.

독립 전쟁 이후 1800년대부터 서부로 영토를 확대하면서 미국 농업은
이전보다 훨씬 풍요와 다양성을 누릴 수 있게 되었다. 서부로의 팽창은
미국인들에게 거대한 농토와 풍부한 천연 자원을 제공해 주었다. "아메리
칸 드림"의 역사가 시작된 것이다. 서부의 대부분 지역은 일부 사막 지대
를 제외하면 풍부한 강수량과 온화한 기후로 인해 관개 농업이 발전할 수
있는 환경 조건을 갖추고 있다. 특히 중서부 지역의 경우 드넓은 평야와
비옥한 토지로 인해 거대 농업을 발전시킬 수 있는 매우 이상적인 조건을
갖추고 있다. 서부의 대다수 지역은 풍부한 농지를 지녔던 반면에 노동력
은 부족했기에 영국식의 소작 제도는 뿌리내리지 못했고, 오히려 농업은
대가족 단위의 농업 생산이 지배적이었다. 더욱이 광대한 농토는 집약 농
업보다는 광대한 지역에 산재해서 개별적이고 독립적인 농업 경영을 하

기에 적절했다.

기계화 도입과 농업의 발전

서부 팽창이 가져온 광대한 농토를 바탕으로 농업 생산력의 발전은 1800년대 이후 급속도로 증가했고, 남북 전쟁을 거치며 동부를 중심으로 발전한 공업화와 노동력의 부족 현상은 기계를 도입한 농업으로 전환되었다. 이때부터 서서히 대규모의 합리적인 기업적 농업이 발달하기 시작하였다. 산업화 시대에도 농업이 커다란 영향력을 확보할 수 있었던 것은 농업 산업의 거대화(Agribusiness) 때문이다.

또한, 1862년에 제정된 이른바 「자작 농지법(Homestead Act)」으로 내륙 이주기 활성회되면서 19세기 말까지 미시시피강 유역의 내륙에 다수의

워싱턴주의 보리밭 (출처: Agricultural Research Service, U.S. Department of Agriculture)

이주민이 성공적으로 정착하였다. 약 160에이커에 달하는 공유지를 이주민들에게 무상으로 불하하는 조건의 이 법이 성공하면서 미국 농업 생산성은 극에 달했다.

기계화를 통한 새로운 기술 혁신과 연방 정부의 친농업 정책은 대성공이었으나 남북 전쟁 종전 이후 과잉 생산의 문제를 야기하기도 하였다. 공급에 미치지 못하는 수요는 농산물 가격 하락을 유발했으며, 이러한 상황은 대략 1900년경까지 이어졌다. 이와 같은 농업의 불안정성은 자유방임의 나라였던 미국이 연방 정부의 역할을 농업 부문에서 확대하는 결과를 낳았다. 1860년대 이후 서서히 농업 부문에서의 정부 역할이 강화되면서 20세기 초반에는 19세기 말의 상황을 반전시키는 듯하였다. 하지만, 1920년대에 접어들면서 다시 농산물 가격이 하락하기 시작했고, 결국 1930년대에 미국은 대공황기를 경험하면서 수십만의 농부들이 파산하는 등 연방 정부의 역할에 회의적인 반응들이 쏟아지기 시작하였다. 그러나 대공황으로 인해 전 산업 부문이 침체함으로써 '뉴딜'과 같은 연방 정부의 역할이 정당화되었다.

오늘날의 농업

이후 오늘날까지 미국의 농업 정책은 대체로 자율적인 농업 생산과 간헐적인 정부의 관리를 융통성 있게 적용하고 있다. 물론 과잉 생산을 억제하거나 농업 장려금을 지불하는 정부의 역할에 반발하는 이들도 존재하지만, 전반적으로 미국의 농업 정책은 성공적이라고 볼 수 있다.

오늘날 미국은 농산물 생산량으로 보면 밀은 전 세계 생산량의 7.9%로 세계 3위이고, 옥수수 25.6%(1위), 콩 24.4%(1위), 사탕수수 19.3%(1위), 목화 15.9%(1위) 등 세계 1~2위를 다투고 있다. 미국의 풍요로운 농업 생산성은 가격 안정에 기반을 둔 미국 농업 정책의 성공이라는 측면에서 이해할 수 있다. 이로 인해 미국 소비자들은 다른 여타의 국민들보다 훨

미국의 주요 농산물 순위 (2018년 기준)

순위	농산물	생산량(단위: 톤)
1	옥수수	392,450,840
2	대두	123,664,230
3	우유	98,690,477
4	밀	51,286,540
5	사탕수수	31,335,984
6	사탕무	30,068,647
7	감자	20,607,342
8	닭고기	19,568,042
9	토마토	12,612,139
10	소고기	12,219,203

출처: Food and Agriculture Organization of the United Nations.

미국의 농산물 수입 수출 (단위: 1억 달러)

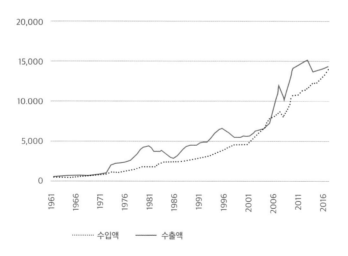

출처: Food and Agriculture Organization of the United Nations

씬 값싼 농산물을 공급받을 수 있다. 미국은 선진국 중에서는 식량의 완전 자급이 가능한 몇 나라 중의 하나일 뿐만 아니라 수출 능력도 크고 대형 농업 기계나 비행기까지 사용하는 고도의 기술로 생산성도 높다. 또한, 밀이나 쌀에 대해서는 가격 안정과 원활한 수급을 위해 미국 정부는 경작 제한 등 생산 억제 정책까지 취하고 있다. 미국 농업의 지역 분포는 기업적 경영과 지역별 특성화가 특징이다. 중서부의 옥수수 지대, 남부의 목화 지대, 프레리의 밀 지대, 대평원 지대의 기업적 방목과 건조·관개 농업, 캘리포니아의 과수 농업, 로키산맥과 태평양 연안의 해안 산맥 지대의 침엽수림, 멕시코만의 원교 농업 등이 대표적이다.

2
공업 국가로의 전환:
대량 생산과 대량 소비의 나라

미국의 공업 생산량은 현재 일본·독일·한국의 합계에 필적할 뿐 아니라, 항공기·IT·우주 산업 등 기술적인 면에서도 최첨단을 걷고 있다. 공업은 국민 총생산의 약 19%이며, 취업 인구의 약 8%를 차지하는 이 나라 최대의 산업으로 세계에서 그 생산성이 가장 높다. 중화학 공업 비율은 51%로 독일과 영국보다 낮으나 일본보다는 높다.

미국 공업 최대의 특징은 거대한 독점 자본에 의한 과점이 가능한 것이라고 할 수 있다. 공업 관계 기업의 매출액에 의한 세계적 랭킹 상위에 드는 기업이 많다. 대표적인 것으로는 자동차업계에서 상위를 차지하는 제너럴모터스(GM)·포드(Ford), 전기업계의 상위를 차지하는 제너럴일렉트릭(GE)·IBM·웨스턴일렉트릭(WE), 석유업계 1위인 엑슨(Exson), 철강업계 1위인 US스틸, 화학업계 1위인 듀퐁(Dupon), 항공여객기업계 1위인 보잉사(Boeing) 등이 있다. 미국 내에서는 상위 50개 기업이 전체 공업 생산량의 65%, 취업자의 75%를 점유하고 있다. 현재는 철강 부문에서는 일본이, 자동차와 가정용 전기 제품 부문에서는 한국, 일본 등이 눈부신 진출을 보여 미국의 국제적 독점 비중이 낮아지고 있다.

산업화의 시작과 기술 혁신

1812년 미·영 전쟁을 계기로 영국으로부터 공업 제품 수입이 단절됨에 따라 미국은 자립적인 경제 발전을 도모하기 시작하였다. 섬유 산업을 필두로 시작된 미국의 공업화는 서부 팽창이 가져다준 풍부한 천연 자원을 토대로 이를 효율적으로 사용하고, 노동 생산성을 늘리기 위한 새로운 시스템을 도입하면서 미국의 공업화를 주도하였다. 미·영 전쟁을 겪던 시기 미국에서는 분업에 기초한 초보적인 형태의 공장 시스템이 등장하였다. 이는 매우 혁신적인 시스템으로 노동자들의 노동을 분절적인 것으로 만들어 버리는 측면도 있지만, 노동 통제와 노동 강도의 효율성 제고를 위해서는 대단히 효과적인 시스템이었다. 물론 보다 세련되고 정교한 형태의 분업화된 조립 라인은 헨리 포드에 의해 20세기 초엽에 이루어지지만, 이미 포드가 구상과 노동을 분리 실행하기 100년 전에 그 단초가 마련되었다.

1793년에 조면기를 발명했던 엘리 휘트니는 1812년 미·영 전쟁 당시 부품을 호환하여 사용할 수 있는 소총을 생산해 냈다. 그가 창안한 부품을 호환하는 방법은 분업에 기초한 제품의 규격화를 이루어 훗날 대량 생산을 기약할 수 있는, 당시로서는 매우 획기적인 발전을 가져다주었다. 무기 생산 공장을 시작으로 도입하기 시작한 분업에 기초한 미국적 공장 시스템은 이전보다 손쉽게 대량 생산을 가능하게 해 주었고, 이에 발맞추어 1830년대 초반부터 시작된 철도 건설은 통일된 단일 시장을 형성해 줌으로써 대량 소비를 가능케 한 동력으로 작용했다. 결국 대륙 횡단 철도의 건설은 북부의 상공업 세력이 남부의 농업 세력을 정치적으로 약화시켰던 남북 전쟁 이후 석탄, 철강 등 중공업 분야의 수요를 증진시켜 미국이 후발 자본주의 국가군 대열에 속하게 되는 주요한 역할을 담당하였다. 대량 생산과 대량 소비를 위한 발판이 구축된 셈이다.

공업의 팽창과 대량 생산

미국 사회는 1890년대를 지나면서 처음으로 공업 생산량이 농업 생산량을 앞서기 시작했으며, 제1차 세계 대전 발발 전까지 세계 공업 생산량의 약 1/3을 미국이 독자적으로 차지하는 등 급속한 팽창의 시기를 경험하였다. 이러한 급속한 공업 생산의 이면에는 이른바 '테일러주의'와 헨리 포드의 '새로운 공장 시스템' 도입이 큰 역할을 담당하였다.

프레드릭 테일러는 작업장 내에서의 효율성을 높이기 위해 작업 과정을 과학적으로 관찰하여 가장 효율적인 방법을 고안하는 '과학적 관리 기법'을 선보였다. 이른바 '시간 동작 연구'로 불리는 '테일러주의'는 노동자의 작업 시간을 초시계로 측정해 반복 작업을 표준화하고 이를 바탕으로 작업 능력을 향상시켰다. 테일러주의로 지칭되는 새로운 경영 혁신은 1911년 『과학적 경영 원리(The Principle of Scientific Management)』라는 책으로 출간되어 당시 미국 기업가들의 열렬한 환영을 받았다.

이후 테일러식 노동 분업과 과학적 관리는 포드의 컨베이어벨트라는 기계적 생산 시스템과 결합하면서 빛을 발하게 된다. 포드는 대량 생산 시스템의 원리를 실현하고자 제품의 개선 연구를 추진, 최선의 제품을 표준화함으로써 원가 절감에 성공하여 기록적인 매출 성장률을 달성하였다. 이어서 그는 부품의 규격을 통일함으로써 부품의 집중 생산을 가능케 해 부품 생산에서도 대량 생산의 경제를 실현하였다.

포드 시스템을 구성하고 있는 중요 요소 중 하나인 이동 조립 라인은 일에 사람을 가져가는 대신 사람에게로 일을 가져가는 포드의 착상을 실

1913년 포드 공장의 이동 조립 라인 시스템 (출처: 미국 국립문서기록관리청)

현시킨 생산 시스템이다. 구체적으로 작업 공정의 순서대로 배치된 작업자 앞을 재료가 컨베이어에 의해 규칙적으로 통과하며, 각 작업자는 고정된 장소에서 일정한 리듬을 타고 작업에 임하는 시스템이다. 이는 중단 없는 직선적인 생산 흐름을 유지하는 시스템이라는 의미에서 흐름 생산 체계(flow production system), 컨베이어라는 이동 조립 장치가 사용되는 데서 컨베이어 체계(conveyor system)로도 불린다. 이동 조립 라인이 생산 효율의 향상을 달성할 수 있는 것은 생산의 흐름이 직선적이며 중단이 없기 때문에 생산 시간을 단축할 수 있고, 공정 간의 운반 거리를 단축하여 재료 등의 재고를 삭감할 수 있으며, 작업 능률은 컨베이어에 의해서 시간적으로 규제되기 때문에 감독의 폭을 확대할 수 있으며, 각 공정 간의 시간 조정이 자동적으로 이루어지므로 효율을 현저하게 높일 수 있다는 데에서 기인한다.

포드가 구현한 이른바 포드 시스템은 제품 가격의 인하로 판매량을 확대하고, 생산 효율을 높이고 생산을 증대하여 가격을 더욱 낮춘다는 단순한 발상에서 출발하였다. 단순한 착상에서 출발한 포드 시스템이 미국 사회에서 전반적으로 사용되고, 기초 생필품의 대량 생산으로까지 이어지면서 미국인들의 삶은 혁명적으로 바뀌었다. 포드의 조립 라인은 이후 다른 분야의 제조업으로 널리 확산되어 미국 사회가 대량 생산과 대량 소비 사회로 발전하는 데 커다란 역할을 했다.

테일러주의와 포드 시스템은 인간의 작업 능력보다 기계가 인간의 작업을 좌우하게 만들었으며, 단순 노동을 증가시켜 인간을 기계의 일부로 만들었다는 비난의 소리도 있었는데, 이는 과학 기술의 진보와 함께 나타난 사회적 문제로 볼 수 있다. 찰리 채플린(Charlie Chaplin)은 1936년 작 〈모던 타임스(Modern Times)〉에서 이 같은 노동자들의 현실을 잘 풍자해 보여 주고 있다. 즉, 미국의 대량 생산과 대량 소비를 가능하게 한 것은 다름 아닌 열악한 환경에 처한 기계 인간인 노동자들의 희생 때문이었다.

제1·2차 세계 대전과 경제적 도약

대량 생산 체제로 돌입한 미국은 제1·2차 세계 대전을 겪으면서 또 한 번의 도약을 맞이하였다. 물론 제1차 세계 대전 이후 1920년대에 나타났던 공급 과잉과 과도한 주식 투기로 인한 대공황이 잠시나마 미국의 공업 발전을 저해하기도 했지만, 제2차 세계 대전이라는 새로운 환경을 맞이하여 미국은 엄청난 산업적 도약을 이루어 냈다. 제1·2차 세계 대전기를 통해 미국이 보여 준 공업적 발전상은 미국의 국제적 우위성을 여실히 드러낸 것이었으며, 이 같은 상황을 배경으로 제2차 세계 대전 종전과 함께 미국은 서방 진영 부동의 공업 국가로 발돋움하였고, 이후 냉전 체제의 대치적 공존 상황을 적절히 이용하면서 오늘날 세계 최대의 공업 국가로 성장하였다.

미국 공업은 원래 자원 입지형으로, 북동부에서 오대호 연안에 이르는 지역에 걸쳐 석탄과 철광 자원에 의존한 공업 지대를 형성하였다. 그러나 제2차 세계 대전 후 새로운 지식·기술 집약형 공업이 주류를 이루면서 텍사스나 애리조나 등의 남서부, 또는 캘리포니아나 워싱턴과 같은 태평양 연안의 쾌적한 지역에 공업이 분산 입지하여 새로운 공업 지대를 형성하고 있다.

3
후기 산업 국가로:
세계 최대 경제 대국

제2차 세계 대전 이후의 세계 경제 지형의 변화

유럽의 여러 나라가 20세기에 접어들어 두 번에 걸친 피비린내 나는 살육전을 겪고 있을 때, 미국은 절호의 기회를 잡았다. 두 차례에 걸친 세계 대전을 겪으면서 미국은 세계에서 생산성이 가장 높은 나라로 발돋움하면서 '메이드 인 유에스 에이(Made in USA)'를 유행시켰다. 그 자체가 품질 보증서였다.

제2차 세계 대전 종전 직후 세계 제1의 물적 생산력을 가졌던 미국은 독일, 일본, 이탈리아 등의 대두로 상대적 지배력이 점차 저하되는 경향을 보였다. 무역 수지 면에서 보면 1947년에 33%로 압도적인 비율을 차지하였던 것에 비하여 1955년에는 17%로 거의 제2차 세계 대전 이전 수준으로 저하되었다.

제1·2차 오일 쇼크의 충격

제2차 세계 대전 이후 지속적인 산업 경쟁력의 약화와 달러화의 과대

평가, 생산 능력을 넘어선 지나친 소비 성향에 의한 미국 경제의 침체는 1970년대를 맞이하면서 더더욱 악화되기 시작하였다. 단적인 예로 초기 미국 공업 발전을 주도했던 섬유 산업과 같은 노동 집약적인 산업은 값싼 노동력을 무기로 발전해 오는 나라들과 경쟁할 수 없을 정도였다. 결국 미국은 전통적인 산업 부문보다는 새로운 형태의 산업 부문을 창출할 시대적 요구를 경험하게 되었다.

또한 제1·2차 오일 쇼크를 경험하면서 미국은 더욱 더 새로운 산업 구조로의 재편 필요성을 절감하게 되었다. 1973년 10월 6일부터 시작된 중동 전쟁(아랍·이스라엘 분쟁)이 석유 전쟁으로 비화된 '제1차 오일 쇼크'는 세계 경제 전체를 제2차 세계 대전 이후 가장 심각한 불황으로 내몰았다. 사실 1971년부터 석유수출국기구(OPEC)는 석유 이권 수입의 인상을 추진해 오던 중이었는데, 1973년 10월 16일 페르시아만의 6개 석유 수출국들은 석유수출국기구 회의에서 원유 고시 가격을 17% 인상하여 종전의 원유 1배럴당 3달러 2센트에서 3달러 65센트로 인상한다고 발표하였다.

국제 원유 가격의 변화 (1969~2020, 단위: 달러)

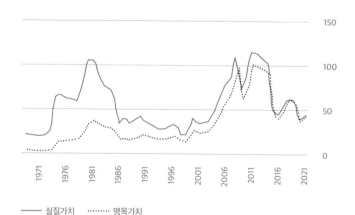

실질가치 .... 명목가치

출처: U.S. Energy Information Administration

이어서 다음 날, 이스라엘이 아랍 점령 지역에서부터 철수하고 팔레스타인의 권리가 회복될 때까지 매월 원유 생산을 전월과 비교해 5%씩 감산하기로 하였다고 발표함으로써 중동 전쟁에서 석유를 정치적인 무기로 사용할 것을 선언하였다.

이 결정으로 서방 세계에서는 일련의 에너지 위기가 조성되기 시작하였는데, 석유수출국기구의 페르시아만 산유국들은 다시 1974년 1월 1일을 기해 원유 1배럴당 5.119달러에서 11.651달러로 인상하였다. 기간산업 대부분을 석유에 의존하고 있던 서방 세계의 경제는 석유 부족으로 인한 제품 생산 부족과 제품 가격의 상승으로 세계적인 불황과 인플레이션이 만연하게 되었다. 그 결과, 정도의 차이는 있지만 선진국과 후진국을 막론하고 경제 성장의 둔화를 가져왔다. 외교 면에서는 서방 세계가 이제까지의 친이스라엘 정책에서 친아랍 중동 정책으로 기울게 되었으며, 석유수출국기구는 국제 석유 자본이 독점하고 있던 원유 가격의 결정권을 장악해 자원 민족주의를 강화하는 결과를 불러왔다.

이러한 제1차 오일 쇼크의 결과 석유수출국기구는 원유 가격 결정권을 장악하였으나, 인플레이션과 달러 가치의 하락으로 원유의 가격을 실질 원유가격으로 끌어올리지는 못하였다. 그리하여 1978년 12월 OPEC 회의는 1976년 배럴당 12.70달러에서 단계적으로 14.5%의 인상을 결정하였다. 이와 때를 같이하여 12월 말 이란은 국내의 정치 및 경제적 혼란을 이유로 석유 생산을 대폭 감축하고 수출을 중단하였다. 그 결과 1973년 제1차 오일 쇼크 이후 배럴당 10달러 선을 조금 넘어섰던 원유 가격은 불과 6년 만에 20달러 선을 돌파하였고, 현물 시장에서는 배럴당 40달러에 이르게 되었다. 이것이 이른바 '2차 오일 쇼크'이다.

제2차 오일 쇼크의 여파는 제1차 오일 쇼크와 마찬가지로 세계 경제에 큰 영향을 미쳤다. 즉, 선진국의 경제 성장률은 1978년 4.0%에서 1979년에는 2.9%로 낮아졌다. 물가 면에서는 선진국의 소비자 물가 상승률이

10.3%를 기록하였으며, 개발도상국의 경우 32.0%의 급격한 상승세를 보였다. 또, 석유 수입국의 경상 수지는 원유 수입의 부담 증가로 크게 악화되었는데, 경제협력개발기구(OECD) 회원국의 경상 수지는 1978년의 116억 달러 흑자에서 1979년 322억 달러의 적자로 반전되었고, 비산유개발도상국은 적자의 폭이 444억 달러에서 505억 달러로 확대되었다. 반면, OPEC 산유국의 경상 수지 흑자는 1978년의240억 달러에서 1979년에는 770억 달러로 급증하였다.

후기 산업 사회로의 이행

국제적 환경 변화를 경험하면서 미국은 대니얼 벨(Daniel Bell)이 말한 이른바 '후기 산업 사회(Post-industrial society)'로의 전환을 시도하게 되었다. 벨에 의하면 후기 산업 사회는 서비스업이 노동 인구와 국민 총생산의 절반에 달하고, 경제의 기본 원칙이 재화로부터 지식이나 서비스로 이행하며, 자유 시장에서 사회 계획으로 비중이 이행하는 사회이다. 또한 노동 시간의 단축과 노동 생산성의 향상이 현저하고, 전체적으로 기술 사회, 지식 사회, 고학력 사회의 색채가 현저한 특징을 갖는다.

이러한 후기 산업 사회의 특징은 1970년대 중반 이후 미국에서 확대된 서비스 산업을 통해 여실히 증명된다. 1970년대 중반에 접어들면서 경제적으로 쇠퇴하기 시작한 미국은 전통적인 공업 분야인 제조업에서의 상품 생산이 아니라 서비스를 제공하여 부를 창출하는 이른바 엔터테인먼트 산업, 레크리에이션 산업, 호텔 및 레스토랑 업종, 통신, 교육, 금융업 등으로의 산업 구조 재편을 시도하였다. 또한 보다 고도의 기술을 요하는 항공·우주 산업, 컴퓨터 등을 대표적인 공업 제품으로 생산함으로써 경쟁력을 강화하려고 하였다. 현재 미국의 컴퓨터가 세계 시장을 석권하고 있는 것은 그 좋은 예이다. 그리고 이들 공업은 정부의 국방 예산 지출로 지탱되는 군수 산업이기도 하여, 오늘날에도 이 군산 복합체가 새로운 기술 개발의 추진력이 되고 있다. 당시 이러한 산업은 미국 경제의 핵을 담당하고 있었다.

이러한 후기 산업 사회로의 이행을 추구하는 사고방식은 오히려 미국 공업 부문의 쇠퇴를 가져왔고, 마침내는 무역 수지의 적자와 해당 공업 부문을 중심으로 한 대량 실업을 불러왔다. 또한 산업 구조 재편으로 인한 무역 수지 적자와 공업 부문의 쇠퇴는 미국의 국제 수지를 심각한 상황으로 몰고 가기도 하였다. 사실 미국은 무역 수지의 흑자를 통해 자본 유출(대외 투자·경제 원조 등)의 적자를 메워 국제 수지의 균형을 유지하였기 때문에, 공업 부문의 쇠퇴는 전반적인 미국의 경기 침체를 양산하고 국제 무역에서의 미국의 위상을 흔들기에 충분하였다.

신보수주의와 레이거노믹스의 등장

이러한 상황은 1980년대 들어서도 해결되지 못하였고 이른바 신보수주의(Neo-conservatism)의 등장을 가져왔다. 사실 1970년대에 이미 나타나기 시작했던 잭슨(H. Jackson)과 코넬리(J. Conelly) 등의 신보수주의는 로널드 레이건 등의 극단적 보수주의보다는 다소 온건한 주장으로 출발했고 지지자들의 견해도 반드시 일치하지는 않으나, 최근에는 레이거노믹스와 같은 다소 극단적인 보수주의까지도 포괄하는 개념으로 사용되고 있다. 대체로 신보수주의자들의 주장은 자유지상주의, 미국 제일주의, 평등화의 거부, 그리스도의 부흥으로 요약할 수 있다.

자유지상주의는 자유방임주의와 같이 거대 정부의 비능률을 들어, 개인과 재산 등 사적 영역에 대한 정부의 간섭을 최대한 배제하려고 하지만 개인과 재산, 그리고 이를 바탕으로 하는 도덕적 가치의 침해에 대해서는 정부의 강력한 권력 행사를 요구한다. 이것이 한편으로는 감세·정부 규모의 축소·통제 철폐로, 다른 한편으로는 시민의 권리 신장보다 충성과 의무의 중시 및 범죄·파괴·외세에 대한 국가의 자유 재량권 강화로 나타

미국 국내총생산 성장률 (1970~2019, 단위:%)

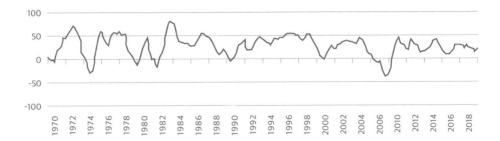

출처: U.S. Bureau of Economic Analysis

난다. 다음으로, 미국은 군사력에 있어 언제나 제일이어야 한다. 미국과 동맹국의 국익을 위해서는 세계 어느 곳에서나 간섭할 태세가 갖추어져 있어야 하며, 필요하다면 핵무기에 의한 선제공격 전술도 추구해야 한다고 주장한다. 평등화는 전통적 가치의 혼란, 범죄의 증가 등 역효과만 가져왔으므로 복지 정책·사회 개혁·소수 민족 지위 향상 등은 정치·사회적 안정과 미국의 현 정치·경제 체제를 증진하는 수단으로서만 고려되어야 하며, 마찬가지로 약소국의 경제 원조와 인권 향상도 미국의 외교 정책 전략 및 힘의 도구로서 활용되어야 한다고 주장한다. 또, 그리스도교 신앙을 강화하여 평등화의 진전으로 절도를 잃은 사회에 전통적 가치와 규율을 부활시키려고 한다. 그 구체적인 표현이 임신 중절, 강제 버스 통학, 공립학교의 예배 금지, 동성애에 대한 반대 등으로 나타났다.

이와 같은 신보수주의의 주장은 비현실적·비효율적이고 다분히 모험적인 요소를 내포하고 있음에도 성공한 백인들의 광범위한 공감을 얻었다. 그것은 바로 이 계층이 1960년대부터 급격히 진행된 평등화, 진보주의의 한계, 미국의 대외적 지위 약화 등으로 말미암아 자신의 안정적인 위치와 긍지에 심각한 불안을 느꼈기 때문일 것이다.

신보수주의는 1980년대 초반 들어 레이건 대통령이 등장하면서 보다 극단적인 형태로 전환되기 시작하였다. 이른바 '레이거노믹스'로 불리는 정책의 실행이 그것이다. 레이거노믹스는 경제의 재활성화를 통하여 힘에 의한 위대한 미국의 재건을 기한다는 국가 정책이었다. 구체적으로는 세출의 삭감, 소득세의 대폭 감세, 기업에 대한 정부 규제의 완화, 안정적인 금융 정책으로 요약할 수 있다. 레이거노믹스는 과거 케인스가 주장한 유효 수요론을 벗어났다는 점에서 큰 주목을 받았다. 당시 미국 경제가 당면하였던 경기 침체 속에서의 인플레이션의 진행, 즉 스태그플레이션을 치유하는 데는 종전의 케인스류의 수요 관리만으로는 미흡하며 좀 더 적극적으로 공급 측면을 자극함으로써 파급 효과가 수요의 증대로 미치게 한다는 공급의 경제학을 내세웠다. 그러나 레이거노믹스는 재정 적자 급증의 한 원인이 되었다.

신자유주의적 세계화

레이건의 퇴장 이후 미국 사회는 이른바 신자유주의적 세계화 담론의 근원지 역할을 하게 되었다. 1990년대의 신자유주의(Neo-liberalism)는 앞에서 본 신보수주의 혹은 레이거노믹스의 특질을 계승하면서 동시에 새로운 측면을 보여 주기 시작하였다. 그 이유는 대내외적 환경이 변했기 때문이었다. 이 시기 대내외적 환경의 변화를 간략하게 정리하면 다음과 같다.

우선, 냉전 체제의 해체는 미국 경제의 주된 적을 자본주의 사회 내부의 위협, 즉 복지 국가적 개혁을 가장 큰 위협으로 간주하게 만들었다. 이는 궁극적으로 사회 안전망의 축소를 통한 복지 부문 예산의 감소라는 형태로 귀결되었다. 다음으로, 다국적 기업을 축으로 진행되는 세계화 시도와 국제 자본 간 경쟁이라는 특징이 나타났다. 이는 다국적 기업에 장악된 시장 경제의 철저화를 통해 세계적 규모에서의 수직적·수평적 경쟁의 격화를 초래하고 세계 시장의 자유 경쟁을 부추기는 결과를 낳았다. 마지막으로 지적할 것은 기술적 기반의 변화와 신자유주의의 관계이다. 신자유주의는 세계화를 불가피하다고 간주하고, 시장 원리를 철저히 고수하는 가운데 국가와 사회 전체의 재편성을 시도하였다. 소위 자본 축적의 유연성을 높이기 위해서는 그 나름의 기술적 기반이 필요한데, 이러한 기술적 기반은 정보·제어·통신 기술의 변혁에서 구할 수 있었다. 컴퓨터·통신 기술의 혁명적 변화에 기초한 생산 과정의 극소 전자화, 사무 자동화의 진행, 인터넷으로 대표되는 통신 기술의 변혁 등 1980년대로부터 1990년대에 걸친 정보·통신 기술의 비약적 발전은 화폐·생산·상품 자본의 유연성 강화에 기술적 기초를 제공하는 한편, 세계를 동시화하고 시공간의 압축을 추진하여 세계화를 가속화하였다. 그 결과 미국은 1990년대로 접어들면서, 특히 1992년 이후 지속적인 경제 성장의 시대를 열었다.

1990년대 이후 미국 경제의 호황은 앞서 말한 신보수주의, 레이거노믹스, 신자유주의로 이어지는 일련의 보수적 정책에 기인하였다. 즉, 1990년대 이후 꾸준히 진행된 구조 조정과 기술 혁신은 기업의 생산성을 향상시켰고, 감세 정책이나 복지 부문의 축소는 재정과 금융 면에서 성공적인 결과를 창출하였다. 이른바 작은 정부로의 이전이 미국 경제 호황의 원동력이 된 것이다. 이에 따라 미국의 주식 시장이 활발해지고 소비가 증가하였으며, 이러한 미국의 소비 지출이 경제 성장을 주도하였다.

많은 이들이 1920년대에 그랬듯이 주식 시장에 참여하였고, 2000년에 접어들면서 대다수의 가정이 주식을 직접적으로 또는 뮤추얼 펀드(mutual fund, 주식회사 방식으로 운용하는 펀드), 연금, 퇴직 계좌를 통해 보유하였다. 투자자들은 특히 '새로운 경제(new economy)'를 약속하는 듯 보인 인터넷 기업들, '닷컴(dot coms)'에 매료되었다. 주가는 1996년부터 1999년 사이 매년 20% 남짓 상승하였고, 새로운 기술을 가진 회사들이 중심인 주식 거래소 나스닥(NASDAQ)은 1998년에서 1999년 사이 500% 이상 상승하였다.

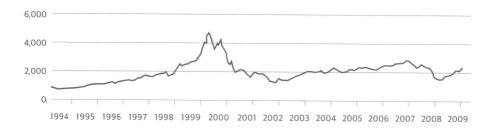

NASDAQ 지수 (1994~2009)

출처: https://finance.yahoo.com

대다수의 이러한 "하이-테크" 회사들은 이윤을 결코 남기지 못하였지만, 많은 경제 전문가와 증권 거래인은 이 새로운 경제는 기업의 가치를 평가하는 전통적인 방법이 더 이상 적용되지 않는다고 주장하였다.

결국, 거품이 터졌다. 2000년 4월, 주가는 대공황 이후 처음으로 최대치로 하락하였고, 이후 3년 동안 하락세가 멈추지 않았다. 수십억 달러의 순자산과 연금 펀드가 허공에 사라졌다. 나스닥의 주식 가치는 2000년에서 2002년 거의 80% 가까이 하락하였다. 일반 주식이 2006년에 2000년 초 수준에 다시 도달하였으나, 나스닥은 여전히 역대 최고치에 한참 미치지 못하였다. 시장이 무너진 이후에야 1990년대의 주식 시장의 '붐'은 부분적으로 사기였다는 것이 드러났다. 텔레비전과 신문은 날마다 주식 중개회사, 회계사, 회사 임원들의 탐욕을 보여 주었다.

1990년대를 지나는 동안 세계화는 절정에 이르고, 주식은 끊임없이 올랐으며, 경제는 날로 확장하면서 자유 무역과 규제 완화라는 경제 모델은 난공불락의 요새였다. 하지만 이러한 경제 모델은 공공의 이익을 대변할 어떠한 목소리도 남기지 않았다. 경제적 부문에 있어 스캔들은 대부분 규제 완화와 관련이 있었다. 일례로, '엔론(Enron) 사태'를 들 수 있다. 휴스턴에 본사를 둔 엔론은 전기를 생산하기보다 전기를 사고파는 '새로운 경제'를 강조한 에너지 회사였다. 엔론이 수십억 달러의 영업 손실을 보자,

월스트리트의 유명한 회계 법인은 엔론의 내부자들에게 회계 장부를 거짓으로 작성하고 그들의 주식을 일반 투자자들에게 팔 것을 제안하였다. 결국, 엔론의 주가는 폭락하였고 막대한 손실은 본 이들은 일반 투자자뿐이었다.

이 시기, 대다수의 주식 사기는 투자 은행과 상업 은행의 분리를 강제한「1933년의 은행법(Banking Act of 1933)」을 1999년에 폐지한 것으로부터 비롯되었다. 이 법의 폐지로 투자 은행과 상업 은행이 결합한 거대 은행이 등장하였다. 거대 은행은 새롭게 등장한 인터넷 기업에 자금을 투자하는 동시에 대중에게 이들이 투자한 기업의 주식을 팔았다. 나아가, 인터넷 기업에 대한 거품이 꺼지자 이들 거대 은행은 주택 담보 대출(mortgage)에 돈을 쏟아부었다.

2007년의 금융 위기

2000년대 연방준비은행은 이윤율을 전례 없이 낮은 수준으로 유지하였는데, 이는 2000년 기술 기업(닷컴 기업)의 거품이 꺼진 미국의 경기를 회복시키고, 또한 많은 미국인이 돈을 빌려 주택을 소유할 수 있게끔 하기 위해서였다. 그 결과는 새로운 거품이었다. 주택 가격이 급격하게 상승하기 시작하였다. 주택을 소유한 이들은 2차 주택 담보 대출을 받거나 혹은 신용카드 한도까지 지출을 하면서 소비자 부채 또한 급격히 증가하였다.

이 모든 부채는 소비로 연결되었다. 연간 1인당 평균 약 400달러 정도의 저축이 있을 뿐이었다. 중국으로부터 들어온 값싼 제품은 미국 내 제조업의 일자리를 급격히 줄였으나, 다른 한편으로 미국인들이 소비를 계속할 수 있게 하였다. 중국은 수 조 달러의 미국 연방 채권을 사들여 미국인의 소비에 재정적 도움을 주었다. 은행은 계속해서 '서브프라임' 주택 담보 대출을 발행하였다. 매우 낮은 이자율의 서브프라임 주택 담보 대출은 극적으로 성장하였다. 은행은 주택 가격이 계속 성장할 것으로 전망하였고, 만약 대출금을 받지 못하더라도 은행은 쉽게 저당물을 되팔아 이익을 얻을 수 있을 것이라 보았다. 하지만 2006년과 2007년 사이 주택 가격이 급락하면서 주택의 가치보다 대출금이 더 많은 가치를 갖기 시작하였다.

부도율이 높아지면서 주택 담보 대출의 이자율이 재조정되었지만, 매달 이자를 갚지 못하는 비율이 높아지면서 은행들은 수십억 달러의 투자금이 사라졌다. 2008년 은행이 대출을 중단하자 완전한 위기가 찾아왔다. 거래가 말라 버렸고 주식 시장은 붕괴되었다. 다우존스 주가 지수는 14,000에서 8,000으로 급락하였다. 약 7조 달러가 사라졌다. 유서 깊은 투자사 리먼브라더스(Lehman Brothers)는 23억 달러의 손실을 보고 역사에서 사라졌다. 유력한 은행들이 파산 직전에 놓였다. 주택과 주식 시장의 가치가 하락하면서 미국인들이 소비를 줄이자 기업의 도산이 뒤를 따랐고 실업률이 급격히 증가하였다. 2008년 말 250만 개의 일자리가 제조업과 건축업 부문을 중심으로 사라졌다. 그 결과, 2009년 중반 미국의 역사에서 처음으로 여성이 남성보다 취업률이 높아졌다.

서브프라임 주택 담보 대출 발행 추세

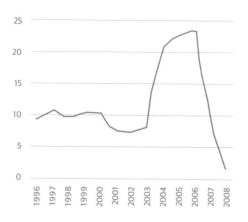

출처: The Financial Crisis Inquiry Commssion, The Financial Crisis Inquiry Report, 2011.

2007년의 경제 위기는 지난 30여 년 동안 세계를 이끌었던 규제 완화라는 성격을 지닌 시장 근본주의의 어두운 모습을 보여 주었다. 1987년부터 2006년까지 연방준비제도 의장을 역임했던 앨런 그리스펀(Alan Greenspan)은 규제 완화, 인위적인 저율의 이자, 그리고 과도한 대출과 소비의 시기를 이끌었다. 그리스펀과 그의 후임자들은 주택 거품을 조장하였고 정부의 간섭 없이 모든 종류의 투기 행위를 목격하였으며, 사실상 증권사 스스로 자신을 규제하는 것을 허용하였다. 2008년 그리스펀은 미국 의회에서 자유 시장이 모든 사람에게 가장 좋은 결과를 스스로 만들어 줄 것이며 규제는 은행, 월스트리트와 주택 담보 대출 시장에 손상을 줄 것이라는 오랜 믿음은 "결점"이 있었고, 자신은 "실수"했음을 인정하였다. 레이건 대통령 이래 모든 대통령은 규제받지 않는 경제적 경쟁의 미국 모델을 채택하여야 한다고 주장해 왔다. 이제, 미국 모델은 결함을 보였고, 그와 관련하여 경제 활동에 정부의 새로운 역할이 필요해 보인다.

참고한 책, 더 읽어 볼거리

권오신·김호연, 『왜 미국 미국 하는가』, 강원대학교 출판부, 2003.

손세호, 『하룻밤에 읽는 미국사』, RHK, 2019.

에밀리 로젠버그 저, 양홍석 역, 『미국의 팽창: 미국 자유주의 정책의 역사적인 전개』,
   동과서, 2003.

양동휴, 『미국경제사탐구』, 서울대학교출판부, 1994.

이주영, 『미국경제사개설』, 건국대학교 출판부, 1988.

밀턴 프리드먼 저, 양동휴·나원준 역, 『대공황, 1929~1933년』, 미지북스, 2010.

3장

다인종 국가 but
그들만의 리그, and only WASP

1
이민의 나라:
다인종 사회

미국의 역사는 한마디로 이민의 역사라고 볼 수 있다. 미국은 그 어떤 나라보다 많은 이민자들을 수용했는데, 약 5,000만 명 이상이 기회를 찾아 아메리칸 드림을 꿈꾸며 미국으로 건너갔다. 아직도 매년 50만 명에서 100만 명 사이의 이민자들이 꿈의 나라 미국에서 자유의 여신상과 첫 대면을 하고 있다. 미국의 1달러짜리 지폐를 보면 미국의 상징인 독수리가 리본을 물고 있는 그림이 있다. 그 리본에는 'E pluribus unum!'이라는 라틴어가 적혀 있는데, 이는 '여럿에서 하나로!(One from many)'라는 뜻이다. 이 문구는 미국이란 나라가 다양한 인종과 민족이 어울려 결속한 나라라는 걸 의미한다고 볼 수 있다. 즉, 다양성을 인정하는 개방적인 자세와 관대한 포용력을 통해 하나의 통합된 국가를 형성해야 한다는 의미일 것이다.

과거 많은 사람들은 수많은 이민자들이 유입되는 미국 사회를 논할 때 종종 '멜팅팟(melting pot)' 사회라는 말을 많이 사용했다. 그런데 이 멜팅팟이라는 개념은 미국적 가치관과 애국심을 고양시키기 위한 일련의 교육적 장치 역할을 하기도 하였다. 즉, 새로 이민 온 사람들은 고유의 민족적 전통을 버리고 미국적 방식을 수용할 것을 강조하였다. 이는 미국인들의 배타성을 엿볼 수 있는 대목이다.

미국의 문장 (Greater coat of arms of the US)

다시 말하면 용광로에서 쇠에 섞인 불순물을 제거하여 순도가 높은 강철이나 금 등을 만들어 내듯이, 다양한 언어와 종교 및 문화와 전통을 가진 이민자들을 미국인이라는 새로운 존재로 재생산해 내야 한다는 것이다. 그런데 이렇게 재생산해 낸 미국인들 중에서도 가장 미국인다운 미국인은 일명 와스프(White-Anglo Saxon-Protestant: WASP)들이다. 즉, 미국인들이 표준으로 삼고 있는 존재는 백인(White)으로서, 앵글로 색슨(Anglo Saxon) 혈통을 가지고, 개신교(Protestant)를 믿는 사람들인 것이다. 그런데 과연 흑인이나 황인종들이 백인이 될 수 있을까? 따라서 이들은 적어도 백인과 유사한 사고와 행동양식만큼은 지녀야 한다는 의미를 내포하고 있다. 백인들의 우월주의가 그 기조인 것이다.

최근 들어 세계 각지로부터 유입된 이민자들이 정치, 경제, 사회, 문화의 각 영역에서 두각을 나타내면서 미국인들은 다양성의 가치를 보다 중요시하고 있으며, 각 민족 그룹은 그들의 유산을 재구성하거나 발전시키기 위해 노력하고 있는 것으로 보인다. 이민자의 자녀들 또한 종종 모국어와 영어를 혼용하면서 성장하는 등 다문화주의적인 양상을 보이고 있다.

원주민 혹은 최초의 이민자? American Indians (Native Americans)

최초의 미국 이민자들의 정착은 약 2만 년 전 이상으로 거슬러 올라가는데, 그들은 아시아로부터 아메리카 대륙으로 사냥감을 찾아 가족 단위로 이주해 온 사람들이었다. 그들은 오늘날의 베링 해협(the Bering Strait)을 건너 북미 대륙에 왔다. 일부 원주민들은 자신들의 토착성을 강조하기 위해 오히려 북미 대륙에서 아시아로 건너간 것이라고 주장하지만 이는 설득력이 없다. 하지만 이러한 원주민들의 다소 억지스런 주장에는 백인들에게 자신들 삶의 공간을 처절하게 빼앗겨 버린 회한의 한이 담겨져 있다는 점을 인식해야 할 필요가 있다.

원주민들의 본격적인 굴종의 역사는 스페인 왕실의 후원을 받은 크리스토퍼 콜럼버스가 1492년 신대륙을 발견(?)했을 때부터 시작된다. 당시 북미 대륙에는 약 200만 명의 원주민들이 살고 있었다고 하는데, 콜럼버스가 실제 도착한 곳은 바하마 제도의 산살바도르(San Salvador, '성스러운 구세주의 땅'이라는 의미)였지만, 그는 그곳이 인도(India)라고 믿었다. 그래서 콜럼버스는 원주민들을 인디언(Indian)이라 부르는 착각에 빠졌던 것이다. 사실 우리는 콜럼버스를 신대륙의 발견자로서, 근대인의 상징으로서 추앙하고 있지만, 그가 바하마 제도의 섬들에서 보여 준 대규모 약탈과 파괴를 상기한다면 원주민들에게는 대량 살상을 일삼은 정복자에 불과했는지도 모른다.

어쨌든 이후 약 200년 동안 유럽 국가들은 콜럼버스의 항해를 뒤따라 대서양을 건너가 아메리카를 탐험하고 무역 기지와 식민지를 건설하기 시작하였다. 이에 따라 원주민들은 혹독한 고난의 길을 걸었다. 보통 인디언으로부터 유럽인에게로의 토지 이전은 다양한 조약, 전쟁, 강압에 의해 이루어졌고, 인디언들은 점점 유럽인들에게 밀려나 서부로 이동해 가기 시작하였다. 즉, 미국이 자랑스럽게 말하는 이른바 '프런티어의 역사'는 '인디언들의 고난의 역사'와 궤를 같이하는 것이다. 프런티어와 철도 건설로 인한 서부 개발은 인디언 소탕 작전으로 이어졌고, 급기야 인디언들은 당시 황량했던 서부의 특정 지역에 내몰려 거주가 제한되기에 이르렀다. 물론 인디언들은 미국인들의 서부 팽창에 극렬히 저항했지만 역부족이었다. 1890년 '운디드 니의 학살(Massacre of the Wounded Knee)'로 인디언들의 저항은 막을 내리고 19세기부터 진행된 미국인들의 동화 정책에 편입되었으며, 이후 인디언들은 '인디언 보호 구역(Indian reservations)' 내에 거주하면서 자신들의 삶을 영위해 가고 있다. 현재는 오클라호마주에 인디언 보호 구역이 가장 집중되어 있고, 그 다음으로 애리조나와 뉴멕시코, 그리고 북서부 지역 등에 흩어져 살고 있다. 그런데 대개의 인디언 거주 지역은 빈곤 그 자체였다. 인디언들은 미국 정부의 보조금에 의존해 근근이 생활을 이어 갔는데, 인디언들의 빈곤과 실업은 오늘날까지 여전히 지속되고 있다.

운디드 니 학살의 생존자들, 1891년 촬영 (출처: 미 의회도서관)

현재 인디언들은 약 300만 명 정도로 미국 인구의 약 0.9%를 차지하고 있는데, 자연적인 인구 성장률의 측면에서 보면 서부 개척 시기 인디언들이 얼마나 많이 살육당했는지 알 수 있다. 사실 인디언들은 전쟁을 통해 살육되기도 했지만, 유럽인들이 가져온 각종 질병(천연두, 홍역 등)에 면역성이 없었기 때문에 인구가 급격하게 감소한 측면이 많다. 영토 전쟁과 전염병 등으로 인해 하나의 부족이 완전히 사멸하는 경우도 나타났는데, 1890년 인구 조사에 따르면 약 25만 명 정도밖에 남지 않았을 정도로 인디언들의 인구 격감 현상이 심하였다. 이렇게 인구가 급격히 감소하면서 인디언들은 자신들의 언어와 관습을 잊어버리게 되어 점점 미국인화 되어 갔다. 하지만, 인디언들은 생명력을 잃지 않은 채 오늘날까지 그 명맥을 유지해 오고 있다. 현재 인디언들의 약 1/3은 아직도 인디언 보호 구역에서 정부 보조금으로 삶을 유지해 가고 있다.

사실 미국의 지명은 토착 인디언으로부터 파생된 것들이 많다. 매사추세츠, 오하이오, 미시간, 미시시피, 미주리, 아이다호 같은 이름들이 그것이다. 또, 인디언들은 유럽인들에게 곡물 경작법을 가르쳐 주었고, 인디언들의 전유물이었던 옥수수, 토마토, 감자, 담배 등은 전 세계로 확산되었다.

유럽인들의 이민, Europeans

유럽인들 가운데 초기 북미 대륙에 이주해 온 사람들 대부분은 말할 것도 없이 영국인들이었다. 유럽에서 종교적 갈등이 심화되면서 종교적 박해를 피해 북미 대륙으로 건너온 퓨리턴(Puritans)들은 뉴잉글랜드식민지를 건설하였고, 가톨릭교도들은 메릴랜드에 정착했으며, 윌리엄 펜을 비롯한 퀘이커교도들은 펜실베이니아 등지에 종교적 피난처를 마련하였다. 초기 식민지 역사에서 비롯된 종교적 피난처로서의 북미 대륙의 존재는 아직도 면면히 이어져 내려와 대개의 경우 정치적 격변기의 망명지로 미국을 선택하고, 또 미국은 이를 긍정적으로 해결해 주는 역할을 한다. 지난 반세기 동안만 해도 미국은 한 해 평균 약 7만 명 이상, 총 350만 명 이상의 난민을 받아들였다.

초기 영국인들의 대량 이주는 영어가 미국의 공용어로 자리 잡는 데 주도적 역할을 하였다. 물론 영국인들 외에도 다양한 목적을 가진 여러 유럽 국가의 사람들도 북미 대륙에 정착하기 시작하였다. 1776년 토머스 페인은 자신이 영국인임에도 "잉글랜드가 아닌 유럽이 미국의 조국이다"라고 말했을 정도로 다양한 유럽계 이주민이 북미 대륙에 이주해 왔다. 당시로서는 소수이긴 하지만 스페인, 포르투갈, 프랑스, 네덜란드, 독일, 스웨덴 등지의 유럽인들이 영국인의 뒤를 따라 차근차근 북미 대륙으로 이주해 왔다. 그럼에도 1780년대까지 미국인 네 명 중 세 명은 영국계이거나 아일랜드계일 정도로 영국인들의 북미 대륙 이주가 지배적인 양상이었다.

이렇게 영국인들의 북미 대륙 이주가 지배적이었던 데는 종교적 이유 말고도 다른 이유가 있었다. 그중에 하나는 영국의 장자 상속제이다. 즉, 영국에서 상속을 받지 못하고 평민으로 전락한 차남 이하의 귀족 세력들은 북미 대륙에서 자신의 운명을 걸고 개척 생활을 시작했던 것이다. 또, 정치적인 이유와 인구 증가로 인하여 17세기 초반 골머리를 앓던 영국 정부는 다수의 범죄자들을 북미 대륙으로 이주하는 정책을 펼쳤다. 이와 같은 여러 이유들로 초기 북미 대륙의 정착자들은 대부분 영국 계통의 사람들이었다.

그러다가 1840년대부터 1860년 사이에 미국은 처음으로 대규모의 이민 물결을 맞이했다. 당시 이민을 온 사람들의 대부분은 북서 유럽인들이었는데, 이들은 기근이나 빈곤, 인구 증가, 정치적 변동과 같은 이유들로 인하여 북미 대륙으로 대량 이주해 왔다. 특히 아일랜드의 경우는 줄기마름병으로 인하여 감자 기근이 엄습하였고, 급기야 100만 명 이상이 굶어

죽는 초유의 상황이 벌어지자 많은 아일랜드인들이 생존을 위해 이주를 결심하였다. 그러나 기회를 찾아 꿈을 간직한 채 건너온 북미 대륙은 그들에게 관대하지 않았다. 이미 200년 전부터 정착해 온 영국인들이 대부분의 토지와 직업을 소유하고 있었기 때문에, 아일랜드계 이주민들은 처절한 강제 노동에 시달리며 값싼 노동력을 제공하거나 허름한 선술집에서 이주 생활을 시작하기 일쑤였다. 영화 〈파 앤드 어웨이(Far and Away)〉에 묘사된 아일랜드 기근과 이민 생활의 일면을 보라. 또, 영국계 토착 세력은 아일랜드인들이 대개 가톨릭교도였기 때문에 그들에게 긍정적이지 않았고, 따라서 아일랜드인들은 초기 정착에 상당한 애를 먹었다. '감자 대기근'이 유행했던 1846년부터 1851년까지 5년 동안 미국으로 건너온 아일랜드인은 100만 명을 넘어섰고, 이들 중 90%가 가톨릭교도였다. 오늘날은 미국 인구 중 약 3,300만 명이 아일랜드계로, 전체 인구의 10.1%를 차지하고 있다.

독일인들의 경우, '1848년 혁명'의 실패 직후 정치적 자유를 추구하는 지식인들과 활동가들이 대거 이주해 왔다('Forty-Eighters'). 남북 전쟁 때 독일인들은 아일랜드인들과 더불어 수십만 명이 노예제에 반대하며 북부 연방군에 자원입대해 전투에 참여하였는데, 이민 집단으로서는 최대 규모였다. 군 복무에 대한 대가로 일부 이주민들은 토지를 불하받고 정착 생활을 하는 데 도움을 얻기도 하였다. 오늘날 독일계는 미국 인구 중 약 14.7%를 차지해, 영국계를 제외하고 단일 국적으로 가장 많은 수의 이민자를 배출한 국가가 되었다.

남북 전쟁이 끝나고 19세기 후반에 접어들면서 그동안 대부분의 이민이 북서 유럽인들이었던 데 반해 남동유럽의 이민자들이 대량으로 이주해 오기 시작하였다. 그들 대부분은 주로 유대계이거나 이탈리아계였다. 당시 이탈리아는 국가 통일이라는 내홍을 겪던 시기였고, 유대인들은 반유대주의로 인해 탄압을 받던 시기였기 때문이었다.

1902년 당시 이민국이 있던 뉴욕의 엘리스섬(Ellis Island)에 도착하는 유럽 이민자들 (출처: 미 의회도서관)

동유럽에서, 특히 1881년 러시아 황제 알렉산드르 2세의 암살이 있은 직후 범슬라브주의가 강력하게 대두되면서 유대인 학살이 자행되기 시작했는데, 이것이 이른바 '포그럼(Pogrum)' 사건이다. 결국 유대인들은 1880년대에 들어와 대단위로 미국에 이주하였고, 이주의 물결은 20세기 초에 극에 달했다. 물론 유대인들이 북미 대륙에 이주해 온 것이 이때가 처음은 아니다. 이미 식민지 사회 초기인 1650년대에 지금의 뉴욕에 정착하여 주로 상업과 금융 업종에 종사하고 있었다. 그러다가 19세기 말 동유럽의 범슬라브주의에 직면해 미국으로 대거 이주해 온 것이다. 그런데 이들 역시 아일랜드계와 마찬가지로 초기 정착자들과는 달리 저임금에 시달리는 고된 업종에 종사할 수밖에 없었다. 그리고 1930년대에 나치의 탄압을 피해 유럽의 유대인들이 또 다시 미국으로 이주해 왔으나, 이때는 1924년 채택된 국적별 이민 제한법으로 대량 이민이 어려웠다.

일련의 우여곡절을 겪으며 미국 사회에 정착한 유대인들은 현재 미국의 정치와 경제를 쥐락펴락하는 가장 영향력 있는 세력으로 성장하였다. 유대인들이 미국 주류 사회에 다소나마 편입하게 된 데는 냉전 이후 전개된 상황의 변화도 한 몫을 했다. 냉전 체제의 형성에 따라 공산주의에 대항하기 위해 미국은 서양의 전통에 기반을 둔 대부분의 종교들, 즉 가톨릭, 개신교, 유대교 등을 하나로 묶어 내기 시작하였고, 이러한 상황에서 유대인들은 자신의 목소리를 표출할 수 있는 길이 열리게 되었다. 현재 유대계는 미국 사회에서 다소 진보적인 리버럴리스트로 평가받고 있는데, 대량 이주 이후 약 반세기 동안 200만 명 이상의 유대인들이 미국으로 이주해 왔고, 현재는 약 600만 명 정도가 유대계로 미국 인구의 2%가량을 차지하고 있다.

이탈리아계도 유대계나 아일랜드계와 마찬가지로 이민 초기부터 상당한 시련을 겪었다. 특히 이탈리아계는 가톨릭 때문에 미국의 토착주의 세력에게 엄청난 공격을 받기도 하였다. 사실 1920년대에 부활한 KKK단 같은 단체는 비미국적이라 생각되던 유대계나 이탈리아계에 대한 반발의 소산이었다. 1880년부터 1914년 사이에 400만 명이 넘는 이탈리아 남부의 농민들이 집단으로 이주해 오자 이들이 공격의 대상이 되었던 것이다. 어쨌든 이탈리아계는 주로 미국 동부의 도시와 광산 지역, 그리고 중서부의 농업 지대로 이주하였고, 중산층에 이미 편입된 아일랜드계가 떠난 업종에서 육체노동자로 새로운 삶을 시작하였다. 그런가 하면, 우리가 잘 아는 알 카포네(Al Capone)처럼 암흑가에서 그 명성을 날리기 시작하였다. 영화 〈대부(The Godfather)〉에서도 볼 수 있듯이, 1920년대 「금주법」의 시행과 함께 이탈리아계 마피아들이 크게 성장했던 것이다. 이탈리아계는 새로운 대륙에서의 설움과 고난을 끈끈한 가족애, 가부장적인 조직과 문화 등을 바탕으로 견뎌 내며 꾸준히 성장하였고, 현재 미국 인구 중 1,700만 명 정도로서 5.3%를 차지하고 있다.

이들 외에도 19세기 후반을 지나면서 미국의 급속한 산업 팽창으로 인한 노동력을 담보해 준 이들은 주로 동유럽의 이민자들이었다. 폴란드, 러시아, 우크라이나, 체코, 유고슬라비아, 크로아티아 등지에서 이민 온 이주자들은 대부분 가난을 피해 미국 땅에 건너온 사람들이었고, 그들은 대개 교육과 기술 수준이 낮았기 때문에 저임금에 시달리면서도 적극적으로 이민 대열에 합류하게 되었다. 이들은 이미 미국에 건너와 자리를 잡은 동료나 일가친척들로부터 미국이 기회의 땅이라는 사실을 인지하고 있었기 때문에 더욱 이민에 적극적이었다. 하지만 이들의 이민 생활도 고난의 연속이었다.

흑인들의 이주? African Americans

북미 대륙에 이주해 온 사람들 중에는 앞서 살펴본 이주민들과 달리 자신의 의사와는 무관하게 끌려온 사람들도 있었는데, 다름 아닌 아프리카 흑인 노예들이다. 이른바 자유와 평등, 그리고 기회의 땅이라는 미국의 이미지는 이들의 존재를 무시한 것이다. 달리 보면 미국은 억압과 불평등으로 점철된 이면을 갖고 있는 사회인 것이다.

아프리카계 흑인 노예들은 주로 식민지 시절부터 1808년 사이 노예 수입이 이루어지던 시기에 노예로 끌려온 이들인데, 그 수는 약 50만 명에 달했다. 아프리카 흑인 노예는 1619년 영국 최초의 식민지였던 제임스타운(Jamestown)에 도착한 20명을 시작으로 점점 증가하기 시작하였다. 사실 초기에 북미 대륙에 건너온 흑인들은 계약 하인(indentured servant)으로 고용되어 그다지 억압적이진 않았다. 그러다가 남부 지역을 중심으로 주로 면화·담배 농장이 활성화되면서 남부 농장주들은 농업 노동력을 필요로 하게 되었고, 흑인 노예들이 이것을 해결해 주었던 것이다. 그 결과 17세기 말엽에 이르면 남부에서 노예제가 공식적으로 인정되었고, 이후 망향의 한을 품은 채 흑인들은 남부의 대규모 플랜테이션 농장에서 그야말로 비인간적인 생활을 감내하며 고난의 길을 걷기 시작하였다. 영화 〈아미스타드(The Armistad)〉에 나타난 당시 흑인들의 고통을 보라.

노예제 철폐 문제를 둘러싸고 남부 11개 주가 연방으로부터 탈퇴한 직후 남부의 노예주와 북부의 자유주 사이에 남북 전쟁이 본격적으로 발발했고, 이때부터 노예제 종식을 위한 첫걸음이 시작되었다. 링컨 대통령은 전쟁이 진행 중이던 1863년 1월 1일을 기하여 「노예해방령」을 공표하였다. 이후 노예제는 1865년 연방 헌법 '수정 조항 제13조'의 통과로 폐지되었고, 이후 '수정 조항 제14조'와 '수정 조항 제15조'의 통과로 흑인들이 참정권을 행사할 수 있게 되었다. 그러나 노예제 종식 선언 이후에도 미국의 흑인들은 인종 차별 정책과 열등한 교육 수준으로 인해 고통을 받았다. 사실 1875년에는 더욱더 권리가 신장되어 일상생활에서도 차별을 받지 않을 권리를 보장받기도 했으나, 보수적인 대법원과 사회 분위기는 이러한 상황을 달가워하지 않았고, 끝내 1875년의 「민권법」을 무효화시킴으로써 흑인들은 참정권마저도 박탈당하였다. 또한 일명 「짐 크로우 법」이 제정되어 흑인들의 평등한 권리를 공식적으로 보장해 주었던 연방 헌법 '수정 조항 제14조'의 적용에 제약을 가하고, 대신 흑인의 신분을 예전과 같은 상태로 되돌려 놓았다. 이 같은 「짐 크로우 법」의 등장은 인종 분리 정책의 공고화를 의미하는 것이었고, 1950~1960년대의 흑인 민권 운동이 전개되기 전까지 흑백 분리 정책이 지속되었다.

한편, 노예제 폐지 이전으로 회귀한 상황에서 경제적으로도 흑인들은 고통의 나날을 보내야만 했다. 사실 많은 흑인들이 기회를 찾아 남부의 농촌으로부터 북부의 도시로 이주하기 시작하였지만, 대다수 흑인들은 흑백 차별 정책과 낮은 교육 수준으로 인해 도시에서 적당한 일자리를 찾지 못한 채 곤궁한 생활로 하루하루를 보냈다. 또한 그들은 법적으로나 관습적으로 백인들과 함께 살지 못하였는데, 그런 지역을 게토(Ghettos)라 불렀다. 그러다가 제1차 세계 대전기에 흑인들은 군수 공장에 노동력을 제공하기 시작하면서 북부를 중심으로 확산되기 시작하였다. 당시 남부 흑인들의 북부 도시로의 이주 현상을 '블랙 엑소더스(Black Exodus)'라고 하는데, 우리가 알고 있는 할렘의 역사는 이때부터 본격화되기 시작하였다. 1920년대를 지나면서 미국 사회에서는 풍요로움 이면에 숨겨진 정신적 방황의 여파로 재즈가 성장하였는데, 이것은 바로 흑인 음악의 영향이었다. 뒤이어 제2차 세계 대전을 거치면서 흑인들은 군수 산업이 대거 등장한 서부 지역으로 이동해 노동력을 제공하게 되면서 미국 전역으로 퍼져 나가기 시작하였다.

상황이 이렇게 변화되었지만 여전히 흑인들의 삶의 조건은 별반 달라지지 않았고, 그래서 1950년대 말과 1960년 초 사이에는 마틴 루터 킹 목사를 주축으로 흑인들에 대한 인종 차별 정책에 항의하는 이른바 흑인 민권 운동이 전개되기 시작하였다. 물론 흑인들의 지위 향상 문제는 20세기 초부터 진행되어 왔으나, 흑인들의 평등한 권리를 주창하며 비폭력적인 저항을 내세운 킹 목사의 활동을 통해 미국 사회에 큰 반향을 일으키기 시작하였다. 흑인 민권 운동은 1963년 8월 28일 정점에 달했는데, 워싱턴 D.C.의 링컨 기념관 앞에 미국 내 다양한 인종을 대표하는 약 20만 명 이상의 사람들이 모였고, 여기서 킹 목사는 "나에겐 꿈이 있습니다"라는 명연설을 했다. 기도 형식의 이 연설을 통해 킹 목사는 흑인에 대한 차별을 감동적인 어조로 신랄하게 비판하였고, 이러한 일련의 활동이 있은 지 얼마 지나지 않아 미국 의회는 선거, 교육, 고용, 주택 등에서 흑백 차별을 금지하는 법안을 통과시켰다.

오늘날 아프리카계 미국인들은 미국 인구의 12.7%를 구성하고 있다. 최근 수십 년 동안 흑인들은 급속히 성장하여 중산 계급으로 꾸준히 편입되고 있다. 그럼에도 불구하고 흑인들의 고등학교 졸업률이나 대학 진학률 및 졸업률, 그리고 전반적인 평균 수입은 백인들보다 낮고 청년 실업률도 백인들보다 높다. 오늘날 흑인들의 삶은 여전히 곤궁하며, 일부 흑인들은 마약이나 범죄에 연루된 생활을 하고 있다.

1960년대 중반부터 미국 사회에서는 소극적인 차별 정책의 반대에서 한 걸음 나아가 적극적인 '소수 집단 차별 시정 정책(Affirmative Action)', 즉 흑인이나 여성, 빈곤 계층의 교육·문화 수준을 올리거나 고용을 적극적으로 추진하는 정책을 통해 인권을 보호하려는 움직임이 있었다. 물론 엄청난 대중적인 논쟁이 있었던 것이 사실이지만, 흑인들의 존재가 더는 무시할 수 없는 세력으로 형성되었다는 것을 방증해 준다고 할 수 있다. 이제는 미국 선거에서 흑인들에 의해 그 결과가 크게 영향을 받을 정도로 흑인 세력이 성장한 상태라고 하겠다. 또한 다행스럽게도 과거 수십 년간의 전통과는 달리 요즈음 미국의 젊은 세대들이 점점 흑인들을 사회의 동등한 구성원으로 인정하는 움직임이 일어나고 있다.

아시아계, Asians

'자유의 여신상'은 이민자들에게는 새로운 기회의 불빛을 선사했지만, 기회를 찾아 건너온 수많은 이민자들은 미국에서 태어난 사람들에게는 위협 세력이자 골칫거리에 불과한 존재들이었다. 특히 토착주의 세력들은 자신들의 문화가 이민자들로 인해 위협받고 있다고 생각했고, 따라서 고용 불안마저 야기하는 아시아계를 비롯한 새로운 이민자들의 존재가 달가울 리 없었다. 이러한 상황은 20세기 초에 접어들면서 그동안 급격한 미국 산업화의 동력 역할을 해 온 다수 이민자들의 존재가 쓸모없게 되면서 더욱 심각해졌다. 사실 미국 산업화는 값싸고 질 좋은 이민 노동자들의 노동력 없이는 불가능한 일이었다.

20세기 초반부터 미국 내 토착주의 세력은 이민자의 수를 제한하는 각종 입법을 제기하기 시작했는데, 각종 입법을 통해 가장 큰 피해를 받은 인종은 남동유럽의 이민자들과 아시아계 이민자들이었다. 처음에는 북동부 지역에 정착한 남동 유럽인들이 불만의 표적이 되었다. 그러던 중 미의회는 1924년에 「국적 기원별 이민 제한법」을 제정해, 국적과 인종에 따라 이민자 수를 할당하기 시작하였다. 이 법안은 미국에서 처음으로 국적별 이민자들의 수를 제한적으로 허용했던 법인데, 국적별 이민 허용 기준은 1890년의 인구 조사를 토대로 당시 미국에 거주하고 있는 이민자들의 출생 국적 비율에 따르는 것이었다. 그리고 한 해 최대 이민 가능한 인원도 약 15만 명으로 제한하였다. 사실 1890년대는 북서유럽의 이민자들이 대다수를 차지했던 시기였기 때문에, 대부분의 이민 할당이 그들에게 주어졌다. 앵글로-색슨의 전통과 우월주의를 반영한 결과이다.

1924년의 「이민 제한법」은 특히 남동유럽과 아시아계 이민자들을 배척하는 것이었다. 사실 아시아계, 특히 중국인들에 대한 이민 제한은 이 법안이 처음은 아니다. 1850년대부터 서부 지역을 중심으로 철도 노동력을 제공하기 위해 이주해 온 중국인들은 1880년대에 대륙 횡단 철도가 완성되자 갈 곳을 잃기 시작했다. 그들 대부분은 도시로 나와 저임금으로 일자리를 찾기 시작하였는데, 이런 현상은 백인 노동자들의 원성을 사기에 충분한 것이었다. 이러한 중국인들에 대한 불만은 이미 1870년대 후반 시작된 일련의 경기 불안과 실업으로 인해 사회적으로 분위기가 형성되어 있던 상황이었다. 따라서 이러한 상황은 1882년 「중국인 배제법(Chinese Exclusion Act)」으로 이어졌는데, 이 법은 특정 민족의 이민을 배타적으로 제한한 최초의 법이었다. 이렇게 미국으로의 중국인 이주가 제한되자, 일본과 조선이 그 뒤를 이었다. 하와이의 사탕수수 농장과 캘리포니아 지역을 중심으로 중국인들을 대신해 일본과 조선의 노동자들이 이주해 오기 시작하였다. 이런 현상들로 인하여 백인 노동자들 사이에는 황색 인종에 대한 인종적 편견과 배척 상황이 널리 퍼지기 시작하였다. 중국인들에 대한 이민 제한 규정은 1943년에 폐지되었고, 1952년에는 모든 인종에게 미국 시민권을 얻을 수 있는 자격이 주어졌다.

오늘날 아시아계 미국인들은 급속도로 성장하고 있으며, 약 2,100만 명 정도가 존재하고 있는데 인구 비율로는 약 6.5%를 차지한다. 물론 그들

중 대부분은 최근에 정착하였지만, 그들은 이민자들 중 가장 성공한 이민자 그룹에 속한다. 현재 아시아계는 다른 인종에 비해 높은 수입을 올리고 있으며, 그들의 자녀는 미국 최고의 명문 대학에 다수가 진학하고 있다.

히스패닉, Spanish

요즈음 미국의 거리를 걷다 보면 가장 많이 들을 수 있는 언어가 영어와 스페인어이다. 1950년대만 하더라도 불과 400만 명에 불과했던 스페인어를 모국어로 삼는 이주민들은 오늘날 약 6,000만 명에 달한다. 히스패닉계의 약 50%는 멕시코계가 차지한다. 다른 50%는 엘살바도르, 도미니카 공화국, 콜럼비아 등 중남미 계열의 이주민들이다. 미국 내 히스패닉의 32%는 주로 캘리포니아 지역에 거주하고 있고, 다른 주들에도 상당한 히스패닉들이 거주하고 있는데 주로 텍사스, 뉴욕, 일리노이, 플로리다 등지에 퍼져 있다. 특히 카스트로 정권을 피해 이주한 쿠바인들은 약 100만 명에 육박하는데, 이들은 주로 플로리다에 거주하고 있다. 그래서 마이애미에서 가장 큰 신문사인 『마이애미 해럴드』는 영어와 스페인어판을 따로 찍고 있을 정도이다.

사실 이러한 상황은 과연 미국의 공용어를 어떤 언어로 할 것인가라는 사회 문제를 야기하기도 하였으나, 캐나다의 퀘벡 지역과 달리 미국의 경우 히스패닉계들은 이곳저곳에 분산되어 있는 관계로 큰 힘을 얻고 있지는 못하다. 그 대안으로 스위스처럼 다양한 민족들의 다양한 언어를 인정하면서 공용어를 단일화하지 않는 방식이 거론되고 있기도 하다. 2018년 현재 히스패닉계는 약 18.3% 정도로 흑인들과 더불어 가장 강력한 소수 인종·민족을 구성하고 있다. 그리고 히스패닉계는 아시아계와 더불어 꾸준히 증가하는 추세이고, 오늘날 미국 선거에서 가장 큰 변수로 작용하고 있는 세력이 바로 이들 히스패닉계이다.

다문화 사회로

미국은 1965년을 기점으로 이민 정책을 변경하기 시작하였다. 기존의 「국적 기원별 이민 제한법」은 인종 차별적인 이민법이라고 비판을 받았다. 따라서 국적별 이민 할당제를 1968년 6월 30일에 폐지하고 '동·서반구별 이민 할당제'를 채택하였다. 이것은 인도주의에 의거하여 미국 시민 혹은 영주권자와 인척 관계가 있는 사람의 이주를 한층 쉽게 하고, 특히 아시아·중근동 국가들과 우호 관계를 증진하여 필요한 기술자를 각국으로부터 평등하게 받아들이려는 것이었다. 또한 1978년에는 '동·서반구별 이민 할당제'도 폐지하여 인종·국적에 의한 차별을 폐지하고 필요한 인재를 받아들이는 추세를 보이고 있다.

2018년 현재 이민자 상위 10개 그룹은 멕시코, 쿠바, 중국, 도미니카 공화국, 인도, 필리핀, 베트남, 엘살바도르, 아이티, 자메이카가 차지하고

1997년 빌 클린턴 대통령 집권 당시 인종 간 대화와 소통, 이해의 증진을 통한 미국 사회의 통합을 위해 설치된 대통령 자문위원회의 다양한 인종적 구성원들

있다. 현재 미국은 지속적으로 여타의 나라들보다 많은 수의 이민을 수용하고 있고, 2015년 현재 미국 내 인구 중 외국 출생자는 4,500만 명을 넘는다. 1990년에 개정된 이민법은 매년 이민자들의 수를 70만 명으로 제한하기는 했지만, 다양한 국적과 인종의 이민자들이 미국으로 이주해 오면서 미국은 점차 다양성의 사회로 이전되어 가는 양상이다.

또한 '불법' 이민자들도 2000년대까지 증가하는 추세였다가 이후로는 감소세를 보이고 있는데, 미국 이민귀화국에 따르면 2015년 현재 불법 이민자의 수가 약 1,100만~1,200만 명에 이르는 것으로 추정된다. 이러한 불법 이민자들의 존재는 미국 태생이거나 합법적인 이민자들로부터 엄청난 비난의 대상이 되고 있는데, 그것은 불법 이민자들이 값싼 노동력을 제공함으로써 일자리를 빼앗아 가거나 이들로 인한 사회 복지 비용의 부담이 늘어난 데에서 기인한다. 1986년 이민법 개정으로 불법 체류자 중 약 90만 명 정도가 합법적 신분을 취득하기도 했지만, 여전히 이들의 존재는 정치, 사회, 경제적인 문제를 야기하는 대상이 되고 있다.

초기 유럽인들의 이주로부터 시작해서 불법 이민자들의 존재에 이르기까지 미국은 다양한 인종과 다양한 국적의 사람들로 구성된 나라이다. 1960년대 이후의 이민법 개정과 불법 체류자에 대한 긍정적인 조치들을 고려해 본다면, 19세기 말에서 20세기 전반기까지 강력하게 존재했던 토착주의 세력의 이민 제한 정책은 다소 누그러진 느낌이다. 물론 여전히 국제적인 이주의 흐름과 미국의 경제적 상황 등에 따라 종종 이민 제한 여론이 고조되기도 한다. 하지만 장기적인 안목에서 볼 때, 미국 사회가 다양성을 존중하면서 다양한 인종과 국적의 전통을 용인하려는 자세를 확대해 왔다고 볼 수 있다.

즉, 영국계로 시작한 미국 사회의 이민은 뒤이어 유럽인 전체로, 그리고 흑인, 아시아계, 히스패닉계로 이어지면서 다양한 문화와 관습을 토대로 한 사회로 발전해 온 것이다. 따라서 미국이 기존의 앵글로-색슨적인 주류 문화에 따라 동일한 문화를 가져야만 했던 '멜팅폿(melting pot)' 사회에서 모든 민족적 구성원들이 자신들의 문화를 즐기며 개성 있게 살아가는 '샐러드 볼(salad bowl)'의 사회가 되었다는 지적은 설득력이 있다. 하지만 각기 다른 특성을 가진 민족과 인종들을 존중한다고 해도 그 샐러드는 결국 햄버거를 만들 때 반드시 넣는 겨자 소스와 같은 존재, 즉 와스프(WASP)에 다른 문화를 조금 첨가한 것에 불과할지도 모른다. 퓨리턴들이 미국 동부 해안에 정착한 이래 미국 역사에서 언제나 승자는 와스프였던 것이다.

2
퓨리터니즘:
WASP의 사회

WASP

우리에게도 친숙한 용어인 WASP는 'White Anglo-Saxon Protestant'의 약자로 정통 미국인을 지칭하는 말이다. 이들은 17세기 초엽부터 종교적 박해나 정치적인 이유로 식민지 초기 영국에서 미국으로 이주한 사람들의 자손인데, 자신들을 다른 민족이나 종교로부터 차별화하기 위해 만들어진 용어이다. 실제로 와스프는 현대 미국 사회의 주류를 형성하고 있으며, 얼마 전까지만 하더라도 정·재계에서 성공을 거둘 수 있는 절대적 조건이기도 하였다. 1920년대까지 미국 200대 기업의 대부분이 이들 소유였으며, 미국의 정치권력도 공화당과 민주당 모두 이들의 독점 체제로 이어졌다. 와스프는 보수성이 강하며, 예의범절을 중요시하고, 엄격한 교육으로 자녀들을 가르치고, 클럽 활동을 통해 친목을 도모하는 것이 특징이다. 1930년대 들어 대공황으로 와스프 출신 대자본가들이 무너짐에 따라 유대인 등 신진 세력에 의해 재계 판도가 바뀌는 현상이 일어났고, 정치에서도 아일랜드계 가톨릭교도인 케네디와 역시 아일랜드계인 레이건, 그리고 최근에는 흑인인 오바마 대통령이 집권하는 등 이변이 일어났다.

와스프들이 미국의 현대사를 이끌어 온 주역임에는 틀림없다. 현재 다문화주의적인 시대를 맞아 유대계, 가톨릭계, 유색 인종 등에게 기득권을 배분하는 등 그동안의 배타적 사고에서 벗어나고는 있지만, 미국을 움직이는 절대적 영향력을 행사하고 있는 존재들이 와스프라는 사실에는 이의가 없다.

이들 와스프들이 이렇게 미국 사회의 주류로 자리 잡게 된 데는 미국적 건국 이념 중 이른바 퓨리터니즘이라는 전통이 강하게 작용한 것이라고 볼 수 있다. 또, 미국은 특별하며 다른 나라와는 뭔가 다르다는, 이른바 '미국적 예외주의(American Exceptionalism)'라는 신화 역시 퓨리터니즘의 전통으로부터 기인한 것으로 볼 수 있다. 물론 미국 사회의 모든 면을 퓨리터니즘으로만 설명할 수 있는 것은 아니다. 아직도 미국 사회의 이념적 가치나 기반이 무엇인가라는 논쟁이 있을 수 있지만, 적어도 와스프란 존재에 비추어 볼 때 오늘날 지배적인 영향력을 행사하는 관념 또는 가치나 이상은 분명 퓨리터니즘으로부터 역사적으로 형성되어 온 것으로 볼 수 있다.

퓨리터니즘

우리가 보통 최초의 퓨리턴(Puritans)이라고 알고 있는 사람들은 1620년 메이플라워(Mayflower)호를 타고 신대륙에 건너와서 '메이플라워 서약(Mayflower Compact)'을 맺고 플리머스에 정착한 이들로서 일명 '필그림(Pilgrims)'으로 불리는 사람들이다. 그런데 미국적 특징을 일컫는 데 사용되는 이른바 퓨리터니즘(Puritanism)은 이들이 아니라 1630년 레이디 아벨라(the Lady Arbella)호를 타고 지금의 뉴잉글랜드, 특히 보스턴 주변에 정착해서 신정 정치를 구현하려고 했던 사람들에 의해 형성되었다. 이들은 어

럽사리 정착에 성공하여 매사추세츠 식민지를 건설해 그들만의 종교적 공동체를 완성하려고 하였다. 보통 우리는 이들을 '퓨리턴'이라 부른다. 이들은 대개 다소 보수적이고 엘리트주의적인 캘빈주의자들이었다. 이들은 잉글랜드의 종교 개혁이 유럽 대륙에 비해 미진했기 때문에 영국 성공회를 좀 더 '정화(purify)해야' 한다고 생각했기 때문에 퓨리턴이라고 불리게 되었다. 사실 영국 성공회(Anglicanism)는 교리와 형식 면에서 로마 가톨릭과 별반 다를 것이 없었다. 단지 종교 수장이 교황이 아니라 국왕이었다는 것이고, 또 경제적 차원에서 로마로 흘러 들어가던 십일조를 영국 국가의 재산으로 귀속하는 조치를 취했을 뿐이다. 따라서 퓨리턴들은 자연스럽게 영국 성공회에 대한 반감을 가졌던 것이고, 이러한 배경에서 신대륙을 종교적 피난처로 삼아 신정 정치를 구현할 "언덕 위의 도성(A City upon a Hill)"을 건설하려 했던 것이다.

사실 퓨리턴들은 영국 사회의 엄격한 계서제(階序制)를 그대로 식민지에 이식하려 했던 사람들로, 대부분이 중산 계급에 속하는 사람들이었다. 이들은 자유와 평등, 기회의 땅을 상징한다는 신대륙 식민지 사회에서 엄격한 계서제에 입각해 지도자 계층으로 성장하였고, 도시나 농촌 지역에서 그저 그렇게 따라간 존재들은 신대륙 식민지 사회에서도 피지배층으로 편입되었다. 따라서 식민지 건설 초기의 사회는 자유와 평등에 입각한 민주주의적 질서가 존재할 수 없었다. 구대륙의 봉건적 질서와 종교적 억압으로부터 자유를 쟁취하기 위해 신대륙에 건너온 이들이 이렇게 비민주적인 식민지 사회를 건설하게 된 이면에는 그들이 목숨처럼 여겼던 이른바 캘빈주의의 '비민주적인 신정 정치'가 자리하고 있었다.

신정 정치를 구현하고자 했던 퓨리턴들은 원죄 의식, 예정설, 그리고 선민의식, 소명 의식 등으로 특징지을 수 있는 캘빈주의를 신봉하였다. 이들은 이러한 이념을 바탕으로 엄격한 신정 정치를 구현하고자 했고, 구대륙의 봉건적 질서 속의 군주를 신이라는 이름으로 대치하였다. 즉, 퓨리턴 공동체의 질서 속에서 신이 곧 왕의 역할을 했던 것이다. 식민지 공동체 사회가 자유와 평등과는 거리가 먼 사회라는 것을 잘 보여 주는 대목이다. 이러한 엄격한 위계질서에 바탕을 둔 퓨리턴 사회는 캘빈주의의 핵심인 예정설에 이르면 더욱 비민주적 질서를 정당화하기에 이른다. 즉, 예정설은 신이 선택한 극소수의 영혼만이 구원받는다는 사상으로, 이는 소수에 의한 다수 지배를 정당화하는 결론에 이른다. 인간은 원죄 때문에 신 앞에서는 모두 죄인이며, 죄인 중에서 신에게 선택받은 극소수만이 구원을 받을 수 있다는 예정설은 선택된 소수의 정치적 지배를 신분이 아니라 신의 이름으로 정당화해 주는 것으로 귀결된다. 이런 점에서 오늘날 미국이란 사회가 우리에게 심어 준 자유와 평등의 나라, 기회의 나라라는 이미지는 설득력이 다소 약하다.

이와 같은 예정설에 기반을 둔 선택된 소수라는 선민의식은 구세계를 구원해야 할 뿐만 아니라 신이 마련해 준 신대륙에 새로운 기독교 공동체를 건설함으로써 스스로를 구원해야 할 책임이 있다는 소명 의식으로 귀결되었다. 이러한 소명 의식은 이른바 '대각성(Great Awakening)' 시대를 거치면서 식민지 전역으로 확산되어 신대륙의 이스라엘을 건설하려는 움직임으로 발전하기 시작하였다. 즉, 신대륙에 이주한 사람들은 하나님이 노아의 방주에 골라 태운 선택된 피조물로서, 하나님의 뜻을 구현할 소명을 가진 유일한 존재들이라는 믿음을 갖고 '언덕 위의 도성'을 건설하려 했던 것이다. 미국 정치인들이 늘상 연설 말미에 "신이여 미국을 축복하소서(God bless America)"로 끝맺고, 미국 지폐에 "우리는 하느님을 믿는다(In God we trust)"라는 문구를 집어넣는 것이 이상할 리 없는 것이다.

이런 믿음을 바탕으로 퓨리턴들은 엄격한 관습하에 모범적인 공동체를 세우기 위해 노력함으로써 공익을 우선시하는 일종의 사회봉사 정신의 강화에도 기여하였으나, 극단적인 그들의 엄격성은 지나친 강박관념으로도 발전해 '세일럼타운의 마녀사냥(1692~1693)'과 같은 일련의 사건도 유발시켰다. 즉, 퓨리턴들이 식민지에 정착한 지 대략 3대가 지나자, 물질적으로 풍요로워졌고 점점 세속화의 경향이 대두되면서 신의 뜻에 따라 모범적으로 살아야 한다는 식민 정착 초기의 신념이 사라져 가는 것에 일종의 위기의식을 느꼈던 것이다. 마녀사냥은 바로 이러한 퓨리턴들의 위기의식의 발로였던 셈이다. 공교롭게도 마녀사냥을 통해 처형된 대부분의 사람들은 부를 축적한 사람들이거나 퓨리턴이 아닌 다른 종교의 사람들이었다. 이런 점에서 퓨리턴들의 배타성을 짐작해 볼 수 있다. 종교적 자유를 찾아 머나먼 신대륙에 정착한 퓨리턴들이 마녀사냥과 같은 조치를 통해 다른 교파에 대해서는 관용을 베풀지 않는 모습을 보인 것이다. 이와 같은 퓨리턴들의 종교적 배타성은 결국 로저 윌리엄스(Roger Williams)와 같은 반발 세력을 양산하였고, 이러한 흐름은 유럽 대륙으로부터의 이민 증가와 함께 식민지 사회를 팽창시키는 데 일조하였다.

한편, 퓨리턴의 선민의식과 소명 의식을 막스 베버(Max Weber)는 『프로테스탄트 윤리와 자본주의 정신』(1920)에서 자본주의적 직업윤리와 연관시키기도 했다. 즉, 원죄로 얼룩진 인간의 예정된 운명은 오로지 전지전능한 신에 의해서만 알 수 있으며, 따라서 인간이 할 수 있는 일이란 신이 부여한 임무를 성실히 수행하는 것인데, 그 임무란 바로 현세에서 맡은 바 책무를 다하는 것이다. 이렇게 책무를 다해 현세에서 이룬 성공과 보상이 다름 아닌 구원의 징표라고 퓨리턴들은 생각했던 것이다. 따라서 가톨릭 세계에서 금기시되던 대금업과 같은 업종들은 신에게 부여받은 소명이라는 이름 아래 정당화되었고, 현세에서의 근검과 절약, 소명을 다하는 노동 윤리는 퓨리턴들에게 세속적인 성공으로 가는 기본 바탕이었던 것이다. 요컨대 막스 베버가 말한 프로테스탄트의 직업윤리는 캘빈주의적 전통으로부터 발전된 것으로, 그것이 미국 자본주의의 원동력으로 작용했다는 베버의 논리는 나름대로 설득력을 갖는다.

미국 자본주의 발전에도 한 몫을 담당한 캘빈주의적 선민의식과 그것

에 바탕을 둔 소명 의식은 19세기 이후 미국의 경제적, 정치적 팽창을 정
당화하는 데도 역시 크게 이바지하였다. 신으로부터 부여받은 구원자로
서의 소명은 미국인들에 주어진 숙명이자 '명백한 운명'이었던 것이다.
우리에겐 프런티어 혹은 모험과 개척 정신으로 알려진 미국의 서부 팽창
과정은 미국인들의 선민의식에 바탕을 둔 소명 의식의 결과물인 것이다.
즉, 혹독한 시련 속에서 식민지에 정착해 개척 경험을 쌓았던 미국인들은
그것이 전 세계를 구원하기 위한 일종의 훈련이었고, 따라서 독립 전쟁
이후 전개된 서부 팽창 역시 이와 같은 종교적 선민의식 혹은 종교적 사
명을 띤 행위로 간주하였다. 동부 연안의 13개 주로부터 미시시피강으로,
그리고 대평원을 지나 로키산맥에 이르고, 태평양 연안까지 영토를 확장
해 간 과정은 퓨리턴들의 용감성과 모험 정신, 진취성을 잘 보여 주는 대
목이지만, 그러한 팽창의 기본적 이데올로기로 작용한 것은 다름 아닌 캘
빈주의로부터 연원한 선민의식과 소명 의식이었던 것이다. 물론 프런티
어는 경제적 팽창으로서의 의미도 갖고 있다. 당시 미국인들에게 서부는
자유, 광활함, 거친 야성을 간직한 공간으로 마치 야만과도 같은 상태였
고, 그러한 야만과 미개척의 상황을 극복하는 것은 신에게 신성한 의무를
부여받은 퓨리턴의 몫이라고 생각했던 것이다. 그러나 신성한 소명 의식
이라는 미국인들의 팽창은 결과적으로 수많은 인디언을 학살하고 야만
의 개선이라는 이름 아래 진행된 일종의 자연 파괴의 과정이었는지도 모
른다.

이러한 미국인들의 전통적 신념은 19세기 후반 이후 진행된 일련의 미
국의 세계적 팽창과 미국의 국제적 위상을 정당화하는 이데올로기적 근
거를 마련해 주었다. 바로 이러한 팽창과 정당화를 통해 미국인들은 앵글
로-색슨으로서의 미국에 대한 자긍심, 즉 백인 퓨리턴의 우월 의식을 정
당화했던 것이고, 이러한 관념에 기반하여 이른바 와스프들이 미국을 지
배하는 세력으로 자리를 잡았던 것이다. 즉, 이들은 캘빈주의적 전통에

침윤된 엘리트주의의 산물인 것이다.

 아울러 캘빈주의적 전통에 기반을 둔 선민의식과 소명 의식은 미국에게 세계 구원자로서의 모습과 모범을 전파해야 할 우월적인 지도자의 이미지를 심는 데 대단한 영향을 끼쳤다. 2001년 '9·11 테러 사건' 이후, 조지 W. 부시 대통령이 이란, 이라크, 북한을 가리켜 '악의 축'이라 규정한 데는 바로 이와 같은 관념, 즉 퓨리터니즘이 존재하고 있는 것이다. 물론 퓨리터니즘만으로 이런 상황을 설명할 수 있는 것은 아니지만, 퓨리터니즘에 대한 이해를 통해서도 미국의 전 지구적인 팽창을 설명할 수 있겠다. 또한 오늘을 살고 있는 미국인들에게 퓨리터니즘은 실생활에 보이지 않는 틀거리로 작동되고 있으며, 앞으로도 그렇게 될 개연성이 높다고 하겠다.

참고한 책, 더 읽어 볼거리

권오신·김호연, 『왜 미국 미국 하는가』, 강원대학교 출판부, 2003.

권용립, 『미국의 정치문명』, 삼인, 2002.

김봉중, 『미국을 움직이는 네 가지 힘』, 위즈덤하우스, 2019.

김진웅, 『미국인의 탄생 : 미국을 만든 다원성의 힘』, 살림, 2006.

새뮤얼 헌팅턴 저, 형선호 역, 『새뮤얼 헌팅턴의 미국』, 김영사, 2004.

손영호, 『마이너리티 역사: 혹은 자유의 여신상』, 살림, 2003.

오치 미치오 저, 곽해선 역, 『와스프, 미국 엘리트는 어떻게 만들어지는가』, 살림, 1999.

토머스 F. 고셋 저, 윤교찬·조애리 역, 『미국 인종차별사』, 나남, 2010.

4장

대중문화와 스포츠

미국을 건설한 개척자들은 엄격한 청교도들로, 그들의 금욕 사상은 모든 경쟁이나 쾌락을 죄악시하여 종교적인 활동을 제외하고 생산과 결부되지 않은 활동을 부정했었다. 따라서 구대륙인 유럽에서 도입된 예술이나 스포츠 등의 문화적 흐름은 북미 대륙에 그다지 쉽게 정착하지 못하였다. 그러다가 개척민들이 자신들의 고유한 문화적 전통을 만들어 가기 시작하면서 이른바 미국 고유의 새로운 문화를 형성하기 시작하였다. 이후 미국 사회는 미국적인 사고와 양식을 그들 특유의 스타일로 재생산하기 시작했으며, 특히 대중음악과 영화, 프로 스포츠 등은 오늘날 전 세계적으로 막강한 영향력을 행사하는 데까지 이르렀다.

그래서 싫든 좋든, 또 훌륭하든 그렇지 않든 간에 오늘날 대부분의 국가들은 두 가지 문화가 혼재된 상태로 존재하는 것 같다. 하나는 그 나라 특유의 토착적 문화이고, 다른 하나는 미국인들과 동일한 정서를 느낄 수 있는 미국적인 문화가 그것이다. 풍부한 자본과 뛰어난 기술을 바탕으로 미국의 스포츠, 록 음악, 할리우드, 스타벅스와 햄버거 등으로 대표되는 미국의 대중문화는 세계 각국에 미국의 패권과 함께 빠르게 영향력을 미치고 있다. 따라서 이 장에서는 미국 대중문화의 핵심 축으로 전 세계에 막강한 영향을 끼쳐온 대중음악, 영화, 스포츠를 중심으로 살펴본다.

1
대중음악

미국 음악의 태동

미국 음악은 영국적 요소와 흑인 노예들의 요소가 혼합되어 시작하였다. 이와 같은 '미국식 음악'의 선구자는 스티븐 포스터(Stephen Collins Foster, 1826~1864)이다. "미국 음악의 아버지" 포스터의 음악이 공개된 후 미국 음악계는 그의 전통을 뒤따라 발전하였다고 보아도 과언이 아니다. 포스터는 당시 유럽 대륙의 고전 음악 전통과 노예로 끌려와 북미 대륙에 정착했던 흑인들의 리듬과 테마를 접목하여 그만의 독특하고 새로운 장르를 개척하였다. 아일랜드계 이주민이면서 주로 남부에 거주했던 포스터는 흑인 노예들의 음악을 자주 접할 수 있었고, 남부 지역에서 유행하던 민스트럴 쇼(Minstrel Show, 백인들이 흑인 분장을 하고 흑인들의 음악과 춤을 추며 공연하는 순회 극단 공연)를 관람하면서 성장하였다. 이러한 자연스러운 문화적 접촉을 통해 포스터는 자신의 독특한 장르를 개발하게 되었고, 이러한 노력의 결과물로 그 유명한 〈오! 수잔나(Oh! Suzanna)〉(1848), 〈스와니 강(Old Folks at Home)〉(1851), 금발의 제니(Jeannie with the Light Brown Hair)〉(1854) 등 200여 곡 이상을 발표하였다.

미국인들은 영화나 라디오와 같은 대중 매체들이 등장하기 전까지 스스로 오락거리를 만들어 내거나 서커스 혹은 보드빌(vaudeville)이라는 일종의 순회 공연을 관람하는 것이 보통의 여가생활 방식이었다. 우리나라의

스티븐 포스터

유랑 극단과 비슷한 보드빌은 다소 풍자와 해학이 섞인 공연을 통해 미국인들의 호감을 쌓았는데, 19세기까지의 대부분의 이른바 대중문화 스타들은 보드빌 출신이었다.

초기의 이와 같은 미국식 음악이 수공업적 방식을 탈피해 기업화되기 시작하는 것은 19세기 말의 미국 사회의 산업적 팽창과 그 맥을 같이한다. 19세기 말에 이르면 음악 분야도 하나의 사업으로 성장하여 뉴욕과 같은 대도시에선 음악을 전문으로 하는 기업들이 집중적으로 등장하였다.

이후 미국의 보드빌과 유럽식의 오페레타가 결합하여 이른바 브로드웨이 뮤지컬이 탄생하기도 하였다. 노래와 춤을 곁들이고, 대사를 통해 이야기를 끌어 나가는 브로드웨이 뮤지컬은 오늘날까지도 전 세계인들에게 주목받는 장르 중 하나이다. 1927년 초연된 제롬 컨(Jerome Kern, 1885~1945)의 〈쇼 보트(Show Boat)〉는 최초로 대중적 흥행을 거둔 브로드웨이 뮤지컬이다. 뮤지컬 장르 또한 흑인들의 음악에서 다분히 영향을 받은 것이었다. 대개의 흑인 영가들은 당시 독설과 풍자로 구성되어 있었는데, 이러한 형태가 뮤지컬의 기본적인 바탕이 되었다.

1900년대를 지나면서 서서히 증가하기 시작한 유럽계 이민자 중에는 고전 음악에 정통했던 사람들이 있었고, 그들의 음악적 재능도 서서히 미국 사회에 동화되기 시작하였다. 뮤지컬 같은 장르 외에도 미국적 음악이라 말할 수 있는 대중음악들이 1920년 이후 크게 성장하기 시작했는데, 재즈·로큰롤·컨트리·힙합 등이 그것이다.

재즈(Jazz)

제1차 세계 대전이 가져온 물질적 풍요로움은 미국인들의 경제적 생활을 윤택하게 하였다. 하지만 그 이면에는 전쟁을 통한 대량 살상과 풍요 속에 숨겨진 정신적 방황의 그늘이 가려져 있었다. 재즈는 이 같은 물질적 풍요와 정신적 빈곤이라는 1920년대 미국 사회의 풍토에서 대중적 성공을 거둔 음악 장르이다.

재즈는 알려진 바대로 흑인들의 민속 음악과 백인 고유의 유럽적 음악이 혼합된 장르이다. 재즈의 리듬, 프레이징, 사운드, 블루스 하모니는 아프리카 음악의 감각과 미국 흑인 특유의 음악 감각을 따르고 있으며, 재즈 음악에 사용되는 악기, 멜로디, 하모니는 유럽 대륙의 전통적인 기법에 바탕을 두고 있다. 이러한 재즈 음악의 특색으로는 오프 비트의 리듬에서 나온 스윙, 특정한 가사나 멜로디 없이 하는 즉흥 연주에 나타난 창조성과 열정, 연주자의 개성을 많이 살린 사운드와 프레이징을 들 수 있다. 이런 점들은 유럽 음악이나 고전 음악과 근본적으로 다른 부분이다.

이와 같은 특색을 지닌 흑인 음악을 "재즈"라고 부르게 된 것은 1910년대에 부터이며, 그 이전에는 일반적으로 "랙타임(ragtime)" 음악으로 불렸다. 재즈는 여러 가지 차별이나 기성 개념에 반항하면서 퍼레이드의 행진 음악에서 댄스 음악, 그리고 감상을 위한 음악으로 발전하여 지금은 미국뿐 아니라 세계적인 현대 음악의 괄목할 만한 한 분야가 되고 있으며, 꾸준히 새로운 내용과 스타일을 창출하면서 발전을 계속하고 있다.

① 재즈의 기원

재즈의 음악적 바탕은 흑인 노예 음악에서 발전한 블루스(blues), 랙타임 음악, 브라스 밴드(brass band) 등 세 가지를 꼽는다. 재즈 특유의 유동성이 재즈의 가장 큰 매력이라고 할 수 있는데, 이것은 바로 아프리카적 감각의 표현으로 볼 수 있다.

〈The Old Plantation〉(작자 미상, 1700년대 작) 아프리카계 미국인 노예들이 벤조와 타악기를 연주하고 있는 모습

17세기 말 이래 아프리카에서 아메리카 대륙으로 끌려온 흑인 노예의 자손들은 아프리카 민속 음악의 감각을 살려 고단한 삶의 애환, 비참한 생활 환경, 인간적인 슬픔, 고뇌, 절망 등을 서글픈 노래에 담아 불렀다. 이러한 음악은 교회의 찬송가를 비롯한 유럽 음악의 영향을 받아 흑인 특유의 감각을 반영한 흑인 영가(negro spirituals), 노동가, 체인갱송(chain gang song, 쇠사슬에 묶인 죄수의 노래) 등으로 발전하였다. 이후 노예 해방으로 개인의 생활을 생각할 수 있게 되자 그러한 사생활의 애환을 소박한 형식의 노래로써 표현하게 되었다. 바로 이것이 재즈의 모체 중 하나가 된 블루스이다.

노예 해방 이후 흑인과 크리올료(criollo, 보통 흑인과 백인의 혼혈인을 지칭하는데, 미국에서는 흑인과 프랑스인의 혼혈인을 일컫는다)는 당김음(syncopation)을 구사한 리듬, 즉 랙타임이라는 율동적인 스타일의 피아노 음악을 선보였다. 이 시기 루이지애나주의 뉴올리언스에서는 흑인들에 의한 브라스 밴드가 많이 등장하였다. 남북 전쟁에 패한 남군 군악대의 악기를 흑인들이 싼값으로 살 수 있었기 때문이다. 이들 브라스 밴드는 퍼레이드나 장례 행진 때 행진곡 등을 연주하는 일이 많았는데, 이 밴드의 행진곡 또한 재즈가 형성되는 데 큰 영향을 주었다.

② 재즈의 발전

블루스, 랙타임, 브라스밴드로 시작한 재즈는 뉴올리언스의 흑인 밴드를 중심으로 발전하였다. 처음 흑인들의 밴드는 백인 밴드를 모방하여 유럽 음악의 수법에 따른 연주를 하고 있었으나, 점차 행진곡, 랙타임 등의 연주에 흑인 특유의 감각을 보이기 시작했다. 흑인 밴드 가운데는 전문적인 음악적 지식을 갖춘 이들이 적었지만, 타고난 음악적 재능과 열정으로 흑인들의 밴드는 점점 성장하기 시작하였다.

또, 19세기 말에서 20세기 초에는 트럼펫, 클라리넷, 트롬본의 3관 편성에 의한 집단 즉흥 연주(collective improvisation)가 등장하였는데, 이것이 '뉴올리언스 재즈'이다. 이 스타일로 백인들이 연주하는 재즈를 '딕시랜드 재즈(Dixieland Jazz)'라고 하는데 요즘은 구별하지 않는 경우가 많다.

이후 뉴올리언스의 흑인 밴드들은 제1차 세계 대전 중인 1917년 시카고와 뉴욕 등지로 진출하여 시카고 스타일의 재즈와 스윙 재즈(swing jazz)를 발전시켰다. 시카고 스타일 재즈에 영향을 끼친 음악가로는 우리가 잘 아는 루이 암스트롱(Louis Daniel Armstrong, 1900~1971)과 빅스 바이더벡(Bix Beiderbecke, 1903~1931)을 들 수 있다. 암스트롱은 1922년 재즈에 있어서 솔로의 중요성을 확립한 인물이고, 백인인 바이더벡은 재즈는 흑인이 아니면 연주하지 못한다는 징크스를 깨고 재즈의 전통을 지키면서 새로운 감각의 백인 재즈를 창조하였다. 그리고 시카고의 흑인 재즈맨들 사이에서 '부기우기(boogie woogie)'라는 피아노에 의한 새로운 블루스 주법이 등장하였다.

한편, 뉴욕에서는 뉴올리언스 재즈의 영향을 받은 '빅밴드(Big Band)'에

의한 재즈가 성행하기 시작했고, 빅밴드 재즈의 발전은 재즈 음악의 성
장을 촉진하는 역할을 하였다. 이것이 바로 '스윙 재즈'이다. 스윙 재즈는
1936년 베니 굿맨(Benny Goodman) 악단이 자신들의 음악을 "스윙 음악"이
라고 부른데서 유래했는데, 스윙 재즈는 대공황 이후 경제적 상황의 호조
와 함께 선풍적인 인기를 얻으며 1930년대를 풍미하였다.

1940년대에 들어서자 스윙 재즈에 만족하지 못한 젊은 재즈맨들이 종
래 재즈의 하모니나 리듬의 제약을 무시한 새로운 수법으로 연주하면서
'비밥(bebop)'이 등장하였다. 비밥은 종래 재즈와는 달리 좀 더 빠른 박자
와 멜로디, 리듬, 화성에 커다란 변화를 준 음악이다. 처음에는 상당한 비
난을 받았으나, 비밥의 탄생은 모던 재즈로 발전하는 계기를 만들었고,
이후 형성된 모던 재즈는 '쿨(cool) 재즈', '이스트코스트(eastcoast) 재즈', '웨
스트코스트(westcoast) 재즈' 등의 형태로 발전하였다.

비밥 등장 이후 새로워진 재즈는 1960년대의 '하드밥(hard bop)'과 '보사
노바(bossa nova)' 형식으로 변화되기 시작하였다. 하드밥은 다양한 리듬과
결합한 매우 역동적이고 격렬한 음악이고, 보사노바는 브라질 특유의 삼
바 리듬이 가미된 음악이다.

1970년대에 이르면 재즈는 모든 영역의 문화들과 만나게 되면서 이른

바 '프리 재즈(free jazz)'와 퓨전(fusion) 현상이 나타나기 시작하였다. 즉, 아시아와 아프리카, 유럽 등의 문화와 접목하는 동시에 자유로운 스타일로 연주하기 시작하였고, 템포에도 변화를 주기 시작하였다. 1980년대에 재즈는 고정된 형식이나 스타일 없이 발전하였고, 1990년대에 이르러 팝(pop) 음악으로부터 영향을 받은 새로운 컨템포러리(contemporary) 크로스오버(crossover) 스타일로 발전하였다. 이 스타일은 즉흥적인 솔로의 중요성보다는 멜로디를 강조하는데, 전통과 새로움이 공존하는 것으로 이해할 수 있다. 그리고 재즈는 21세기 들어서도 꾸준히 트랜스 퓨전되면서 흥미 있는 음악으로 대중들에게 다가서고 있다.

록 음악(Rock Music)

① 로큰롤의 등장

1950년대 초에 한 시대를 풍미했던 재즈가 다소 주춤거리기 시작하였다. 이즈음 펜실베이니아주 존스타운 출신의 인기 디스크자키였던 앨런 프리드(Alan Freed)가 만들어 낸 신조어인 '로큰롤(Rock and Roll)'이라는 대중음악이 발전하기 시작하였다. 로큰롤은 프리드가 1951년 클리블랜드의 한 라디오방송국에서 디제이로 일하면서 흑인이 부른 템포가 빠른 리듬 앤 블루스(Rhythm and Blues: R&B) 레코드를 가리켜 "음악이 파도처럼 밀려오는 듯하기 때문에" 로큰롤이라고 부른 것에서 유래하였다.

음악적으로 로큰롤은 미국 남부 흑인들의 독특한 대중음악 형태인 블루스에 강한 비트가 가미된 리듬 앤 블루스에다 미국 남서부의 카우보이, 광부, 농부 등 백인 육체노동자들의 통속적 대중가요인 컨트리 음악을 적당히 섞어 만든 대중가요이다. 로큰롤의 음악적 배경이 된 리듬 앤 블루스는 1940년대 말 흑백 분리 정책과 그로 인한 흑인들의 분노를 음악적으로 승화한 것이고, '블랙 엑소더스' 이후 도시에 집중된 흑인들의 고용 증가로 음악에 대한 흑인 수요가 증가하면서 발전할 수 있었다.

② **록 음악의 발전**

로큰롤은 R&R로 표시되다가, 록(rock)으로 고정되었다. 현재는 '록
음악'이라 통칭한다. 록이라는 용어가 사용되기 시작한 것은 대체로
1960년대 초인데, 이 무렵 록 음악은 초기 로큰롤과는 표현 양식이나 내
용 면에서 상이해지기 시작하고, 예술적으로도 세련되어졌으며, 특히
1950~1960년대의 사회적 상황과 맞물려 자유와 반항을 상징하는 음악이
되었다. 이후 록 음악은 다양한 형태로 현재까지 발전해 오고 있으며, 여
전히 자유와 반항의 상징이기도 하다.

1955년 빌 헤일리(Bill Haley)가 발표한 노래 〈Rock around the Clock〉이 그해
6월 미국 인기차트 1위에 오르면서 로큰롤 선풍은 전 세계에 퍼지기 시작
하였다. 이듬해인 1956년 2월에는 트럭 운전기사였던 엘비스 프레슬리
(Elvis Aron Presley, 1935~1977)가 등장하여 흑인과 맞먹는 열정 넘친 에너지를
폭발하며 단숨에 매력적인 로큰롤 가수로 성장하였다.

엘비스 프레슬리와 같은 백인 뮤지션을 통해 점차 대중성을 확보한 로
큰롤은 영국 사회에도 큰 반향을 일으켰다. 이후 1960년대 초반 영국에

1956년 미시시피에서 공연하는 엘비스 프레슬리 (출처: TV, Radio Mirror, 1957년 1월)

서 비틀스(The Beatles)가 등장하면서 로큰롤은 이른바 록 음악으로 변화·발전하기 시작하였다. 1962년에서 1963년 사이 〈Please Please Me〉, 〈I Want to Hold Your Hand〉, 〈Love Me Do〉 등의 음반이 크게 성공하면서 영국 최고의 록 밴드가 되었다. 1963년 미국에서 본격적으로 활동하면서 비틀스는 전 세계적인 명성을 얻기 시작하였다. 미국 대중음악의 토양에 재즈와 초기 로큰롤 등을 결합한 비틀스는 1971년 해체할 때까지 〈Yesterday〉를 비롯하여 〈Paperback Writer〉, 〈Yellow Submarine〉, 〈Eleanor Rigby〉 등 다양한 노래를 선보이며 대중적인 성공을 거두었다.

비슷한 시기 롤링스톤스(Rolling Stones), 야즈버드(Yardsbirds) 등 많은 밴드가 영국에서 미국으로 진출하면서 크게 인기를 얻기 시작하였다. 흔히 이를 "브리티시 인베이젼(Brithsh Invasion)"이라 부른다. 영국 밴드가 미국에서 큰 활약을 펼치면서 로큰롤은 록이라는 형태로 세계적인 음악으로 발전하였으며, 무엇보다 미국의 대중음악을 풍부하고 다양하게 만들었다. 록 음악은 여러 다른 장르의 음악과 결합하며 발전하였다. 블루스 음악과 결합하여 '블루스 록'이 등장하였고, 특히 1960년대 미국의 전통 음악과 새

1964년 케네디 공항에 도착한 비틀스 (출처: 미 의회도서관)

로운 작곡법을 더하며 등장한 포크 음악에 일렉트릭 기타가 결합하면서 '포크 록'이 1960년대 미국의 사회 문제와 결합하여 인기를 끌었다. 더불어 마약에 영감을 받아 등장한 '사이키델릭 록', 실험적인 악기와 클래식 음악을 결합한 '프로그레시브 록' 등이 록 음악 발전에 큰 영향을 주었다.

1970년대를 거치며 록 음악은 더욱 분화하였고, 비지스(Bee Gees)나 이글스(The Eagles)를 통하여 상업적으로 크게 성장하였다. 미국의 전통 음악 중 하나인 컨트리 음악과 결합한 '컨트리 록'이나 화려한 분장과 쇼맨십을 특징으로 하는 '글램 록' 등이 이 시기 큰 인기를 끌었고, 음량과 파워, 그리고 스피드를 최대치로 끌어올린 '헤비메탈'이 등장하며 많은 지지자를 얻기 시작하였다. 한편, 1970년대 말 등장한 '펑크 록'은 헤비메탈과 달리 불필요한 악기를 모두 제거하고 사회적·정치적 비판을 하며 인기를 얻기 시작하였다. 펑크 록은 1980년대 '뉴 웨이브', '얼터너티브 록'에 크게 영향을 주었다. 1990년대 얼터너티브 록은 록 음악계에서 '그런지', '브릿팝', '인디 록'의 형태로 주류 음악으로 성장하였다. 하지만 2000년대로 접어들면서 록 음악은 점차 주류에서 멀어지며 조금씩 쇠퇴하는 듯 보인다.

힙합(Hip hop)

1990년대 후반부터 미국의 대중음악에서 가장 관심을 끄는 장르 중 하나는 '힙합'이다. 힙합은 1970년대 뉴욕의 브롱크스에서 젊은 아프리카계 미국인, 라틴계 미국인과 카리브계 미국인에 의해 등장하였다. 힙합은 그라피티, 비보잉(b-boying)/비걸링(b-girling), 브레이크댄스, 음악, 복장과 말투 등이 얽혀 만들어진 하나의 '문화 운동'이다. 하지만 보통 힙합은 '랩(rap)'을 포함한 힙합 음악을 말한다. 나이트클럽이나 블록파티(block party), 공원 등에서 브레이크댄스와 랩 음악 등을 개척한 젊은이들은 종종 "크루(crews)"나 "포즈(poses)"라 부른 비공식적인 사회 모임에 속하였는데, 각각 특정 동네나 블록과 관련이 있었다. 이는 힙합 문화가 개별 지역의 정체성을 표현하는 것으로 시작하였다는 것을 보여 준다.

대부분의 랩 음악은 역사적인 억압과 인종 차별에 대한 문화적 대응이자, 미국 전역의 흑인 공동체 사이의 의사 소통을 위한 시스템이며, 미국의 위기에 처한 도시 공동체에서 사는 사람들의 가치와 인식, 그리고 이들의 상황을 보여 준다. 그리고 랩 음악은 흑인 문화로부터 시작하였지만, 이 장르의 관객은 인종과 문화 그리고 국경을 넘어섰다. 뉴욕 몇몇 동네의 지역적인 현상에서 시작한 랩은 이제 수백만 달러의 산업이자 세계적인 문화로 성장하였다.

① 힙합의 등장

힙합 음악이 어린 흑인과 프에르토리코 출신의 청취자들에 의하여 주류 댄스 음악에 대한 반작용으로 생겨났다면, 힙합 음악은 또한 디스코 디제이(DJs)의 기술로 구체화되었다. 최초의 힙합 유명인이었던 쿨 허크(Kool Herc), 그랜드마스터 플래시(Grandmaster Flash), 그리고 아프리카 밤바타(Afrika Bambaataa)는 1970년대 중반 동네 블록 파티나 댄스클럽, 커뮤니티센터나 공원 등 공공장소에서 레코드를 돌리며 그들의 경력을 시작하였다. 이들은 자신들의 명성과 동네에 대한 자부심을 위해 자신만의 스타일을 만들었다. 디스코 디제이들은 두 대의 턴테이블을 사용하여 레코드와 레코드 사이를 자연스럽게 이동하는 "믹싱" 기술을 발전시켰다. 이들은 펑크(funk)나 살사 레코드에서 소위 "브레이크"라 불리는, 멜로디가 점차 사라지고 리듬이 강조되는 부분에서 어린 댄서들이 가장 열정적으로 춤을 추는 모습을 보며, 유명한 곡에서 리듬을 강조하는 부분을 믹싱하였고, 이렇게 리듬을 강조하는 사운드를 "브레이크비트(Breakbeat)"라 불렀다. 이 용어에서 브레이크댄스가 나왔다. 또한 디스크를 거꾸로 돌리는 "백스핀(backspin)"을 발견하여 계속하여 브레이크를 반복할 수 있었다.

또한 1970년대 말 "스크래칭(scraching)" 기술이 등장하면서 힙합 음악의 중요한 부분이 되었다.

한편, 디제이의 공연에는 간혹 디제이를 소개하고 관중을 흥분시키기 위한 엠시(MCs)가 있었다. 엠시는 디제이의 음악을 들으며 관객에게 모두 일어나 춤을 추도록 촉구하곤 하였고, 농담하거나 활기찬 언어와 열정으로 관객을 자극하였다. 엠시들은 점차 더 길게 말하고, 리듬감 있게 말장난을 하며, 운율을 가지게 되면서 '랩'으로 발전하였다. 엠시가 관객을 통제하는 데 중요한 역할을 함에 따라 이제 디제이보다 더 중요한 유명인이 되어 갔다. 이들은 힙합의 1세대로 흔히 "올드 스쿨"로 불린다.

② **힙합의 발전**

사회에 적극적으로 참여하는 랩은 뉴욕에 근거를 둔 퍼블릭 에네미(Public Enemy)로부터 시작하였다. 퍼블릭 에네미는 대학생을 중심으로 1982년 결성하여 힙합 문화와 정치 활동에 관심을 두고 활동하였다. 1980년대 동안 힙합은 비트박스와 같이 인간의 몸을 사용하여 리듬을 창조하는 것을 강조하였다. 또한 1980년대에 등장한 뮤직 비디오를 통하여 힙합 음악인과 그라피티 예술가, 비보이와 비걸 등을 소개하였고, 이러한 힙합 문화는 유럽으로 퍼져 가기 시작하였다. 1983년에서 1984년 사이 힙합의 새로운 조류가 등장하였다. 올드 스쿨과 대비하여 흔히 "뉴 스쿨"로 불리는 이들은 대표적으로 런 디엠시(Run D-MC)와 엘엘 쿨제이(LL Cool J.)가 있다. 뉴 스쿨은 록 음악에 영향을 받아 드럼 사운드를 강조하였으며, 공격적이며 자기주장이 강하였고, 랩에 대한 자부심과 사회 정치적인 논평으로 유명하였다.

1990년 초 약물과 폭력, 그리고 여성 혐오를 강조하는 '갱스터 랩'의 상업적 성공은 비록 논쟁적이긴 하나 힙합이 주류 상품이 되는 데 중요한 역할을 하였다. 하지만 1990년대 말 투팍 샤커(Tupac Shakur)와 노토리어스

퍼블릭 에네미, 2000년 (출처: Mikael 'Mika' Väisänen)

비아이지(Notorious B.I.G.)의 죽음을 계기로 힙합계에 새로운 사운드가 등장하였다. 1990년대 말 이전 갱스터 랩은 많은 판매량에도 불구하고 주류로 간주되지 않았다. 1997년 퍼프 대디(Puff Daddy)가 갱스터 랩을 대중적으로 변형하여 큰 성공을 거두자 많은 래퍼들이 퍼프 대디를 따르면서 상업적 성공을 거두기 시작하였고, 이제 힙합은 주류 음악이 되었다. 이후 힙합은 신디사이저를 이용하거나 나아가 여러 장르로 분화되고 발전하면서 오늘에 이르고 있다.

2
영화

영화는 우리에게 많은 새로운 시사점을 던져 주는 현대의 발명품이다. 현대사와 함께 시작하였다고 볼 수 있는 영화는 19세기의 과학적 호기심과 기술이 만들어 낸 산물이다. 그리고 영화는 20세기가 시작되면서 대중

4장 대중문화와 스포츠

373

에게 새로운 형식으로 당대의 이야기들을 들려주는 역할을 하였다. 이후 영화는 그 어떤 정치적 이데올로기보다도 막강한 영향을 행사하는 도구로 발전하였다. 오늘날 영화는 한 사회의 환경을 적나라하게 보여 줌으로써 문화 교육의 도구적 의미도 있으며, 어떤 한 나라에 대한 이미지 형성에 큰 영향을 끼친다. 어쩌면 우리가 알고 있는 미국에 대한 지식이란 고작해야 할리우드 영화에서 각인된 이미지에 불과할지 모른다.

미국의 자본을 상징하기도 하는 할리우드는 제작 편수 면에서는 극히 일부분을 차지하지만 전 세계 영화 시장의 25%를 차지하며 막강한 영향력을 발휘하고 있다. 이러한 막강한 저력은 일괄 공정 체계, 은행 자본의 참여와 간섭, 수직적 통합과 수평적 통합, 스튜디오 시스템과 스타 시스템의 공존 등 어느 나라보다 체계적이고 거대한 규모를 자랑하기에 가능한 것이었다. 따라서 이러한 할리우드 영화는 우리 스스로 인식도 하지 못한 채 미국적 정신을 이식받게 되는 일종의 소리 없는 프로파간다인지도 모른다.

영화 장치의 발명과 영화의 탄생

영화의 기원은 기계 장치이다. 환등기의 기원인 16세기 카메라 옵스큐라(Camera Obscura)와 같은 기계 장치와 더불어, 이후 1832년 벨기에의 물리학자 조셉 플라토(Joseph Plateau)는 페나키스티스코프(Phenakistiscope)를 발명하여 초당 10개의 이미지를 연속적으로 보여 줌으로써 움직임의 환상을 자아내게 했다. 이후 1878년 주트로프(zootrope), 1888년에는 프락시노스코프(Praxinoscope)와 같은 기계가 만들어지면서 움직이는 이미지의 효과는 더욱 극대화되었다. 그리고 1892년 토머스 에디슨은 움직이는 이미지를 촬영하는 기계인 키네토그래프(Kinetograph)를 발명하여 본격적으로 동영상을 제작할 수 있게 되었다. 키네토그래프로 촬영한 동영상은 키네토스코프(Kinetoscope)라는 기계를 통해 볼 수 있었는데, 단지 1명만이 이 장치를 통해 동영상을 볼 수 있었다.

키네토스코프 상영점(1894~1895년경)

비슷한 시기 프랑스의 뤼미에르 형제(Louis Lumière & Auguste Lumière)는 여러 명이 동시에 하나의 동영상을 볼 수 있는 기계인 영사기를 발명하였다. 1895년 3월 22일 뤼미에르 형제에 의해 처음 상영된 영화는 그해 12월 28일부터 파리에 있는 한 카페의 지하실에서 연속 상영됨으로써 대중의 구경거리로 발돋움했다. 실제로 벌어지는 상황들을 움직이는 이미지로 된 1분 남짓의 여러 장면을 모아 대중에게 보여 준 뤼미에르 형제의 최초의 영화들은 '시네마토그라프(Cinematographe)'란 제목으로 상영되었다. 1895년부터 그랑카페에서 상영된 시네마토그라프는 1901년까지 계속되었고, 1896부터 프랑스뿐 아니라 영국, 미국, 러시아 등지로 시네마토그라프를 수출하기 시작하였다. 이제 영화는 단순한 과학자들의 호기심 덩어리가 아니라 상업적 미래를 꿈꾸는 사람들의 중요한 도구가 되었다.

미국 영화의 탄생

프랑스인들은 영화 발명의 주인공을 뤼미에르 형제라고 하고, 독일인들은 막스와 에밀 스클라다노프스키 형제를 꼽는다. 그러나 미국인들은 영화 발명의 영광을 발명가였던 에디슨에게 돌린다.

에디슨은 1880년대 말까지 전신기, 백열전구, 축음기 등 이미 100여 종에 이르는 제품을 발명하여 발명왕으로 이름을 날리고 있었다. 1888년 에디슨은 동물 생태 관찰기를 만든 에드워드 머브리지(Eadweard James Muybridge)를 만났고, 에디슨은 머브리지를 만난 지 얼마 후 '눈을 위한 축음기'에 관한 아이디어를 떠올렸다. 에디슨은 사진 연구에 몰두하고 있던 영국 출신의 젊은 연구원 윌리엄 딕슨(William K. L. Dickson)에게 움직이는 영상을 포착할 수 있는 키네토그래프(kinetograph)라는 기구와 녹화된 영상을 재생시키는 키네토스코프(Kinetoscope)의 연구를 맡겼다. 1891년 드디어 키네토스코프가 완성되었다. 커다란 나무상자처럼 생긴 키네토스코프는 내부에 접안 렌즈와 연결된 구멍이 설치되어 이곳을 통하여 녹화된 장면들이 재생되도록 만든 기구이다. 이 기구는 혼자서만 볼 수 있었다. 1894년 키네토스코프는 일반에 공개되었고, 에디슨은 영화 발명의 영광을 누리게 되었다.

에디슨은 이후 천부적인 사업 수완을 발휘해 키네토스코프는 부와 행운을 동시에 에디슨에게 가져다주었다. 1894년 4월 14일 첫 번째 키네토스코프 전문점이 뉴욕에서 선을 보인 후 다른 영사기들도 미국의 대도시들로 급속도로 전파되었다. 더불어 런던, 파리, 멕시코시티 등 세계의 대도시들에서도 주문이 쇄도하였다. 영화 기기와 영화의 판매 및 배급을 장악하기 시작한 것도 이 무렵의 일이었다. 살아 움직이는 영상을 파는 이 신종 사업은 엄청난 이익을 안겨 주며 세계적 무역 상품으로 부상하기 시작하였다.

에디슨의 키네토스코프와 키네토그래프가 인기를 얻고 있던 시기에 뤼미에르 형제의 영화는 이미 뉴욕에 진출하였으나, 당시 미국의 새 대통령 윌리엄 매킨리가 주창한 고립주의가 상승세를 타는 가운데 '미국인을 위한 미국'이라는 견지에서 뤼미에르 형제의 영화는 문전박대를 받았다. 에디슨을 비롯한 미국의 영화 산업 경쟁자들은 대중의 애국심을 적나라하게 이용해 독점적인 영화 산업을 구축하려 하였다. 이후 미국의 영화 산업은 에디슨과 같은 영화 기업가들의 트러스트가 조직되는 등 독과점 현상이 발생하게 되었고, 이러한 양상은 뉴욕을 근거지로 발전하던 미국 영화가 서부로 이전하게 되는 중요한 이유로 작용하였다.

할리우드: 꿈의 극장

제1차 세계 대전은 미국 영화 발전의 커다란 전기가 되었다. 당시 미국을 제외한 모든 주요 영화 제작국들은 전쟁의 당사국들이었다. 면화, 질산, 황산 등 고성능 폭발물 제조와 영화 촬영용 필름에 필요한 재료가 동일했기 때문에, 생필름의 해외 공급이 부족하였다. 유럽 영화 제작자들에게 끼친 더 큰 영향은 완성된 영화의 국제적 배급권 박탈이었다. 유럽의 국가들은 전쟁으로 인해 비군사적 목적의 물품 수출입도 어려운 상황에 직면하였다. 그 결과 미국 영화는 세계 최고의 자리에 올라서게 되었다. 당시 미국은 영화를 보려는 많은 대중, 전쟁으로 활성화된 경제, 상당한 창의력과 전문성, 천재성을 지닌 영화감독들의 존재 등 영화 산업이 발전할 수 있는 충분한 토양을 갖추고 있었다. 미국의 독립 제작자들이 유럽의 영화 기술을 완벽하게 적용하는 법을 알게 되면서 미국은 1914년 이후 국내 시장을 석권할 뿐만 아니라 전 세계의 영화 산업을 주도하는 위치로 올라섰다. 영화는 이제 점점 보편적으로 인기몰이를 할 수 있는 오락물로 성장하였고, 장편 영화 제작에 필요한 막대한 비용을 충당할 수 있는 거대한 제작 및 유통 시스템 또한 구상되기 시작하였다.

이런 상황에서 오늘날 영화 산업의 메카로 군림하고 있는 할리우드가 탄생하였다. 로스앤젤레스에서 약 20㎞ 떨어진 인구 200여 명의 작은 원주민 마을이었던 할리우드에는 크고 작은 영화 제작사들이 설립되기 시작하였다. 동부의 대도시 뉴욕이나 시카고를 중심으로 발전하였던 미국의 영화 산업은, 영화 제작에 필요한 일사량과 자연환경으로 주요 영화 제작사가 할리우드로 옮기면서 영화 산업의 주류가 되었고, 뉴욕은 독립 영화의 중심지가 되었다.

찰리 채플린의 1921년 작 〈더 키드〉의
한 장면

이 시기 미국 영화는 〈국가의 탄생(The Birth of a Nation)〉(1915)을 제작한 미국 영화 예술의 아버지 데이비드 그리피스(David W. Griffith)를 필두로 초기 장편 영화 붐이 일고 있었고, 찰리 채플린(Charles Spencer Chaplin)으로 대표되는 미국적 코미디 영화가 등장하기 시작하였으며, 할리우드를 중심으로 대량 제작, 배급, 상영 체계가 새롭게 일원화되는 이른바 '스튜디오 시스템'이 등장하였다.

1920년대는 미국이 새로운 제국의 시작을 예고하는 문화적 표현과 경제적 팽창 기류가 형성되던 시기였다. 미국은 전통적인 고립주의적 정책을 고수하고 있었지만, 무역과 산업 부문에서는 자신들의 영향력을 꾸준히 확대하고 있었다. 미국의 공산품들은 전후 복구 사업에 매몰된 유럽의 경제적 침체를 틈타 세계 시장으로 확대되기 시작하였고, 이러한 상업적 팽창은 영화로 대표되는 예술과도 확실한 연결 고리를 맺게 되었다. 할리우드를 중심으로 발전한 미국의 대량 제작, 배급, 유통 체계는 오락을 위한 세계 시장의 창출을 유도하였고, 또 그 수요를 충족시키며 점점 영화는 미국적인 것, 즉 미국화되어 가기 시작하였다. 할리우드가 세계 전체를 지배하기 시작한 것이다. 더불어 미국인들은 점차 미국적 정체성을 찾고자 하였고, 영화에서 그들의 의지들을 반영하였다. 세계인들은 할리우드가 만들어 낸 미국적 이미지에 서서히 동화되었다.

할리우드의 등장

이렇게 성장을 거듭하던 미국의 영화 산업은 1930년대 접어들어 대공황의 여파로 인한 산업의 붕괴, 은행의 도산, 뉴딜 정책에 의한 정부 간섭주의 태동 등 일련의 어려움에 봉착하게 되었다. 미국의 1930년대는 경제적 불경기, 노동자들의 파업 등 혼란으로 점철된 시기였는데, 이러한 사회적 혼란은 오히려 미국인에게 미국적 전통이란 무엇인가라는 미국적 정체성에 대한 고민을 부추겼고, 미국 영화인들은 자연스레 미국의 전통적인 문화 발굴로 관심을 돌리게 되었다.

1930년대 초반과 같은 사회적 혼란기에 영화는 개인적인 좌절을 맛본 미국인들에게는 어려움을 잊을 수 있는 더없이 좋은 오락거리였다. 당시 미국 극장의 입장료가 무척 쌌기 때문에 수많은 대중이 영화를 관람하게 되었고, 불황의 늪에 허덕이던 상황에서도 미국 영화는 꾸준히 성장하였다. 또한, 새로운 영화 기법이 등장하면서 영화의 수준도 높아졌다. 1930년대 미국에서는 약 5,000편의 극영화가 만들어지고, 일원화된 배급과 유통망 속에서 영화 산업은 발전해 나갔다. 이와 함께 전문가적 역량을 갖춘 감독, 배우, 기술자들이 스튜디오라는 단일 공간에서 작업함으로써 보다 효율적인 영화 제작을 도모하려 하였다. 하지만 이러한 스튜디오 시스템은 영화 산업에 종사하는 여러 사람을 통제하는 역할도 하였다.

스튜디오를 중심으로 영화 제작이 이루어져 불경기 속에서도 꾸준한 성장세를 보이던 미국의 영화 산업은 제2차 세계 대전을 계기로 새로운 환경에 직면하기 시작하였다. 제2차 세계 대전 당시 대다수의 미국인은 계속되는 국내 사정의 악화로 여전히 고립주의적인 태도를 보였지만, 제2차 세계 대전의 발발은 미국인들에게 새로운 상업적 성공의 기회를 가져다주었다. 영화 측면에서 보자면 미국은 연합국과 중립국의 병사들에게 영화라는 오락거리를 제공하려고 하였다. 즉, 병사들의 기분 전환거리로 미국 영화를 제공하려고 한 것이다. 이러한 전시 상황에서 제작된 대개의 할리우드 영화들은 기록 영화나 전쟁에서의 승리, 그러한 승리를 통해 보존해야만 할 문화적 가치나 정서들을 찬양하는 영화들이 대부분이었다. 의심할 바 없이 미국 영화는 제2차 세계 대전 시기에도 지속적으로 성장해 나갔던 것이다.

할리우드의 쇠퇴

하지만 전쟁으로 인한 특수는 그리 오래 가지 못하였다. 제2차 세계 대전 종결 이후 미국 사회에서는 다양한 형태의 오락거리가 등장하기 시작하였다. 전에는 극장에 가는 게 전형적인 오락이었으나, 이제 대중은 연극이나 음악을 들으러 가거나 다양한 스포츠로 소일하기 시작하였다. 이러한 상황에서 영화에 결정적인 타격을 주었던 것은 텔레비전의 등장과 보급이었다. 사람들은 극장에 갈 필요 없이 집에서 편안하게 텔레비전을 시청하기 시작하였다. 이제 미국 영화 산업은 새로운 전기를 마련할 필요가 생기기 시작하였다. 또한 이러한 상황에서 정부가 「반독점법」을 시행함으로써 메이저 스튜디오들이 독점해 온 할리우드의 제작-배급-상영이라는 일원화되고 고착화된 제작 시스템에 변화를 주지 않으면 안 되었다. 이러한 시스템의 변화는 독립 영화 제작사들의 등장과 고정된 공간에서의 영화 관람이 아닌 드라이브 인 극장과 같은 새로운 개념의 영화 상영을 가능하게 하였다.

동시에 할리우드는 텔레비전으로부터 관객을 다시 유치하기 위해 좀 더 스펙타클한 영상을 담아내기 위해 엄청난 제작비를 투자하기 시작하였다. 미국 영화는 텔레비전에 대한 대항책으로 1953년경 커다란 화면에 영사되는 시네마스코프 방식을 채택하여 대형 영화 시대의 개막을 알렸다. 텔레비전의 등장으로 쇠퇴하는 듯 보였던 영화는 막대한 자본을 바탕으로 오락성이 뛰어난 영화를 제작해 오히려 텔레비전을 제2의 수입원으로 이용하기도 하였다. 영화관에서 상영된 영화는 곧바로 방송국에 팔려 다시 대중들에게 공급되는 것이다.

할리우드 중심주의의 붕괴와 대형 영화의 등장은 오히려 미국 영화 자본의 세계 시장 석권을 도모하는 데 일조하였다. 물론 냉전 체제라는 정치적 특수성이 이러한 상황에 도움을 주었으나, 미국인들 특유의 상업주의적 영화관이 영화를 예술이 아닌 상업적 오락의 도구성을 극대화시켰던 것이다. 따라서 이때부터 미국 영화는 보다 확실하게 상업적 성격을 강화하기 시작했으며, 이러한 상업주의적 경향성은 영화의 획일성을 가져오는 결과를 낳았다.

새로운 길을 찾아서

1960년대를 거치면서 할리우드는 새로운 관객을 통해 점차 정상을 찾아갔으나, 문제는 영화 제작자들이었다. 1960년대 좀 더 젊어진 영화 관객과는 달리 영화 제작자들은 1950년대부터 활동하던 사람들이었다. 이러한 현상은 1970년대로 접어들어 보다 젊은 영화 제작자들이 등장하면서 해소되었다. 1960년대 영화 학교를 다니고 1970년대 본격적인 활동을 시작한 프란시스 포드 코폴라(Francis Ford Coppola), 조지 루카스(George W. Lucas, Jr.), 브라이언 드 팔마(Brian De Palma), 스티븐 스필버그(Steven Allan Spielberg) 등이 대표적이었다. 이들은 정치적으로 1960년대 반문화 운동에 정서적인 뿌리를 두고 있었으나 영화의 내용은 보수적이었다. 1970년대의 대표적인 영화 〈스타워즈(Star Wars)〉. 〈죠스(Jaws)〉, 〈대부(The Godfather)〉 등은 많은 제작비가 투입되었고 실패할 때 위험 부담도 상대적으로 컸기 때문에 영화적 내용도 상당한 제약을 받을 수밖에 없었다.

1980년대와 1990년대 할리우드는 또 다른 중요한 발전을 목격하였다. 바로 비디오의 등장이다. 할리우드는 비디오를 전적으로 수용하였다. 이는 극장에서 실패한 영화일지라도 비디오 시장에서 큰 성공을 거둘 수 있기 때문이었다. 나아가 1990년대 등장한 새로운 기술의 혁신은 이전의 영화에서 다루지 못하였던 다양한 형태의 영화를 제작할 수 있게 하였다. 제임스 카메론(James Cameron)의 〈터미네이터(Terminator)〉나 스필버그의 〈쥬라기 공원(Jurassic Park)〉이 대표적이다. 또한, 영화 제작사는 저예산의 영화를 제작하는 독립 영화 제작사의 영화들을 공급하며 블록버스터와 독립 영화의 투트랙 전략을 통하여 영화 제작의 부담을 덜어내고자 하였다.

영화 제작은 기본적으로 도박의 속성을 가지고 있다. 아무도 영화의 성공 혹은 실패를 장담할 수 없다. 특히 '할리우드의 황금시대'와는 달리 오늘날의 영화 시장은 더욱 더 영화의 도박적인 성격을 보여 주고 있다. 따라서 영화 제작사들은 흥행이 보장되는 영화를 만들고자 이미 성공한 어떤 것을 토대로 영화를 제작하기 시작하였다. 2000년대 오늘, 그 어떤 것은 바로 '그래픽노블(graphic novel, 소설만큼 복잡한 구조의 만화)'이다. 영화 제작사들은 합종연횡을 통해 만화의 판권을 보유하고, 이를 영화로 제작하여 안정적인 영화 제작을 시도하고, 이를 통해 이익을 얻고자 하고 있다.

오늘날 미국 영화는 스트리밍 영화 서비스(Over-the-top media service: OTT)의 영향으로 새로운 국면을 맞이하고 있으나, 반세기 이상 전 세계에서 막대한 수입을 미국으로 가져오는 동시에 미국적 이상과 가치를 전파하는 역할을 지금도 하고 있다.

3
스포츠

미식축구(American Football)

① 미식축구의 탄생

미식축구는 월드컵을 통해 남녀노소 할 것 없이 좋아하는 축구(soccer)와는 달리 미국에서만 주로 열리는 경기이다. 서부 개척 시대의 영토 확장을 위한 프런티어 정신과 통한다는 미식축구는 뛰어난 체력과 두뇌 플레이를 요구하며, 몹시 위험한 경기이기도 하다. 미국에서 최초로 진행된 축구 경기는 1869년 11월 프린스턴(Princeton)대학과 럿거스(Rutgers)대학이 벌인 경기이다. 그 후 1874년에 캐나다로부터 럭비가 소개되면서 럭비 규

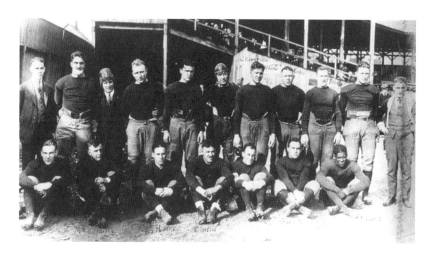

1920년 APFA 첫 우승팀, 애크런 프로스(Akron Pros)

칙을 적용한 미식축구가 탄생하였고, 1876년 11월에는 컬럼비아, 하버드, 프린스턴, 예일 등의 대학이 대학풋볼협회를 창설하였다. 그리고 1880년 축구 발전에 노력한 캠프(Walter Camp, 예일대학 주장 선수였고 후에 축구의 종신 규칙위원)에 의하여, 인원도 현재와 같이 11명으로 정하고 4회 연속 공격을 채택하는 등 획기적인 규칙 개정이 이루어져 현재의 미식축구 경기의 기초가 다져졌다.

초기의 미식축구는 학생과 팬들에게는 매우 인기가 있는 스포츠였으나 사회적으로 큰 문제가 되었다. 20세기 초반 미식축구는 매우 거칠었고, 따라서 많은 사망자와 부상자가 속출하였기 때문이다. 이후 미식축구는 지속적인 규칙 개정, 용구의 개량과 경기법의 진보에 따라 미국 국민성에 맞는 미국 최고의 스포츠가 되었다.

② 대학 미식추구

미국에서 미식축구 시즌은 9월부터 11월 말까지이며, 그 사이에 각지에서 시합이 진행되어 각 지역의 우승팀은 주로 1월 1일에 거행되는 선수권 시합에 출전할 수 있는 자격을 얻는다. 이 시합은 경기장 모양이 사발(bowl)을 닮았으므로 '볼 게임'이라고 하며, 그 개최지에 알맞은 명물이나 특산품의 이름을 따서 붙인다. 예를 들면, 뉴올리언스의 슈거볼(Sugar Bowl), 마이애미의 오렌지볼, 패서디나(Pasadena)의 로즈볼, 댈러스의 코튼볼 등이 있는데, 미국 대학 미식축구의 4대 경기로 통한다. 또, 미식축구에서 빼놓을 수 없는 것이 바로 치어리더들에 의한 화려한 응원전이다.

우선, 로즈볼은 정식 명칭이 패서디나 로즈 토너먼트(Pasadena Tournament of Roses)로 매년 1월 1일 캘리포니아의 장미 특산지인 패서디나에서 열리는데, 미국 태평양 연안의 퍼시픽 텐(Pacific 10) 컨퍼런스의 우승팀과 중서부 지역의 빅 텐(Big 10) 컨퍼런스의 우승팀이 대결한다. 보통 이 경기에서의 승자를 전미 대학팀의 우승자로 간주한다. 1916년부터 로즈볼 경기가 매년 정례화하였다. 로즈볼 경기는 경기 전에 벌이는 장미 퍼레이드로도 매우 유명하다.

오렌지볼은 플로리다를 찾는 겨울철 관광객들을 유치하기 위해 1933년 처음 시작하였으며, 매년 1월 초에 열린다. 처음에는 '야자 축제(Palm Festival)'라고 하였으며, 현지의 실업가들이 경기를 후원하였다. 경기는 보통 로즈볼에 출전하는 팀을 제외한 팀들이 초청된다.

슈거볼은 1935년에 투레인 스타디움(Tulane Stadium)에서 처음 시작하였으며, 1975년부터 매년 1월 1일에 뉴올리언스에서 열린다. 슈거볼은 남동 연맹의 우승팀이 다른 연맹의 우승팀을 초청하여 진행된다.

코튼볼은 미국의 대학 미식축구 정규 시즌 종료 이후에 벌어지는 초대경기로서, 매년 1월 초에 텍사스 댈러스의 코튼볼 구장에서 열린다. 초기에는 남서부 컨퍼런스의 우승팀과 다른 지역에서 초청된 우수 팀이 경기를 벌였으며, 이후 몇 번의 변경을 거쳐 1998년부터는 빅 12 콘퍼런스 우승팀과 남동부 콘퍼런스의 우승팀이 대결한다.

③ 프로 미식축구

프로팀은 1920년에 결성되었으며 야구와 마찬가지로 아메리칸리그
(AFL)와 내셔널리그(NFL)가 있다. 1920년 11개의 팀 대표들이 모여 미국
프로풋볼협회(APFA)를 설립하였으나, 곧 와해되었다. 1922년 미국프로풋
볼협회는 내셔널풋볼리그(National Football League: NFL)로 명칭을 바꾸었고,
1925년 프로 미식축구가 시작되었다. 1966년 아메리칸풋볼리그(American
Football League: AFL)가 설립되어 양대 리그 체제로 운영되고 있다. NFL과
AFL은 각각 4개의 지역(동부, 북부, 남부, 서부)으로 나뉘어 지역마다 4팀씩,
총 32개 팀이 활동하고 있다.

야구(Baseball)

오늘날 많은 미국인은 야구를 통해 향수를 불러일으키기도 한다. 보통
의 미국인들은 자녀와 야구를 하거나 가까운 친구들과 소프트볼을 즐기
면서 소일하곤 한다. 다분히 민주주의적인 경기라고 믿기 때문이다. 또한
풋볼이나 농구와는 달리 야구는 보통 사람들이 즐길 수 있는 경기이기도
하다.

야구는 남북 전쟁 이전에 공터에서 행하던 라운더스(rounders)란 경기에
서 유래했는데, 이 경기에서는 득점과 기록이 매우 중요했다. 오늘날도
야구에서는 기록이 매우 중요한 의미를 갖는다.

1854년에 오늘날과 같은 야구 규칙을 만든 사람은 뉴욕의 알렉산더 카
트라이트(Alexander Cartwright)라는 사람이다. 니커보커스(Knickerbockers)팀이
카트라이트의 경기 규칙에 따라 처음으로 경기를 벌인 팀이고, 이후 야구
경기는 대중의 인기를 얻고 더욱 발전하였다. 미국에 처음으로 프로 구단
이 탄생한 것은 1866년 신시내티 레드 스타킹스(Cincinnati Red Stockings)가
그 효시이다. 순수한 아마추어 중에서 선수를 뽑아 팀을 만들었는데도 매
우 강해 창단 뒤 2년 동안 단 한 번의 패배도 기록하지 않고 81연승이라는

1870년대 야구팀

대기록을 세웠다.

　레드 스타킹스 출범 이후 미국에서는 1871년 9개의 프로 야구 구단이 결성되었고, 1876년 2월 동부 지역의 뉴욕을 중심으로 한 대도시 프로 야구단의 모임인 내셔널리그(National League)가 결성되어 오늘날까지 이어져 오고 있다. 당시 내셔널리그에 가입하지 못한 각 도시 구단은 인터내셔널리그(International League), 아메리칸 어소시에이션(American Association) 등의 새로운 리그를 만들었는데, 이것이 오늘날 마이너리그(Minor League)의 전신이다.

　1900년 마이너리그 가운데 하나였던 웨스턴리그(Western League)는 내셔널리그의 본거지인 동부의 대도시에 진출하여 아메리칸리그(American League)로 새 출발을 하였다. 이때부터 미국 프로 야구는 오늘과 같은 양대 리그 시대를 맞게 되었다. 아메리칸리그의 창설로 이전까지 12개 구단으로 조직되었던 내셔널리그는 8팀으로 줄고, 새로 탄생한 아메리칸리그도 8팀이 되었다.

　1903년 이후 철저한 연고지 제도를 실시하였는데, 인구 200만 명 이상의 대도시는 2개 팀을, 그 밖의 도시에는 각각 1개 팀씩을 두도록 규정하였다. 그러나 근래에 와서 팀의 이동이 심하고, 토론토 블루제이스(Toronto Blue Jays)가 캐나다를 본거지로 미국 프로 야구에 참여하였다.

미국 프로 야구에서 가장 인기 있는 경기는 월드시리즈(World Series)이다. 1903년 처음 시작된 월드시리즈는 전 미국인을 열광시키는 10월의 대제전이 되었다. 또한 1933년에 처음 열린 올스타전을 통해 엄청난 부와 명성을 쌓는 프로 야구 선수들이 등장하기 시작하였다.

두 리그는 제3의 리그가 탄생하는 것을 막기 위하여 팀 수를 늘려 아메리칸리그는 1961년에, 내셔널리그는 1962년부터 10팀으로 늘어났으며, 1969년부터는 두 리그 모두 12팀으로 늘어났고 소속팀이 동부 지구, 서부 지구로 나누어졌다. 1990년대에는 신생 팀들이 속속 창단하여 1995년에 지구 개편이 이루어져 리그별로 동부 지구, 중부 지구, 서부 지구의 3개 지구로 확대·개편되었다. 현재 내셔널리그와 아메리칸리그에는 각 15개 구단이 속해 있다. 가장 유명한 구단은 뉴욕 양키스(New York Yankees)로, 월드시리즈에서 27차례 우승하는 등 미국 메이저리그(Major League) 최고 명문 구단의 자리에 올라 있다.

보통 메이저리그의 경우 4월 초에 시즌이 시작되어 10월 초순에 끝나는 풀 시즌(full season) 제도를 택하고 있다. 포스트시즌 진출 방식에도 와일드카드 제도를 도입하였다. 경기 방식은 같은 지구 팀과는 12차전을, 소속된 지구가 다른 팀과는 11차전을 치르게 되어 있다. 여기에다 인터리그 경기를 덧붙이게 되는데 동부 지구와 중부 지구에 편성된 팀들은 같은 지구의 다른 리그 팀들과 3~4경기씩 벌인다.

정규 시즌이 끝나면 각 리그별로 월드 시리즈 진출 팀을 가리기 위한 포스트시즌에 들어간다. 포스트시즌의 1차 관문인 디비전(division) 시리즈는 5전 3선승제로 열리며, 와일드카드를 획득한 팀이 같은 지구의 수위 팀을 제외한 팀 중에서 승률이 더 좋은 팀과 디비전 시리즈를 치른다. 디비전 시리즈에서 승리한 두 팀은 다시 7전 4선승제의 리그 챔피언십 시리즈를 거치며, 여기서 승리한 각 리그의 최종 승자가 월드시리즈에 진출하여 그해의 챔피언을 결정짓는다. 디비전 시리즈와 리그 챔피언십 시리즈에서는 정규 시즌에서 승률이 좋았던 팀에 홈경기 어드밴티지 혜택이 주어진다. 1903년 월드 시리즈 초창기와 1919년, 1920년, 1921년에는 지금과 같은 7전 4선승제가 아닌 9전 5선승제를 치르기도 하였다.

또한 해마다 7월에는 메이저리그에 등록된 700여 명의 선수 가운데 선발된 우수 선수 50여 명이 한 차례의 올스타전을 벌이는데, 경기는 양 리그가 번갈아 가면서 유치한다. 출전 선수는 팬들이 선발하는데, 투수만은 감독이 뽑으며 전년에 월드 시리즈에 진출한 팀의 사령탑이 각 팀의 감독을 맡게 된다. 제2차 세계 대전이 막을 내린 1945년에만 유일하게 열리지 못하였다. 메이저리그는 아메리칸리그와 내셔널리그가 각각 세 개의 지역(동부, 중부, 서부)으로 나뉘어, 지역마다 5팀씩 총 30개 팀이 활동하고 있다.

농구(Basketball)

미국인들이 선호하는 또 다른 스포츠로는 농구가 있다. 미국에서 시작한 농구는 1891년 국제 YMCA 체육학교 교사였던 캐나다 출신의 나이스미스(J. A. Naismith, 1861~1939)가 창안하였다. 그는 비가 올 때나 겨울철에도 실내에서 자유로이 할 수 있는 구기 종목을 궁리하던 중 자신이 유년 시절을 캐나다에서 보내면서 즐겼던 '돌 떨어뜨리기 놀이(duck on a rock, 바위에 얹은 상대방의 돌을 던져 떨어뜨리는 놀이)'와 우연히 겨울철에 럭비 선수들이 체육관에서 럭비공을 상자에 넣으면서 연습하는 것을 보고 난 후 떠오른 아이디어를 발전시켜 농구를 창안하였다. 그는 미식축구, 축구, 아이스하키 등 야외 경기에 착안하여 다섯 가지 원칙을 세우고, 13개 조항의 규정을 마련하였다. 첫째, 손으로 다루기에 충분한 크기의 가벼운 볼을 사용한다. 둘째, 볼을 잡고 달려서는 안 되지만, 패스나 드리블로 볼을 몰고 갈 수 있다. 셋째, 시합 중에는 언제든지 어느 편 경기자라도 볼을 취급하는 데 제한을 받지 않는다. 넷째, 경기자는 코트 안 어느 곳에든지 위치할 수 있으나, 신체를 접촉해서는 안 된다. 다섯째, 골대는 바닥에서 높이 떨어진 곳에 수평으로 설치한다.

시카고 불스의 마이클 조단
(출처: Steve Lipofsky, www.Basketballphoto.com)

처음에는 두 팀의 경기자 수가 한 학급의 인원과 맞먹는 등 시합이 이루어지는 장소의 크기에 따라 일정하지 않았으나, 1895년에 이르러 1개 팀을 5명으로 구성한다고 결정하는 한편, 2년 뒤에는 규정에 이 숫자를 명문화시켜 현재까지 적용하고 있다. 또한, 초기 코트의 형태는 불규칙하였으나 1903년 코트의 라인은 모두 직선이어야 된다고 결정하였다. 1905년 미국 서부 대학농구협회가 생겼고, 1915년에는 YMCA, 미국체육협회, 미국대학연맹이 협동하여 농구의 정상적인 발전을 보게 되었다. 이후 YMCA를 통해 세계 각국으로 전파된 농구는 캐나다, 남아메리카, 일본, 필리핀, 한국, 중국 등 아시아 지역을 비롯하여 유럽에서도 독일, 불가리아, 폴란드, 프랑스, 이탈리아 등 여러 나라에 보급되었는데, 농구의 인기와 붐이 급격하게 고조되기 시작한 것은 제2차 세계 대전이 끝난 후부터이다. 농구 경기가 올림픽에서 정식 경기 종목으로 채택된 것은 제11회 베를린 올림픽부터이다. 1952년의 제15회 헬싱키 올림픽까지는 미국식 규정에 따라 경기를 진행하였으나, 헬싱키 대회 후 국제아마추어농구연맹(Federation International Basketball Amateur: FIBA)은 규정을 대폭 개정하였다. 세계 대회 규모의 국제 경기는 각국 대표들로 구성된 FIBA가 주관하고, 올림픽이나 세계선수권대회에는 유럽, 아시아, 아프리카, 남북 아메리카주의 각 지역에서 예선을 거친 대표 팀이 출전하여 대전한다.

프로 농구는 1891년 농구가 세상에 선을 보인 지 7년 후에 뉴저지의 트렌튼(Trenton)팀이 탄생함으로써 시작되었는데, 같은 해에 이미 미국에서는 리그전을 벌일 만큼 몇몇 프로팀이 신설되었다. NBA는 1949년 27개 프로 농구팀으로 결성되었다. 현재 2개의 컨퍼런스(conference)가 4개의 디비전(division)으로 나뉘어 모두 30개 팀을 산하에 두고 있다. 매년 11월에 게임을 시작하여 시즌 중간이 되는 2월경에 올스타전을 하고, 5월에 챔피언을 가리는데, 정규 시즌 MVP와 결승전 MVP를 따로 뽑는다.

아이스하키(Ice hockey)

겨울 스포츠의 꽃 아이스하키는 우리에게는 대중적인 종목이 아니지만, 미국과 캐나다에서는 많은 인기를 누리고 있다. 미국에서는 아이스하키를 단순히 '하키'라고 부르는데, 주로 겨울이 추운 북서부 지역과 중서부 북부 지역에서 인기가 있었으나 1990년대 이래 남부 선벨트 지역에서도 인기를 누리고 있다.

아이스하키는 보통 아이스링크에서 두 팀으로 나누어 20분씩 세 피리어드, 총 60분간 스케이터가 '퍽(puck)'이라 불리는 고무로 만든 납작한 원판 모양의 공을 '스틱'으로 상대방의 골대에 넣어 승부를 가리는 실내 스포츠이다. 아이스하키는 일반적으로 한 명의 '골텐더(goaltender)' 혹은 '골리(goalie)'라 불리는 골키퍼와 다섯 명의 스케이터(두 명의 수비수와 세 명의 공격수)로 구성되며, 경기 속도가 매우 빠르고 신체 접촉이 많은 운동이다. 다른 구기 종목과 달리 경기 중 선수 교체가 자유로운 아이스하키는 국제 대회를 기준으로 총 23명의 선수(골텐더 3명, 스케이터 20명)가 경기에 참여한다. 프로 리그는 골텐더 2명, 공격수 12명, 수비수 6명으로, 총 20명의 선수가 경기에 참여한다.

스틱으로 공을 치는 운동 경기는 기원전부터 유럽의 다양한 지역에서 즐겨 왔으며, 폴로, 골프, 하키 등 다양한 형태로 발전하였다. 특히 17세

1942년 몬트리올 리프스와 디트로이트 레드윙스의 스탠리컵 결승전 (출처: 온타리오 아카이브)

기 말경 하키는 영국을 중심으로 여러 유럽 국가에서 인기 있는 스포츠 중 하나로 발전하였으며, 겨울에는 종종 얼음 위에서 코르크 마개 등으로 하키 경기를 하곤 하였다. 비슷한 시기, 얼음 위에서 스틱으로 '둥근 공'을 쳐 상대방의 골대에 넣는 하키와 유사한 '밴디(bandy)'라는 겨울 스포츠가 러시아와 영국, 네덜란드 등을 중심으로 널리 퍼져 나가고 있었다. 이 과정에서 18세기 말 영국의 군인들과 이민자들이 미국과 캐나다에 밴디를 소개하면서 미국인과 캐나다인들은 얼음 혹은 눈 위에서 스틱으로 공을 치는 스포츠를 하기 시작하였다. 19세기 초에 이르면 캐나다를 중심으로 "얼음 위의 하키(hockey on ice)"가 널리 퍼져 나갔다.

오늘날과 같은 형태의 아이스하키가 언제 누구에 의해서 시작되었는지에 대해서는 많은 이들이 공통된 의견을 말하고 있다. 1875년 3월 캐나다의 몬트리올에 있는 빅토리아 스케이트 링크에서 실내 스포츠로 맥길대학교 학생들이 9명씩 팀을 이루어 경기를 한 것이 최초의 아이스하키 경기로 여겨지고 있다. 당시 선수들은 공이나 코르크 마개를 사용하는 대신 '평평하고 납작한 원형 목재'를 사용하였다. 1876년 영국의 필드

하키 규칙을 토대로 아이스하키 규칙이 마련되었다. 1877년 최초의 아이스하키 클럽인 '맥길대학교 하키클럽'이 만들어졌고, 뒤이어 '쿼벡하키클럽'(1878)과 '몬트리올 빅토리아스'(1881)가 창단되었다. 아이스하키 팀이 점차 증가하면서 1883년 몬트리올에서 최초의 국제 대회가 열렸고, 1886년에는 캐나다아마추어하키연합(Amateur Hockey Association of Canada: AHAC)이 결성되었다. 아이스하키는 1880년 팀당 인원수를 9명에서 7명으로 줄였다.

아이스하키가 캐나다에서 인기를 얻는 동안 미국에서는 퍽 대신 공을 사용하는 "아이스폴로"라는 경기가 성행하고 있었다. 1892년 미국의 금융업자 맬컴 체이스(Malcolm G. Chace)가 캐나다의 아이스하키 선수를 만난 후에 예일·브라운·하버드대 학생들을 중심으로 아이스하키 팀을 만들어 캐나다에서 투어를 가졌으며, 1893년 예일대학교와 존스홉킨스대학교가 미국에서 처음으로 공식 아이스하키 경기를 열었다. 1896년에는 미국아마추어하키리그(U.S. Amature Hockey League)가 결성되었다.

1904년 미시간과 오타와에 근거지를 둔 국제프로하키리그(International Professional Hockey League: IPHL)가 결성되어 최초의 프로 리그가 시작되었으나 선수 수급의 문제로 1907년 해체되었다. 이후 여러 프로 리그가 캐나다를 중심으로 결성되었으나, 오늘날의 프로 리그는 1910년 전국하키연합(National Hockey Association: NHA)이 몬트리올에서 결성되면서부터이다. 전국하키연합은 아이스하키 규정을 새롭게 개정하여 근대적인 스포츠로 만들었다. 전국하키연합의 우승팀에게는 스탠리컵(Stanley Cup)을 부여하는데, 이는 북아메리카의 프로 스포츠 가운데 가장 오래된 트로피이다. 스탠리컵은 1892년 아이스하키 경기를 인상 깊게 본 캐나다의 총독 프레드릭 스탠리(Frederick A. Stanley)가 캐나다아마추어하키연합의 우승 팀에게 트로피를 전달하면서 시작되었다. 1917년 전국하키연합은 전국하키리그(National Hockey League: NHL)로 재편되면서 오늘에 이르고 있다.

전국하키리그는 처음 캐나다의 네 개 팀으로 시작하였으나, 1924년 보스턴 브루인스가 참여하면서 미국과 캐나다로 팀이 구성되었다. 1967년까지 전국하키리그는 총 여섯 개 팀만 있었으나(오리지널 식스), 1967년 여기에 여섯 팀이 더 결합하면서 팀 수가 두 배로 확대되었다. 이후 1975년까지 18개 팀으로 성장하였고, 2000년 총 30개 팀으로 확대되었으며, 이후 2021년까지 두 팀이 더 참여하면서 두 개의 콘퍼런스가 각각 두 개의 지역으로 나뉘어 총 32개 팀이 경기를 치르고 있다.

참고한 책, 더 읽어 볼거리

권오신·김호연, 『왜 미국 미국 하는가』, 강원대학교 출판부, 2003.

김현준, 『김현준의 재즈파일』, 한울, 2018.

다니엘 로요 저, 유지나 역, 『할리우드』, 한길사, 2000.

레너드 코페트 저. 이종남 역, 『야구란 무엇인가』, 황금가지, 2009.

손대범, 『농구의 탄생: 그 역사와 에피소드』, 살림출판사, 2007.

신현준, 『록 음악의 아홉 가지 갈래들』, 문학과 지성사, 1997.

알랭 디스테르 저, 성기완 역, 『록의 시대』, 시공사, 1996.

연동원, 『영화로 역사 읽기』, 학지사, 2018.

제임스 링컨 콜리어, 『재즈 음악의 역사』, 세광아트, 1991.

존 라이트·애런 조이스 저, 박현주 역, 『뉴욕타임스가 선정한 교양 9. 스포츠』, 이지북, 2005.

존 벨튼 저, 이형식 역, 『미국영화 미국문화』, 한신문화사, 2000.

크리스틴 톰슨·데이비드 보드웰 저, 주진숙 외 역, 『세계영화사』, 시각과 언어, 2000.

미국을 바라보며
우리는 무엇을 지향해야 하는가?

인류사는 20세기 말을 지내고, 새천년의 초기 20여 년을 또 지냈다. 이 시기에도 인류사는 말 그대로 '격동의 시대'를 경험한다. 이와 연동하여 미국 사회도 대내외적으로 큰 변화를 겪고 있다는 점은 사실이다. 정치적으로 공화와 민주, 민주와 공화당이 번갈아 가며 집권하고 있으며, 경제적으로 호황과 불황 또한 경험하였다. 사회적으로도 안전판이 공고히 유지된다고 하기에는 불안한 요소들이 노정되고 있고, 문화적으로는 여전히 다양한 변화들이 감지된다는 점을 읽을 수 있다. 세계화, 지구화를 운운하지 않아도 오늘날 국제 환경은 '홀로서기'를 감내할 수 있는 스펙트럼 구조하에 있을 수 없는 것이다. 미국 사회도 당연히 21세기 초반의 대표성으로 간주되는 '다양성'이 혼재될 수밖에 없는 것이다.

1789년, 세계사에서 상징적인 연도이다. 그 하나는 프랑스에서 대혁명이 발생하였고, 다른 하나는 미국에서 초대 대통령 조지 워싱턴이 취임하였던 연도이다. 그 이후 우리가 이 책에서 관통시키며 살펴보았던 미국사의 전개가 진행되어 왔다. 영토와 인구는 급격히 확장/확대되었고, 시대적 상황 변화와 연동하여 다양한 기구와 제도들이 등장하여 변화·발전하였다. 소위 말하는 제2차 산업 혁명을 경험하면서 산업화를 진전시켰고, 20세기 초엽을 지내면서 세계를 주도하는 초기적 패권국으로 자리매김하게 되었다. 제1차 세계 대전을 마감하면서 유럽의 패권 종식이 오고, 새로운 주자로서 미국이 이를 이어받은 것이다. 20세기 중엽을 지내면서 냉전 시대가 도래하였고, 그런 국제 환경하에서 미국은 반쪽짜리 세계 패권을 유지해 왔다. 그리고 20세기 말을 보내면서 대결의 한 축을 담당하였던 소련이 해체되는 결과가 나타나면서 미국은 '세계를 향하여 나를 따르라'라고 강요하는 유일 패권 체제를 구축하기도 하였다. 더구나 세계 패권국이라는 위상 유지를 위해서, 나아가 세계를 대상으로 일방주의를 강요하는 국면에 이르렀다. 21세기 초반 10여 년은 이런 그림자가 주도한 것이다. 시간은 흐르고, 오늘에 이르러 또 다른 라이벌인 중국의 입지가 강화되는 환경을 맞이하였다. 누구나 알고 있듯이 혹자들은 'G2 시대'라 칭하고 있는 것이 현실이다.

세계사의 흐름은 탈냉전기를 맞은 후에 어느덧 30여 년이 흘렀다. 현재의 국가 간 경쟁은 군사·경제적 국면을 넘어서 사회의 제반 영역까지 확대되어 무한 경쟁으로 나아가고 있다. 냉전기에 패권국들은 군사력·경제력을 바탕으로 하는 지배력(hard power)을 확장하고 있었다. 물론 군사력이 제대로 작동되려면 정치, 경제, 외교 등 전반적인 국면에서 우위를 점해야만 군사력의 우위가 원활하게 작동되는 것이었다. 탈냉전기가 고착되고 다양성이 강조되는 환경에 이르면서 국가 간 경쟁은 경제, 자원 환경, 사회 문제 등의 비군사적 요소들뿐만 아니라 도덕과 지성을 포괄하는 개념(soft power)으로 변화되기에 이르렀다. 국제 정치경제에서 상식화되어 있는 내용으로서 한 국가의 '힘(power)'은 안보, 무역, 통화와 금융, 그리고 지식 구조에 이르는 다양한 범주에서 지배적인 영향력을 행사할 때 명확하게 실행되는 것이다. 이런 국면과 관련시켜 볼 때 바로 미국은 지금도 초강대국의 위상을 견지하고 있는 것이다.

'미국의 역사 읽기'는 착실히 진행되었으리라 믿습니다. 미국의 역사적 변화는 입체적으로 이해되도록 배려했기에 그 순기능은 원만하게 전달되었으리라 봅니다. 이쯤에서 필자들은 소명 의식으로 다시 무장한다. 독자들이 무엇을 얻었는가에 대해서 말이다. 무엇보다도 필자들의 확실한 메시지 전달의 필요성이 제고된다. 초강대국인 미국의 역사적 경험을 통해 우리의 현실을 명확히 인식해야 한다는 점이다.

한국의 위상은 어디쯤에 위치할까? 전문적인 통계 자료를 치밀하게 추적하지는 않았지만, 최근의 언론 보도와 여러 정보에서 시사점을 얻을 수 있었다. 여기서 강조점은 달라서, 정확한 숫자 놀이를 즐기려는 것이 아니고 그 저변을 읽으려는 의도 표출이고 접근이기 때문이다. 다소 평면적인 단순 비교로 접근해 보자. 한국 대비 미국의 명목 GDP는 약 13배, 중국은 9배, 일본은 3배, 독일은 2.4배 정도의 규모라는 점을 읽을 수 있다. 그 다음 순위의 국가들은 한국을 약간씩 상회하고 있는 것이 현재 상황이다. 하여튼 한국은 명목 GDP상에서 세계 10위권에 위치한다. 물론 여기서는 경제적 총생산량에 근거한 배수로 표기되었기에 이것 자체가 해당 국가의 국력이라 말할 수는 없겠다. 일인당 소득으로 접근하면 또 다른 해석이 제시되지만 다만 우리는 기초적인 이해를 위해 이런 도식을 제공해 본 것이다.

무슨 메시지 전달이 이렇게 엉뚱한 곳으로 튀었는가에 대해 의문이 들 수도 있겠다. 그러나 명확한 메시지 전달은 여기서 시작된다. 개별 국가의 종합 국력을 따지면서 '강대국'과 '선진국'의 정의 설정에 매달리기도 하고, 또 때로는 그 조건적 기준을 논의하고 있기도 하다. 강대국이 모두 선진국은 아니고, 선진국이 모두 강대국이 되지 못함도 사실이다. 오늘을 살아가고 있는 한국인 중에서 많은 사람들은 유럽 국가들, 예를 들면 독일, 영국, 프랑스, 이탈리아 등을 우리가 '넘볼 수 없는 강대국'으로 간주해 왔던 것이 사실이다. 그러나 상황은 변했고, 한국의 위상은 오히려 그들이 놀라워할 정도로 신장되었다.

이는 무엇을 우리에게 말해 주는 것일까요? 미국을 제대로 알고자 노력하는 분들에게 다음과 같은 메시지를 전하며 대장정을 마치고자 합니다.

여러분!

대한민국도 이제는 명확히 세계 선진국 반열에 확실하게 진입했다는 사실과 세계 경영의 주도국 내지 강대국으로 자리매김해 나가고 있다는 사실을 명확하게 인지하시기 바랍니다. 대한민국이 더 탄탄한 선진국으로, 나아가 더 확고한 강대국을 지향하는 것이 우리의 소명입니다. 부디 그 강조점을 수용하소서. 요즘도 해외에 나가는 젊은이들이 이런저런 이유로 괜스레 주눅 드는 경우가 많은데, 이런 단계를 뛰어넘어야 합니다. 오히려 한국인으로서의 자긍심, 즉 지구적 영향력 행사의 주도국을 자처할 수 있다는 자긍심을 가져야 한다고 힘주어 강조하고 싶습니다.

'미국의 역사 읽기'를 통해 그들의 역사는 상대적으로 짧지만, 그 성취는 탁월했음을 인식해야 합니다. 한국의 역사는 비교적 길지만, 그 성취는 달랐습니다. 그리고 대미 인식의 문제에서도 '친미'나 '반미'라는 대결적 구도로 접근하지 말고, 사회 변화의 흐름 속에서 우리에게 유용한 요소들을 취사선택하여 '용미'하는 지혜를 발휘해야 할 것입니다. 결론적으로, 냉철한 현실 인식을 기초로 우리는 또 다른 비상(jump up!)을 꿈꾸어야 할 것입니다. 이제 우리는 협력과 연대의 바탕 위에서 홀로서는 대한민국이 아닌 '세계 평화와 인류 공존을 선도하는 나라'로 더욱 힘차게 나아가야 합니다.

대한민국의 젊은이들이여! 여러분이 바로 그 '주인공이 되었음'을 소명으로 받아들이소서.

색인

인명

미국, 미국사

2021년 3월 10일 초판 1쇄 펴냄

글쓴이 권오신·김호연·김용태·양두영·홍종규
펴낸곳 도서출판 단비
펴낸이 김준연
편집 김동관
등록 2003년 3월 24일(제2012-000149호)
주소 경기도 고양시 일산서구 고양대로 724-17, 304동 2503호(일산동, 산들마을)
전화 02-322-0268
팩스 02-322-0271
전자우편 rainwelcome@hanmail.net
ISBN 979-11-6350-038-4 03940